KB182401

# 베트남과 북한의 개혁·개방

## 북한은 왜 개혁·개방에 실패했을까?

이재춘 지음

景仁文化社

# 서 문

　사회주의 종주국이었던 소련이 붕괴된 후 동유럽 사회주의체제는 대부분 급진적 개혁·개방정책을 통해 경제적으로는 시장경제, 정치적으로는 다두제체제로 전환되었다. 중국과 베트남은 공산당 일당지배체제를 유지하면서 점진적 개혁·개방정책을 통해 시장경제체제로 전환되었다. 북한은 베트남과 마찬가지로 동아시아 유교문화권에 속해 있으며 베트남과 유사성이 많음에도 개혁정책에 실패하고 경제난에서 벗어나지 못하고 있다. 본 책자는 사회주의 체제전환 관점에서 개혁·개방에 성공한 베트남과 중단된 북한의 개혁·개방정책을 비교하여 북한의 개혁·개방 실패 원인을 규명하고자 하였다. 비교의 분석틀로 사회주의 체제전환이론과 정치체제 정책결정이론을 원용하였다. 사회주의 체제전환이론에 따라 북한도 시장경제체제를 향한 개혁·개방정책이 불가피 할 것이라는 전제와 북한도 하나의 국가로서 국가의 정책을 산출해내고 집행하는 기능은 다른 국가와 동일하다는 사실에 기반을 두고, 체제전환이론과 정치체제 정책결정이론을 활용하여 베트남과 북한의 개혁·개방정책을 분석하였다.

　베트남의 개혁·개방은 시기적으로는 신경제정책, 도이머이정책, 공업화·근대화 정책으로 전개되었고, 내용면에서는 코르나이가 제시한 사회주의 체제전환 방식인 시장화, 사유화, 자유화 순으로 전개되었다. 정치체제 정책결정이론에 의하면 정치체제는 환경의 요구와 지지를 받아 이것을 정책으로 전환하여 산출한다. 베트남에서 정책 산출은 정치국에서 이루어졌는데 정책결정 과정에서 정치국 상임위원들의 합의는 중시되었다. 베트남의 도이머이정책을 비롯한 중요한 개혁·개방 정책은 개혁·개방 초기조건과 개혁·개방 동인이라는 환경의 요구와 지지를 받아 공산당 정치국에서 합의에 의해 정책으로 전환되어 산출된 것이었다.

베트남의 개혁·개방 초기조건은 민족통일, 집단지도체제, 실용주의 정치문화를 들 수 있다. 개혁·개방 동인은 촉진요인과 억제요인을 모두 포함하는데 개혁·개방 촉진요인은 ①지속된 경제난 ②공산당 지도부의 세대교체 ③실용주의와 민족주의 전통 ④중국의 개혁·개방 성공 ⑤소련과 동유럽 사회주의 국가들의 붕괴와 원조 중단 등이었다. 개혁·개방 억제요인은 ①보수성향 혁명 1세대들의 장기집권 ②경제자유화 조치에 따른 자본주의의 부정적 요소 대두 등이었다. 이러한 개혁·개방 초기조건과 동인에 의한 요구와 지지, 그리고 정책 결정자들의 능력과 성향이 복합적으로 작용하여 베트남의 개혁·개방 정책이 산출되었다.

사회주의 체제전환 관점에서 북한의 실질적 개혁정책은 7·1경제개선관리조치(7·1조치)였다. 7·1조치는 베트남의 신경제정책처럼 계획경제시스템을 보완 개선하기 위한 조치였지만 시장경제 요소가 포함되어 있었다. 가격을 현실화하고, 임금을 현물에서 현금으로 전환하였으며, 기업에 이윤 개념이 도입되었다. 코르나이가 제시한 사회주의 체제전환 이론의 시장화 조치가 일부 포함된 것이었다.

7·1조치는 북한의 개혁·개방 초기조건과 동인에 의한 요구와 지지가 북한 정치체제에서 정책으로 전환되어 산출된 것이었다. 북한의 개혁·개방 초기조건은 유일지도체제, 주체사상, 분단국가로 범주화 할 수 있다. 북한의 유일지도체제는 김정일에게 권력이 집중되어 있는 정치체제로 주요정책 산출 기능을 김정일이 수행하였다. 혁신적인 7·1조치 역시 김정일의 지시에 의해 '6.4그루빠'가 정책을 입안했고, 김정일이 승인함으로써 시행되었다. 7·1조치를 촉진시킨 요인은 ①심각한 경제난의 지속 ②김정일체제 붕괴 우려감 감소 ③사회주의 진영의 붕괴와 공산주의 이데올로기 퇴조 ④중국의 개혁·

개방정책 성공 ⑤북한 내 시장화 확산 등 이었다. 반면 7·1조치를 억제시킨 요인은 ①개혁·개방에 따른 유일지도체제 붕괴 우려 ②자립적 민족경제건설노선의 전통 ③남한에 의한 흡수통일 우려 ④핵개발 정책으로 인한 미국과의 대립 ⑤당에 의한 내각 통제 등이었다. 이러한 개혁·개방 촉진요인과 억제요인, 그리고 초기조건의 지지와 요구를 받아 김정일이 2002년 7·1조치를 결정했고, 2007년에는 7·1조치를 중단시켰다.

베트남과 북한의 개혁·개방정책 산출과 전개과정을 비교했을 때 다음과 같은 차이가 있었다. 첫째, 정책 산출 기능을 하는 정치체제 구조가 달랐다. 베트남은 집단지도체제, 북한은 유일지도체제였다. 경제위기시 베트남 공산당의 가장 중요한 목표는 사회경제적 위기극복이었지만, 북한은 유일체제유지가 우선적인 관심사였다. 둘째, 양국은 중국과의 관계가 상이하였다. 중국과 북한 관계는 협력관계, 중국과 베트남의 관계는 갈등관계였다. 지전략적으로 북한을 중시하는 중국이 북한의 배후에 후원국으로 존재하고 있어, 북한은 개혁·개방정책의 채택 여부에 대한 선택의 폭이 상대적으로 넓었다. 셋째, 베트남은 민족통일을 달성하고 개혁·개방을 추진하였으나, 북한은 분단된 상태에서 경제력이 월등히 우세한 남한이 대안국가로 존재하고 있어 남한에 의한 흡수통일 우려감을 갖고 있었다. 넷째, 북한은 핵개발을 지속 추진하면서 미국과 대립관계를 유지해 왔다.

북한의 개혁·개방을 억제하는 본질적인 요인은 북한의 유일지도체제 붕괴 우려, 남한에 의한 흡수통일 우려, 북한의 핵 개발 정책으로 집약된다. 북한의 개혁·개방이 정상적으로 지속 추진되려면 이러한 본질적인 개혁·개방 억제요인이 먼저 해소되는 것이 필요하다. 김정은 체제에서도 이러한 상황은 마찬가지이다. 그러나 지도자가 바뀌었고, 권력 핵심 엘리트들이 교체되었고, 중국과의 관계가 변화된 상황에서 북한은 경제난 극복을 위해 북한 상황에 맞춘 북한식 개혁·개방정책을 추진하지 않을 수 없을 것이다. 북한이 추진하는 개혁·개방정책 형태에 따라 민족통일 문제도 영향을 받게 된다. 우리가 북한의 개혁·개방정책에 관심을 가지는 이유이고, 본 연구를 시작한 이유이기도 하다.

　이 책은 필자의 박사학위 논문을 일부 수정한 것으로 책자 발간을 적극 격려하고 지원해준 분들이 있었기에 가능하였다. 이 책을 통해 독자들이 사회주의 체제전환에 관심을 갖고, 북한의 개혁·개방정책 본질을 이해하고, 우리의 입장도 생각해 보는 기회가 되었으면 하는 기대를 하면서, 이 지면을 빌어 논문 작성시 학문적 지도를 해 주신 교수님들, 책자 발간을 격려하고 지원해준 분들, 그리고 책자 발간을 흔쾌히 맡아준 경인문화사에 깊이 감사드린다.

2014년 봄

이 재 춘

# ＜목 차＞

# 제1장 서 론

## 제1절 연구목적

사회주의 종주국이었던 소련의 붕괴를 전후해서 동유럽 사회주의체제는 대부분 급진적 개혁·개방정책을 통해 경제적으로는 시장경제, 정치적으로는 다두제체제로 전환되었다. 중국과 베트남은 점진적 개혁·개방정책을 통해 공산당 일당지배체제를 그대로 유지하면서 시장경제체제로 전환되었다. 북한도 개혁정책을 시도했지만 실패하고 경제난에서 벗어나지 못하고 있다. 본 책자는 베트남과 북한의 개혁·개방정책을 비교하여 북한이 개혁·개방에 실패하게 된 원인을 규명하고 베트남이 북한에 주는 시사점을 찾으려고 한다.

베트남과 북한을 비교하는 것은 양국이 모두 동아시아에 위치에 있고, 소련의 사회주의체제가 붕괴된 이후에도 사회주의체제를 유지하는 등 양국 간 공통점이 비교적 많기 때문이다. 북한을 중국과 비교할 수도 있지만 중국은 경제적 규모, 국제적 위상 등이 북한과 너무 차이가 있어 적실성이 떨어진다. 베트남과 북한의 공통점을 보면 먼저 국민들의 사고방식과 행동이 비슷한 점을 들 수 있다. 자립심이 강하고, 부지런하고, 윗사람을 공경하고, 가족애, 학구열, 성격 급한 것도 비슷하다. 역사적으로 중국의 영향을 많이 받아 국민들의 가치관은 전통적인 유교사상에 기반을 두고 있어, 자유주의 평등사상에 기반을 둔 유럽 국민들의 사고방식과 다르다. 건국 전 제국주의 식민지배 경험, 민족해방 투쟁경험, 제2차 세계대전 후 사회주의 국가 건설, 동유럽 사회주의 국가들과 달리 중국과 국경을 인접하고 있어 소련의 절대적인 영향력에서 벗어날 수 있었던 점, 소련의 붕괴와 함께 사회주의체제가 붕괴된 동유럽 국가들과는 달리 아직도 사회주의체제를 유지하고 있는 점 등이 모두 같다. 또 양국은 전통적으로 긴밀한 유대관계를 유지하고 있다. 이러한 연유로 김정일 국방위원장은 2007년 10월 북한을 방문한 농 득 마잉 베트남 공산당 서기장과의 회담에서 베트남의 개혁·개방정책에 관심을 표명하였으며[1] 뒤를 이어 10월 26일 베트남을 방문한 김영일 북한 총리는 베트남의 관광단지, 물류중심지, 산업단지 등 베트남의 개혁·개방정책 성과 지역을 시찰하기도 하였다.

사회주의 국가들이 사회주의체제에 내재된 구조적 모순으로 인해 야기되는 경제위기를 극복하기 위해서는 시장경제체제로의 전환이 불가피하다는 것은 과거 사회주의체제 국가들이 모두 시장경제체제로 전환되었다는 사실에서 잘 알 수 있다. 북한 역시 지금은 중단되었지만 시장경제체제로의 출발점이 될 수 있는 개혁정책을 추진한 경험이 있다. 본 책자는 북한이 시장경제체제를 향한 개혁·개방정책의 재추진이 불가피할 것이라는 전제와 북한도 하나의 국가로서 정책 산출 및 집행기능은 다른 국가들과 동일하기 때문에 정치체제 정책결정이론을 원용하면 베트남과 북한의 개혁·개방정책 초기조건과 개혁·개방 동인을 분석하고 비교할 수 있다는 관점에서 시작하였다.

베트남과 북한의 개혁·개방정책을 비교하기 위한 기준으로 활용하기 위해 먼저 소련과 동유럽 사회주의 국가들의 체제전환, 중국의 체제전환 과정에서 개혁·개방에 영향을 미친 요인들을 초기

---

1) 베트남 사회과학원 동북아연구소 빙(Binh) 소장은 2007년 11월 필자 면담 시 김정일 위원장이 농 득 마잉 베트남 당 서기장에게 베트남의 개혁·개방에 관해 관심을 갖고 있다고 언급하였다고 밝혔다.

조건과 개혁·개방 동인으로 나누어 범주화 하였다. 이어 베트남의 개혁·개방정책이 확대 발전되는 전개과정을 분석하여 베트남의 개혁·개방 초기조건과 개혁·개방 동인을 도출하였다. 마찬가지로 북한의 개혁정책이 산출되어 진행되다가 중단된 과정을 분석하여 북한의 개혁·개방 초기조건과 개혁·개방 동인을 도출하였다. 도출된 베트남과 북한의 개혁·개방 초기조건과 개혁·개방 동인을 기준으로 설정한 개혁·개방 초기조건과 개혁·개방 동인에 비교함으로써 양국의 차이점을 규명하고자 하였다. 이러한 비교를 통해 북한의 개혁·개방정책이 실패하게 된 원인이 규명되면, 향후 북한이 성공적인 개혁·개방정책을 추진하기 위해서 어떤 요인이 필요한지도 가늠할 수 있을 것이다.

　정치체제는 초기조건이기도 하지만 개혁·개방정책을 산출하는 기능을 수행한다. 정치체제 정책결정이론에 의하면 정치체제는 환경의 요구와 지지를 받아 그것을 정책으로 전환(conversion)하여 산출(output)시키고, 산출된 정책의 시행 결과는 환류(feedback)하여 환경에 영향을 준다. 따라서 정책을 개혁·개방정책으로 한정시키면 개혁·개방정책의 산출을 결정하는 요소는 개혁·개방 초기조건, 개혁·개방 동인 그리고 정치체제라 할 수 있다. 또 산출된 개혁·개방정책의 확대나 중단에 영향을 미치는 요인은 새로운 환경변화와 산출된 정책 시행결과에 따른 새로운 개혁·개방 동인이라고 할 수 있다. 본 책자에서는 이러한 정책 산출 과정을 분석하여 베트남과 북한의 핵심 개혁·개방정책인 도이머이정책과 7·1경제관리개선조치(이하 7·1조치)로부터 당시 베트남과 북한의 개혁·개방 초기조건, 개혁·개방 동인을 도출하여 비교할 것이다.

## 제2절 기존연구

베트남의 개혁·개방정책이나 북한의 개혁·개방정책에 관한 개별적인 연구는 1990년대에도 많이 이루어졌지만, 베트남과 북한의 개혁·개방정책을 비교한 연구는 2000년대 이르러 이루어지기 시작하였다.[2] 6·15 남북정상회담이 개최되고 한반도에 화해와 협력분위기가 조성되면서 '신사고'에 기초한 북한의 개혁·개방정책이 가시화되자, 국내 학자들은 베트남의 경험에서 북한에 필요한 시사점을 찾으려고 하였다. 이들 학자들은 북한이 베트남처럼 점진적인 개혁·개방정책을 추진할 가능성이 높다는 견해와 북한은 베트남과 초기조건이 다르기 때문에 개혁·개방정책 추진이 쉽지 않을 것이라는 견해로 나누어졌다.

조명철·홍익표는 중국과 베트남의 개혁·개방정책 초기여건을 2000년 당시 북한 상황과 비교하고, 북한이 중국·베트남과 같은 점진적 개혁·개방정책을 선택할 가능성이 높다고 판단하였다.[3] 이들

---

[2] 조명철·홍익표,『중국·베트남의 초기 개혁·개방정책과 북한의 개혁방향』, 대외경제정책연구원, 2000 ; 김성철,『베트남 대외경제개방 연구: 북한에 주는 함의』, 통일연구원, 2000 ; 권영경, "북한경제의 위기구조와 중국, 베트남의 초기 개혁·개방 정책에 비추어 본 북한의 개혁·개방 평가", 안보학술논집 제13집 2호, 2002 ; 이한우, "베트남의 체제 변화와 21세기 발전방향: 제9차 당대회 결과 분석",『국제지역연구』제5권 재4호, 2002 ; 백학순,『베트남의 개혁·개방경험과 북한의 선택』, 세종연구소, 2003 ; 장형수, "베트남의 국제협력 경험이 북한에 주는 시사점",『경제연구』제24권 제1호, 2003 ; 권율, "베트남의 개혁·개방모델이 북한에 주는 시사점",『수은북한경제』, 2005 여름호, 박형중, "중국과 베트남의 개혁과 발전-북한을 위한 모델?",『Online Series 05-06』, 통일연구원, 2005 ; 김석진,『중국·베트남 개혁 모델의 북한 적용 가능성 재검토』, 산업연구원, 2008 ; 이한우,『베트남 경제개혁의 정치경제』, 서강대학교 출판부, 2011.

[3] 조명철·홍익표,『중국·베트남의 초기 개혁·개방정책과 북한의 개혁방향』,

은 북한의 개혁·개방정책이 성공하기 위해서는 북한은 내부 개혁
조치와 외자유치에 필요한 대미관계를 개선해야 하고, 한국정부와
주변국들은 북한의 정책변화를 유도하기 위한 역할이 중요하다고
지적하였다.

권율 역시 북한의 개혁·개방정책이 성공하기 위해서는 한국정
부의 적극적인 역할이 필요하다고 강조하였다.[4] 그는 북한의 7·1조
치는 베트남의 도이머이정책 직전의 신경제정책과 유사한 형태로
진행되고 있어 당시 베트남에서 야기되었던 거시경제적 불안정성
을 피하기 위해 개혁의 순위를 정해 점진적으로 개혁·개방정책을
추진해 나갈 것이지만 중장기적으로 적극적인 시장경제화 정책이
추진되어야 하고, 이에 필요한 대규모 자금지원에 한국의 역할이
중요하다고 하였다.

베트남의 대외개방 경험을 북한에 적용하는데 관심을 가진 사람
은 김성철[5]과 장형수다.[6] 김성철은 북한이 자립경제를 주장하고
있지만 규모의 경제를 갖고 있지 않기 때문에 베트남의 경우처럼
경제성장을 위해서는 해외자본 유입에 의존해야 한다는 입장이다.
따라서 북한도 처음에는 대내경제에 미치는 파급을 최소화하면서
대외개방을 추진해 나갈 것이지만 점차 개방의 효과를 체험하면서
점진적으로 심도와 속도를 늘려 나갈 것이라고 전망하였다. 장형수
역시 북한이 현재 전 세계에서 가장 자본주의 개념이 없는 국가라
는데 문제가 있지만, 베트남이 경제발전에 필요한 외자도입을 위해

---

대외경제정책연구원, 2000.

4) 권율, "베트남의 개혁·개방모델이 북한에 주는 시사점", 『수은 북한경제』,
   2005 여름호.
5) 김성철, 『베트남 대외경제개방 연구: 북한에 주는 함의』, 통일연구원, 2000.
6) 장형수, "베트남의 국제협력 경험이 북한에 주는 시사점", 『경제연구』 제
   24권 제1호, 2003.

IMF 등 국제기구가 요구하는 개혁조치를 취했던 것처럼 북한도 비슷한 과정을 겪게 될 것이라고 분석하였다.

권영경도 북한의 개혁조치들이 중국, 베트남의 개혁·개방 조치들과 비교할 때 미시, 거시, 대외적 측면에서 미흡하지만 1998년도 이후 북한의 경제개혁·개방 조치들이 시장적 기능을 제도화하고 현실화하고자 하는 조치들이기 때문에 향후 북한은 시장경제로 이행해 갈 것으로 전망하였다.[7]

백학순도 베트남의 신경제정책과 북한의 7·1조치가 공통점이 많아 성과와 문제점도 유사하다면서 향후 북한은 베트남의 경험을 많이 따를 것이라고 분석하였다.[8] 그는 북한의 개혁·개방조치들은 북한지도부가 체제보완적인 의도를 가지고 있었다 하더라도 장기적으로 체제수정적 과정을 거쳐 결국에는 체제전환적 결과를 가져올 것이라고 전망하였다.

이에 비해 김석진, 박형중은 북한의 베트남식 개혁·개방정책 추진에 신중한 입장을 보였다. 김석진은 북한의 개혁·개방정책은 지도부 인적 및 이념의 연속성, 한국의 존재문제로 인한 북한의 초기 조건이 중국·베트남 보다 개혁정책을 선택하기 어렵게 하고 있다고 분석하였다.[9] 그는 북한이 개혁·개방정책을 선택하는 것이 쉽지 않지만 북한의 체제위기 심각성을 고려할 때 대외여건이 호전되면 개혁·개방에 나설 가능성이 있다면서, 이 경우 북한이 참고할 수 있는 유망한 사례는 중국·베트남의 경험이라고 전망하였다. 박형중은 북한의 7·1조치와 함께 북한 핵, 안보문제가 재발되어 북한

---

7) 권영경, "북한경제의 위기구조와 중국, 베트남의 초기 개혁·개방 정책에 비추어 본 북한의 개혁·개방 평가", 안보학술논집 제13집 2호(2002).
8) 백학순, 『베트남의 개혁·개방경험과 북한의 선택』(성남: 세종연구소, 2003).
9) 김석진, 『중국·베트남 개혁 모델의 북한 적용 가능성 재검토』(서울: 산업연구원, 2008).

의 개혁·개방정책 추진이 쉽지 않으며 개혁·개방을 추진하더라도 베트남의 개혁·개방정책과 차이점을 보일 것이라고 전망하였다.[10]

권숙도는 북한과 베트남의 체제전환 과정을 비교한 논문[11]을 통해 베트남은 분권적 합의에 기초한 당-국가체제이고, 북한은 선군중심의 당-국가체제라는 차이로 인해 체제전환에서 차이를 보이고 있다고 하였다. 양운철은 북한이 베트남식 발전전략을 선택한다면 단기적으로는 대외경제 부문의 활성화에 따른 경제성장을 이룩하겠지만 산업구조가 농업중심이었던 베트남과 달리 중공업 중심이기 때문에 궁극적으로 엄청난 체제비용에 직면하게 되어 실패할 개연성이 높다고 보았다.[12]

일본 학자들에 의한 베트남과 북한에 관한 비교 연구는 1990년대 중반 많이 이루어졌다.[13] 松本三郎은 근대화의 과제에 대해 북한은 과거 소련과 동유럽의 자유화가 초래하는 정치적 위기도 우려되는 만큼 개방파와 보수파 사이에서 최고지도자가 어디까지 대외개방을 해야 할지에 대한 결정이 중요하다고 지적하고, 베트남은 도이모이정책을 헌법 규정으로 보장함으로써 강한 결의를 보였다면서, 정치시스템이 지속 동화되어 갈지가 중요하다고 전망하였다.[14]

五島文雄는 베트남 공산주의 체제의 변혁과정과 전망에 관해 당

---

10) 박형중, "중국과 베트남의 개혁과 발전 – 북한을 위한 모델?", 『Online Series 05-06』, 통일연구원, 2005.

11) 권숙도, "사회주의 국가의 체제전환 과정 연구 – 북한, 베트남 사례 비교", 영남대학교 박사논문, 2008 12월.

12) 양운철, "베트남 도이머이정책의 북한적용 가능성: 체제전환의 관점에서", 『국제통상연구』 제16권 제4호, 한국국제통상학회, 2011년 12월.

13) 宋本三郎, 川本邦衛 編著, 『ベトナムと北朝鮮』(東京: 大修館書店, 1995).

14) 松本三郎, "유교문화권としての北朝鮮ベムの近代化とその課題", 宋本三郎·川本邦衛 編著, 『ベトナムと北朝鮮』(東京: 大修館書店, 1995).

의 지도성을 인정하면서 시장경제가 제대로 기능하도록 체제를 먼저 구축하고, 이후 필요한 법의 정비와 국가기구의 개선 및 행정능력 향상을 도모하는 것이 중요하다고 주장하였다. 당이 제대로 가동하지 않으면 당 지도성은 유지할 수 없다면서 당의 지적수준과 정치적 지도력을 향상하는 것이 가장 중요하다고 하였다.[15]

木村哲三郎는 베트남의 경제정책과 관련하여 국영기업이 독립한 경제단위가 되지 않으면 상품경제, 시장경제가 성립되지 않으므로 거시적 경제운영이 곤란하다고 지적하고, 대외개방정책의 진전도 국영기업의 경영개혁에 의존하므로 베트남의 경제개혁은 국영기업의 경영개혁이 가장 핵심이라고 전망하였다.[16]

鐸木昌之는 북한의 개혁과 개방은 이제 초기 단계라고 전제하면서 정치우위, 대중동원, 자금부족과 정책집행기관의 경직성 그리고 타부문과의 의사 불소통 등 여러 가지 정황으로 보아 경제정책이 기능하기는 어려운 상황이지만 일단 개혁과 개방에 손을 댄 이상 다시 원상태로 가기는 힘들다고 전망하였다.[17]

川本邦衛는 베트남의 미래에 대해 도이모이는 '멈출 수 없는 사고의 전환'이었지만 어디까지나 경제우선의 개혁노선이라면 경제 이외의 도이모이는 기대하기가 어렵다고 전망하였다.[18]

徐大肅은 북한의 미래 변화에 대해 김정일은 김일성이 만든 족벌주의 타파 등 정치체제의 근본적인 결함을 점차적으로 수정하고,

---

15) 五島文雄, "ベトナム共産主義體制の變革過程とその展望", 宋本三郎·川本邦衛 編著, 『ベトナムと北朝鮮』(東京: 大修館書店, 1995).

16) 木村哲三郎, "ベトナムにおける經濟政策の諸問題", 宋本三郎·川本邦衛 編著, 『ベトナムと北朝鮮』(東京: 大修館書店, 1995).

17) 鐸木昌之, "北朝鮮の經濟建設路線", 宋本三郎·川本邦衛 編著, 『ベトナムと北朝鮮』(東京: 大修館書店, 1995).

18) 川本邦衛, "刷新路線の側面", 宋本三郎·川本邦衛 編著, 『ベトナムと北朝鮮』(東京: 大修館書店, 1995).

유능한 관료와 전문가를 차별 없이 중용하는 것이 중요하다고 강조하였다.[19]

베트남과 북한을 연계시키지 않고 베트남에만 한정된 개혁·개방정책에 대한 연구는 주로 1990년대 베트남 전문가, 학자들에 의해 이루어졌는데 이들은 주로 베트남 개혁·개방정책의 내용, 성격, 평가, 전망 등에 중점을 두고 연구하였다.[20]

안승욱은 도이머이정책 이전의 베트남 경제계획과 신경제정책, 오인식은 도이머이정책의 성과와 과제, 정재완은 도이머이정책에 의한 개혁조치들을 종합적으로 분석하고 평가하였다.

박종철, 전상인, 황귀연 등은 도이머이정책을 체제전환의 관점에서 분석했다. 박종철은 도이머이정책은 사회주의체제 내 개혁이지만 시장요소와 사회주의적 경제요소의 조정문제, 당과 국가와의 역할 조정문제, 엘리트 교체와 노선대립 등의 해결 양상에 따라 새로운 체제로의 가능성을 열어 놓았다고 평가하였다.[21] 전상인은 도

---

19) 徐大肅, "北朝鮮はどこへ－金日成以後の北朝鮮變化", 宋本三郎·川本邦衛 編著, 『ベトナムと北朝鮮』(東京: 大修館書店, 1995).

20) 안승욱, "베트남의 사회주의 경제개발계획의 내용과 특성", 『베트남의 정치경제와 국제관계』, 연구시리즈 34(서울: 경남대학교 극동문제연구소, 1987) ; 안승욱, "베트남의 사회주의 경제개발계획", 『한국과 국제정치』 제5권 1호(1989) ; 박종철, "베트남의 체제개혁: 정치제도와 권력구조의 변화", 『한국과 국제정치』 제5권 1호(1989); 이수훈, "베트남 발전노선에 관한 연구", 『한국과 국제정치』 제10권 2호(1994); 전상인, "베트남의 도이머이－사회주의 원리와 자본주의 정신", 『경제와 사회』 제26호(1995); 황귀연, "베트남공산당의 개혁개방정책에 관한 연구", 경남대학교 박사논문, 1996 ; 정재완, "베트남의 경제개혁 추진현황 및 경제전망", KIEF, 『조사분석』 97-02(1997); 오인식, "베트남 경제개혁의 평가와 전망", 『서강경제논집』 제27권 2호(1998).

21) 박종철, "베트남의 체제개혁: 정치제도와 권력구조의 변화", 『한국과 국제정치』 제5권 1호(1989).

이머이정책이 사회주의를 포기한 것이 아니라면서 베트남의 개혁·
개방정책을 사회주의 윤리와 자본주의 정신과의 결합으로서 사회
주의가 나아갈 수 있는 '또 하나의 길'을 보여주는 역사적 실험으로
보았다.[22] 황귀연은 베트남 공산당이 개혁·개방정책을 추진하는
목적은 사회주의로 부터의 탈피가 아니라 '새로운 사회주의체제 모
델의 모색'이라고 하였다.[23] 박종철, 전상인, 황귀연은 도이머이정
책을 체제 내 개혁이지만 새로운 사회주의체제 모델 가능성을 열
어 놓은 것으로 평가하였다.

이한우는 베트남공산당이 이념적 사회주의 고수와 현실적 탈사
회주의를 조화시키기 위해 베트남 체제를 '사회주의 지향 시장경
제'로 공식화 하였지만 지금까지 국영기업 개혁의 방향으로 볼 때
국유경제 부문의 비중이 줄고 사유경제 비중이 증대되면서 결국
사회주의 개념을 유연하게 해석하면서 자본주의 경제체제로의 전
환을 계속하게 될 것이라고 하였다.[24]

북한의 개혁·개방정책에 관한 연구는 1990년대 본격적으로 이루
어지기 시작하였다. 구소련과 동유럽 사회주의체제가 붕괴된
1990년대 초에는 북한의 개혁·개방과 체제전환 가능성에 중점을 둔
연구가 집중적으로 이루어졌고[25], 김일성이 사망하고 북한의 위기

---

22) 전상인, "베트남의 도이머이 - 사회주의 원리와 자본주의 정신", 『경제와
    사회』 제26호(1995).
23) 황귀연, "베트남공산당의 개혁개방정책에 관한 연구", 1996.
24) 이한우, 『베트남 경제개혁의 정치경제』(서울: 서강대학교 출판부, 2011);
    이한우, "베트남의 체제 변화와 21세기 발전 방향: 제9차 당대회 결과 분
    석", 『국제지역연구』 제5권 제4호(2002).
25) 민족통일연구원은 1991-93년간 북한의 전향적인 변화가능성에 관해 5권
    의 연구보고서를 작성하였다. 『기로에 선 북한의 경제사회: 실상과 전망』
    (1991), 『북한체제의 변화: 현황과 전망』(1991), 『북한의 권력구조와 김일
    성 이후 정책방향 전망』(1992), 『북한개방에 대한 주변 4강의 입장』(1993),

가 지속된 1990년대 중반 이후에는 북한이 조기 붕괴될 것이라는 주장과[26] 북한이 개혁·개방조치는 취하지 않지만 최소한의 제도적 변화와 주민의 불만을 해소시키면서 '그럭저럭 버티기 전략'(muddle through)으로 체제를 유지할 것이라는 주장이 제기되었다.[27]

2002년 북한에서 7·1조치가 시행되자 북한연구자들은 이 조치가 1950년대 이후 가장 획기적인 개혁조치라는 사실에는 대부분 동의하면서도 체제전환으로 이어질지 여부에 대해서는 시장지향적 개혁으로 보는 입장과 계획경제시스템을 강화하기 위한 조치라는 입장으로 나누어졌다. 7·1조치가 시장지향적 개혁이라고 평가하는 학자들은 김연철, 백학순, 김근식, 양문수, 남성욱, 임현진, 정영철, 서재진, 김영윤, 임수호 등이 있다. 이들은 7·1조치가 시장경제로의 체제전환은 아니지만 시장경제로 나아가기 위한 출발점으로 보고 있다.[28] 반면 7·1조치를 기존 계획경제를 강화하기 위한 조치로 평

---

『사회주의체제 개혁·개방사례 비교연구』(1993).

26) Nicholas Eberstadt, *The End of North Korea* (Washing D.C.: The AEI Press, 1999) ; 민족통일연구원은 1996년 브레진스키가 계량화한 공산주의국가의 10가지 위기지표를 참조하여 새로운 RINU 지표를 만든 다음 이를 북한에 적용하여 북한의 위기수준을 높게 평가하였다.

27) Marcus Noland, "Why North Korea will Muddle Through", *Foreign Affairs*, (July/August 1997) ; 김용호·서동만·이근, "북한의 장래에 대한 최근 국내외 전문가들의 평가분석", 『통일경제』 1월호(1998).

28) 김연철, "북한경제관리 개혁의 성격과 전망", 김연철·박순성(편), 『북한경제개혁연구』, 후마니타스, 2002 ; 백학순, 『베트남의 개혁·개방경험과 북한의 선택』, 세종연구소, 2003 ; 김근식, "김정일시대 북한의 신발전 전략", 『국제정치논총』 제43집 4호(2003) ; 김연철, "7·1조치 2주년 평가", 『KDI북한경제리뷰』 2004년 6월호 ; 남성욱, "7·1경제관리개선조치 2주년 평가와 전망", 『KDI북한경제리뷰』 2004년 6월호 ; 임현진·정영철, "북한의 경제개혁: 자본주의 길인가?", 『현대북한연구』 제7권 1호(2004) ; 서재진, 『7·1조치 이후 북한의 체제변화: 아래로부터의 시장사회주의화 개혁』, 통일연구원, 2004 ; 김영윤, 『북한 경제개혁의 실태와 전망에 관한 연구』, 통일연

가하는 학자들은 신지호, 조동호, 하상식, 이석, 전현준·정영태·최수영·이기동 등을 들 수 있다.[29)]

　이러한 평가들이 사회주의체제전환의 관점에서 7·1조치가 시장화로의 출발점인지 여부를 판단하기 위한 분석이었다고 한다면 7·1조치를 선군경제건설노선과 연계하여 분석한 연구가 있다. 김정일이 2002년 9월 '국방공업을 우선적으로 발전시키면서 경공업과 농업을 동시에 발전'시킬 데 대한 '선군시대 경제건설 방향'을 제시하자[30)], 박형중은 개혁적인 '경제관리개선강화론'이 '국방공업우선발전론'에 결합된 것으로 보고 북한의 경제정책 방향을 국방우선발전론의 차원에서 보아야 한다고 하였다.[31)] 차문석은 선군시대경제건설노선은 이중화 전략으로 중공업은 통제 및 계획부문으로 유지하고, 경공업과 시장경제는 역동성에 노출시키는 계획경제와 시장경제의 병존으로 보았고,[32)] 권영경은 군수산업·기간산업은 계획적 조

　　구원, 2006 ; 양문수, "7·1조치 5주년의 평가와 전망: 경제관리시스템을 중심으로", 『수은북한경제』, 2007년 7월 ; 임수호, 『계획과 시장의 공존』, 삼성경제연구소, 2008.

29)  신지호, "북한체제변화 3단계론: 대북정책에의 시사", 『한국정치학회보』제36집 4호(2002); 조동호, "변화하는 북한경제 평가와 전망", 『수은북한경제』 2004년 여름호; 하상식, "북한경제의 개혁전망", 『한국동북아논총』 제32집(2004); 이석, "북한의 중앙계획자, 과연 타올을 던졌는가?" 『KDI북한경제리뷰』, 2004; 전현준·정영태·최수영·이기동, 『김정일정권 등장 이후 북한의 체제유지 정책 고찰과 변화 전망』, 통일연구원, 2008.

30)  조선신보(2003.4.11)는 "국방공업 선행, 대를 이어 계승된 원칙－조미대결에 대비한 국가경제전략" 제하 기사에서 "김정일장군님께서는 지난해 9월 국방공업을 우선적으로 발전시키면서 경공업과 농업을 동시에 발전시킬데 대한'선군시대 경제건설의 방향'을 제시하시었다고 한다"고 게재.

31)  박형중, "'선군시대' 북한의 경제정책: 2002년 7월 조치 이후 9월의 '중공업우선발전론'의 대두", 『아세아연구』 제46집 2호(2003).

32)  차문석, "선군시대 경제노선의 형성과 좌표", 『국방정책연구』 2007년 여름호.

절로, 인민경제부문은 시장적 조절을 활용하는 병렬적 관계(two-track system)를 구축하려는 정책으로 평가하였으며,[33] 한기범은 북한이 7·1조치 시행 이후 2개월 만에 선군경제건설노선을 선언한 것으로 미루어 국방공업우선과 민수부문의 관리개선 정책은 동시에 묶어서 구상한 것으로 볼 수 있다면서, 이것을 개혁적인 정책과 보수적인 정책이 혼재된 경제의 2원적 관리정책으로 보았다.[34]

임수호는 1990년대 중반 이후 아래로부터 자생적으로 확산한 시장화가 정부차원의 개혁을 강요하여 계획과 시장이 공존하는 개혁사회주의 체제로 전환하여 이제 개혁을 역전시킬 수 있는 임계점을 넘어섰다면서 점차 시장사회주의로 전환될 것이라는 입장을 보였으나[35] 나중에 선군경제노선은 계획과 시장의 공존을 전제로 디자인 되어, 필요에 따라 계획(경제적 보수화)과 시장(경제적 개혁노선)을 유연하게 끄집어 낼 수 있는 절충적인 노선이라고 주장하였다. 그는 선군경제노선 특징은 전략부문과 비전략부문을 철저히 구획하여 전략부문은 계획을 강화하고 국가자본 투자를 집중시키며, 비전략부문은 자원배분을 제외하고 대신 시장적 자율성을 허용하는 이중전략이라면서 선군경제노선이 지속되는 한 이러한 전략도 지속될 것으로 보고 있다.[36] 이정철은 기존 중공업 우위의 자리를 국방공업이 대체하게 됨으로써 중공업 부문을 자립이라는 이데올로기로부터 해방시키고 동시에 국방공업으로 축소 집중할 수 있도록 하는 조치라고 평가한다.[37]

33) 권영경, "7·1조치 이후 북한정권의 경제개혁·개방전략과 향후 전망", 『북한연구학회보』 12권 1호(2008).

34) 한기범, "북한정책결정과정의 조직행태와 관료정치; 경제개혁확대 및 후퇴를 중심으로(2000-09)", 경남대학교 박사논문, 2009.

35) 임수호, 『계획과 시장의 공존』, 삼성경제연구소, 2008.

36) 임수호, "김정일정권 10년의 대내 경제정책 평가: '선군경제노선'을 중심으로", 『수은북한경제』 2009년 여름호.

이상에서 살펴본 바와 같이 베트남과 북한의 개혁·개방정책을 별개로 다룬 기존 연구들은 대부분 베트남의 개혁·개방정책이나 북한의 개혁·개방정책의 배경, 내용, 성격, 평가, 전망 등이 주류를 이루고 있고, 베트남과 북한의 개혁·개방정책을 비교한 기존연구들도 베트남의 개혁·개방정책의 북한 적용 가능성이나 북한이 수용할 경우 성공가능성에 초점을 두고 있다. 북한이 개혁·개방정책에 실패하게 된 원인을 체계적으로 분석한 기존연구는 찾아보기 어렵다. 본 책자는 사회주의 체제전환이 이루어진 소련 및 동유럽, 그리고 중국의 사회주의 체제전환 과정에서 나타난 개혁·개방 초기조건과 개혁·개방 동인을 비교기준으로 하여, 베트남과 북한의 개혁·개방 전개과정을 분석하여 도출한 개혁·개방정책 초기조건과 개혁·개방 동인을 촉진요인과 억제요인으로 나누어 상호 비교함으로써 북한이 개혁·개방정책에 실패한 원인을 체계적으로 규명코자 하였다.

## 제3절 연구범위와 방법

이 책자에서 다루는 연구범위는 베트남의 경우 신경제정책을 채택한 1979년부터 세계시장질서에 편입한 2007년 WTO 가입까지를 다루고, 북한의 경우 합영법을 제정한 1984년부터 김정일이 6.18 담화를 통해 경제개혁 후퇴를 공식 선언한 2008년까지로 설정하되, 김정은 체제에서의 개혁·개방 가능성을 살펴보기 위해 김정은 체제 출범 이후 개혁·개방 관련 동향도 간략히 살펴볼 것이다. 연구기간을 비교적 길게 잡아 분석하는 것은 개혁·개방정책이 특정시기에 채택되었다가 끝난 하나의 정책이 아니라 사회주의 체제전환

---

37) 이정철, "북한 구획경제의 한계와 가격제도 개혁", 『통일경제』 2010년 겨울호

맥락 속에서 지속 진행되었기 때문이다. 따라서 양국의 개혁·개방 정책을 초기부터 다루되 양국의 핵심적인 개혁·개방정책인 베트남 의 신경제정책, 도이머이정책과 북한의 7·1조치를 중점적으로 분석 하고 비교할 것이다.

베트남의 신경제정책은 북한의 7·1조치와 유사한 점이 많고, 도 이머이정책은 신경제정책을 기반으로 추진된 본격적인 개혁·개방 정책으로 베트남이 시장경제체제로 전환할 수 있었던 시발점이 된 정책이다. 북한의 7·1조치는 시장경제요소가 포함된 최초 개혁정책 이었다. 베트남의 개혁·개방정책 전개과정은 부분개혁체계, 계획과 시장 공존체계, 시장주도체계로 나누어 살펴보고, 북한의 개혁·개 방정책 전개과정은 7·1조치 이전 제한적 개혁·개방정책 시기와 7·1 조치 이후 부분개혁체계로 구분하여 분석한다.

본 책자의 연구방법은 사회주의 체제전환 관점에서 역사상황적 접근 방법으로 베트남과 북한의 개혁·개방정책을 규명하고, 상호 비교 분석하는 방법을 활용할 것이다. 역사상황적 접근 방법이란 특정한 역사적 시기나 주제를 연구할 때 현재적 관점 뿐만 아니라 당시의 구체적인 상황, 즉 당대 주체들의 사고, 의지, 행위를 강요 한 구조적 조건들을 당시의 상황에서 이해하고, 평가하는 것이 다.[38] 역사상황적 접근을 강조하게 되면 자칫 역사적 사건에 대한 필연적인 측면을 부각시킴으로써 역사환원론에 빠질 위험도 있다. 그러나 역사상황적 접근은 당대 주체들이 처했던 구체적인 조건과 상황을 보다 사실에 가깝게 이해하자는 것이지 당대 주체들의 선

---

38) 이종석은 북한연구방법으로 인식론적 수준에서 내재적비판적접근, 역사 상황적접근 방법으로 구분하고, 분석수준에서 비교분석방법, 구조적분 석방법, 역사문화론적분석, 역사적분석, 적대적 의존관계와 거울영상효 과분석방법을 제시하였다. 이종석, 『새로 쓴 현대북한의 이해』(서울: 역 사비평사, 2005), pp. 23-33.

택이 필연적이었음을 보여주자는 것이 아니다.

비교분석은 북한을 다른 사회주의국가 혹은 기타 집단과 비교함으로써 비교(사)적 맥락에서 북한이 어떤 보편성과 특수성을 가지고 있는지를 밝히는 것이다. 비교 형태는 시간을 기준으로 과거와 현재의 역사공간을 오가며 비교하는 역사적 비교와 특정시대를 횡적으로 끊어 비교하는 통시(通時)비교 방법이 있을 수 있다.[39] 베트남과 북한은 동일한 사회주의국가이기 때문에 사회주의 체제전환 맥락 속에서 역사상황적 접근 방법으로 베트남과 북한의 개혁·개방정책 과정을 규명하고, 비교분석할 것이다.

이러한 연구방법에 의거하여 본 책자는 베트남과 북한에서 발간된 책자, 책자, 정부 통계자료, 김일성 전집, 김정일 선집, 백과사전, 신문 등 1차 자료와 국내외에서 발간된 각종 책자, 책자, 신문, 정부 간행물 그리고 필자가 접촉한 베트남 동북아연구소 연구원들과의 면담내용을 활용하여 다음과 같은 6개의 장으로 구성하였다.

제1장은 본 책자의 연구목적, 기존연구 검토, 연구범위, 연구방법 등을 기술한다.

제2장은 베트남과 북한의 개혁·개방정책을 비교 분석하기 위한 이론적 분석틀을 검토한다. 본 책자에서 사용하는 개혁은 사회주의 체제전환 과정에서의 개혁을 의미하는 개념이기 때문에 체제전환과 개혁의 관계를 검토하고, 개혁·개방의 개념, 체제전환 유형, 개혁·개방의 초기조건과 개혁·개방의 동인 개념을 정립한다. 이어 개혁·개방 초기조건과 개혁·개방 동인이 개혁·개방정책으로 산출되어지는 과정을 설명하는 분석틀을 작성한다.

제3장은 베트남의 개혁·개방정책을 분석한다. 먼저 사회주의 체제전환 관점에서 베트남의 개혁·개방 전개과정을 분석한다. 신경

---

39) 이종석, 『새로 쓴 현대북한의 이해』, p.28.

제정책 성과와 문제점 해결을 위한 베트남 정부의 대응책을 정리
한다. 본격적인 개혁·개방정책인 도이머이정책의 내용, 추진과정에
서 나타난 문제점과 대응책, 권력지도부의 변동내용 등을 분석한
다. 국제사회의 대 베트남 경제제재 해제에 이어 베트남 정부의
1994년 전국토의 공업화·근대화노선 선언으로 시작된 국영기업의
개혁, 세계시장 진입 등 시장경제로의 확대 발전과정을 살펴본다.
다음에 도이모이정책 전개과정 분석을 통해 도출한 베트남의 개
혁·개방 초기조건을 검토하고, 개혁·개방 동인을 촉진요인과 억제
요인으로 나누어 검토한다.

　제4장은 북한의 개혁·개방정책을 분석한다. 먼저 북한의 개혁·
개방정책의 전개과정을 살펴본다. 제한적 개혁·개방정책 추진시기
에 시행되었던 합영법, 경제특구설치 내용과 개혁조치를 살펴보고,
7·1조치 이후 나타난 부분개혁체계를 검토한다. 7·1조치를 추동한
사경제의 발생과 성장, 자본주의 요소를 받아들인 7·1조치와 사회
주의체제를 강화하려는 선군경제건설노선 내용을 검토하고, 최근
중국과의 경제협력 유형을 분석한다. 이어 북한의 정책을 산출하는
정치체제의 특성을 살펴보고, 북한의 7·1조치 전개과정 분석을 통
해 도출한 북한의 7·1개혁조치 초기조건과 동인을 검토한다.

　제5장은 베트남과 북한의 개혁·개방정책을 비교한다. 도출된 베
트남과 북한의 개혁·개방 초기조건을 기존 체제전환국의 개혁·개
방 초기조건과 비교하여 베트남이 성공할 수 있었던 요인과 북한
이 실패한 요인을 규명한다. 이어 김정은 체제 등장으로 달라진 북
한의 개혁·개방 촉진요인과 억제요인을 살펴보고, 베트남의 경험
이 북한에 주는 시사점이 무엇인지를 살펴본다.

　제6장은 지금까지 분석한 연구 결과를 정리하고, 향후 북한의
개혁·개방 가능성을 가늠해 본다.

# 제2장 개혁·개방의 이론적 고찰

## 제1절 개혁·개방과 체제전환

### 1. 개혁·개방 개념

사전적 의미의 개혁이란 '제도나 체제 따위를 새롭게 뜯어 고침' 을 말한다.[1] 따라서 개혁정책이란 제도나 체제 따위를 새롭게 고치 는 정책을 말하는데 본 책자에서 사용하는 개혁은 범위를 좁혀 사 회주의 체제전환 과정에서 사회주의체제의 본질적 요소를 새롭게 고치는 것을 의미한다. 그러므로 개혁정책의 의미를 명확히 하기 위해서는 사회주의 체제전환 개념을 먼저 이해하는 것이 필요하다. 소련 사회주의체제가 붕괴되자 코르나이(J. Kornai)는 사회주의 체제 전환 이론을 제시하였다.[2]

그는 사회주의 등장과 소멸을 혁명적이행사회주의→고전적사 회주의→개혁사회주의→탈사회주의(체제전환) 과정으로 보았다.[3] 사회주의 필요충분조건으로 국가소유제, 중앙집권적 관료조정체 제, 공산당 일당독재라는 세 가지 특징을 적시하고, 자본주의 필요 충분조건으로 개인소유권, 시장에 의한 사회경제활동 조정체제, 정

---

1) 이희승 감수, 『엣센스 국어사전』(서울: 민중서림, 2009), p. 105.

2) Janos Kornai, *The Socialist System: The Political Economy of Communism* (Oxford University Press, 1992), p. xxv, pp. 383-395.

3) Jaos Kornai, *The Socialist System: The Political Economy of Communism*, pp. 18-21.

치적 자유화를 제시하였다. 체제의 변화는 고전적사회주의 단계에서 발생하는데 변화에는 개혁과 혁명이 포함된다. 개혁은 체제의 완전한 변화에 이르지 않으면서 소유권 관계, 경제조정체제, 정치구조 중에서 적어도 하나 이상에서 적당히 급진적인(moderately radical) 변화가 발생하는 것을 의미한다.

그는 개혁사회주의에서의 변화를 심도에 따라 시장화, 사유화, 자유화로 구분하였다. 첫 단계인 시장화는 관료적조정 메커니즘이 시장조정 메커니즘으로 대체되는 것을 의미하는데 변화의 깊이에 따라 다시 가격개혁, 시장사회주의, 기업의 자주관리로 구분하였다. 사유화는 국가소유권에 변동이 생겨 사적소유권을 인정하는 것을 의미한다. 자유화(political liberalization)는 개혁사회주의의 마지막 단계로 정치영역에서의 변화를 의미하여 공산당의 일당독재와 공식 이데올로기가 실질적으로 변하게 되는 것을 의미한다.[4]

개혁은 현재의 집권자와 그와 연합된 국가기구 내부 또는 외부 그룹에 의해 '위로부터 개혁'을 전제하는 것으로서 급진적이고 대규모적인 혁명에 의해 이루어지는 것이 아니라 정책의 방향전환을 통해 점진적인 체제변화를 추구하는 것이다.[5] 이에 비해 혁명은 체제전환을 전제하는 것으로 과거의 체제를 대체하는 새로운 체제가 형성됨을 의미한다. 혁명은 공산당 일당독재가 종식되고, 사회주의 체제가 완전히 다른 체제로 전환하는 질적인 변화를 의미한다.[6] 체

---

4) Jaos Kornai, *The Socialist System: The Political Economy of Communism*, pp. 565-568.

5) 정형곤, 『체제전환의 경제학』(서울: 청암미디어, 2001), pp. 21-27.

6) Janos Kornai, *The Socialist System: The Political Economy of Communism*, pp. 386-392 ; Kornai는 *The Socialist System* 에서 개혁사회주의(개혁)와 체제전환(혁명)을 구별하는 기준으로 공산당 일당독재 여부를 제시하였으나, 나중에 중국과 베트남의 사례를 들면서 공산당이 존재하더라도 사유재산 제도와 시장경제에 친화적이면 체제전환이 이루어진 것으로 볼 수 있다

제전환은 소련과 동유럽 사회주의 국가처럼 경제부문뿐만 아니라 이데올로기 부문에서 급격한 변화와 단절로 나아가는 것이라 할 수 있으며, 중국처럼 사회주의 기본틀이 유지되는 가운데 진행되는 경제정책의 방향전환을 체제개혁(system reform)이라 할 수 있을 것이다.[7]

체제전환과 체제개혁 개념이 변화의 속도와 깊이에서 차이를 보이는 것이라면 정치부문과 경제부문의 변화양상을 놓고 이중전환과 단일전환으로 구분할 수 있다. 급진적인 체제전환을 정치개혁과 경제개혁을 동시에 이행하는 이중전환이라 한다면 체제개혁은 정치체제를 그대로 두고 경제체제만 점진적으로 변화시키는 단일전환을 의미한다고 할 수 있다.

본 책자에서 사용하는 개혁정책은 코르나이가 제시한 고전적사회주의에서 발생하는 소유권 관계, 경제조정체제, 정치구조 중 적어도 하나 이상에서 변화를 초래하는 정책을 의미한다. 현재 베트남과 북한은 공산당 일당독재를 고수하고 있어 정치부문에서의 변화 가능성은 희박하다. 따라서 본 책자의 개혁·개방정책은 실질적으로 사회주의 공산당 일당독재체제를 그대로 유지하면서 소유권 관계 또는 경제조정체제에 상당한 변화를 야기시킨 정책을 의미하고 있다.

개방정책은 본래 소련에서 언론, 정보의 공개를 의미하는 자유화의 문맥에서 사용되었다. 그러나 1978년 시작된 중국의 개혁·개방 개념이 보편화되면서 개혁·개방이란 용어는 정치개혁과 분리되

---

는 견해를 피력하였다. Janos Kornai, "Market Socialism? Socialist Market Economy?", *From Socialism to Capitalism, Eight Essays* (Budapest-New York : Central European University Press, 2008, pp. 58-60)

7) 김근식, "사회주의 체제전환과 북한 변화", 『통일과 평화』 2집 2호, 서울대학교 통일평화연구소, 2010, p. 115.

어 경제분야에 한정되어 쓰이는 경향이 있다.[8] 본 책자에서 사용하는 개방은 소련의 정보의 자유화 공개를 의미하는 '글라스노스트'가 아니고, 사회주의 국가가 문호를 개방하여 자본주의 국가 또는 국제기관과의 교류와 협력이라는 의미로 사용한다.

사회주의 체제전환에서 개혁과 개방은 수레바퀴처럼 불가분의 관계에 있다. 개방정책을 통해 해외자본을 유치하지 않고 추진하는 개혁정책은 성공할 수 없고, 또 국내 개혁조치 없이는 해외자본을 유치하기 어렵기 때문이다. 사회주의 체제전환이 성공적으로 이루어지기 위해서는 개혁·개방이 함께 수반되어야 한다. 본 책자에서 개혁·개방정책을 함께 다루는 이유이다.

## 2. 체제전환 유형

사회주의 체제전환의 대표적인 유형은 급진주의(radicalism) 방식과 점진주의(gradualism) 방식으로 대별될 수 있다.[9] 급진주의는 빅뱅(big bang) 또는 쇼크요법(shock therapy)이라고도 불리는데, 소련·동유럽 체제전환에서 이루어졌던 방식으로 체제 내 개혁이 실패하면서 공산당이 붕괴되고 새로운 정치세력이 등장하여 급진적으로 자본주의체제로 전환한 유형이고, 점진주의는 중국·베트남 체제전환 방식처럼 공산당 통치체제를 유지하면서 시장 메커니즘과 사유제를 도입하는 개혁·개방을 통해 점진적으로 자본주의체제로 전환한 유형이다.

급진주의는 전체주의적 시각과 경제적 신자유주의가 결합한 결

---

8) 신지호, 『북한의 개혁·개방: 과거·현황·전망』(서울: 도서출판 한울, 2000), p. 20.

9) Marie Lavigne, *The Economic of Transition : From Socialist Economy to Market Economy* (London : McMillan Press Ltd. 1995), pp. 118-120.

과였다. 고전적 사회주의체제는 '하나의 실오라기가 끊어지면 모두
가 풀리는 천'에 비유될 정도로 응집력이 강한 통일적 체제로서 사
회주의 경제체제에 시장의 부분적 혼합은 불가능한 것으로 상정되
었다.[10] 사회주의체제에 대한 이러한 인식은 국가의 역할을 최소화
해야 한다는 신자유주의 경제학과 결합하여 '협곡을 두 걸음으로
건널 수는 없다(one cannot jump over a chasm in two leaps'[11]는 급진주
의적 체제전환론을 낳았다. 사회주의경제를 빠른 시간에 시장경제
로 만들기 위해서는 필요한 모든 조치를 동시에 급속히 실시해야
한다는 것이었다. 이 방식은 미국 정부와 국제통화기금(IMF), 세계
은행(World Bank) 같은 국제금융기구가 연계해서 마련한 '워싱턴 컨
센서스'[12]에 기반을 두고, 신자유주의 학자들과 IMF를 중심으로 한
국제금융기관의 전문가들에 의해 강력히 개진되었다. 이들은 사회
주의 경제를 시장경제로 급속히 전환시키는 방식에 낙관적인 전망
을 가지고, 소련과 동유럽 국가들의 체제전환 과정에서 정책자문,
금융지원 등의 방법을 통해 이들 국가들이 급진적 개혁을 추진하
도록 영향력을 행사하였다.

점진주의는 중국과 베트남의 체제전환 유형으로서 공산당 지배
를 그대로 유지하면서 경제개혁을 통해 시장경제체제로 이행해 가
는 단일전환이고, 대부분의 경우 지배엘리트의 정책적 의지에 의해

---

10) Janos Kornai, *The Socialist System : The Political Communism* (Princeton: Princeton Univ. Press, 1992), p. 383.

11) Marie Lavigne, *The Economic of Transition : From Socialist Economy to Market Economy* (London : McMillan Press Ltd. 1995). p. 119.

12) '워싱턴 컨센서스'는 지속적인 경제성장은 균형예산, 조세감면, 이자율 규제 철폐, 변동환율, 교역 자유화, 해외투자 개방, 규제 탈피, 사유화와 같은 포괄적 프로그램에 의해 가장 잘 달성할 수 있다는 '자유시장 만능주의'신화의 정식화라고 볼 수 있다. 최완규·최봉대, "사회주의 체제전환 방식의 비교연구", p. 12.

점증적인 체제개혁(incremental reform)을 수행하는 '위로부터의 개혁'
에 해당된다.[13] 점진주의는 시장경제로의 이행에 있어 제도와 개혁
의 순서를 중시한다. 제도는 게임의 룰(rule)로서 행위자의 이익 선
호 행동의 구조와 틀을 규정하는데, 제도가 결여되어 있는 체제에
급진적인 시장의 도입은 생산을 유도하기 보다는 혼란을 가져온다
는 것이다.[14]

점진주의를 주장하는 학자들은 공산주의 시절의 모든 경제제도
를 일거에 붕괴시키는 것은 불가능할 뿐만 아니라 바람직하지도
않다고 강조한다. 기존 제도 중에는 활용될 수 있는 유용한 것들도
있으며, 또 기존 제도 하에서 성장한 경제주체가 급격한 변화에 적
응하는 데는 시간이 걸리므로 구제도의 급격한 붕괴는 경제 붕괴
를 초래할 뿐이라는 것이다. 따라서 체제전환 기간 중 일정기간 국
가관리 경제체제를 유지하면서 새로운 사적부문 활동과 필요한 제
도를 촉진시켜 국가부문과 사적부문으로 이루어진 이중경제 구조
를 유지하는 것이 필요하다는 것이다. 사적기업과 시장제도의 일정
한 성장이 이루어진 후 국가기업의 점진적 사유화가 가능하고 바
람직하다는 것이다. 또 점진주의자들은 체제전환 과정에서 적절한
순서가 만들어져야 심도있는 개혁정책을 연속성 있게 추진할 수
있다면서 개혁의 면밀한 순서에 대한 필요성을 강조한다.[15] 체제
이행시 국가부문 사유화를 이행 초기에 실시하는 것보다 자본주의

---

13) 김근식, "사회주의 체제전환과 북한 변화", p. 120.

14) Victor Nee and Peng Lian, "Sleeping with the enemy : A dynamic model of
   declining political commitment in state socialism", *Theory and Society*, Vol. 23, No.
   2, April 1994, p. 254.

15) Dewatripont, Mathias, and Gerald Roland, "Economic Reform and Dynamic Political
   Constraint", *Review of Economic Studies 59*, 1992, pp. 703-730. 조영국, "체제 내
   적 모순과 체제 외적 모순", 윤대규 엮음, 『사회주의 체제전환에 대한 비
   교연구』 (서울: 도서출판: 한울, 2008), pp. 275-276 재인용.

부문이 충분히 성장한 후 단행하는 것이 국가부문 사유화를 보다 생산적으로 만들 수 있다는 것이다.[16]

밍신 페이(Minxin Pei)는 사회주의 체제전환을 경제적으로 시장경제, 정치적으로 다두제(polyarchy)로의 이중적인 이행으로 보고 있다.[17] 다두제는 실질적인 민주화(democratization)와 정치적 자유화(liberalization)을 포함한다. 그는 실질적인 민주화가 이루어졌는지에 대한 판단 기준으로 공개적이고 자유로운 선거여부가 적용될 수 있으며, 정치적 자유화가 이루어졌는지에 대한 판단 기준으로는 언론 결사 종교 집회의 자유를 척도로 제시하였다. 또 시장경제가 이루어졌는지 판단 기준으로 GNP에서 차지하는 사유제의 비율과 자원배분체제를 제시하였다. 밍신 페이는 계획경제에서 시장경제로의 전환은 자유화와 사유화라는 두 가지가 조치가 결합되어 있는 기준을 제시하였다. 그는 사회주의 체제전환에 대해 시장화, 사유화에 대해서는 코르나이와 같은 입장이며 정치적 자유화에 대해서는 코르나이 보다 엄격한 입장을 제시하였다.

최완규·최봉대는 체제전환 국면에서 지배엘리트의 내적구성과 분파적 역학관계를 사회주의 체제전환 방식의 기준으로 삼아 지배엘리트의 갈등, 분열, 몰락, 타협, 통합 등 내적구성과 분파적 동학의 변화양태에 따라 러시아형, 동부유럽형, 중부유럽형, 중국형, 쿠바형으로 구분하였다.[18] 러시아형은 지배세력의 분열과 권력투쟁에서 승리한 급진파 개혁세력에 의해 개혁·개방이 이루어졌다. 동

---

16) 박형중, "사회주의 경제의 체제전환 전략: 급진론과 진화론─동유럽과 중국개혁에 대한 평가를 중심으로", 『통일연구논총』 제6권 1호, 민족통일연구원, 1997, pp. 222-225.

17) Minxin Pei, *From Reform to Revolution : The Demise of Communism in China and the Soviet Union* (Cambridge, Massachusetts, and London, England : Harvard University Press, 1994), p. 13, pp. 18-19.

18) 최완규·최봉대, "사회주의 체제전환 방식의 비교연구", pp. 32-39.

부유럽형은 국지적 대중봉기로 고전적사회주의체제가 붕괴되었으나 개혁파 엘리트가 형성되어 있지 않아 특정 분파를 제거한 기존 지배엘리트의 인적 연속성이 지속되면서 혼란속에서 개혁·개방이 추진되었다. 중부유럽형은 지배세력의 개혁파 엘리트와 반체제 엘리트 간 정치적 타협에 의해 기존 경제엘리트의 인적 연속성이 유지되면서 개혁·개방이 추진되었다. 중국형은 지배엘리트 내부의 정치적 타협에 따라 정치적 노선은 고수하고, 경제적 개혁을 추진하면서 엘리트의 내적 통합과 정치적 지속성을 유지하였다. 쿠바형은 지배엘리트의 잠재적 내부 갈등은 존재하지만 최고 권력자의 반개혁적 성향으로 제한적 경제개혁을 추진하면서 지배엘리트의 내적 통합과 정치체제 지속성을 유지하고 있다. 본 책자는 사회주의 체제전환 관점에서 베트남과 북한의 개혁·개방정책을 분석하면서 점진주의 방식에 의한 체제전환, 밍신 페이의 시장경제로의 전환, 최완규·최봉대의 중국형 체제전환 방식을 적용하였다.

## 제2절 분석개념

### 1. 초기조건

체제전환에서 초기조건(initial conditions)은 체제전환국의 정책 당국에게 주어지는 몇 가지 조건으로 자연 환경적 요인, 문화적 요인, 과거로부터 이어 받은 역사적 유산, 초기발전 수준, 정치적·국제적 환경을 가리킨다.[19] 체제전환에서 개혁 개시 당시 초기조건은 개혁의 진행과정과 그 성과를 결정하는데 중요한 역할을 한다. 이러한 초기조건과 개혁정책 성과 관련성 등을 연구하기 위한 기존 연구

---

19) 양문수, "체제전환기의 경제정책과 성과", 윤대규 엮음, 『사회주의 체제전환에 대한 비교연구』 (서울: 도서출판 한울, 2008), p. 199.

자들은 경제적 초기조건을 주로 다루었다. 드 멜로(De Melo)는 억제된 인플레이션, CMEA 무역의존도, 계획경제 존속기간, 도시화율, 개혁 이전 1인당 소득, 개혁 이전 산업왜곡도, 개혁 이전 5년 동안의 경제 성장률, 체제전환 이전의 외채규모, 농업비중, 개방도, 그리고 중등학교 등록률 등을 경제적 초기조건으로 활용하여 개혁의 성과를 평가하였다.[20] 월드뱅크는 경제적 체제전환의 초기조건으로 경제구조의 차원, 경제 왜곡의 차원, 제도 차원의 세 가지 범주로 나누기도 했다.[21]

경제적 초기조건이 개혁정책 성과와 관련된 것이라면 정치적, 대외적, 사회적 초기조건은 개혁·개방정책의 선택과 진행에 관련되어 있다고 할 수 있다. 본 책자는 베트남과 북한을 비교하여 북한의 개혁·개방정책이 실패하게 된 원인을 규명하는데 목적이 있으므로 경제적 초기조건뿐만 아니라 비경제적 초기조건도 포함된 당시 해당국가가 처한 환경과 처지를 모두 검토한다. 이를 위해 베트남과 북한이 개혁·개방정책을 시행한 당시 환경과 처지를 초기조건과 개혁·개방 동인으로 구분하여 분석한다. 개혁·개방 초기조건과 개혁·개방 동인을 구분하는 기준은 첫째, 개혁·개방정책을 채택한 시점 이후에 발생하는 조건은 개혁·개방 동인에 포함시켰다. 둘째, 개혁·개방정책을 채택한 시점 이전에 주어진 조건에 대해서는 역사적 산물처럼 형성이나 변화가 장기간에 걸쳐 점진적으로 이루어지는 조건은 초기조건에 포함하고, 형성이나 변화가 단기적

---

20) De Melo et al, "Circumstance and Choice: The role of initial conditions and Policies in Transition Economies", World Bank Review, No. 15 Vol. 1, 2001.

21) World Bank, Transition -The First Ten Years: Analysis and Lessons for Eastern Europe and the Former soviet Union(Washington D. C.: The World Bank, 2002), 김근식, "사회주의 체제전환과 북한 변화", 『통일과 평화』 2집 2호, 2010, p. 123 재인용.

으로 이루어질 수 있는 조건이나 개혁·개방 시행 직전에 형성되어 개혁·개방 정책에 직접적인 영향을 미친 조건은 개혁·개방 동인으로 구분하였다. 개혁·개방 초기조건은 경로의존적 성향을 보인다. 경로의존성(path dependency)은 법률, 제도, 문화, 관습 등 다양한 분야에서 나타나는 현상으로 한번 일정한 경로가 형성되고, 그 경로에 의존하기 시작하면 나중에 그 경로가 비효율적이라는 사실을 알고도 여전히 그 경로를 벗어나지 못하는 경향성을 말한다. 경로의존성은 기존의 제도나 정책을 새로운 제도나 정책으로 변화하는 방향을 제약하지만 변화 자체를 결정하지는 않는다.

개혁·개방정책 시행 당시 환경과 처지를 초기조건과 동인으로 구분해서 분석하는 것은 먼저 개혁·개방정책 시행 이후에 발생하는 조건을 초기조건에 포함시킬 수 없다는 점, 그리고 특정 시점에 이르러 개혁·개방정책이 산출된 것은 새로운 개혁·개방 동인이 발생하여 기존의 초기조건에 결합되어 산출된다는 점을 감안하였다. 개혁·개방정책이 산출되는 것은 개혁·개방 동인이 직접적인 영향을 미치지만 산출된 개혁·개방정책이 확대 발전 또는 축소 중단되는 것은 기존의 초기조건과 개혁·개방정책 시행 과정에서 발생하는 새로운 개혁·개방 동인에 의해 영향을 받는다. 소련 및 동유럽 국가들의 체제전환과 중국의 체제전환 과정에서 개혁·개방정책 산출과 진행에 영향을 미친 요소를 초기조건으로 범주화하면 다음과 같다.

첫째, 해당국가의 정치체제 성격이다. 정치체제는 환경의 요구와 지지를 받아 정치체제 내에서 정책으로 전환하여 환경으로 내보내는 역할을 수행한다. 따라서 정치체제의 권력구조는 개혁·개방정책의 산출과 시행에 직접적인 영향을 미친다. 특히 사회주의 국가에서 독재자의 권력이 확고하면 개혁·개방의 선택과 지속적 추진 여부는 독재자의 이해득실에 따라 결정적 영향을 받는다. 그레고리(P. Gregory)는 소련의 문서보관소 자료를 활용한 연구를 통해 독재자의 유형을 과학적 계획가, 안정적 강도형, 이기적 독재자, 그리고 중재적 독재자형으로 나누고, 스탈린은 안정적 강도형 내지 이기적인 독재자형이었다고 결론 짓고, 이러한 유형은 절대 권력을 유지하고 있는 독재자의 일반적인 유형이라고 하였다.[22]

둘째, 해당국가의 이데올로기와 정치문화이다. 이데올로기는 '집단 혹은 공동체의 신념, 생각, 태도, 특징의 집합체'[23]로 정치체제와 주민생활, 대외관계 등 모든 분야에서 지도이념이 되고 있다. 대중에게 일관된 사고체계를 제공함으로써 정치리더십과 체제에 대한 정당성을 부여하고, 국가가 추구하는 목표를 위해 대중의 자발적 참여를 동원해 내는 역할도 한다. 이러한 정치 이데올로기와 역사적 전통에 의해 형성된 해당국가의 정치문화는 개혁·개방정책에 영향을 미친다.

셋째, 국가건설의 정통성이다. 근대국가의 정통성은 합리적, 법률적 정통성에 근거하는데 동유럽 사회주의체제는 그러한 정통성을 갖추지 못했다. 동유럽 국가들은 소련 군대의 정복에 의해 세워졌고, 해당지역 주민들 대다수는 이것이 정당성을 갖지 못하는 폭

---

22) 과학적 계획가형 독재자는 자신의 이익에는 관계없이 사회전체의 이익을 극대화하는 자, 안정적 강도형은 자신의 이익을 추구하되 장기적인 관점에서 추구하는 유형, 이기적 독재자는 자신의 권력 축적에만 관심 있는 자로서 절대 권력의 강화를 위해 정치적 충성심을 공고히 하려는 자, 중재자형은 권력이 여러 집단들에 의해 나누어져 있어 중재자의 기능을 수행하는 독재자이다. P. Gregory, *The Political Economy of Stalinism*, (Cambridge: Cambridge University Press, 2004), 김병연, "사회주의 경제개혁과 체제이행의 조건: 구소련, 동유럽, 중국의 경험과 북한의 이행 가능성", 『비교경제 연구』 제12권 2호, 2005, p. 223 재인용

23) John Plamenatz, *Ideology* (New York: Praeger, 1970). p. 15, 김근식, "1990년대 북한의 체제정당화 담론: '우리식 사회주의'와 '붉은기철학'을 중심으로", 『통일정책연구』 8권 2호, 통일연구원, 1999, p. 37 재인용.

력행위로 인식하였다. 스탈린시대에 들어 동유럽 사회주의체제들은 강력하게 획일화되었다. 평등주의는 공산주의 성장시기에는 부분적으로 정통성을 보완하는 역할을 하였으나, 80년대 경제위기 당시에는 이러한 역할은 한계에 달했으며 자본주의 우월성은 점점 더 부각되었다. 소련에 의해 건설되고 획일화 된 정통성이 상실된 동유럽 사회주의체제는 소련의 몰락과 함께 획일적으로 붕괴될 수밖에 없었다. 동유럽 사회주의 국가 중 유일하게 무장 투쟁을 통해 스스로 독립을 쟁취한 유고슬라비아는 민족주의 문제로 분열되고 체제전환 하였다. 이에 비해 국가 건설에 정통성을 갖고 있는 중국은 사회주의 정치체제는 그대로 유지하면서 점진주의적 방법에 의해 체제전환 하였다.

넷째, 민족의 분단과 통일 여부이다. 소련이나 동유럽 사회주의 국가들은 민족분단이라는 조건이 없는 상태에서 급진적 체제전환을 이루었고, 분단의 문제를 갖고 있는 중국은 점진적 개혁·개방을 통해 체제전환을 이루었다. 베트남과 북한은 분단의 경험을 함께 갖고 있으나, 베트남은 통일을 달성한 이후에 개혁·개방을 추진하였고, 북한은 분단된 상황에서 개혁·개방정책을 추진하였다. 민족분단과 통일여건에 대한 검토가 필요하다. 민족의 분단이나 통일 여부는 개혁·개방을 수행하는 과정에서 체제안전 문제와도 연계되어 있다.

다섯째, 지정학적 조건이다. 지정학적으로 소련의 수도 심장부에 가까이 위치해 있고, 소련의 핵심적인 이익이 달려 있었던 동유럽 국가들은 소련의 강력한 영향권에 있었다. 소련의 심장부에서 멀리 떨어져 있고, 소련의 핵심 이익이 달려 있지 않았던 베트남과 북한은 소련으로부터 동유럽 국가들만큼 강한 영향력은 받지 않았다. 베트남과 북한은 중국과 국경을 맞대고 있다. 지정학적으로 북한은 중국의 핵심이익이 달려있는 국가이고, 베트남은 중국의 일반

적인 주변국가의 중요도를 차지하고 있다. 이러한 지정학적인 위치
는 해당국가의 개혁·개방정책에 영향을 미친다.

여섯째, 시민사회의 존재이다. 동유럽 사회주의 국가들의 체제
전환은 지배엘리트의 내적 분파 형성과 저항세력과의 동학이 정치
와 경제 양차원에서 혁명적 변화를 수반한 방식이었다. 소련은 지
배계급 내부에서 개혁파와 보수파가 분화되어 권력 투쟁을 통해
체제전환 하였다. 동유럽 국가들은 헝가리, 폴란드처럼 반체제 엘
리트와의 경쟁과 타협에 의해 체제전환하거나 동독, 루마니아처럼
대중봉기에 의해 체제전환이 이루어졌다. 국민의 불만을 표출할 수
있는 시민단체의 존재는 개혁·개방정책의 진행에 영향을 미친다.
또 국민들의 자본주의 체제 경험 여부도 개혁·개방정책에 영향을
미친다.

## 2. 동인(촉진·억제요인)

동인이란 어떤 사태를 일으키거나 변화시키는 직접적인 요인을
말한다. 따라서 개혁·개방정책의 동인은 개혁·개방 정책을 산출하
거나 중단시키는데 직접적인 영향을 미치는 요인이다. 개혁·개방
정책의 동인에는 개혁·개방정책을 촉진시키는 요인과 억제시키는
요인이 모두 포함되어 있다. 코르나이는 사회주의체제 변화를 유발
하는 요인을 크게 경제난의 축적, 경제적 어려움에 기인한 대중의
불만, 권력층의 자신감 상실, 그리고 외부국가에 의한 영향이라는
네 개의 그룹으로 구분하였다.[24] 홈즈(Leslie Holmes)는 사회주의체
제의 붕괴요인에 대해 국가에 따라 비중이 다르지만 학자들이 공
통적으로 지적하는 요인은 ①경제위기 ②정통성의 상실 ③다민족

---

24) Janos Kornai, *The Socialist System : The Political Communism* (Princeton: Princeton
   Univ. Press, 1992), pp. 383-386.

체제에서 특정중심민족의 지배 ④고르바초프의 개혁·개방정책 ⑤ 시민사회의 등장 ⑥서방과의 경쟁 등이라고 하였다.[25] 코르나이가 제시한 사회주의체제 변화를 유발하는 요인이나 홈즈가 지적한 사회주의체제 붕괴요인은 대부분 개혁·개방정책의 동인으로도 작용하였다. 본 책자는 기존 소련이나 동유럽 사회주의 국가들의 체제전환이나 중국의 체제전환에서 나타난 개혁·개방의 동인을 다음과 같이 범주화하여 베트남과 북한의 개혁·개방정책 동인과 비교하는 기준으로 활용한다.

첫째, 개혁·개방의 동인은 해당국가의 지도부 교체와 지도부의 가치지향성이다. 일반적으로 새로 교체된 지도자와 지도부는 자신들의 권력기반을 공고히 하고, 전 정권과 차별화하기 위해 기존의 제도와 정책을 바꾸는 새로운 개혁정책을 추진할 동기를 갖게 된다.[26] 소련의 경우 1964년 흐루시초프를 축출하고 권력을 장악한 브레즈네프는 함께 권력을 잡았던 코시긴 총리로 하여금 자본주의 인센티브 요소를 도입한 경제개혁을 추진토록 하였고, 1985년 3월 콘스탄틴 체르넨코의 사망으로 소련공산당 서기장이 된 고르바초프는 페레스트로이카(개혁)와 글라스노스트(개방)을 추진하였다. 페레스트로이카는 정치적, 경제적 개혁이었고, 글라스노스트는 언론 출판 종교의 자유에 대한 통제 완화이었다.[27] 고르바초프와 개혁세력은 보수세력의 저항에 부딪치자 개혁을 보다 과격한 방향으로 추진하였다. 이러한 과정에서 개혁파는 공산당을 비롯한 제도권

---

25) Leslie Holmes, *Post Communism : An Introduction* (Durham: Duke University Press, 1997), pp. 1-62.

26) 김석진, 『중국 베트남 개혁모델의 북한 적용 가능성 재검토』(서울: 산업연구원, 2008), p. 57.

27) Richard Crockatt, "냉전의 종식", 존 베일리스. 스티브 스미스 편저, 하영선 외 옮김, 『세계정치론』 (서울: 을유문화사, 2006), p. 122.

을 무력화시키게 되어 기존체제가 와해되었다. 중국의 경우에는 모택동 사망 이후 등소평 체제가 들어서면서 개혁이 시작되었다. 중국은 정치체제를 그대로 유지하면서 점진적인 개혁·개방정책을 추진하여 체제전환을 하였다. 사회주의체제는 중앙집권적인 정치, 경제구조를 갖고 있기 때문에 체제전환 이행과정에서 지배엘리트는 핵심적인 역할을 하게 된다.[28] 또 사회주의 국가들의 체제전환 양상도 전환국의 역사적 발전경험의 차이, 근대화 수준, 대외관계, 국가능력 등의 초기조건과 지배엘리트의 역할에 따라 다르게 나타난다.

둘째, 사회주의체제에서 발생하는 경제적 위기와 시장화 현상이 확대될수록 개혁·개방 가능성은 높아진다. 사회주의경제체제는 생산수단의 국유화, 중앙집중식 계획경제, 중공업 위주의 발전전략, 사적부문에 대한 억압 등이 핵심적 특징이다. 이러한 사회주의경제체제는 1950년대부터 1970년대 초반까지는 괄목할 만한 산업화와 경제성장을 이루었으나 1970년대 중반 이후 경제성장이 둔화되기 시작하였다. 이러한 현상은 사회주의체제의 계획경제 모델의 핵심인 생산수단의 국유화, 중앙집중식 계획경제에 따른 비효율성이 경제발전이 진행됨에 따라 더욱 떨어지는 구조적 문제에서 연유되었다. 이러한 사회주의체제의 구조적 문제로 인해 발생하는 경제적 위기는 경제개혁을 촉진하는 하나의 요인이 되었다. 시장화란 시장의 발생 및 확대라는 의미와 계획 하에 대비되는 시장 메카니즘의 도입 및 확산이란 의미로 사용한다.[29] 사회주의체제에서 존속하고 있었던 자본주의적 요소가 내재되어 있는 사장화의 확산은 개혁·개방정책을 촉진시키는 요인으로 작용하였다.

---

28) 최완규·최봉대, "사회주의 체제전환 방식의 비교연구", pp. 39-60.

29) 양문수, "북한의 시장화: 추세와 구조변화", 『KDI 북한경제리뷰』 제15권 6호, KDI, 2013년 6월, p. 47.

셋째, 공산당 지도부가 인식하는 체제위기의 강도가 클수록 개혁·개방정책을 채택할 가능성은 높아진다. 사회주의 국가의 공산당 지도부는 현존하는 체제위기가 얼마나 심각한가에 관한 정치적 판단에 근거해서 개혁의 실행 여부를 결정한다. 사회주의 체제위기는 경제위기가 기초가 되지만 경제위기가 경제개혁의 선행조건은 아니다.[30] 경제위기는 일반 대중에게 큰 영향을 미치지만 독재정권 하에서는 핵심계층만 동요하지 않으면 최고 권력자의 권력유지는 가능하기 때문이다. 독재권력 하에서는 경제적 요인들이 대중의 무력 항거나 군, 엘리트 등 핵심 계층의 동요를 통해 권력의 위기로만 연결되지 않으면 개혁의 중요한 요소가 되지 않는다. 그러나 경제적 위기로부터 사회정치적 위기가 파생되어 최고 권력자의 권력유지 가능성을 저하시킬 때 경제개혁을 촉진시키는 요인이 될 수 있다. 최고 권력자는 개혁을 하지 않을 경우 현존하는 체제위기가 더욱 심화될 가능성이 있다는 점과 반대로 개혁을 할 경우 정치적, 이념적 위기가 따르게 된다는 점을 고려하여 개혁 여부를 결정하게 된다.

대중의 불만이 조직화되어 표출되는 방식은 시민사회 등 반체제 집단을 통해 나타날 수도 있고, 봉기로 나타날 수도 있다. 시민사회는 처음 마르쿠제 이래 서유럽 좌파인사들이 주도한 것으로 국민들이 비시민사회에서 살고 있다는 전제에서 시작하였다.[31] 동유럽에서 시민사회는 획일성을 강조하는 마르크스-레닌주의로부터 탈피하려는 반체제 지식인 중심으로 형성되어 사회주의체제에 대한 저항문화를 구축하였다. 반체제 지식인이 세력화 된 대표적인 집단은 체코의 '77헌장'과 폴란드의 노동자방어위원회(KOR)이었다. 이들

---

30) 김병연, "사회주의 경제개혁과 체제이행의 조건: 구소련, 동유럽, 중국의 경험과 북한의 이행 가능성", 『비교경제 연구』 제12권 2호, 2005, p. 237.
31) 클라우스 폰 바이메, 이규영 옮김, 『탈사회주의와 체제전환』, p. 106.

은 인권과 시민권을 위해 헌신적으로 투쟁하는 열성분자들로 구성된 비공식기구로서 특히 노동자 역할을 강조했으며, 실제로 폴란드에서 연합노조가 등장하는데 크게 기여하였다. 이들은 사회주의체제 내에서 독자적인 이익과 요구를 표출하는 세력을 형성함으로써 체제비판적인 지식인과 결합하여 사회주의체제를 변화시키는 요인으로 작용하였다.

넷째, 해당국가의 사회통제력이 강할수록 개혁·개방정책을 채택할 가능성은 낮아진다. 공산당은 개혁·개방정책을 추진할 경우 현재의 통치체제를 얼마나 안정적으로 유지할 수 있는가를 매우 중요시 한다. 소련이나 동유럽 사회주의 국가들의 경험에서 볼 수 있는 것처럼 개혁·개방을 추진할 경우 정치 이념적 통제가 이완되어 지배엘리트 집단 내부에서 보수파와 개혁파간 갈등이 나타나거나, 동독, 루마니아처럼 대중이 기존 체제로부터 이반하여 공산당 통치체제가 붕괴할 위험이 상존하기 때문이다. 강력한 사회통제력을 가지고 있는 사회주의 국가는 경제적 위기가 발생하여도 체제붕괴 위기로 발전할 수 없기 때문에 개혁·개방의 필요성을 크게 증대시키지 못한다. 사회주의 국가건설의 정통성, 공산당 내부 엘리트 간의 결속력, 사회적 통제기구 등이 국가 통제력 강화에 중요한 역할을 수행한다.

다섯째, 국제사회의 압력 및 서방국가와의 관계개선이다. 1990년을 전후하여 사회주의권이 붕괴된 것은 체제 간 경쟁이라는 외부적 압력이 한층 두드러져 외적위기가 내적위기로 전환된 것이었다.[32] 사회주의 종주국인 소련은 서방과의 군비경쟁을 위해 군수산

---

32) Robin Blackburn, "Fin de Siecle : Socialism after the Crash", *Post Soviet Affairs*, Vol. 8, No. 4(October-December 1992), pp. 292-294, 김갑식, "사회주의 체제전환국의 정치체제 변화", 윤대규 엮음, 『사회주의 체제전환에 대한 비교연구』, (서울: 도서출판: 한울, 2008), p. 106 재인용.

업 우선의 경제정책을 추진하였고, 이로 인해 경제시스템은 왜곡되고 경제침체는 가속화되었다. 1980년대 들어 미국의 레이건 정부는 의도적으로 '스타워즈' 군비경쟁을 촉발시켜 소련을 압박하였다. 국제원유가 하락을 유도하여 원유수출에 의존하는 소련 경제구조에 결정적 타격을 가했다. 미국의 정치군사적, 경제적 공세에 의해 야기된 체제안보 위기를 극복할 수 있는 방안은 혁신적인 경제개혁뿐이라고 인식한 고르바초프는 미국과의 경쟁 대신 개혁과 개방을 선택하였다.

고르바초프의 개혁·개방정책은 동유럽 사회주의 국가들의 개혁·개방과 체제전환에 직접적인 영향을 미쳤다. 1986년 제27차 소련 공산당대회에서 고르바초프가 동유럽 국가들의 주권의 독립성과 사회주의 연대를 함께 강조하자, 폴란드와 헝가리는 대담한 개혁정책을 추진하였다.[33] 1989년 10월 소련 외무성이 동유럽 국가들은 "그들의 길을 가고 있다"는 시나트라 독트린을 발표함으로써 동유럽 국가들의 주권을 제한했던 브레즈네프 독트린을 철폐하자 폴란드 헝가리 등 동유럽에서는 정치적 자유화 운동이 강화되었고, 1989년 11월 냉전의 상징이었던 베를린 장벽이 무너지면서 동유럽에서의 사회주의체제는 급속히 붕괴되었다. 소련과 마찬가지로 중국의 개혁·개방도 여타 사회주의 국가들에게 영향을 미쳤다. 또 국제사회의 개혁·개방 압력이나 서방국가들과의 관계개선은 개혁·개방 시행 및 성과에 영향을 미쳤다. 중국은 개혁·개방을 시작하기 이전에 서방국가들과 관계개선을 추진했다. 일본과는 1972년, EC와는 1975년에 국교를 정상화 하였으며, 1979년에는 미국과 국교를 정상화하였다. 1974년에는 일본, 1978년 EC, 1979년에는 미국과 무역협정을

33) Paul G. Lewis, "Soviet and East European Relations", in Gilbert Rozman, ed., *Dismantling Communism : Common Causes and Regional Variation* (Baltimore : Johns Hopkins University Press, 1992), pp. 330-334.

체결하여 대서방 무역을 정상화하였다. 대외관계 개선은 체제에 대한 위협을 완화시키고 무역과 외자유치 증대를 통해 개혁·개방의 성공 가능성을 높일 수 있다. 그러나 외부 원조는 기존 통치 집단의 자원과 권력을 증가시키고, 체제위기를 일부 완화시킬 수 있어 지도부의 가치지향성에 따라 개혁·개방 의지를 약화시킬 가능성도 있다. 이처럼 해당 국가가 개혁·개방을 시행할 당시 대외관계는 개혁·개방의 진행에 큰 영향을 미친다. 본 책자는 앞에서 살펴본 개혁·개방 초기조건과 개혁·개방 동인을 중심으로 베트남과 북한의 개혁·개방정책 전개과정을 분석하고 비교할 것이다.

## 제3절 분석 틀

본 책자는 베트남과 북한의 개혁·개방정책을 사회주의 체제전환 관점에서 비교한다. 개혁·개방정책은 사회주의체제에서 시장경제체제로의 전환해 가는 과정에서 시행되는 정책이기 때문에 양국의 개혁·개방정책 전개과정을 점진주의 체제전환 방식을 통해 베트남과 북한의 개혁·개방 과정을 분석하고 조망한다.

그 이유는 베트남의 경우 이미 점진주의 방식을 통해 시장경제체제로 전환하였고, 북한 역시 개혁·개방정책을 추진한다면 점진주의 방식을 선택할 가능성이 크기 때문이다. 과거 사회주의 국가들의 체제전환 경험을 보면 경제에서 계획의 비중이 높거나 중앙집중도가 높았던 소련과 동유럽 국가들은 모두 급진주의 방식에 의해 체제전환이 이루어졌다. 이런 점을 고려하면 북한도 급진주의 방식에 의한 체제전환 방식이 적용될 가능성이 높다고 할 수 있다. 그러나 급진주의와 점진주의를 정책결정자의 선택의 영역으로 본다면 북한지도부는 공산당이 붕괴되고 혼란이 따르는 소련·동구형의 급진주의 방식보다는 정치체제의 훼손 없이 경제개혁이 가능한 점진주의를 선택할 것이다.[34] 또 지금까지 북한이 분절적으로 시행했던 개혁·개방정책도 당-국가 주도로 이루어졌던 점을 고려하면 북한의 개혁·개방정책도 점진주의 체제전환 방식에 의해 분석하는 것이 타당할 것이다.

북한의 개혁·개방정책을 사회주의 체제전환 관점에서 살펴보는 것은 북한의 개혁정책이 현재는 중단되었지만 향후 개혁·개방정책을 추진할 경우 체제전환으로 진행될 수 있기 때문이다.

〈그림 2-1〉 사회주의 체제전환의 두 경로

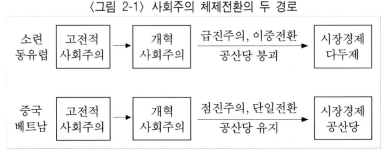

자료: 김석진, 『중국·베트남 개혁모델의 북한 적용 가능성 재검토』(서울: 산업연구원, 2008), p. 27 활용 재작성.

사회주의 체제전환 맥락 속에서 본 책자가 관심을 갖고 있는 부분은 북한과 베트남의 개혁·개방정책을 비교해서 북한의 실패원인을 규명하는데 있다. 이를 위해 양국의 개혁·개방 전개과정 분석을 통해 개혁·개방 초기조건과 개혁·개방 동인을 도출하고 이를 비교하여 해답을 찾고자 하였다.

양국의 개혁·개방 초기조건과 개혁·개방 동인을 도출하기 위한 분석틀로 정치체제론의 정책결정이론을 원용하였다. 정치체제 정책

---

34) 이석, 『북한의 경제개혁과 이행』(서울: 통일연구원, 2005), p. 54; 김근식, "사회주의 체제전환과 북한 변화", p. 129.

결정이론에 의하면 정책은 정치체제(political system)와 환경의 작용에 의한 산출물이다. 환경의 요구와 지지가 정치체제에 투입(input)되면 정치체제 내에서 정책으로 전환(conversion)되어 산출(output)되고, 산출된 정책은 환류(feedback)하여 환경에 영향을 준다.[35]

정치체제는 사회문제가 환경으로부터 투입되면 이중 일부를 정책으로 전환시키는데 이 과정에서 정치체제의 특성이 정책에 영향을 미친다. 정책에 영향을 미치는 정치체제의 특성은 정치체제의 담당자, 정치체제의 규범, 그리고 정치체제의 구조 등 세 가지로 요약할 수 있다.[36]

정치체제의 담당자의 속성은 능력(ability)과 성향(disposition)이다. 능력은 문제 해결을 위한 전문적 능력과 상호 이해관계를 조정할 수 있는 정치적 능력이다. 성향은 정책에 대한 선호도를 의미한다. 정책과정에 영향을 미치는 정치체제의 규범에서 중요한 것은 정치이념(ideology)과 정치문화이다. 정치이념은 정치적 가치에 대한 일관성 있는 사고체계로 정책에 대한 가치판단의 방향을 제시하는 역할을 한다. 정치문화는 정치적 상호작용의 유형과 정치제도들에 대한 신념의 체계이다.

정치체제의 구조는 정치체제 구성 요소들 간의 유형화된 상호관계를 말하는데 정책결정 과정에서 가장 중요한 영향을 미치는 요소는 권력구조이다. 권력구조는 누가 더 강한 힘을 발휘하느냐를 나타내는 것이므로 정책의 내용, 결과에 결정적인 영향을 미치게 된다.

본 책자에서는 정치체제의 정책결정이론을 원용하여 개혁·개방정책을 분석한다. 환경을 개혁·개방 초기조건과 개혁·개방 동인으로 하고, 산출된 정책을 개혁·개방정책으로 한다. 베트남과 북한의

---

35) 정정길 외, 『정책학 원론』(서울: 대명출판사, 2013), p. 76.
36) 정정길 외, 『정책학 원론』, p. 95.

개혁·개방 초기조건, 개혁·개방 동인이 정치체제에서 개혁·개방정책으로 전환되어 산출된다. 산출된 개혁·개방정책의 집행 결과는 환류하여 후속 정책결정의 동인으로 작용한다. 개혁·개방정책의 시행 결과 나타난 긍정적 결과(성과)는 개혁·개방 촉진요인으로 환류하여 개혁·개방정책을 확대 발전시키고, 개혁·개방정책 시행 결과 나타나는 부정적 결과(폐단)는 개혁·개방 억제요인으로 환류하여 개혁·개방정책을 중단시키거나 후퇴시킨다. 최초 개혁·개방 초기조건과 개혁·개방 동인에 의해 산출된 개혁·개방정책은 시행 후 나타나는 새로운 동인과 환경변화에 영향을 받아 진로가 결정된다고 하겠다.

〈그림 2-2〉 개혁·개방정책의 산출 및 진행과정

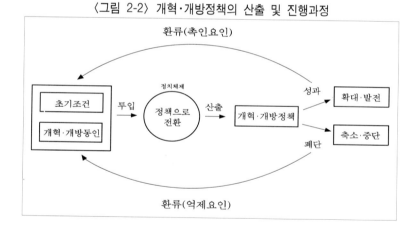

# 제3장 베트남의 개혁·개방

## 제1절 개혁·개방정책 개관

### 1. 제한적 개혁·개방정책

1975년 4월 남베트남을 무력으로 정복한 북베트남은 1976년 7월 베트남 전역에 베트남사회주의공화국(Socialist Republic of Vietnam)을 수립하였다. 통일전쟁에서 100만 명의 군인이 전사하였으며, 150만 명의 민간인이 사망하였다. 1,500만 명이 집을 잃었고, 남부지역 마을의 60%가 파괴되었고, 북부지역은 주요도시와 도로, 항만, 철도, 교량, 항구, 산업시설이 거의 초토화 되었다.[1]

통일 베트남 정부가 직면한 과제는 전쟁으로 황폐화된 경제복구와 남부베트남의 시장경제체제를 북부의 사회주의경제체제로 통합하는 것이었다. 이러한 과제를 해결하기 위해 베트남은 1976년 12월 베트남공산당 제4차 당 대회를 개최하고 제2차 경제개발 5개년계획 (1976-1980)[2]을 채택하였다. 당시 통일 베트남 정부는 공산당의 자존심과 전쟁에서 승리한 기분에 도취되어 1980년까지 남부의 사회주

---

1) Tran Hoang Kim, *Economy of Vietnam: Review and Statistics* (Hanoi: Statistical Publishing House, 1992), p. 22; 임강택·김종욱, "베트남의 개혁·개방에 따른 경제·사회의 발전상 연구", 황병덕 외, 『사회주의 체제전환 이후 발전상과 한반도 통일』(서울: 늘품플러스, 2011), p. 124.

2) 제1차 5개년계획은 통일전인 1961-1965년간 북베트남 전시공산주의체제하에서 시행된 계획을 말한다.

의화 작업을 완성시킨다는 무리한 계획을 수립하고, 제2차 경제개발 5개년계획을 통해 사회주의경제체제를 남베트남에 적용하여 생산수단의 국유화, 농업의 집단화를 강행하려는 것이었다.[3]

　1977년 6월 '남부발전에 관한 결의'를 채택하고, 남부 각지에 집단농장, 농업합작사(집단소유제 농업협동조합) 추진하였고, 1978년 3월에는 남부에서 자본주의적 상업활동을 전면적으로 금지하였다. 그러나 남베트남에서의 농업에 대한 집단화와 사영공업의 전면금지 등 급격한 사회주의화 정책은 남베트남인의 커다란 저항에 부딪쳐 순조롭게 진행되지 못하였다. 베트남 정부는 제2차 5개년계획 기간에 남베트남에서 농업집단화를 70-80% 수준으로 끌어 올리려는 것이 원래 목표이었으나 1980년도에 실제 이루어진 성과는 10%에 불과하였다.[4] 남베트남 많은 지역에서 개인농업이 잔존했고, 전국적으로 상업, 서비스업, 수공업 등의 분야에서 사적인 경제활동도 계속되어 베트남 경제는 공식경제(국유, 공유경제)와 비공식경제(사유경제)로 이중화되었다.

　이러한 가운데 1978년 10월 캄보디아 침공, 1979년 2월 중국과의 전쟁 발생으로 전시부담이 커지고, 캄보디아 침공에 따른 서방세계의 대 베트남 경제봉쇄와 국제금융기구들의 베트남 지원중단 등으로 베트남 경제는 큰 혼란에 빠졌다. 남부 농민들은 거세게 반발하고, 산업부문에서의 생산성은 저하되고 투자는 급감하였다. 화교는 해외로 탈출하였고, 유통과 생산에서 대혼란이 발생하였다.[5]

---

3) 백학순, 『베트남의 개혁·개방 경험과 북한의 선택』(성남: 세종연구소, 2003), p. 20.
4) 안승욱, "베트남의 사회주의 경제개발계획", 『한국과 국제정치』 제5권 제1호, 1989, p. 59.
5) 오인식, "베트남 경제개혁의 평가와 전망", 『서강경제논집』 27권 2호, 1998년 12월, p. 77.

제2차 경제개발 5개년 계획의 결과는 참담한 실패였다. 제2차 5개년계획 기간 중 베트남 정부가 세운 GDP 성장 목표는 매년 13-14% 증가였다. 공업, 농업, 사회부문에서 연평균 각각 16-18%, 8-10%, 14-15%의 성장을 목표로 하고 있었다. 그러나 성과는 기대에 훨씬 못 미쳐 1977년에 2.8%, 1978년에 2.3%, 1979년에 -2%, 1980년에 -1.4%를 기록하는 등 연평균 성장률은 0.4%에 불과하였다.[6]

제2차 경제개발 5개년계획의 실패, 심각한 물자부족, 인플레이션 등으로 경제상황이 급격히 악화되면서 1970년대 말부터 당에 대한 불만이 표출되자 위기감을 느낀 당 지도부는 무언가 새로운 경제조치를 하지 않으면 안 되는 상황이 되었다. 이러한 분위기하에서 1979년 9월 개최된 베트남공산당 6차 중앙위원회는 '국가, 집단, 개인 3자의 이익 결합'이라는 구호아래 '결정 6'을 통해 제한적인 자유화정책을 도입한 '신경제정책'을 채택하였다.[7]

신경제정책을 채택하게 된 베트남 정부의 기본적인 인식은 캄보디아 침공과 중국과의 전쟁으로 인해 서방세계로부터 경제봉쇄를 당해 해외로부터 자본조달이 불가능해짐에 따라, 내부자원을 총동원해야 하고, 효율적인 노동력 동원이 필요한데 이를 위해서는 농민과 노동자의 물질적 요구를 중시해야 한다는 것이었다.[8]

이러한 인식의 기반위에 만들어진 신경제정책의 주요내용은 첫째, 협동농장에서 생산청부제(생산물계약제) 실시, 둘째, 국영기업의 자율권 확대, 셋째, 실적임금제 실시 및 임금과 물가인상 등이었

6) Phan Van Khai, "Vietnam's Economy after Ten Years of Renovation", p. 35 ; Tran Hoang Kim, *Economy of Vietnam: Review and Statistics*, p. 31.

7) John C. Donnel, "Vietnam 1979 : Year of Calamity", *Asian Survey*, Vol. 20, No. 1, (Jan. 1980), p. 31 ; Douglas Pike, "Vietnam in 1980 : The Gathering Storm?", *Asian Survey*, Vol. 21, No. 1 (Jan. 1980), pp. 86-87.

8) 안승욱, "베트남의 사회주의 경제개발계획", p. 65.

다.[9]

생산물계약제(Output Contract System)는 1981년 '당중앙위원회 서기국지시 100호'에 의해 실시되었다.[10] 생산물계약제는 합작사(집단농장)가 작업반을 통해 농가와 농업생산물 의무수매량에 대해 계약을 맺고 그 이상의 생산량은 농가가 자유롭게 처분할 수 있도록 한 조치였다. 정부는 협동농장의 규모 축소, 작업반(생산대) 숫자 증대, 분조(생산팀)의 규모축소를 기초로 작업반이 분조 또는 농민에게 일정면적의 토지를 대여하고, 그들로부터 최종생산물을 청부하도록 하였다. 대여 토지 규모는 노동능력을 고려하여 분조가 결정하고, 대여기간은 2-3년으로 했다. 생산물의 청부량은 협동농장이 작업반과 계약한 생산량, 과거의 평균생산량, 토지의 비옥도, 비료 공급 등을 고려하여 결정했다. 초과생산물은 농민이 자유 처분할 수 있도록 함으로써 농민들의 개인적 이익추구를 가능케 하였다. 이것은 농산물의 생산, 분배, 유통에서 시장기능을 도입한 것이었다. 생산청부제 실시 이후 농업생산량은 꾸준히 증가하여 1983년에는 식량의 자급자족을 달성하게 되었다.[11]

국영기업의 경영자유화 정책은 1981년 1월 정부 '결정 25호'와 1981년 6월 '결정 26호'에 의해 추진되었다.[12] '결정 25호'는 국영기업의 경영주도권과 재정자주권을 확대하는 것이었다. 국가가 국영기업에 생산에 필요한 원자재, 에너지, 설비 등을 충분히 공급하지

---

9) 박형중, "중국과 베트남의 개혁과 발전-북한을 위한 모델?", Online Series PA 05-06, 통일연구원, 2005, p. 3.

10) Phan Van Khai, "Vietnam's Economy after Ten Years of Renovation", p. 37; Tran Hoang Kim, *Economy of Vietnam: Review and Statistics*, p. 35.

11) Phan Van Khai, "Vietnam's Economy after Ten Years of Renovation", p. 68 ; 제3차 경제개발5개년계획(1981-85)기간 쌀 생산 증가량은 연평균 4.4%로 1980년 1,440만 톤에서 1985년 1,820만 톤으로 증가하였다.

12) Tran Hoang Kim, *Economy of Vietnam: Review and Statistics*, p. 36.

못하게 되자 국가는 기업으로 하여금 자체적으로 생산에 필요한
요소를 조달토록 하였다. 그 결과 기업은 생산요소 확보 방법에 따
라 3계약제(Three Plan System) 형태의 생산을 하게 되었다. 첫째, 국
가가 공급하는 생산요소에 의한 생산, 둘째, 기업이 독자적으로 확
보한 원자재에 의한 생산, 셋째, 국가의 생산지시와 관계없는 부업
제품 생산이었다.[13] 첫째방법에 의한 생산물의 가격은 국가의 지시
에 따르고, 이윤의 50%는 국가에 납부하고, 50%는 기업에 분배한다.
둘째방법에 의한 생산물은 이윤의 20%를 국가에 납부하고, 80%는
기업이 갖는다. 셋째방법에 의한 생산물로 발생한 이윤은 국가에
15%를 납부하고, 85%를 기업이 소유한다. 기업은 발생한 이윤을 노
동자에게 보너스와 복리기금 등으로 활용토록 함으로써 노동자의
근로의욕 고취와 생산증대를 도모하였다.

　'결정 26호'는 실적임금제를 적용하여 노동자의 생산의욕을 높이
려는 것으로 임금 지불방법과 가격, 임금체계를 개정한 것이었다.
개정된 임금 지불방법은 기존의 임금평균주의로 인해 발생된 낮은
노동생산성을 개선하기 위해 실적원칙, 보너스, 현물급여 등을 도
입한 것이었다. 기업은 각 기업의 특성에 맞게 개인노동자와 직접
산출량을 계약하는 산출량 임금제를 도입하여 노동의 최종적 결과
가 임금과 직접 연결되도록 하였다. 산출량 임금제는 보너스제와
함께 노동자들에게 물질적 인센티브를 제공함으로써 증산의욕을
고취시켜 상당한 성과를 거두었다. 또한 '결정 26호'에 의거하여
1981년 5월부터 1982년 2월까지 가격 및 임금체계를 대폭 개정하였
다. 필수물자를 제외한 모든 물가를 6-7배 인상하였고, 임금은 100%
인상하였다. 이것은 농민과 국영기업에서 생산된 제품 중 계획초과

---

13) Naughton B., "Distinctive Feature of Economic Reform in China and Vietnam",
　　McMillan, J. and Naughton, B.(eds), *Reforming Asian Socialism* (The University of
　　Michigan Press, 1996), pp. 277-278.

분의 제품이 자유시장에서 높은 가격으로 거래되고 있었기 때문에 시장가격을 고려하여 상품의 가격을 인상함으로써 생산을 자극하기 위한 것이었다. 농업에서의 청부제 도입, 국영기업에서 제한적이지만 일련의 자유화조치가 포함된 신경제정책으로 농업과 공업생산이 증가하여 베트남의 GDP는 1979년 -2%, 1980년 -1.4%에서 1981년 2.3%, 1982년 8.8%로 크게 증가하였다.[14]

신경제정책이 상당한 성과를 거양했지만 높은 인플레이션과 재정적자가 신경제정책에 수반되면서 지도부 내의 논쟁으로 1983-1984년간은 보수회귀적 경향이 강화되었다. 1981년 10월의 가격자유화조치로 일거에 농산물 가격이 3-4배 상승되고, 주요 원료가격이 10배나 올랐다. 1976년부터 1980년까지 물가상승률은 연간 100%를 훨씬 상회하였다. 1981년에 170%, 1982년에 195%에 달했다.[15] 물가상승은 정부세출의 팽창을 가져와 재정적자 확대로 이어졌고, 재정적자 확대를 메꾸기 위해 정부가 통화를 증발하자 이는 다시 물가상승의 압력으로 작용하여 인플레 발생이라는 악순환이 반복되었다.

고율의 인플레이션, 재정적자 확대, 일부 상인들의 매점매석 행위, 계층 간 소득격차 확대 등으로 사회가 혼란에 빠지자, 베트남 정부는 이러한 결과가 사회주의체제를 위협할 것으로 우려하여 1982년 제5차 당 대회에서 신경제정책에 의한 자유화 방향의 정책을 재통제하는 정책을 채택하였다.[16] 1983년 토지면적에 따라 세금을 매기는 신농업세를 채택하고, 상공업세법을 수정하여 남베트남의 사회주의로의 개조를 가속화하였다. 남베트남에서의 농업집단화를 재강화한 결과 1984년 1월 농업집단화율은 농가는 1983년 2월의 15%에서 35%로, 농지는 10%에서 30%로 증대되었다.

---

14) Phan Van Khai, "Vietnam's Economy after Ten Years of Renovation", p. 68.
15) 박형중, "중국과 베트남의 개혁과 발전 – 북한을 위한 모델?", p. 4.
16) 안승욱, "베트남의 개혁개방과 경제발전 전략", p. 66.

분배와 유통부문에서의 통제도 강화하였다. 신경제정책 이후 베트남에는 경제주체에 따라 국가경영, 집단경영, 개인경영, 합사경영, 사적 자본주의경영이라는 다섯 가지 형태가 존재하였다. 국가경영, 집단경영, 개인경영의 기본형태에는 지도가격이 적용되고, 집단경영, 개인경영, 합사경영의 생산초과분에는 합의가격이 적용되고, 사적자본주의경영에는 시장가격이 적용되었다.

베트남 정부는 증산을 유도하기 위해 1981년 합의가격을 자유시장가격에 근접하도록 대폭 인상하여 주고, 동시에 공무원, 군인, 노동자 등의 임금을 100% 인상하였다. 임금인상과 더불어 경제개발을 위한 투자재원 마련을 위한 정부저축의 증대는 곧바로 재정적자로 나타났고, 이것은 다시 높은 인플레이션을 야기시켰다. 이러한 문제점들을 해결하기 위해 정부는 분배와 유통부문 통제[17]를 통해 국영상업부문을 강화하고, 기간산업 발전을 도모코자 하였다. 유통부문에 대한 통제 강화로 소매상점에서 사영상점의 점유율은 1982년 59.2%로 절정에 달했다가 1983년 이후 급속히 감소하였다.[18]

1983년부터 정부가 사회주의적 통제를 강화하자, 통일직후 사회주의적 통제시기 야기되었던 부정적인 현상들이 다시 나타나기 시작하였다. 행정 및 관리능력이 부족하여 관료주의 병폐가 재현되고, 투기, 암거래, 밀무역 등 경제적 범죄도 급격히 늘어났다. 계속된 물자난과 인플레이션 등으로 노동생산성은 악화되어 갔고, 도시 근로자에 대한 식량 보조와 적자 운영되는 국영기업체에 대한 보

---

17) 분배와 유통의 통제가 완화되면 자유시장이 번영하고, 소비재 생산에 자원투자가 집중되어 기간산업 발전이 저해된다. 반대로 통제가 강화되면 사영사업이 축소된다.

18) 박형중, 앞의 논문, p. 4 ; 1983년 9월 베트남 전체의 사영상점은 도매업이 50%, 소매업이 55%를 차지하였고, 1983년 3월 호치민시의 경우 사적 경제 활동은 70%를 차지하였다.

조는 국가지출을 가중시켜 재정적자는 확대되었다. GDP 성장률은 1984년 8.3%였던 것이 1985년에 5.7%, 1986년에 0.3%로 급격히 감소하였다.[19]

〈표 3-1〉 베트남의 연도별 GDP 성장률

| 1976-80년<br>(제2차 5개년계획) | 1981-85년<br>(3차 5개년계획) | 1986-90년<br>(제4차 5개년계획) |
|---|---|---|
| | 1981 : 2.3 | 1986 : 0.3 |
| 1977 : 2.8 | 1982 : 8.8 | 1987 : 3.6 |
| 1978 : 2.3 | 1983 : 7.2 | 1988 : 6.0 |
| 1979 : -2.0 | 1984 : 8.3 | 1989 : 4.7 |
| 1980 : -1.4 | 1985 : 5.7 | 1990 : 5.1 |
| 년 평균 : 0.4% | 년 평균 : 6.4% | 년 평균: 3.9% |

자료: Phan Van Khai, "Vietnam's Economy after Ten Years of Renovation", Tran Nham, ed. *Such is Vietnam: Renovation and Economic Development* (Hanoi: National Political Publishing House, 1998), p. 68.

1985년 6월 개최된 공산당 제8차 중앙위원회 전체회의는 베트남 경제악화 요인을 비효율성과 관료적 중앙집권주의, 국가보조금제도, 사회주의적 경영방식, 경제적 평등주의라고 지적하고, 중앙통제경제의 완화, 관료주의 축소, 생산의 자극 등을 강조하는 개혁정책을 채택하였다.[20] 1985년 6월부터 1986년 말까지 베트남 정부는 아래와 같은 재자유화정책을 채택하였다.

① 1979년 1월부터 1981년 1월간 채택된 신경제정책 강화

---

19) Phan Van Khai, "Vietnam's Economy after Ten Years of Renovation", p. 68 ; 베트남 통계총국이 발표한 1986년도 GDP 성장률을 2.8%로 통계수치는 약간의 오차가 있음(General Stastistics Office, *Vietnam- 20 Years of Renovation and Developement* (Hanoi: Statistical Publishing House, 2006), p. 33.

20) John H. Esterline, "Vietnam in 1986 : An Uncertain tiger", *Asian Survey*, Vol. 27, No. 1 (Jan. 1987), p. 93.

② 근로자의 임금은 현물지급을 폐지하고 현금으로 지급

③ 기업경영자의 의사결정권을 존중하고, 의사결정시 베트남공산당의 지도노선보다 하위 생산직 종사자의 의견을 존중

④ 10명 이내의 사영기업활동 허가

⑤ 국영수출입공사가 독점했던 수출입 활동을 각 성정부에도 허가

⑥ 하이퐁시와 호치민시에 수출가공지역(export-processing zones)을 개설하고, 외국인 투자의 경우 100% 소유를 인정하는 외국인 투자법 공포

⑦ 관료조직을 20-25% 감소 등 이었다.

특히 4차 5개년계획에 접어들면서 과거 분배기능 역할만 하던 사회주의 가격체계를 계획기능, 계산기능, 제재기능을 할 수 있도록 한 '사회주의 회계체계(social accounting system)를 도입하여 시장 경제체제에 더욱 근접하는 경제운용 방식을 채택하였다.[21] 그러나 이러한 개혁 조치들은 시장요소를 본격적으로 도입한다거나 생산수단의 사유권 인정, 환율과 유통구조 같은 구조적이고 본질적인 문제들을 개혁한 것이 아니고 어디까지나 체제보완적인 것이었다. 국영기업에 약간의 시장요소를 도입하여 생산성을 향상시키며 장기적으로는 기업경영과 관리체계의 조정을 통해 상업활동에 대한 국가통제를 강화하려는 것이었다.[22]

베트남 정부의 광범위한 재자유화 정책은 성과를 거두지 못했다. 배급제 폐지, 가격과 임금인상으로 인해 발생한 높은 인플레이션에 대처하기 위해 정부는 1985년 9월 배급대상자인 공무원, 국영

---

21) 이기영·신영재, "사회주의 경제체제 가격이론 연구", 『현대사회』 제8권 제4호, 현대사회연구소, 1988, p. 80.

22) Lewis M. Stern, "The Scramble toward Revitalization : The Vietnamese Communist Party and the Economic Reform Program", *Asian Survey*, Vol. 27, No. 4 (April 1987), pp. 477-478.

기업노동자의 최저임금을 2,200(dong)동으로 대폭 인상하고, 사적부
문의 자원을 국가에 강제로 이전시키기 위해 화폐개혁을 실시하였
다. 구 10동을 신 1동으로 평가절하하고, 개인은 공식 환율로 1,000
달러에 해당하는 구 15,000동까지, 가계는 구 20,000동까지 교환해
주고, 나머지는 은행에 예치토록 하는 전형적인 화폐개혁이었다.[23]
그런데 화폐개혁을 단행하기 1주일 전에 계획이 새어나가 화폐자
산이 실물자산 구입과 미국달러 구입에 쏠려 초인플레이션이 발생
하였다. 미국달러의 공식 환율은 1달러에 15동이었으나 통화개혁
직전 암달러 시장에서는 1달러에 1,000동으로 폭등하였다. 화폐개
혁 실패에 대한 책임으로 1986년 1월 짱 푸엉(Trang Phuong) 부수상
이 해임되고, 쌀 등 필수품의 배급제도가 부활되었지만 경제적 혼
란은 지속되었다.

제3차 5개년경제계획(1981-85) 기간에 자유화정책과 통제정책이
번갈아 시행되면서 베트남경제는 매우 불안정하였다. 이 기간 중
GNP는 연평균 7.3% 성장하였고, 수출은 연평균 15.6% 증가하였지만
여타 대부분의 분야에서는 목표를 달성하지 못했다.

경제체제는 비효율적인 중앙집중제, 관료제. 보조금지급제 등이
여전히 유지되고 있었다. 국가의 대외채무, 재정적자, 무역적자는
지속적으로 증대되었고, 국민들의 생활수준은 매우 낮은 수준이었
다.[24] 개혁을 진전시키기 위해 추진한 가격, 임금, 화폐개혁으로 인
해 연간 600%에 이르는 인플레이션이 발생하였다. 이 결과 도시인
구를 구성하는 당 및 정부 관료, 국영기업 종사자 등 정권의 지지
기반을 이루고 있는 계층마저 불만이 증대되었고, 지도자들에 대한
신뢰는 약화되었다. 1986년 7월 레 주언(Le Duan) 서기장이 사망하

23) Far Eastern Economic Review, Apr. 1986, pp. 26-27, 안승욱, "베트남의 사회주
    의 경제개발계획", p. 74 재인용.

24) Tran Hoang Kim, *Economy of Vietnam: Review and Statistics*, pp. 39-40.

고, 새로 선출된 쯔엉 찐(Truong Chinh) 당 서기장이 당중앙위원회
(1986년 7월)에서 "당이 경제를 건설하고 관리하는데 중대한 잘못을
범했다"고 시인할 정도로 베트남경제의 위기상황은 심각하였다. 이
러한 위기 극복을 위해 새로운 경제전략이 필요하게 되었다.

## 2. 개혁·개방정책 확대

1986년 12월에 개최된 제6차 베트남 공산당 대회는 국내경제의
침체와 심각한 인플레로 인해 지속된 국민생활의 어려움이 정치체
제에 대한 도전으로 발전될 수 있다는 위기감 속에서 개최되었다.
1985년 물가, 환율, 임금에 대한 급격한 재조정과 누적된 재정적자
를 보전하기 위한 통화 증발로 심각한 인플레이션이 발생하였다.
1986년도 인플레이션은 년 평균 587.2%이었으며, 제6차 당 대회가
개최된 1986년 12월 물가는 전년도 12월에 비해 874.7% 를 기록할 정
도로 인플레이션 상황은 악화되고 있었다.[25]

이와 같은 경제적 혼란 속에서 개최된 제6차 당 대회는 1,129명
의 대표가 참석한 가운데 1986년 12월 15일부터 4일간 지속되었다.
생방송으로 전국에 중계된 당 대회를 통해 베트남공산당은 당과
정부의 경제정책 실패에 대한 자기비판과 함께 새로운 방향전환을
모색하였다. 쯔엉 찐 당서기장은 베트남의 경제사정 악화, 대중의
불만, 당의 신뢰도 하락 등을 솔직히 인정하고, 그 원인으로 비현실
적인 목표 설정, 대규모 건설계획과 중공업 우선정책, 성급한 사회
주의체제로의 전환추진, 국가보조금에 기반을 둔 중앙집권적 계획
경제, 부패와 유통문제, 프롤레타리아 독재체제의 국가법률 위반
현상 등을 지적했다.[26]

---

25) General Stastics Office, *Vietnam-20 Years of Renovation and Developement*
(Hanoi : Statistical Publishing House, 2006), p. 84.

당 지도부는 산적한 경제문제를 해결하기 위해서는 과거와 같은 산발적인 개혁이 아니라 전면적인 개혁이 필요함을 인식하고, 이를 위해 토의 안건을 ① 상황분석과 임무 ② 사회, 경제정책의 기본방침 ③ 외교정책 ④ 대중조직과 국가의 역할 ⑤ 당의 역할 등 5개 분야로 나누어 집중적인 토의를 진행하였다. 토의 안건 중 정책의 기본방침 부문은 의사일정의 40% 이상이 소요될 정도로 심층적인 토의가 있었다. 외교정책, 국가와 당의 역할 등에 관해서는 그다지 강조되지 않았다.[27]

당 대회에서 우선적 해결이 필요하다고 지적된 문제는 생산구조의 재조정, 투자의 재조정, 사회주의적 생산관계의 공고화, 경제 각 부문(국영기업, 공기업, 사기업)의 올바른 방향전환, 경제관리체계의 혁신, 과학 기술의 향상, 대외경제관계의 효율성 확대 등 이었다.[28]

당 대회에서 당 서기장에 선출된 응우옌 반 링은 사회, 경제분야에 있어서의 문제점을 제기하고 개선의지를 천명하였다. 그는 "생산의 부진함, 분배와 유통의 무질서, 국민생활의 어려움, 상황의 부정적 현상, 노동자의 신뢰감소 등은 우리국민뿐 아니라 우리당이 받아들일 수 없는 것들"이라고 지적하고, "이러한 상황을 변화시킬 수 있는 모든 수단을 동원해야 한다"고 강조하였다.[29]

제6차 당 대회는 4일 간의 토의를 마치고 전면적인 개혁을 위한 도이머이(쇄신)정책을 채택하였다. 도이머이 핵심은 경제의 자유화

---

26) Carlyle A. Thayer, "Vietnam's Sixth Party Congress : An Overview", *Contemporary Southeast Asia*, Vol.9, No.1 (June 1987), p. 14 ; William J. Duiker, "Vietnam Moves Toward Pragmatism", *Asian Survey*, Vol.27, No.4 (Apr. 1987), p. 179.

27) Carlyle A. Thayer, "Vietnam's Sixth Party Congress : An Overview", p. 13.

28) Carlyle A. Thayer, "Vietnam's Sixth Party Congress : An Overview", p. 14.

29) 6th National Congress of the Communist Party of Vietnam (Hanoi : Foreign Language House, 1987), pp. 44-45.

와 대외개방의 촉진이었다. 과거의 경직된 통제경제체제를 시장기제에 기초한 경제체제로 전환하며, 주변국 및 선진 자본주의 국가들과의 관계개선을 적극 추진한다는 것이었다. 과거에 추진했던 개혁정책(신경제정책)이 사회주의 노선의 부분적인 궤도수정이라 한다면 도이머이정책은 경제운영체계의 근본적인 전환을 추구한 것이었다.

당 대회는 경제개혁을 위해 다음과 같은 기본방침을 채택하였다. ① 식량, 소비재와 수출품목의 증산 ② 다원적인 경제구조 현실은 인정하되 소규모 상행위에 대한 통제 유지 ③ 관료기구 쇄신 및 관리조직 체계정비 ④ 당 간부와 국가 관료들의 훈련제도 개선 ⑤ 스탈린주의적 중공업모델에서 농업과 경공업 중심으로 발전전략 전환 ⑥ 지방정부와 개별기업체의 정책 자율성 증대 및 중앙정부 통제의 분권화 ⑦ 수송, 통신망과 조세제도의 개혁 ⑧ 국가의 현물 보조금제도의 개선 혹은 폐지 ⑨ 효율적인 통계기법 도입 등이었다.[30]

당 대회에서 이상과 같은 기본방침이 정해졌지만 보수세력의 주장도 반영하여 사회주의경제체제의 기본골격을 유지한다는 원칙도 함께 강조되었다. 전략적 산업분야에 대한 국가통제, 사적부문과 상업구조를 점차적으로 사회주의체제로 전환시키는 문제, 국영기업체에서 생산되는 상품의 공급에 대한 국가관리, 노동인구의 지역 안배 문제 등과 같은 사회주의경제체제 기본원칙들의 유지가 강조되는 등 도이머이정책은 개혁파와 보수파의 합의를 반영하여 이루어졌다.

베트남공산당 지도부 권력구조는 6차 당 대회까지 보수파 세력이 절대적인 우위를 점하고 있었기 때문에 6차 당 대회에서 보수주의자였던 쯔엉 찐 당 서기장이 유임될 것으로 예상되었다.[31] 그러

---

30) Lewis M. Stern, "The Vietnamese Communist Party in 1986", *Southeast AsianAffairs 1987* (Singgapore: Institute of Southeast Asian Studies, 1987), p. 359.

나 쯔엉 찐 당서기장은 팜 반 동(Pham Van Dong) 수상, 레 득 토( Le Duc Tho) 정치국원과 함께 퇴진하였다.[32] 1982년 3월 개최된 제5차 당 대회 이후 집단체제를 이루고 있었던 5명의 당 원로(레 주언, 쯔엉 찐, 팜 반 동, 팜 훙, 레 득 토) 중 팜 훙(Pham Hung)을 제외한 4명의 정치국원이 정치국에서 모두 물러나게 되었다.

레 주언 당 서기장의 사망(1986년 7월)에 이어 3명의 원로가 정치국에서 퇴진하게 되자 공산당 지도부 권력구조는 크게 바뀌었다. 혁명 1세대로 정치국원 은퇴를 거부한 강경보수파 팜 훙은 당 대회에서 응우옌 반 링 당 서기장 다음 서열 2위가 되었으나 총리 임명을 거절하였다.[33] 제6차 당 대회에서 팜 훙의 총리 수락 거절로 총리는 공석으로 두었다가 1987년 6월에야 팜 훙이 총리에 취임하였다.

제6차 당 대회에서 보수파 원로세력이 물러나고, 정치국 서열 7위로 개혁파 주도세력인 응우옌 반 링[34]이 당 서기장에, 보반 키엘

---

31) 쯔엉 찐 당서기장은 원래 보수주의자였으나 당 서기장 취임(86.7)을 전후해서 개혁파로 변신하였다. 이것은 소련의 영향을 받은 것으로 보여진다. 소련은 고르바초프 등장 이후 베트남의 개혁파를 지지해 왔기 때문에 쯔엉 찐 당 서기장의 변신은 소련의 영향을 받았다고 할 수 있다. 2008년 8월 베트남 사회과학연구원 동북아연구소 Binh 소장이 필자에게 언급한 내용이다.

32) 쯔엉 찐 당 서기장이 당의 개혁을 위해 고령의 당 수뇌부들에게 정치국원의 은퇴를 종용하고, 응우옌 반 링 에게 당 서기장 자리를 양보했다는 주장이 있다. 혁명 1세대임에도 불구하고 개혁에 대한 그의 신사고로 인해 쯔엉 찐은 많은 베트남 국민들로부터 존경을 받았다. 황귀연, 앞의 논문, p. 73 ; 필자가 2008년 8월 면담한 베트남 사회과학원 동북아연구소 빙(Binh)소장도 같은 견해를 피력하였다.

33) John H. Esterline, "Vietnam in 1986 : An Uncertain tiger", *Asian Survey*, Vol. 27, No. 1 (Jan. 1987), p. 103.

34) 호치민 당 서기장이었던 응우옌 반 링은 남부에서의 사회주의화에 미온적이라는 혐의로 1982년 정치국원에서 해임되었으나, 1985년 6월 호치민 시의 경제적 성과를 평가받아 정치국원으로 다시 임명되었다. John H.

이 국가계획위원회 위원장으로 선출됨으로써 당 대회 결과는 전반적으로 개혁주의 세력이 승리하였다.[35]

<표 3-2> 도이머이정책의 형성

| 시기 | 주요사건 | 정 책 |
|---|---|---|
| 1975. 4. 30 | 베트남 통일 | |
| 1976. 4 | 전국 총선거 | |
| 1976. 7 | 베트남 사회주의공화국 선포 | 제2차 5개년계획 |
| 1976. 12 | 제4차 공산당 대회 | |
| 1979. 9 | 제4기 당 중앙위 6차 회의 | 신경제정책 |
| 1981. 1 | 공산당 비서국 제100호 지시 | 농업 생산물계약제 도입 |
| 1981. 1 | 정부 결정 제25호 | 기업 3계획제 도입 |
| 1982. 3 | 제5차 공산당 대회 | |
| 1982. 12 | 제5기 당 중앙위 3차 회의 | 사영상업규제, 개혁역전 |
| 1985. 6 | 제5기 당 중앙위 8차 회의, 제25호 결의 | 가격·임금·통화개혁 결의, 정부보조금제 폐지 목표 |
| 1985. 9 | 공산당 정치국 제28호 결의 | 가격·임금·통화개혁 |
| 1986. 12 | 제6차 공산당 대회 | 도이머이정책 채택 |
| 1988. 1 | | 신외국인투자법 시행 |
| 1988. 8 | 공산당 정치국 제10호 결의 | 농가계약제 채택 |
| 1989. 3 | 제6기 당중앙위 6차 회의 | 시장가격으로 단일화 |

자료: 이한우, 『베트남 경제계획의 정치경제』, p. 20.

제6차 당 대회 직후에는 공산당 지도부에 개혁파와 보수파 세력이 균형을 이루고 있어 도이머이정책의 추동력이 약했으나, 1988년 3월 보수파의 핵심인물인 팜 홍 총리가 사망하고, 대외적으로 베트

---

Esterline, "Vietnam in 1986 : An Uncertain tiger", p. 103.

35) Lewis M. Stern, "The Vietnamese Communist Party in 1986", p. 360 ; David M. Finkelstein, "Vietnam : A Revolution in Crisis", *Asian Survey*, Vol. 27, No. 9 (Sep, 1987), pp. 986-987.

남에 강력한 영향을 미치고 있는 소련의 고르바초프가 개혁·개방 정책을 적극 추진하면서 베트남에도 영향을 미쳐 힘의 균형이 개혁파로 기울고, 본격적인 개혁·개방정책이 추진되었다.

1987년 12월 외국인투자법이 제정되고, 1988년 8월 당 정치국 제10호 결의에 의해 농가계약제가 채택되었으며, 1989년을 전후하여 국영기업에 대한 보조금이 삭감되었다. 1989년 중반에 쌀 배급제도가 하노이에서 마지막으로 폐지되고, 국가전략상품을 제외한 대부분의 상품가격이 자유화되었다. 이러한 일련의 조치가 시행되면서 베트남경제는 미시적부문에서 시장경제화와 거시적부문에서 정부규제 지속이라는 '규제된 시장메커니즘'으로 전환되었다.[36]

### 가. 농업부문 개혁

베트남 농업은 국민생산이나 고용구조 측면에서 매우 중요한 역할을 담당해왔다. 1980년대 중반에 농촌지역에 거주하는 인구는 전 인구의 80%를 넘었고, 총 취업자 중에서 농업부문에 고용된 인구가 70%를 넘었다. 국민의 대부분이 농업과 연계되어 있어 베트남 경제에서 농업이 차지하는 비중은 절대적이었다. 따라서 농업부문에서의 생산증대는 식량문제 해결은 물론 공업화 기반조성을 위해 필요한 시급한 과제 중 하나였다.

개혁 이전 베트남 농업은 국가가 생산수단을 소유하고, 그에 기초한 집단농장을 중심으로 운용되었다. 1980년대 초까지 '합작사관리위원회'가 각 생산단위(생산대)에 '생산량, 생산비, 노동투입량' 등 3개 지표를 부여하고 일정기간 동안 생산을 맡기는 식으로 운용되었다.[37] 이러한 집단농장 경영체제는 '집중화된 계획' 체제로 무

---

36) 이한우, 『베트남 경제계획의 정치경제』(서울: 서강대학교 출판부, 2011), p. 20.

37) 임강택·김종욱, "베트남의 개혁·개방에 따른 경제·사회의 발전상 연구",

엇을, 어떻게, 얼마만큼 생산하여 이를 어떻게 분배하고, 어디서 소비할 것인가가 모두 정부의 지도하에 결정되었다.

소작농은 자연히 수동적인 노동을 하게 되어 효율성은 떨어졌고, 그 결과 베트남은 벼농사에 적합한 비옥한 토지와 기후를 가지고 있음에도 불구하고 자급자족을 못하고 매년 다량의 식량을 수입해야 했다. 특히 1977년부터 4년 연속 자연재해로 인한 농업생산량이 급감하자 식량문제의 심각성을 인식한 베트남 정부는 1981년 공산당 중앙위원회 서기국 지시 제100호를 통해 집단농장의 기본 구도를 유지하면서 개별농가에 인센티브를 주는 생산물계약제를 도입하였다.[38]

이것은 협동조합(합작사)가 생산대와 생산물 계약을 맺고, 생산대는 다시 개별농가와 최종생산물에 대한 계약을 체결하는 것이다. 협동조합은 생산 지원활동을 하고, 직접적인 생산활동은 개별농가가 담당한다. 계약량을 초과하는 잉여농산물은 농민이 자유처분토록 하고, 목표에 미달하는 경우에는 다음해에 보충토록 하는 성과급 제도였다.

이 정책은 상당한 성과를 거두어 1980년부터 1983년까지 식량생산은 연평균 100만 톤 가까이 증가하여 1983년에는 식량자급을 달성하였다. 1988년에는 1960만 톤을 생산함으로써 1980년에 비해 520만 톤이 증대되었다. 1980년부터 매년 평균 65만 톤씩 증가한 것이다.[39] 그러나 농산물에 대한 과중한 세금부과, 낮은 농산물 가격,

황병덕 외, 『사회주의 체제전환 이후 발전상과 한반도 통일』(서울: 늘품 플러스, 2011), p. 175.

38) Tran Hoang Kim, *Economy of Vietnam: Review and Statistics*, pp. 35.

39) Nguyen Cong Tan, "Achievement and Developement Trends for Agricultural Sector of Vietnam, Tran Nham, ed., *Such is Vietnam : Renovation and Economic Development* (Hanoi, Vietnam: National Political Publishing House, 1998), p. 112.

정부 수매의 연불지급, 개별농가의 장기 토지사용권 불허 등으로 영농에 대한 인센티브가 감소하면서 식량생산은 다시 정체에 빠지게 되었다.

정부는 농민의 생산의욕을 북돋우기 위해 1987년 토지법을 제정하여 농민에게 토지사용권을 부여하는 법적 근거를 만들었다. 동법은 토지는 전 인민의 소유이고 토지 관리는 국가가 경영하나, 개인은 토지사용권을 가진다고 토지소유권과 토지사용권을 명확히 구분하였다. 이법에 의해 개별 농민들의 토지사용권이 안정적으로 보장되자 농민들은 식량생산과 농지개량, 지력보호 등에 관심을 갖게 되었으며, 식량생산도 빠르게 증가하였다.[40]

또 1987년 4월 개최된 당 중앙위원회 2차회의는 농업을 발전시키기 위해 몇 가지 조치를 결정하였다. 국가기관이 협동농장, 생산대, 농가에 대해 농업세 이외의 여타 부담을 지우지 못하도록 했고, 농민의 부담을 줄이기 위해 세율과 생산물 청부계약량을 1990년까지 고정시켰다. 국가가 식량을 구입할 때 생산비용에 30-40%의 이윤을 보장토록 하였으며, 농산물 및 투입재의 매매는 현금을 사용토록 했다. 이러한 조치로 애매한 가격과 물물교환적 성격이 강했던 식량거래는 비용과 이윤을 고려된 명확한 가격구조를 갖게 되었다.[41]

1988년 4월 공산당 중앙위원회 정치국은 농민의 권한을 대폭 강화한 농업경제 및 경영체제의 개편에 관한 정치국 결정 제10호를 발표하였다.[42] 이것은 농업생산의 기본단위였던 협동농장을 사실

---

40) Dao Cong Tien, "베트남의 농업정책", 구성렬 편저, 『베트남의 경제개혁과 전망』(서울 : 연세대학교 동서문제연구원), 1993, p. 64.

41) 박형중, "중국과 베트남의 개혁과 발전-북한을 위한 모델?", p. 6.

42) Nguyen Cong Tan, "Achievement and Developement Trends for Agricultural Sector of Vietnam", p. 116; Tran Hoang Kim, *Economy of Vietnam: Review and Statistics*, p. 41; 임강택·김종욱, "베트남의 개혁·개방에 따른 경제·사회의 발전상 연구", p. 176.

상 해체하고, 개별농가를 농업생산의 기본단위로 삼는 농가계약제였다. 이 조치는 합자사가 농가에 토지를 배분하여 약 15년간 계약을 맺어 경작케 하고, 계약량을 5년간 고정시키며, 농민이 생산량을 40% 이상을 수입으로 획득할 수 있도록 보장해야 한다고 규정하였다.

정부는 이 조치에 의거하여 농지의 일부를 가족수에 비례하여 분배하고, 나머지 농지는 입찰에 의해 분배하는 '입찰방식 생산계약제'를 실시하였다. 그 결과 영농경험과 자금력이 있는 농민은 토지를 대규모로 소유할 수 있게 되어 농업에서 농기계 사용 및 규모의 경제 달성이 가능해졌다. 토지 사용기간도 종전의 5년에서 15년으로 연장되었으며, 개간지는 40-50년간 사용권을 부여하였다.[43]

1989년 개최된 제6기 당 중앙위원회 6차회의에서 농민을 경제단위체로 공식 인정함으로써 농민들의 식량생산 의욕을 고취시켰다. 이에 따라 식량생산은 안정적으로 증대되어 1989년부터 1995년간 생산량은 연평균 2,407만 톤을 기록하였다.[44] 쌀 수출량도 증가하여 1989년에 100만 톤을 넘었고, 1990년에 160만 톤, 1995년에 210만 톤, 1996년에 300만 톤 이상을 수출하였다.[45]

1993년 6월 국회에서 토지의 실질적인 사유화 조치에 가까운 혁신적인 '개정토지법'이 통과되었다.[46] 동 법에 의해 토지소유권은 사회주의원칙에 따라 전 인민, 즉 국가가 소유하나, 토지사용권은 가족, 개인에게까지 확대되었고, 토지사용자는 사용토지를 매매, 임대, 양도, 상속, 저당까지 할 수 있게 되었다.[47] 정부는 농지 사용

---

43) 구성열, "베트남의 경제", 양승윤 외, 『경제개혁으로 21세기를 여는 민족주의 나라 베트남』(서울: 한국외국어대학교 출판부, 2002), p. 328.

44) Nguyen Cong Tan, "Achievement and Developement Trends for Agricultural Sector of Vietnam, pp. 118-119.

45) Phan Van Khai, "Vietnam's Economy after Ten Years of Renovation", p. 54.

46) Phan Van Khai, "Vietnam's Economy after Ten Years of Renovation", p. 53.

47) Douglas Pike, "Vietnam in 1993, Uncertainty Closes In", *Asian Survey,* Vol.34, No.1

기간을 3ha 이내에서 50년까지 허용하고, 토지사용자는 토지사용권의 임대, 상속, 저당, 이전(판매) 등이 권리를 갖게 되었다. 이에 따라 대규모 농장이나 식품기업을 제외한 대부분의 농업부문이 실질적으로 사유화가 이루어지게 되어 농업부문에서의 개혁은 대체로 완료되었다.

### 나. 기업부문 개혁

베트남의 국영기업은 1950년대 초반 북베트남에서 프랑스 기업을 접수하여 국유화 한 것을 시작으로 1960년대 구소련과 중국 등 사회주의국가의 원조로 건설된 기업 그리고 통일 이후 남베트남의 민간기업을 국유화함으로써 이루어졌다.

통일 이전 북베트남은 소련형 사회주의 경제모델에 입각하여 중앙집권적 계획경제체제를 확립하고, 제1차 경제계획기간(1961-1965) 중 중공업 중심의 국영기업에 집중적으로 투자하였다. 동 기간 중 총 투자액의 48%가 공업부문에, 그 중 약 80%가 자본재 부문에 투자되었다.[48]

1975년 통일된 베트남은 1976년 12월 제4차 당 대회에서 후진적 농업과 소규모 공업체계의 베트남 경제체제를 대규모 사회주의 생산체제로 발전시킨다는 기본노선을 채택하고, 사회주의국가의 전형적인 개발전략에 따라 중공업우선정책을 추진하였다. 그러나 중공업 우선 발전전략은 농업집단화 정책의 실패, 농업분야에 대한 투자부족으로 인한 산업부문간 불균형, 캄보디아 침공에 따른 국제적 고립과 중·베 전쟁 이후 지속된 전비부담으로 실패하게 되었다.

경제위기에 봉착한 베트남은 1979년 경제자유화를 통한 효율성

---

(Jan. 1994), pp. 67-68.

48) 권율, "베트남 국영기업의 개혁과정에 관한 연구", 『베트남연구』 제1호, 한국베트남학회, 2000, p. 81.

제고를 위해 신경제정책(NEP)을 채택하였다. 신경제정책은 농업에서 생산청부제, 국영기업의 자율권 확대, 실적임금제 그리고 임금과 물가 인상이 핵심이었다. 국영기업의 자율권 확대와 실적임금제는 정부의 '결정 제25호'와 '결정 제26호'에 의해 추진되었다. '결정 제25호'는 국영기업의 경영주도권과 재정자주권을 확대시키고, '결정 제26호'는 실적임금제를 도입하여 노동자의 생산의욕을 증대시키는 조치였다.

제3차 경제계획기간(1981-1985) 중 공업생산율은 9.5%로 증대되었으나 신경제정책은 계획경제 자원배분 메커니즘은 그대로 유지하면서 경제적 인센티브를 도입하여 생산활동을 활성화시킨다는 부분적인 개혁정책이어서 성과는 지속되지 못하고, 중앙집권적 자원배분시스템에 의한 국영기업의 구조적 위기는 심화되었다.

국영기업의 원자재 조달 및 제품가격은 정부당국에 의해 결정되었기 때문에 원재료의 공급가격이 시장가격과 괴리가 컸다. 시멘트, 철강 등 주요 산업물자의 경우 가격 차이는 5-10배에 달했다. 이러한 가격의 왜곡은 기업 경영에 있어서 비용에 대한 인식을 희박하게 하였다. 기업경영자들의 주요 관심사는 이윤추구가 아니라 생산목표 달성이었다.

정부는 국영기업에 원자재를 싼 가격으로 제공할 뿐만 아니라 노동자에게 지급하는 임금도 절반은 현금으로 지급하고, 절반은 시장 가격보다 훨씬 낮은 가격으로 책정된 현물로 지급하고, 그 가격 차이 만큼 정부가 보전하였다. 국영기업은 손실이 날 경우에는 국가로부터 보조금을 받아 쉽게 보전하였다. 계획경제에 의한 가격구조 왜곡과 정부의 보조금 지원제도가 유지되는 연성예산제약 하에서의 국영기업은 효율성이 떨어지고 적자가 만성적으로 누적될 수밖에 없었다.

국영기업의 적자를 지속적으로 보전해 줌에 따라 정부의 재정적자도 누적되고 규모도 확대되었다. 정부는 재정적자를 보전하기 위해 통화량을 증대시켰고, 통화량 증대는 극심한 인플레이션으로 이어져 경제적 불안은 심화되었다. 이처럼 신경제정책 시기에 추진되었던 국영기업 개혁은 기존체제를 유지하면서 경제적 효율성과 생산증대를 이룩하기 위한 자유화조치에 국한되어 있었기 때문에 정부에 의한 자원의 분배와 보조금 제도가 지속되는 연성예산제약 하에서 오히려 재정적자를 누적시키고 거시경제 불안을 초래하였다.

이러한 상황에서 1986년 개최된 베트남공산당 제6차 당 대회는 전반적인 개혁과 자유화 조치를 결정하였다. 국영경제 부문이 자율권을 가지고 진정한 독립채산제로 전환될 수 있도록 관리체제를 혁신해야 함을 강조하였다.[49] 이에 따라 정부는 가격자유화, 재정, 금융개혁과 함께 국영기업의 원자재 조달을 개별기업에 맡기고, 국가보조금을 삭감하는 경성예산제약(hard budget constraint)을 추진하였다.

1987년 11월 정부는 국영기업의 생산과 경영의 자율성을 보장하는 정부결정 제217호(Desicion 217/HDBT)를 공포하였다.[50] 이 결정에 의해 정부는 국영기업에 부과하던 9개 지표를 생산액·생산량·정부 재정부담액 등 3개로 축소하였고[51], 국영기업 적자에 대한 보조금

---

49) 이강우, "도이머이시대의 베트남국영기업 개혁과정", 『베트남연구』 제4권, 한국베트남학회, 2003, p. 111.

50) Tran Hoang Kim, *Economy of Vietnam: Review and Statistics*, p. 41.

51) 의결 244-CP/HDBT(1976.12.20.) 의해 국가가 국영기업에 부과했던 9개 명령은 ①수출을 포함한 총생산물 가치 ②수출을 포함한 품질 규정에 합격한 주요생산물의 수량 ③주요 과학 기술지표 ④현물로 계산된 노동생산성 ⑤총 급여 ⑥이윤과 예산납부금 ⑦국가의 기초 투자액, 주요공정내역, 가동시간과 용량 ⑧국가가 지급한 주요물자와 설비, 주요생산물에 대한 감가상각율 ⑨생산비 등 이었다. 축소된 3개 명령은 ①국가가 지정한 상품의 수량과 질 ②수출을 포함한 총생산물 가치 ③예산납부금이었다. 이강

을 삭감하였다.

1989년 12월 정부 결정 제195호를 공포하여 국영기업에 생산목표, 가격책정, 기업 내 이윤 유보 및 투자에 관한 의사결정 등을 부여함으로써 국영기업의 경영자주권이 대폭 확대되었다. 또한 원재료는 기업이 자체적으로 시장에서 조달하도록 하여 자유화하였다. 이와 동시에 정부는 생산 및 유통에서 통제품목의 수를 축소하는 작업을 병행하였다. 이는 종래의 물동형 메카니즘을 폐지하고, 수익성 원리를 도입하여 기업의 재정적인 자주권을 확대하는 것이었다.[52] 특히 기업이 고정자산 감가상각비 부분을 100% 기업에 유보토록 하였다.

가격자유화 부문에서 정부는 통제품목을 제외한 대부분의 가격을 시장가격화 하였다. 1987년 11월 공포된 제217호 결정 이전에 각료회의 통제품목은 98개, 통제원료는 95개였고, 각료회의가 국가계획위원회에 관할을 위임한 통제품목과 원료는 각각 230개, 75개였다. 정부는 1988년 통제품목을 40여개, 1989년 말 전력, 수도, 교통, 통신 철강, 시멘트 등 16개 품목으로 축소하였고, 국가계획위원회는 통제품목 및 통제원료를 각각 67개, 37개로 축소하였다. 1990년 각료회의 통제품목은 6개, 통제원료는 8개로 되었고, 1992년에 이르러 통제품목은 1개(전력), 통제원료는 3개(석유, 철강, 비료)로 감축하였다.[53]

베트남 정부는 국영기업 자율권 강화, 가격자유화 조치, 금융·재

---

우, "도이머이시대의 베트남국영기업 개혁과정", p. 112.

52) 권율, "베트남 경제개혁의 특성에 관한 연구", 서강대학교 박사학위논문, 1998, p. 66.

53) 竹內郁雄, "規制された市場メカニズム'への移行－ドィモィ下の國營セクタ:改革の過程·現狀·課題", 五島文雄·竹內郁雄 編, 『社會主義ベトナムとドィモィ』(東京: アヅァ經濟硏究所, 1994), pp. 84-86, 이한우, 『베트남 경제개혁의 정치경제』, p. 139 재인용.

정개혁을 함께 추진하여 1989년 말까지 시장기제가 작동할 수 있는 거시경제 환경을 조성하였다. 국가는 보조금을 삭감하고 9개에 이르던 계획명령을 예산납부 1개로 줄이면서 기업에 대한 관리방식을 기존의 직접적인 명령에서 간접적인 거시정책으로 바꾸었다. 국영기업에 대한 보조금은 1988년 7,150억 동에서 1989년 1,370억 동으로 급감하고, 1990년에는 중단되었다.[54]

국영기업에 대한 국가의 지원과 이중가격제가 폐지되고, 시장가격에 따른 독립채산경영이 시행되면서 국가의 보조금에 의존하여 운영되던 많은 국영기업이 경영난에 빠졌다. 기업은 경영상의 자체 결정권이 강화되었으나 시장환경에 적응하지 못한 소규모 많은 지방기업들의 파산이 불가피하게 되었다.[55] 국영기업 실태조사에 따르면 1990년 국영기업의 수는 12,084개로 이중 38%가 적자기업이고, 이들 적자기업은 국영부문 총자산액의 38%, 노동력의 33%를 차지하고 있었다.[56]

베트남 정부는 1990년 9월 새로운 환경에 적응하지 못한 부실기업과 국가가 계속해서 소유할 필요가 없는 기업들을 정리하기 위해 국영경제부문의 생산, 경영활동의 정비와 재편에 관한 결정 제315호를 공포하였다. 결정 315호는 각 기업이 경영과 재정 상태를 점검하여 부여된 임무를 달성하지 못했거나 채무를 이행할 수 없을 경우, 부실경영을 극복할 수 없을 경우 기업을 해체토록 한 국영기업 구조조정에 관한 조치였다.

---

54) 권율, "베트남 국유기업 개혁의 현황과 과제", 대외경제연구원, 1977, p. 41.
55) 베트남의 지방 국영기업은 제4차 당 대회에서 전국을 400개의 자급자족형 독립경제 단위로 분할하는 결정이 채택되자, 지방 단위별로 독자적인 소규모 기업들이 광범위하게 설립되면서 전국적으로 광범위하게 존재하게 되었다.
56) Vu Tuan Anh, *Vietnam's Economics Reform: Result and Problems,* Hanoi, 1994, p. 29.

1991년 6월 제7차 당 대회에서 국영기업 재등록제가 채택되었다. 재등록제는 국영기업의 자산을 재평가 하고, 경영상태를 파악하여 일정한 기준에 합격한 기업만을 정부사업체로 재등록토록 하고 부실기업은 정리하는 것이었다. 1991년 11월 정부는 구조조정조치를 확고히 시행하기 위해 국영기업의 설립과 해체에 관한 의정서 제388호(Decree No.388/1991/ND-HDBT)를 공포하였다. 의정서 388호는 각 기업이 일정한 조건을 갖추고 재등록 절차를 거쳐 재설립토록 한 조치였다.

결정 315호와 의정서 388호에 의거해서 1993년 9월까지 5,377개 기업이 재등록하였고, 나머지 5,000여 개의 기업 중 3,000개 이상의 기업이 다른 기업에 합병되고, 2,000여 개의 기업이 해체되었다.[57] 이 결과 국영기업의 숫자는 1990년 12,000여 개에서 1993년 5,700여 개로 줄어들었다. 그러나 이에 따른 국영기업의 노동자 수는 1994년 4월까지 182만 7천명에서 174만 2천명으로 5% 감소하였을 뿐이었다.[58] 1990년대 초에 국영기업의 잉여노동력은 1/3 정도로 추산되었는데, 국영기업의 재등록 조치가 잉여노동력을 효과적으로 줄이지는 못했다. 이것은 해체된 기업의 대부분이 소규모기업이었기 때문이다. 이 기업들의 자본은 전체 국영기업 자본의 4%에도 미치지 못하였고, 매출액은 전체 국영기업 매출액의 5%를 차지하는 정도였다.[59]

정부의 기업자율권 강화, 조직개편, 구조조정과 같은 개혁조치

57) Nguyen Dinh Tai, "The Equitization of the State Enterprise", *Vietnam's Socio-Economic Development*, No. 8, 1996, p. 44

58) Pham Quang Huan & Pham Tuan Ahn, "State-Owned Enterprise Reform", *Vietnam's Socio-Economic Development*, No. 30, 2002, p. 34.

59) Van Arkadie, Brian & Raymond Mallon, *Viet Nam: A Transition Tiger?* (Canberra: Asia Pacific Press at the Australian National University, 2003), pp. 126-127, 143, 이한우, 『베트남경제개혁의 정치경제』, pp, 140-141 재인용; World Bank, Vietnam Economic Report on Industrialization and Industrial Policy, 1995, 10.

는 국영기업의 효율성과 경쟁력을 제고시켰다. 그러나 소유구조에서 야기되는 '주인 없는 기업'이라는 의식은 국영기업의 경영효과를 개선하는데 한계가 있었다. 또 중앙집권적 계획경제에서 시장경제로의 전환과정에서 소유구조의 다변화 필요성에 대한 인식이 보편화되면서 베트남 정부는 국영기업의 주식회사 전환을 점진적으로 추진하였다.

1990년 5월 정부는 결정 제143호를 공포하고, 일부 국영기업에 대해 주식회사화를 시도하였다. 1991년 제7차 당 대회에서 주식회사화 정책이 논의되어 '국영기업은 100% 국가소유 형태 또는 국가가 지배 지분을 소유한 주식회사 형태로 존재할 수 있다.' '국영부문에서 주식회사 형태를 점차 확대한다'고 결정하였다.[60]

정부는 1992년 6월 일부 국영기업의 주식회사 전환 시범 실시에 관한 지시 제202호를 공포하였고, 1993년 3월에는 국영기업의 주식회사 전환 시범 실시 촉진과 국영기업의 소유구조 다양화 조치에 관한 지시 제84호를 공포하였다. 이에 따라 정부는 현재 어려운 상태에 있지만 장래성이 있는 기업, 국가가 100% 지분을 소유할 필요가 없는 중간 규모의 기업을 전환 시범 대상으로 선정하여 기업 내 국가자산의 일부를 매각하는 것을 기본으로 하고, 경영자금 도입이 필요한 경우에는 추가로 주식을 발행토록 하였다.

주식을 매각할 때 대상 순위는 첫 번째로 기업 내 임직원을 대상으로 하고, 두 번째는 국내사회, 경제단체 그리고 마지막으로 국내 개인 순으로 하였다. 주식회사로 전환한 기업에 대해서는 전환 이후 2년간 소득세를 50% 감면하고, 전환 기업의 노동자에 대해서는 1인당 최대 5백만 동까지 무이자 5년 할부 상환 조건으로 주식을 구입할 수 있도록 하였다. 지시 202호에 따라 7개 기업이 주식회

---

60) 이강우, "베트남국영기업의 주식회사 전환 정책에 관한 연구", pp. 13-29.

사화 대상으로 선정되었고, 또 정부 각 부처, 성, 시 인민위원회에 각각 1-2개 기업의 주식회사화를 시범적으로 실시할 수 있는 권한이 부여되었다. 이 결과 1992년 6월부터 1996년 5월까지 5개 국영기업이 주식회사로 전환되었다.[61]

〈표 3-3〉 베트남의 소유형태별 기업현황

(단위: 개)

| 구분 | 1990 | 1991 | 1992 | 1993 | 1994 | 1995 |
|---|---|---|---|---|---|---|
| 국유기업 | 12,084 | 9,832 | 9,300 | 5,704 | 5,835 | 6,310 |
| 중앙 | 1,695 | 2,331 | n.a. | 1,678 | 1,678 | 1,847 |
| 지방 | 10,389 | 7,501 | n.a. | 4,029 | 4,157 | 4,463 |
| 비국유기업 | | | | | | |
| 합자회사 | n.a. | 3 | 65 | 106 | 126 | 165 |
| 유한회사 | n.a. | 43 | 1,170 | 3,390 | 5,258 | 7,346 |
| 협동회사 | n.a. | n.a. | 3,231 | n.a. | 2,275 | 1,867 |
| 개인회사 | n.a. | 76 | 3,126 | 8,684 | 14,052 | 18,243 |
| 가족경영 | 840,000 | n.a. | 1,498,611 | n.a. | 1,533,141 | 2,050,259 |
| 외국인투자 | 218 | 373 | 575 | 789 | 1,053 | 1,396 |
| 기 타 | - | - | - | 214 | 285 | 337 |

자료: GSO, 권율, "베트남 국유기업 개혁의 현황과 과제", p. 42 재인용.

한편 베트남 사기업은 사유재산이 법적으로 보장되고, 개혁이 진전됨에 따라 급속히 확대되어 갔다. 1988년 3월 정부결정 제27호는 사기업 경영을 보장하는 규정을 두었고, 1989년 3월 제6기 당 중앙위 6차 회의에서는 사유경제라는 용어가 공식적으로 사용되었다.

---

61) 주식회사로 전환된 기업은 운송연합주식회사(교통부, 1993년 주식회사로 전환), 냉동기기주식회사(호치민시 인민위원회, 1993년), Hiep An 신발주식회사(산업부, 1994년), 사료가공주식회사(농업부, 1995년), Long An 수출가공주식회사(Long An성 인민위원회, 1995년)이다.

이러한 조치는 베트남 통일 이후 남베트남에서 1978년 3월 사영 상
공업 활동을 전면 금지한지 10년 만에 내려진 조치였다. 실제 남베
트남에서 사영 상공업은 정부의 억압에도 불구하고 비공식부문에
서 광범위하게 잔존해 이중경제구조를 형성하고 있었다. 정부가 비
국유부문 기업을 허용한 것은 비공식부문의 경제를 합법화하여 경
제를 활성화시키기 위한 것이었다.

이어서 1990년 12월 사영기업법이 제정되었고, 1992년 개정헌법
에서 사유재산을 공인함으로써 사유재산제는 베트남사회주의체제
의 공식부문의 하나가 되었다.[62] 1994년 6월 내국인투자촉진법을
제정하여 사영기업법을 보완 계승하였다. 이러한 법들은 모두 비국
유부문 기업의 발달을 촉진시키기 위한 것이었다. 이 결과 사기업,
유한회사, 합작회사 등 다양한 형태의 비국유기업(Private Entities) 설
립이 급속히 증대되었다. 1991년 770개에 불과하던 비국유기업이
1995년 15,000개, 기업지사 2,000개로 증대되었고, 가내수공업은 60만
개 이상, 가내 상업과 서비스업은 130만 개를 넘었다.[63] 1995년 이후
에도 사기업 설립이 장려되면서 사기업 숫자는 지속적으로 증대되
었다.

〈표 3-4〉 베트남의 국영기업 개혁조치

| 연도 | 추 진 내 용 |
|------|------------|
| 1986 | - Doi Moi 채택(12월)<br>- 개인기업, 협동조합 형태의 기업소유권 인정 |
| 1987 | - 국영기업 보조금 삭감, 자주권 강화<br>- 외자법 제정(12월) |

---

62) Vu Quoc Tuan, "Enterprise Development−Reflection on a Process", Dao Xuan Sam
   & Vu Quoc Tuan, eds., *Renovation in Vietnam: Recollection and Contemplation*
   (Hanoi: Knowledge Publishing House, 2008), p. 140.

63) Phan Van Khai, "Vietnam's Economy after Ten Years of Renovation", p. 55.

| 1988 | - 민간기업에 대한 규모제한 철폐, 고용의 자유 허용<br>- 은행제도 개혁(중앙은행과 상업은행 분리) |
|---|---|
| 1989 | - 고정자산 감가상각비 100% 기업에 유보<br>- 외국인투자 유치를 위해 국가투자협력위원회(SCCI) 설치<br>- 재화와 용역에 대한 시장가격제 확립(3월) |
| 1990 | - 사기업법(2월), 회사법 제정(12월)<br>- 보조금 중단, 국영기업 구조조정조치 결정<br>- 외자법 1차 개정 |
| 1991 | - 국영기업 재등록제<br>- 실험적 주식회사화 추진 |
| 1992 | - 시장경제 도입을 명시한 개정헌법 승인(4월)<br>- 외자법 2차 개정(12월) |
| 1993 | - 국영기업의 소유구조 다양화 조치<br>- 파산법 시행(7월) |

## 다. 재정 및 금융개혁

도이머이정책에 따라 재정·금융부문에서도 많은 개혁조치가 이루어졌다. 만성적인 재정적자 구조를 건전한 재정구조로 전환하기 위한 개혁의 핵심내용은 자원배분에서의 시장기능 도입과 세제개혁이었다.[64] 베트남의 재정적자는 국영기업의 손실을 보전해 주기 위해 정부가 지출하는 보조금이 큰 비중을 차지하였다. 또 보조금을 지급하기 위해 발행한 화폐량이 증대되면서 극심한 인플레이션을 야기시켰다. 정부는 재정적자를 해소하고 고율의 인플레이션을 진정시키기 위해 각종 보조금 제도를 철폐하고, 자원배분과 가격을 결정하던 정부의 기능을 시장메커니즘으로 대체하여 가격과 자원배분이 시장에서 결정되도록 하였다. 국영기업에 대한 보조금 삭감과 비효율적인 국영기업 정리를 통해 재정적자를 줄이는 한편 재정수입 증대를 위한 조세제도 개혁에 착수하였다.

---

64) 오인식, "베트남 경제개혁의 평가와 전망", 『서강경제논집』 제27권 2호, 1998, p. 84.

조세개혁의 주안점은 조세의 법제화, 국유부문과 비국유 부문에 대한 동일 과세, 중앙과 지방 조세행정제도의 확립 등 이었다. 이러한 원칙하에 정부는 1990년과 1991년에 걸쳐 매출세, 농업세, 개인소득세, 관세 등 각종 조세를 도입하였다.

재정적자를 보전하는 방법도 종전의 중앙은행에 의한 통화증발 방법에서 국채발행이나 해외차입을 통한 보전방법으로 변경하였다. 1993년 재정적자 6조 8,640억동 중 3분의 2는 해외차입으로, 3분의 1은 국채발행으로 조달하였다. 그 결과 1980년대 후반 매년 200%를 상회하던 총통화(M2) 증가율은 1993년 중 19%로 상당히 안정되었다.[65]

〈표 3-5〉 베트남의 세제개혁조치

| 구분 | 1989년 이전 | 1990-1991년 | 1994년 이후 |
|---|---|---|---|
| 국유기업 | 상납세 | 매출세, 이윤세<br>감가상각세<br>자본이용세 | 부가가치세(예정)<br>법인소득세 |
| 비국유기업 | | 농업세, 매출세,<br>이윤세, 면허세,<br>물품세, 도살세<br>도매세, 특별소비세<br>천연자원세 | 농작지사용세<br>부가가치세(예정)<br>법인소득세(예정) |
| 개 인 | | 개인소득세<br>고정자산세 | 고액개인소득세<br>토지보유세<br>토지양도세 |
| 무 역 | | 관세 | |

출처: 海外經濟協力基金 開發援助研究所,「ベトメの財政金融改革: 經濟開發と市場經濟移行」, 1996; 정재완, "베트남의 경제개혁 추진현황 및 경제전망", p. 56재인용.

---

[65] 조명철·홍익표,『중국·베트남의 초기 개혁·개방정책과 북한의 개혁방향』, 대외경제정책연구원, 2000, p. 151.

 금융부문 개혁은 중앙은행의 기능을 분리하는 방법으로 추진하였다. 시장경제체제하에서의 은행은 통상 중앙은행과 일반 상업은행 기능이 분리되어 있다. 그러나 베트남은 1980년대 말까지 베트남국가은행이 중앙은행으로서 화폐발행 기능과 상업은행으로서 예금, 결제서비스 기능을 독점적으로 수행하였다. 베트남국가은행 이외에 투자개발은행과 베트남무역은행이 있었지만 그 역할은 특수목적에 제한되어 있었다. 1958년 설립된 투자개발은행은 사회간접자본 확충과 공공사업 그리고 국영기업 시설자금 등 주로 장기 프로젝트에 대한 자금을 제공하는 업무를 수행하였고, 1963년 설립된 베트남무역은행은 국제경제활동에 수반되는 외환결제 등 외환업무에 국한되었다. 따라서 베트남국가은행이 중앙은행과 상업은행 기능을 모두 수행했으며, 국가출납기관으로서의 역할도 수행하였다. 국가출납기관으로서의 중앙은행은 정부지시에 따라 국영기업으로부터 이전금을 예치 받고, 국영기업에 제약없이 융자를 제공하였다. 이처럼 금융권은 재정에 귀속되어 있어 예금 및 대출 등에 관해 아무런 결정권을 갖지 못했고, 가격은 자원배분 계획상의 회계적 역할을 하는 것에 불과할 뿐 자원배분의 신호로서는 기능하지 않았다.

 이러한 단일금융체제의 문제점을 근본적으로 개선하기 위해 정부는 1987년 7월 정부지시 218/CT를 공포하고, 1988년 정부 결정 53/HDBT를 공포하였다.[66) 이 지시에 의거하여 정부는 일원적 독점체제인 베트남국가은행을 중앙은행 기능과 상업은행 기능을 분리한 이원적 은행체제로의 개혁을 추진하였다. 베트남국가은행은 중앙은행의 고유기능인 신용정책, 통화정책 등 거시금융정책을 담당케 하고, 기존의 베트남국가은행에서 산업 및 상업대출부를 상공업

---

66) 이강우, "도이머이시대의 베트남국영기업 개혁과정", p. 113; 법무부, 『베트남 개혁개방법제 개관』, 법무부 특수법령과, 2005, p. 167.

은행으로, 농업신용부를 농업개발은행으로 분리시켜 상업은행적 기능을 수행토록 하였다.[67]

1990년 10월에는 이원적 은행체제의 법적근거를 마련키 위해 신은행법을 제정하였다.[68] 동법의 제정으로 베트남국가은행은 인·허가, 은행 업무 관련 규정의 제정 등 은행제도 전반을 통할하는 감독기관으로서 보다 강력한 권한을 갖게 되었고, 다른 한편 특수은행의 민영화와 민간 금융기관들의 설립근거도 마련되었다.[69] 이에 근거하여 1992년부터 1993년 사이 다수의 민영상업은행이 설립되었다. 1993년 농촌지역에 소규모 융자업무를 담당하는 인민신용기금이 허용되었고, 1994년에는 인민신용기금 보다 규모가 작은 상호신용조합이 농업개발은행 주도로 설립되었다.

1991년부터 외국은행 지점 및 합영은행 설립을 허용하고, 호치민과 하노이에 외화매입과 판매가 가능한 외화교환소를 설립하였다.[70] 1993년 12월 합영금융기관의 주식발행에 관한 법을 제정하여 외국인 투자지분을 설립자본금의 30%까지 허용하였다. 1995년 10월 금융리스회사의 설립 및 운영에 관한 규정 64/CP 에 따라 외국 금융기관에 합영 또는 단독투자 형태로 금융리스업 활동을 허용하였다.

〈표 3-6〉 베트남의 금융기관 현황

| 구분 | 은행형태 | 은행명 |
|------|----------|--------|
| 중앙은행 | 베트남국가은행 | |
| 일반은행 | 국유산업은행 | 대외무역은행<br>상공업은행 |

67) 정재완, "베트남의 경제개혁 추진현황 및 경제전망", p. 59.
68) 조명철·홍익표, 『중국·베트남의 초기 개혁·개방정책과 북한의 개혁방향』, p. 139.
69) 권성태·박완근, 『베트남 경제개혁의 추이와 시사점』, 한국은행, 1999, p. 8.
70) Tran Hoang Kim, *Economy of Vietnam: Review and Statistics*, p. 43.

| | | 농업개발은행 |
|---|---|---|
| 일반은행 | | 투자개발은행 |
| | 민영상업은행 | 수출입은행 |
| | | 해양은행 |
| | 합영은행 | Firstvina Bank(한국) |
| | | Indovina Bank(인도네시아) |
| | | VID Public Bank(말레이시아) |
| | | VINASIAM(태국) |
| | 외국은행 | 지점 및 사무소 |
| 기타기관 | 인민신용기금, 상호신용조합, 보험회사, 리스회사, Finance Company | |

자료: 권성태·박완근, 『베트남 경제개혁의 추이와 시사점』, p. 12.

### 라. 국제금융기관과의 협력

　베트남은 통일 직후 전후 복구와 경제재건에 필요한 해외자본을 유치하기 위해 체제가 다른 국가들과도 우호와 경제협력확대에 적극 노력한다는 전방위 외교방침을 채택하고, 서방국가들과도 관계정상화를 적극 추진하여 서방국가를 포함한 97개국과 외교관계를 수립하고, 22개의 국제기구에도 가입하는 성과를 거두었다. 그러나 1978년 12월 캄보디아 침공에 따른 미국 주도의 대 베트남 경제봉쇄 조치로 인해 서방세계의 자본 유치는 불가해졌고, 소련을 중심으로 한 사회주의 국가들의 원조에 의존할 수밖에 없었다.

　베트남은 통일 이전까지는 중·소간 균형정책을 유지하였으나, 통일 후에는 동남아지역 주도권을 두고 중국과 경쟁관계에 돌입하였다. 1978년 6월 중국이 베트남 원조를 중단하자 베트남은 소련이 주도하고 있는 공산권상호경제원조협의체(COMECON)에 가입하고 같은 해 11월 소련과 25년 기간의 우호협력협정과 경제·과학·문화협력협정을 체결하였다. 베트남은 소련으로부터 막대한 지원을 받았다. 1950년대 중반부터 1987년까지 소련으로부터 총 122억 달러의 원조를 받았다. 베트남은 소련 이외에도 동독, 체코 등 동유럽 사회주의 국가들로부터 매년 1억 8천만 달러 이상의 원조를 받아 1975년부터 1988년까지 총 22억 7,800만 달러를 지원받았다. 사회주의 국가들의 원조는 베트남경제를 지탱시켜 준 실질적인 기반이었다. 이러한 사회주의 국가들로부터의 원조가 1986년 7월 고르바초프의 블라디보스톡 선언 이후 삭감되기 시작하여 1992년에는 중단되었다.

베트남은 통일 후 과거 남베트남 정부의 IMF 회원권을 승계 받아 2억 5천만 달러를 차입한 적이 있지만 캄보디아 침공 이후 미국 주도로 IMF가 1984년 12월 특별인출권(SDR)[71] 사용금지 조치를 결정함으로서 IMF의 베트남 지원은 공식적으로 중단되었다. 베트남이 1989년 캄보디아에서 군대를 철수시키고, 남베트남 정치범의 미국 정착 허용 및 베트남전 실종미군(MIA) 문제 등에 대해 전향적 자세를 취하자 미국 부시 행정부는 1991년 4월 국교정상화를 위한 4단계 로드맵을 제시하였고, 캄보디아 문제가 해결됨에 따라 클린턴 행정부가 1993년 8월 국제금융기구의 베트남 금융지원을 허용함으로서 IMF의 베트남 금융지원은 가능하게 되었다.

IMF는 1993년 10월 베트남이 IMF에 대한 미변제 채무 1억 SDR(1억 4천만 달러)을 프랑스와 일본의 주도로 변제함에 따라 1993년 10월 1차로 2억 2,300만 달러, 1994년 6월 2차로 5,100만 달러를 제공하기 시작하였으며, 1995년부터 확대 구조조정 융자를 지원하였다.[72]

세계은행도 IMF가 베트남에 자금지원을 재개하자, 1993년부터 베트남에 대해 원조를 재개하였다. 1993년 11월 1차로 3억 2,450만 달러의 융자제공을 승인하였고, 2000년 9월 2차로 4억 달러 규모의 차관제공을 승인하였다. 세계은행의 금융지원은 주로 베트남의 송전선사업(1억 6,500만 달러), 중부지방 관개개설사업(7천만 달러), 국도의 개·보수사업(4억 달러), 농업구조 개선사업(1억 670만 달러) 등

---

71) SDR은 IMF의 특별인출권으로서 1 SDR=1.4 달러이다.

72) 조용득, 『국제경제기구와 세계경제질서』(서울: 형설출판사, 2003), p. 185.

국가기간시설 및 농업부문에 집중되었다.[73]

아시아개발은행도 1993년 10월 베트남에 지원을 재개하였다. 1번 국도 확충사업에 1억 2천만 달러, 홍하 델타지역의 관개사업에 7,650만 달러, 호치민시 상수도시설사업에 7,600만 달러 등 총 2억 7,250만 달러를 지원하였다. 1994년 4월에는 총 150억 달러 규모의 메콩강 종합개발 프로젝트도 수립하였다.

국제금융기관의 공적개발원조(ODA)와 함께 서방국가들의 개별적인 ODA도 재개되었다. 베트남의 최대 원조국인 일본은 미국의 경제제재 조치가 해제될 즈음인 1992년 11월 455억 엔의 상품차관을 시작으로 1998년까지 총 10억 5,800만 달러를 공여하였다. 일본의 금융지원은 대부분 도로, 전력, 관개시설, 통신망 구축 등 사회 인프라 시설 확충사업에 집중되었다. 프랑스, 독일 등 OECD 국가들은 1993년 11월 제1차 원조국회의 개최 후, 1994년 총 6억 달러, 1997년 총 10억 달러, 1998년 총 12억 달러의 원조를 공여하였다. OECD 국가들의 금융지원은 주로 발전소, 국도·철도 개보수 등에 집중되었으며, 연수생 초청, 전문가 파견 등 기술협력도 진행되었다.

〈표 3-7〉 국제금융기관의 베트남 지원내역

(단위: 만 달러)

| 기관 | 지원 내용 | 금액 | 발표 |
|---|---|---|---|
| 국제통화기금<br>(IMF) | 1차 지원<br>금융현대화 지원 | 2억 2,300<br>320 | 93.10<br>94.3 |
| | 2차 지원<br>·스탠바이 크레디트<br>·구조조정 융자 | 5,100<br>(3,400)<br>(1,700) | 94.6 |

---

73) IMF의 구조조정 융자는 인플레억제 등 경제안정화에 역점을 두는 반면 세계은행의 융자는 인프라 구축에 역점을 두고 있다. 장형수, "베트남의 국제협력 경험이 북한에 주는 시사점", 『경제연구』 제24권 제11호, 2003. 5, p. 90.

| | | | |
|---|---|---|---|
| 세계은행<br>(IDA) | 1차 지원<br>·1호 도로정비<br>·초등교육 확충사업<br>·농업개발 | 3억 2,450<br>(1억 5,850)<br>(7,000)<br>(9,600) | 93.11 |
| | 2차 지원<br>·중남부 송선전 및 설비 사업<br>·중부지방 관개시설 정비<br>·구조조정 융자<br>·금융기관 현대화 | 4억 달러<br>(1억 6,500)<br>(7,000)<br>(9,000)<br>(미정) | 94.9 |
| 아시아개발<br>은행(ADB) | 1호 도로정비<br>호치민시 상하수도 정비<br>북부 수리시설<br>소농 신용대부 | 1억 2,000<br>(7,600)<br>(7,650)<br>(56.8) | 93.10 |

자료: 권율, "주요국의 대베트남 경제협력과 한국의 ODA 지원방향", p. 50.

### 마. 외국인 직접투자 확대

베트남은 ODA 자금 유치와 함께 외국인 직접투자(FDI) 유치를 위해 적극 노력하였다. 1987년 외국인 12월 외국인투자법을 제정, 공포하고,[74] 동법 시행과정에서 야기되는 문제점을 개선하기 위해 동법과 시행령을 아래와 같이 지속적으로 개정하여 외국인 투자에 대해 각종 세제혜택 및 우대조치를 부여함으로서 외국인의 직접투자를 유도하였다.

① 1987. 12. 29. 외국인투자법 공포

② 1988. 9. 30. 외국인투자법 시행령 공포

③ 1990. 6. 30. 외국인투자법 1차 개정

④ 1992. 12. 23. 외국인투자법 2차 개정

---

74) 베트남의 최초 외국인투자법은 1977년 제정되었다. 그러나 외자기업에 대한 규제조항이 엄격하여 실질적으로 외국인 투자유치에는 부적합하였다. 외자기업의 투자상한선이 50% 미만으로 기업운영권에 제한을 두었고, 활동기한도 10-15년 이었다; 조영제, "베트남의 외국인 투자 보호제도에 대한 국제법적 고찰", 『연세법학연구』 제3집, 1995, p. 623.

⑤ 1993. 4. 16 외국인투자법 시행령 1차 개정

⑥ 1996. 11. 12 외국인투자법 3차 개정

⑦ 1996. 11. 23 외국인투자법 시행령 2차 개정

⑧ 1997. 2. 18 외국인투자법 시행령 3차 개정

⑨ 1998. 1. 23 외국인투자법 시행령 4차 개정

⑩ 2000. 6. 외국인투자법 4차 개정

외국인투자법 제정, 정비와 함께 1992년 4월에는 헌법을 개정하여 체제전환과 지속적인 개혁을 위한 법률적 보장을 강구하였다.[75] 1949년 헌법과 1959년 헌법은 대외경제관계에 관하여 별도의 조항이 없었으며, 1980년 헌법은 '국가는 대외무역 및 기타 타국과의 모든 경제관계에 독점권을 가진다'(제6조)라고 규정하였다.

그러나 개혁개방정책을 채택한 이후 국가는 더 이상 대외경제관계에서 독점권을 가질 수 없었다. 1992년 헌법은 '모든 경제구성원에 속한 기업은 법률의 규정에 따라 국내 및 외국의 개인 및 경제조직과 합작관계를 가질 수 있다'(제22조), '국가는 외국 개인 및 조직이 베트남 법률에 부합하는 베트남에 대한 자본 및 기술 투자를 장려하며 외국 개인 및 조직의 합법적인 자본소유권 및 기타 권리를 보장한다'(제24조)라고 규정하여 외국인 투자 유치에 가장 중요한 투자 자본에 대한 안정성을 보장하였다.[76] 1992년 헌법 개정 이후 외국인투자법과 함께 토지법, 석유가스법, 국유기업법, 기업파산법 등과 같은 외국인투자 관련 주요 법들을 개정하고, 국유기업의 민영화 사업을 촉진하기 위해 외국인에게도 주식 매각을 허용하였다.

법률 정비와 함께 외국인투자 유치를 위한 조직도 정비하였다. 1989년 4월 외자유치 업무를 효율적으로 수행 할 수 있도록 국가협

---

75) 오인식, "베트남의 경제개혁의 평가와 전망", 1998, p. 90.

76) 법무부, 『베트남 개혁개방법제 개관』, pp. 210-211.

력투자위원회(SCCI)를 설립하여 외자기업설립 관련 분산되어 있던 기능을 통합하여 동 위원회에서 모든 외자기업의 안건을 심사, 허가토록 일원화하였다. 1995년 말 다시 국가계획위원회와 국가협력투자위원회를 통폐합하여 기획투자부를 신설하고, 외국자본에 관한 모든 업무를 총괄케 하였다.

또한 외국인 투자촉진, 신기술도입, 수출산업 개발육성, 고용창출 등 다목적용으로 1988년 12월부터 수출가공구(EPZ: Export Processing Zones)와 산업단지(IZ: Industrial Zones)조성을 추진하였다. 1989년 수출가공구설립을 결정하고, 1991년 1월 호치민시의 탄투안(Tan Tuan) 수출가공구의 승인을 시발로 전국적으로 확대해 나갔다. 1991년 10월 수출가공구설립에 관한 규정을 공포하여 제도적 기반을 마련하였으며, 1992년 외자법 2차 개정시 수출가공구내 기업을 수출가공기업이라고 규정하고, 각종 우대조치를 제공하였다.[77]

수출가공구에 입주하는 기업은 국가투자협력위원회(SCCI)가 아닌 수출가공구 내 관리위원회 통제만을 받도록 하였다. 관리위원회에 기업설립 투자신청서를 제출하면 관리위원회는 3개월 이내에 영업허가서와 기업정관등록서를 발급해 준다. 기계류 및 원자재 수입 시 관세를 면제하고, 노동력과 지대를 저렴하게 제공하였다. 일반적인 외국인투자(FDI) 경우 25%의 과세율을 적용하나 수출가공구, 산업단지에 입주하는 외국인투자 기업에는 10-20%의 낮은 과세율을 적용하였다.[78]

수출가공구는 공업형 자유무역구로서 수입원료 조립·가공을 통한 수출품 생산에 일차적 목적이 있으므로 수송수단과 창고시설

---

77) 권율, 『베트남의 수출가공구 개발정책과 현황』(서울: 대외경제정책연구원, 1993), pp. 22-23.

78) Ministry of Planning and Investment, *A Guide to Foreign Investors in Vietnam*, (Hanoi: Ministry of Planning and Investment, May 2000), pp. 10-13.

이용이 편리하고, 노동력 동원이 용이한 하노이, 하이퐁, 다낭, 호
치민 등 대도시에 설치되었다. 수출가공구역의 유치업종은 섬유,
의복, 신발, 피혁, 인형, 플라스틱, 전자제품 조립 등 주로 노동집약
적인 산업이 주류를 이루었다. 그러나 사회간접자본이 미비하고,
입지여건이 좋지 않은데다 수출이행 의무 등이 부과됨에 따라 수
출가공구에 대한 외국인의 관심은 저조하였다. 산업단지는 수출가
공구 보다 세제상 혜택은 적지만 사회간접자본의 건설 및 운영, 공
산품의 제조, 가공 및 조립 등 폭넓은 업무를 할 수 있고, 생산품의
국내 판매도 가능하여 투자자들의 선호가 높았다.[79]

〈표 3-8〉 수출가공구 및 산업단지내 외국인기업 세율

| 세율 | 업 종 | 면세 및 감면혜택 |
|---|---|---|
| 10% | ·하이테크 단지내 하이테크 산업 및서비스업<br>·산업단지내 인프라 프로젝트<br>·수출가공구내 제조업<br>·생산품 80% 이상 수출하는 산업단지내 기업 | ·8년면세<br><br>·4년면세, 추가4년 50% 감면<br>·4년면세<br>·2년면세, 추가2년 50% 감면 |
| 15% | ·생산품 80% 이하 수출 산업단지내 기업<br>·수출가공구내 서비스업 | ·2년면세, 50-80% 수출기업은 추가2년 50% 감면<br>·2년면세 |
| 20% | ·산업단지내 서비스업 | ·1년면세 |

자료: Ministry of Planning and Investment, *A Guide to Foreign Investors in Vietnam*, pp. 10-13.

베트남 정부의 외자유치를 위한 법적, 제도적 정비와 투자유인
정책에 의해 외국인의 직접투자 환경은 개선되었으나 캄보디아 침
공 이후 미국이 주도한 대베트남 경제제재 조치로 베트남의 FDI는

79) 권성태·박완근, "베트남 경제개혁의 추이와 시사점", p. 27.

큰 성과를 거두지 못했다. 베트남이 1989년 캄보디아에서 군대를 철수시키고, 미국이 국제금융기구의 대베트남 금융지원을 허용한 1993년부터 외국인 직접투자는 급증하였다. 개방초기 FDI는 총투자 건수나 규모면에서 소규모였으나 1990년 6월 외국인 투자법이 개정되고, 미국과의 관개가 개선되면서 1992년부터 증가하기 시작하였다. 1991년 1.6억 달러에 불과하던 외국인 직접투자는 1992년 3.3억 달러, 1993년 9.2억 달러, 1994년 16.3억 달러, 1995년 22.3억 달러로 급속히 증가하였다. 이처럼 외환위기 이전 매년 대규모로 유입된 FDI에 의해 베트남은 연평균 7-8%의 경제성장률을 유지할 수 있었다.

〈표 3-9〉 베트남의 외자도입액 현황(1989-1998)

(단위: 백만 달러, 집행액 기준)

| 구분 | 1989 | 1990 | 1991 | 1992 | 1993 | 1994 | 1995 | 1996 | 1997 | 1998 |
|------|------|------|------|------|------|------|------|------|------|------|
| 양자간 ODA | 274.3 | 381.2 | 259.3 | 279.7 | 166.4 | 268.8 | 344.8 | 365.5 | 507.5 | 695.8 |
| 다자간 ODA | 44.2 | 78.3 | 68.9 | 66.6 | 81.4 | 280.8 | 256.1 | 515.3 | 417.8 | 467.3 |
| NGO 지원 | 9.5 | 7.0 | 8.0 | 8.2 | 10.5 | 8.2 | 9.8 | 9.7 | 13.3 | 15.2 |
| ODA 총계 | 328.0 | 466.5 | 337.8 | 335.8 | 286.5 | 606.9 | 610.8 | 850.5 | 938.6 | 1178.3 |
| FDI 총계 | 100 | 120 | 165 | 333 | 923 | 1,631 | 2,236 | 1,838 | 800 | 700 |

출처: ODA 총계는 UNDP, *Development Cooperation : Viet Nam*, 각 년호, FDI 총계는 World Bank 자료; 권율, "베트남 개혁·개방모델이 북한에 주는 시사점", 『수은북한경제』, 2005년 여름호, p. 44.

## 바. 무역자유화

도이머이정책이 추진되기 이전 베트남 무역은 베트남 수출입공단에 의해 독점적으로 관리되었다. 베트남 수출입공단은 소련을 중심으로 한 공산권상호경제원조협의체(COMECON) 가입국들과의 연간 수출입 계획을 수립하고 무역을 관리하였다.

1986년 12월 도이머이정책이 채택되고, 1987년부터 본격적인 개혁조치가 취해졌지만 1980년 후반까지 베트남의 개혁·개방 성과가

가시적으로 확연히 드러나지는 않았다. 물론 농업분야에서 쌀 생산이 1985년 1,820만 톤에서 1990년 2,140만 톤으로 증가하는 큰 성과는 거두었다. 그러나 무역분야에서 개방의 효과는 미진하였다. 당시 소련에 전적으로 의존하고 있던 베트남은 소련이 위기에 직면해서 해체될 때가지 베트남에 대한 지원을 점진적으로 삭감하자 위기의식을 느끼고, 비사회주의 국가들과의 협력을 모색하지 않을 수 없었다.

도이머이정책으로 통제가 약화되면서 베트남의 수입은 급증하여 1987년도 베트남의 총수입액은 총수출액의 3배에 가까웠다. 베트남은 수입초과와 무역적자를 해소시킬 새로운 방법을 모색하였다. 1989년 베트남 정부는 무역회사의 설립 자유화, 국유기업의 외국과의 직접거래 허용, 수출보조금의 폐지, 라이센스 및 수량제한(쿼터)의 완화, 환율 현실화 등 일련의 무역관리제도를 개혁하였다. 이러한 개혁조치에 의해 수출이 대폭 증대되면서 무역적자폭은 줄어들었다. 그러나 수출증대는 중국처럼 경제특구와 향진기업의 성장 등 초기 경제개혁 성과에 따른 공산품 수출 증가에 의한 것이 아니라 1989년부터 증산된 쌀과 유전개발에 의해 생산된 원유가 주요 수출품으로 부상하면서 이루어진 것이었다. 베트남이 원유를 생산할 수 있었던 것은 과거 소련과의 합영에 의해 원유 탐사 개발을 추진해 왔기 때문이다.[80] 원유 수출에 따른 소득이 사회주의 국가들의 경제원조를 대체할 정도의 규모는 아니었지만 사회주의 대변

---

80) 소련은 베트남 통일 후 시작된 제2차 5개년경제계획(1976-80) 기간에 대규모 원조를 제공했다. 이 기간 동안 소련은 베트남의 94개에 이르는 프로젝트를 지원했다. 1979년 기준 전력의 25%, 석탄의 89%, 금속절단기계의 61%가 소련 지원 시설에서 생산되었다. 소련은 1980년 7월 베트남 남부 대륙붕에서 석유 가스 시추 및 개발에 합의하였다. 김성철 외, 『북한의 경제전환 모형: 사회주의국가의 경험이 주는 함의』(서울: 통일연구원, 2001), p. 136.

혁에 따른 충격을 일부 완화시켜 주었다. 쌀 수출은 1988년도에는 전무했으나 1989년에는 가격자유화와 토지사용권 보장 그리고 40여 개의 무역회사들 간의 경쟁 덕분에 3억 달러의 수출을 기록하였다.[81)]

소련과 동유럽국가들이 붕괴되고 있는 가운데 개최된 1991년 6월 베트남공산당 제7차 당 대회에서 베트남은 소련을 비롯한 사회주의권 붕괴 이후의 베트남의 생존전략이 개혁·개방 노선임을 명백히 밝힘으로써 서방세계의 외자유치와 무역증대를 위한 노력은 강화되었다. 수출입 관세는 1992년 3월 공포한 수출입세법에 의거하여 수출입 물품을 분류번호 1(동물)-97(골동품)을 사용하여 분류하고, 품목별로 다르게 부과하였다. 무역관리제도의 개혁으로 베트남의 무역액은 점진적으로 증대되었다. 그러나 미국 주도의 대베트남 경제제재가 지속되고 있는 상황에서 베트남 정부의 무역관리제도 개혁만으로는 서방국가들과의 무역증대에 한계가 있었다. 1993년 8월 미국이 국제금융기관의 대 베트남 융자 재개를 허용함에 따라 1994년부터 베트남의 무역규모는 급증하게 되었다.

〈표 3-10〉 베트남의 연도별 교역액(1987-1996)

(단위: 백만 루블/USD)

| 구 분 | 1987 | 1988 | 1989 | 1990 | 1991 | 1992 | 1993 | 1994 | 1995 | 1996 |
|---|---|---|---|---|---|---|---|---|---|---|
| 수출액 | 854 | 1,038 | 1,946 | 2,404 | 2,087 | 2,581 | 2,985 | 4,054 | 5,449 | 7,256 |
| 수입액 | 2,455 | 2,757 | 2,566 | 2,752 | 2,338 | 2,541 | 3,924 | 5,826 | 8,155 | 11,144 |

자료: General Statistics Office, *Statistical Data of Vietnam Socio-Economy* 1975-2000 (Hanoi: Statistical Publishing House, 2000), p. 415.

---

81) David Dollar, "The Transformation of Vietnam's Economy: Sustaining Growth in the 21th Century", Jennie I. Litvack and Dennis A. Rondinelli (eds.), *Market Reform in Vietnam: Building Institutions for Development* (Westport, Connecticut: Quorum Books, 1999), p. 34.

### 사. 미국과의 관계개선

미국의 베트남에 대한 경제제재는 1964년 통킹 만 사건을 계기로 시작되어 1994년 클린턴 대통령이 경제제재를 전면 해제할 때까지 30년 동안 지속되었다. 처음 북베트남에 대해 취했던 경제제재는 1975년 남베트남이 패망하면서 베트남 전 지역으로 확대되었다. 미국의 베트남 경제제재는 내용에 있어 크게 두 가지로 구성되어 있었다. 하나는 1917년 제정된 적성국 교역법(Trading with the Enemy Act)에 근거한 미국인의 대 베트남 거래관계금지와 미국 제품의 대 베트남 교역금지였고, 다른 하나는 미국이 주도하고 있는 세계은행, IMF 등 국제금융기관에서 베트남에 대한 국제공적자금을 지원하지 못하도록 한 것이었다.

미국은 베트남전쟁 이후 베트남과 적대관계를 유지해 오다가 1989년 9월 베트남이 캄보디아에서 베트남군을 철수시키자, 베트남과의 관계정상화를 위한 4단계 로드맵을 제시하였다. 베트남이 캄보디아 문제와 실종자 문제 해결에 협력하면 미국도 이에 상응하여 제제조치를 완화한다는 것이었다.

1991년 10월 캄보디아 평화협정이 체결되자 미·베트남 관계 정상화 노력은 급진전되었다. 1993년 출범한 클린턴 행정부는 베트남에 대한 경제제재를 완화하여 1993년 7월 국제금융기관의 대 베트남 융자재개를 허용하고, 1994년 2월 베트남에 대한 경제제재를 전면 해제하였다. 1995년 8월 양국은 국교를 수립하였다. 그러나 미국이 베트남에 대해 최혜국(MFN: Most Favoured Nation) 대우를 부여해 주는 무역협정체결은 2001년도까지 지연되었다.

### 3. 시장주도정책

베트남의 개혁·개방은 1990년 중반 점차 경제체제의 전환 단계

로 접어드는 중요한 계기를 맞았다. 베트남의 개혁·개방이 동구와
는 달리 점증주의(gradualism)의 경로를 밟았기 때문에 체제전환을
구분할 만한 뚜렷한 분기점을 찾기는 어렵다. 개혁·개방과 체제전
환의 차이점은 사회주의경제체제의 기본구조의 존속여부에 달려있
다. 개혁·개방은 기존 사회주의경제의 기본원칙이나 틀을 유지하
면서 비효율적 운용으로 인한 경제난을 타개하기 위해 추진하는
혁신적인 정책적 변화로서 당의 통제 완화, 국가 소유독점 완화, 계
획경제원칙하의 시장요소 도입 등을 포함한다. 공산당 일당독재
(one-party), 단일국가소유제(one-property), 중앙의 단일계획(one-plan)
체제의 일부를 개선하는 정책이다. 예를 들어 영리활동의 확대, 가
격통제정책의 완화, 외국인직접투자정책 등은 개혁·개방정책에 해
당한다. 이에 비해 체제전환은 해당국가가 시장경제의 기본틀을 채
택하고, 세계자본주의로 편입되는 과정을 의미하는 바, 구조적인
측면에서 광범위한 변화를 동반한다.[82]

베트남은 1992년 헌법 개정과 미국의 경제제재 1차 해제, 1993년
경제제재 2차 해제, 1994년 2월 경제제재 전면해제 등 일련의 과정
을 거치면서 국제금융기구 지원을 통해서 개혁을 위한 재원이 마
련됨과 동시에 국제금융기구의 강력한 권고에 의한 시장경제적 요
소가 베트남 경제전반에 확산되면서 베트남 경제체제는 과거와 다
른 성격을 갖게 되었다. 미국의 베트남에 대한 경제제재 해제로
미·베트남 간 경제협력이 시작되었고, 아시아 국가들의 베트남 투
자를 자극함으로써 베트남의 시장경제로의 편입을 촉진시켰다.

1994년 1월 개최된 제7차 전국인민대표자회의는 베트남이 경제
사회적 위기를 극복한 것으로 평가하고, 전 국토의 공업화·근대화
노선을 채택하였다. 이것은 본격적인 경제개발과 시장경제화 정책

---

82) 김성철 외, 『북한의 경제전환 모형: 사회주의국가의 경험이 주는 함의』
    (서울: 통일연구원, 2001), p. 138.

을 추진하는 것을 의미했는데, 베트남이 1994년부터 IMF, 세계은행
등 국제금융기구로부터 본격적인 원조를 받게 된 사실과 무관치
않았다. IMF와 세계은행은 금융지원시 베트남에게 경제체제의 전
환을 강요하지는 않았지만, 금융지원에 따른 이행조건들과 개혁적
조치의 수행능력에 따른 차별적 지원조건을 제시함으로써 베트남
의 개혁조치를 촉진시켰다. 국제금융기관의 요구는 재정개혁을 통
한 시장인프라 구축, 국영기업 개혁을 통한 시장화 촉진 등 주로
경제 제도적 측면에서의 개혁이었다. 실제로 1990년대 초반부터 베
트남에서 시행된 은행제도 개혁, 국영기업 개혁 등 주요정책들은
시장경제적 성격을 강화하는 것이었다.

　국영기업에 대한 개혁은 IMF와 세계은행의 강력한 권고 아래 가
속화 되었다. 베트남 정부는 1994년 계획경제시대의 연합기업소체
제를 해체하고, 한국과 일본의 재벌을 모델로 한 총공사(general
corporation)를 설립하여 국영기업 재편을 추진하는 한편 새로운 관
리모델인 주식회사화도 함께 추진하였다. 1994년 3월 총리 결정 제
90, 91호로 몇 개의 국영기업을 한데 묶어 총공사화 하는 정책을 추
진하였다. 총리 결정 제90호는 최소 5개 기업을 포함하여 자본금 5
천억 동(3,300만 달러)인 총공사 설립을 규정하였고, 제91호는 최소
7개 기업을 포함하여 자본규모 1조 동(6,600만 달러) 이상인 총공사
설립을 규정하였다. 이것은 총공사90, 총공사91로 통칭되었으며 초
기에 설립된 총공사90은 72개, 총공사91은 18개였다. 총공사에 소속
된 기업수는 약 1,500개로 전체 국영기업수의 25%, 자본의 65%, 고용
의 55%를 차지하였다.[83]

　국영기업의 주식회사화는 1992년부터 1996년 초까지 5개의 국영
기업을 주식회사화 하였다. 정부는 국영기업의 주식회사화를 본격

---

83) 이한우, 『베트남 경제개혁의 정치경제』(서울: 서강대학교 출판부, 2011,
　　pp. 26-27.

적으로 추진하기 위하여 1995년 국영기업법을 제정하여 국영기업의 주식회사화 및 외국기업과의 합작에 관한 근거를 마련하고, 1997년까지 15개의 국영기업을 주식회사화 한다는 목표아래 1996년부터 국영기업의 주식회사화를 추진하였다. 그러나 주식회사화 했을 때 경영기회를 박탈당할 위험이 있다고 판단한 국영기업관리들의 소극적 대응, 정부로부터 받는 혜택의 박탈 우려, 노동자 실업증가 등의 문제로 주식회사화는 지체되었다.

국제금융기관은 베트남의 적극적인 개혁을 강력히 권고하였다. IMF와 세계은행은 1997년 중반부터 베트남 정부와 금융지원을 위한 정책기본서(Policy Framework Paper) 작성을 추진하면서 베트남 정부가 제시한 개혁과정 속도가 느리다는 이유로 1년 이상 합의하지 않으면서 보다 적극적인 개혁을 요구하였다. 세계은행은 1998년 8월 채택한 국가별지원전략보고서(Country Assistance Strategy)에서 1999-2002년간 베트남에 대한 금융지원 및 투자규모를 개혁속도에 따라 높은 수준(high case), 기본 수준(base case), 낮은 수준(low case)으로 나누고, 높은수준의 경우 연간 8억 1,200만 달러, 기본수준인 경우 5억 8,100만 달러, 낮은 수준인 경우 2억 8,300만 달러를 지원한다는 방침을 정함으로써 베트남의 개혁속도를 유도하였다.

베트남 정부는 1998년 중순부터 다시 국영기업의 주식회사화를 강화하는 조치를 취하였다. 국영기업을 세 가지 형태, 즉 국영기업 유지, 부분적 이전 기업, 정리하는 기업이라는 세 가지 유형으로 나누어 분류하고 주식회사화를 추진하였다. 2000년 5월 세계은행은 베트남의 개혁속도를 기본 수준으로 평가하고 지원하였다. 이는 베트남의 개혁속도가 높은 수준은 아니지만 향후 2-3년 동안 점진적인 개혁을 확고하게 내포하고 있다고 판단한 것이다. 베트남은 2000년 호치민에, 2005년 하노이에 증권거래소를 개설하고, 국영기업의 주식회사화를 지속하였다.

2004년 3월 총리는 지금까지 추진해 온 중소기업 중심 주식회사화에서 벗어나 대형 국영기업에 대한 주식회사화를 추진하도록 지시하였다. 이에 따라 정부는 2005-2008년간 국영기업 1,460개를 전환시키고, 2008년까지 국영기업수를 1,500여개로 줄이는 목표를 세웠다. 베트남정부는 2005년부터 대형 국영기업을 중심으로 모회사-자회사 체계로 전환하여 경제집단(Business Group)을 설립하는 작업에 착수하였다. 경제집단에서는 모회사가 지주회사(Holding Company)로서 기존 국영회사에서 정부가 수행하던 관리자의 기능을 담당토록 하여, 주식회사의 자본소유자 역할을 하도록 하였다. 이 결과 2008년까지 경제집단은 11개가 설립되었고, 총공사는 줄어들어 총공사90은 56개, 총공사91은 11개로 되었다.[84]

〈표 3-11〉 소유형태에 따른 베트남 기업 현황(2005-2009)

| 구분 | 2005년 | 2006년 | 2007년 | 2008년 | 2009년 |
|---|---|---|---|---|---|
| 국유기업 | 4,086 | 3,706 | 3,494 | 3,328 | 3,364 |
| 중앙 | 1,825 | 1,744 | 1,719 | 1,669 | 1,805 |
| 지방 | 2,261 | 1,962 | 1,775 | 1,659 | 1,559 |
| 비국유기업 | 105,167 | 123,392 | 147,316 | 196,778 | 238,932 |
| 외자기업 | 3,697 | 4,220 | 4,961 | 5,626 | 6,546 |
| 합 계 | 112,950 | 131,318 | 155,771 | 205,732 | 248,842 |

〈표 3-12〉 소유형태에 따른 베트남 기업 구성 비율(2005-2009)

(단위: %)

| 구분 | 2005년 | 2006년 | 2007년 | 2008년 | 2009년 |
|---|---|---|---|---|---|
| 국유기업 | 3.62 | 2.82 | 2.24 | 1.62 | 1.36 |
| 중앙 | 1.62 | 1.33 | 1.10 | 0.81 | 0.73 |
| 지방 | 2.0 | 1.49 | 1.14 | 0.81 | 0.63 |
| 비국유기업 | 93.11 | 93.97 | 94.57 | 95.65 | 96.01 |

---

84) 이한우, 『베트남 경제개혁의 정치경제』, 2011, p. 27.

| 외자기업 | 3.27 | 3.21 | 3.19 | 2.73 | 2.63 |
|---|---|---|---|---|---|
| 합 계 | 100 | 100 | 100 | 100 | 100 |

자료: General Statistics Office, *Statistical Yearbook of Vietnam 2010* (Hanoi: Statistical Publishing House, 2011), p. 181.

국유기업 숫자는 2005년 4,086개(중앙 1,825개, 지방 2,261개)에서 2008년 3,328개(중앙 1,669개, 지방 1,659개)로 줄어들었다. 반면 비국유기업 숫자는 2005년 105,167개에서 2008년 196,778개로 거의 2배 가까이 증대되어 전체 기업숫자에서 국유기업이 차지하는 비율은 2005년 3.62%(중앙 1.62%, 지방 2.0%)에서 2008년 1.62%(중앙 0.81%, 지방 0.81%)로 줄어들었다.[85]

베트남의 사기업 허용 여부는 도이머이정책 채택 이후에도 논쟁이 지속되었지만 사기업 숫자는 꾸준히 증대되었다. 1988년 3월 정부결정 제27호로 사영기업이 보장되고, 1989년 3월 제6기 당 중앙위 6차회의에서 사유경제라는 용어가 공식적으로 사용되었으며, 1990년 12월 사영기업법이 제정되었다. 1992년 개정헌법에 사유재산이 공인됨으로써 사유재산제는 베트남 사회주의체제의 공식부문의 하나가 되었다.[86] 그럼에도 1990년 말까지 비국유부문에 대한 견해는 대립되고 있었다. 하나는 비국유부문의 발전을 도모하는 것이 진보적인 장기전략이라는 견해이고, 다른 하나는 자본주의에 의한 평화적 전복의 위험이 있다는 견해였다.

1999년에도 일부 논자들은 자본주의에서 사회주의체제로의 이행기에도 착취계급과 여타계급이 존재하면서 상호 투쟁하고 있다고 평가하였다.[87] 이러한 논쟁에도 불구하고 정부는 다부문경제하에

---

85) General Statistics Office, *Statistical Yearbook of Vietnam 2010* (Hanoi: Statistical Publishing House, 2011), p. 181.

86) Vu Quoc Tuan, "Enterprise Development- Reflection on a Process", p. 140.

87) Dao Xuan Sam, "New Steps in the Change to the Market Economy(1979-2007), Da·

서 사기업 장점을 활용하기 위해 1999년 지방정부 관할 소규모 국영기업에 대해 사유화를 개시하였고, 2000년 기업법을 제정하여 사기업 설립 관련 기존의 인가제를 등록제로 변경하고, 사기업의 설립을 장려함으로써 사기업의 활동이 크게 활성화되었다.

2002년 제9기 당 중앙위 5차회의에서 당원의 사유경제부문 활동을 허용할지 여부가 논의되었고, 2006년 제10차 당 대회에서 이를 공식 인정하였다. 정부는 2006년 국영기업, 사기업, 외자기업에 공통적으로 적용되는 통합기업법을 제정하여 모든 기업들 간 공정한 경쟁을 할 수 있는 법적근거를 마련하였다. 2000년 기업법이 발효된 후 2002년까지 3년간 신규 등록한 사기업 숫자는 55,793개로 1991-1999년까지 9년간 등록한 45,000여개와 비교해 볼 때 매우 빠른 속도로 증가하였다.[88] 신규 등록된 사영기업은 주로 개인이나 가계에 의해 소규모 자본으로 설립, 운영되는 기업이었다. 2009년도 베트남 내 500대 기업 중 사영기업은 29%로 2008년도 24%에 비해 증가하였다. 그러나 사영기업의 80%가 50억 동(26만 달러) 미만의 자본을 소유하고, 87%의 기업이 50명 미만의 노동자를 고용하고 있어 소형기업이 여전히 다수를 점하고 있다.[89]

베트남에 대한 외국인 x직접투자(FDI)는 1987년 12월 외국인투자법이 제정되어 일부 성과를 거두다가 1989년 캄보디아에서 베트남군이 철수하고, 미국과 관계개선이 이루어진 1992년부터 급속히 증가하여 1994년 16.3억 달러, 1995년 22.3억 달러를 유치하였다.

---

Xuan Sam & Vu Quoc Tuan, eds., *Renovation in Vietnam: Recollection and Contemplation* (Hanoi: Knowledge Publishing House, 2008), p. 66.

88) Vu Quoc Tuan, "Enterprise Development—Reflection on a Process", pp. 136-137.
89) Anh Thu, "Problems Being Private", Vneconomy news, 2010.4.15일자, http://news.vneconomy.vn/2010050402474508P0C1/problems-being-private.htm.

〈표 3-13〉 자본 규모에 따른 베트남 기업 현황(2009년도)

(단위: 십억 동)

| 구 분 | 0.5 미만 | 0.5-1 | 1-5 | 5-10 | 10-50 | 50-200 | 200-500 | 500 이상 |
|---|---|---|---|---|---|---|---|---|
| 국유기업 | 22 | 11 | 197 | 237 | 994 | 969 | 475 | 459 |
| 중앙 | 7 | 4 | 58 | 78 | 438 | 572 | 302 | 346 |
| 지방 | 15 | 7 | 39 | 159 | 556 | 397 | 173 | 113 |
| 비국유기업 | 18,461 | 25,249 | 106,542 | 42,808 | 37,373 | 6,504 | 1,359 | 636 |
| 외자기업 | 199 | 168 | 866 | 709 | 2,147 | 1,498 | 536 | 319 |
| 합 계 | 18,682 | 25,428 | 107,605 | 43,754 | 40,514 | 8,971 | 2,370 | 1,518 |

자료: General Statistics Office, *Statistical Yearbook of Vietnam 2010*, pp. 262-263.

〈표 3-14〉 고용인 규모에 따른 베트남 기업 현황(2009년도)

(단위: 개)

| 구 분 | 5명 미만 | 5-9명 | 10-49명 | 50-199명 | 200-299명 |
|---|---|---|---|---|---|
| 국유기업 | 15 | 38 | 623 | 1,229 | 387 |
| 중앙 | 6 | 13 | 237 | 614 | 214 |
| 지방 | 9 | 25 | 386 | 615 | 173 |
| 비국유기업 | 54,371 | 92,313 | 75,304 | 13,475 | 1,509 |
| 외자기업 | 453 | x501 | 1,964 | 1,934 | 435 |
| 합 계 | 54,839 | 92,852 | 77,891 | 16,638 | 2,331 |

| 구 분 | 300-499명 | 500-999명 | 1000-4999명 | 5000명 이상 |
|---|---|---|---|---|
| 국유기업 | 416 | 327 | 294 | 35 |
| 중앙 | 236 | 224 | 228 | 33 |
| 지방 | 180 | 103 | 66 | 2 |
| 비국유기업 | 986 | 639 | 318 | 17 |
| 외자기업 | 443 | 431 | 344 | 41 |
| 합 계 | 1,845 | 1,397 | 956 | 93 |

자료: General Statistics Office, *Statistical Yearbook of Vietnam 2010*, pp. 235-236.

1995년 베트남의 FDI는 베트남 총투자 자본의 27%를 차지하였고, 1998년에는 GDP의 9.8%를 차지할 정도로 증가하였다.[90] 1996년도 전체 수출과 수입에서 FDI 프로젝트가 차지하는 비중은 각각 10.8%와

18.3%에 이르렀다. 베트남에 대한 FDI는 1991년부터 증가하다가 1997년 동아시아 금융위기로 1997-1999년 간 감소했으나, 2000년부터 다시 증가하였다.

베트남의 GDP 대비 FDI 비율(FDI/GDP)은 전 세계 외국인투자 유치국 중에서 가장 높아 개발도상국의 평균보다 약 7배정도 높았다.[91] 외자기업의 활성화로 고용도 확대되었다. 베트남 투자기획부(Ministry of Planning and Investment)는 외자기업에 고용된 베트남인은 19만 6천명이라고 발표하였다. 그러나 경영협력계약(Business Cooperation Contract)까지를 포함한다면 1995년 말까지 약 100만 명의 베트남인이 외자기업에 고용되어 있는 것으로 알려졌다.[92]

1988년 이후 2010년까지 베트남에 대한 외국인 직접투자 누계는 승인액 기준 2,143억 달러, 집행액 기준 779억 달러에 이르렀고, 투자집행률은 36%를 기록하였다.[93] 주요투자국은 2010년까지 승인액 기준으로 대만 2,171건에 229억 달러, 한국 2,699건에 224억 달러, 싱가포르 895건에 219억 달러, 일본 1,425건에 210억 달러, 말레이시아 376건 184억 달러 등으로 아시아 주변국들이 절반 이상 차지하였다.[94]

베트남의 무역규모 역시 도이머이정책 이후 꾸준히 증대되었다. 무역관리제도의 개혁과 1993년 8월 미국의 국제금융기관의 대베트남 융자재개 허용으로 1994년부터 베트남의 무역규모는 크게 증가하였다.

---

90) Ministry of Planing and Investment of Vietnam, *A Guide to Foreign Investors in Vietnam 2000,* Hanoi, p. 4.

91) 김성철,『베트남 대외경제개방연구: 북한에 주는 함의』, 통일연구원, 2000, p. 63.

92) 정재완,『한국의 대베트남 투자 및 ODA 추진방향』, 대외경제정책연구원, 1997, p.58.

93) General Statistic Office, *Statistical Yearbook of Vietnam 2010,* p. 161.

94) General Statistic Office, *Statistical Yearbook of Vietnam 2010,* p. 163.

〈표 3-15〉 베트남의 외국인 직접투자 현황(1988-2010)

(단위: 백만 달러)

| 구분 | 투자허가건수 | 승인액 | 집항액 |
|---|---|---|---|
| 1988-1990 | 211 | 1,602 | |
| 1991 | 152 | 1,292 | 329 |
| 1992 | 196 | 2,209 | 575 |
| 1993 | 274 | 3,037 | 1,018 |
| 1994 | 372 | 4,188 | 2,041 |
| 1995 | 415 | 6,937 | 2,556 |
| 1996 | 372 | 10,164 | 2,714 |
| 1997 | 349 | 5,591 | 3,115 |
| 1998 | 285 | 5,100 | 2,367 |
| 1999 | 327 | 2,565 | 2,335 |
| 2000 | 391 | 2,839 | 2,414 |
| 2001 | 555 | 3,143 | 2,451 |
| 2002 | 808 | 2,999 | 2,591 |
| 2003 | 791 | 3,191 | 2,650 |
| 2004 | 811 | 4,548 | 2,853 |
| 2005 | 970 | 6,840 | 3,309 |
| 2006 | 987 | 12,004 | 4,100 |
| 2007 | 1,544 | 21,348 | 8,030 |
| 2008 | 1,557 | 71,726 | 11,500 |
| 2009 | 1,208 | 23,107 | 10,000 |
| 2010 | 1,237 | 19,886 | 11,000 |
| 총계 | 13,812 | 214,316 | 77,946 |

자료: General Statistics Office, *Statistical Yearbook of Vietnam 2010*, (Hanoi: Statistical Publishing House, 2011), p. 161.

그러나 1995년 미국과의 국교 수립에도 불구하고 미국으로부터 최혜국(MFN: Most Favoured Nation) 대우를 받지 못해 미국과의 교역은 제약을 받았다. 수출입 관세는 1992년 3월 제정된 수출입세법을 기본으로 몇 차례 개정되어 1995년도 수출세는 45%를 상한으로 원유, 석탄, 쌀 등 주로 1차 상품에 부과하였고, 수입세는 과세대상 3,211 품목 중 1,705 품목은 0-5%, 636 품목은 11-20%, 546 품목은 21-60% 관세를 부과하였다.[95]

미국은 통상법 402조 잭슨·베닉 개정조항(Jackson-Vanik amendment)에 의해 베트남에 대한 최혜국 대우를 금지해 왔다.[96] 따라서 최혜국 대우를 받을 수 있는 무역협정이 체결되려면 먼저 잭슨·베닉 개정조항의 면제조치가 필요했다. 베트남 정부의 노력으로 잭슨·베닉 개정조항의 면제조치가 1998년 8월에 이루어졌다. 이후 미국과 베트남은 9차례의 교섭을 통해 1999년 7월 무역협정을 체결키로 기본합의 하였다. 그러나 미국이 베트남에 대해 시장개방 확대를 요구하고, 이에 베트남이 반발하면서 공식합의는 계속 지연되었다. 특히 베트남은 미국의 통신, 금융, 유통 부문의 미국기업 진출 허용 요구에 일방적 양보라며 강하게 반발하였다.

1999년 말 미·중관계가 개선되면서 미국이 중국의 WTO 가입을 승인하고, 대내적으로 동아시아 경제위기로 인한 경기침체가 심화되자 베트남은 외자유치를 위해 대미 강경자세를 누그러뜨리고 2000년 7월 미국과 무역협정을 체결키로 합의하였다. 2001년 11월 미국 상·하의원 및 베트남 국회에서 무역협정이 비준되고, 같은 해

---

95) 조명철·홍익표, 『중국·베트남의 초기 개혁·개방정책과 북한의 개혁방향』, p. 114.

96) 민주당 상원의원 핸리 잭슨과 민주당 하원의원 찰스 배닉이 1974년 제안한 개정안으로 아래사항에 해당되는 사회주의국가에 대해 미국은 최혜국대우를 거부할 수 있다. ①해당국이 자국민에 대해 이민의 자유를 거부 ②이민 자체에 대해 명목세금 이상 부과 ③이민하고자 하는 시민에 대해 명목 과징금 이상을 부과하는 경우이다. 당시 최혜국대우를 받지 못한 국가는 베트남, 북한, 아프카니스탄, 세르비아, 쿠바, 라오스 등 6개 국이었다. 권율, "베트남 개혁·개방모델이 북한에 주는 시사점", p. 37.

12월 비준서가 교환되어 효력이 발효되었다. 무역협정체결로 베트남의 대미 공산품 수출은 급증하였다. 무역협정을 체결하기 이전에는 미국에 수출되는 베트남의 공산품은 평균 40%의 높은 관세를 적용받았으나, 협정 체결 이후에는 MFN 관세율을 적용받아 수입액의 가중평균으로 계산했을 때 4.7%로 낮아졌다.

〈표 3-16〉 베트남·미국 간 무역협정체결 후 미국의 관세율 변화

(단위: %)

| 품목 | 무역협정체결 전 관세율 | MFN 관세율 |
|---|---|---|
| 봉제완구 | 70 | 0 |
| 가방류 | 20-110 | 3.4-20 |
| 모자류 | 37.5-90 | 2.3-71 |
| 섬유류 | 65-90 | 2.8-29 |
| 신발류 | 35-84 | 7.5-48 |

자료: 법무부, 『베트남 개혁개방법제 개관』, p. 187.

1995년도 베트남의 대미 수출액은 1억 6,970만 달러였으나 2002년도에는 24.2억 달러로 증가하였다. 무역협정체결로 대미 수출이 증대되었을 뿐만 아니라 미국 수출을 목적으로 베트남 내 현지공장을 설립하려는 싱가폴, 홍콩, 한국 등의 외국인 투자도 촉진되었고, 유럽 서방국가들에 대한 수출도 확대되었다.

1991년 베트남의 총 수출액은 20억 4,200만 달러였다. 1996년 72억 5,500만 달러, 2001년 151억 달러, 2002년 167억 달러, 2004년 230억 달러로 증대되었다. 2001년도 전년대비 5.6%, 2002년도 10.6%, 2004년도 16.9%로 점증하였다. 2002년 이후 베트남의 수출이 급증한 것은 미국과의 무역협정체결로 대미수출이 급증하였기 때문이다. 베트남은 2001년 미국과 무역관계를 정상화하고, 2006년 미국으로부터 '항구적 정상교역 관계'지위를 부여 받은데 이어, 2007년 WTO에 가입함으로써 세계경제질서에 성공적으로 진입하였다.

〈표 3-17〉 베트남의 개혁·개방정책의 경제적 성과

| 연도 | 국민소득<br>(달러) | 곡물생산<br>(백만톤) | 농수산업증<br>가(%) | 공업건설<br>증가(%) | 교역량<br>(억달러) | 외국인투자<br>(억달러) |
|---|---|---|---|---|---|---|
| 1986 | N.A | 16.6 | 3.0 | 10.9 | 30 | - |
| 1987 | N.A | 15.7 | -1.1 | 8.5 | 34 | - |
| 1988 | 86 | 17.8 | 3.7 | 5.0 | 38 | 3.2 |
| 1989 | 110 | 19.8 | 7.0 | -2.6 | 45 | 5.3 |
| 1990 | 118 | 19.9 | 1.0 | 2.3 | 52 | 7.4 |
| 1991 | 118 | 20.3 | 2.2 | 7.7 | 44 | 12.9 |
| 1992 | 145 | 22.3 | 6.9 | 12.8 | 51 | 22.1 |
| 1993 | 190 | 23.7 | 3.8 | 12.6 | 69 | 30.4 |
| 1994 | 231 | 24.6 | 3.4 | 13.4 | 99 | 41.9 |
| 1995 | 288 | 26.1 | 4.8 | 13.6 | 136 | 69.4 |
| 1996 | 338 | 27.9 | 4.4 | 14.5 | 184 | 101.6 |
| 1997 | 361 | 29.2 | 4.3 | 12.6 | 208 | 55.9 |
| 1998 | 357 | 30.8 | 3.5 | 8.3 | 209 | 51.0 |
| 1999 | 374 | 33.2 | 5.2 | 7.7 | 232 | 25.7 |
| 2000 | 402 | 34.5 | 4.6 | 10.1 | 301 | 28.4 |
| 2001 | 413 | 34.3 | 3.0 | 10.4 | 312 | 31.4 |
| 2002 | 440 | 37.0 | 4.2 | 9.5 | 364 | 30.0 |
| 2003 | 492 | 37.7 | 3.6 | 10.5 | 454 | 31.9 |
| 2004 | 553 | 39.6 | 4.4 | 10.2 | 585 | 45.5 |
| 2005 | 638 | 39.5 | 4.0 | 10.7 | 694 | 68.4 |
| 2006 | 730 | 39.7 | 3.7 | 10.4 | 847 | 120.0 |
| 2007 | 843 | 40.3 | 3.8 | 10.2 | 1,113 | 213.5 |
| 2008 | 1,052 | 43.3 | 4.7 | 6.0 | 1,434 | 717.2 |
| 2009 | 1,064 | 43.3 | 1.8 | 5.5 | 1,270 | 231.1 |
| 2010 |  | 44.6 | 2.8 | 7.7 | 1,570 | 198.9 |

주: 외국인투자는 승인액 기준으로 기 승인된 프로젝트의 추가분도 포함되
   었고, 2010년 자료는 추정치로 GSO, 2011 자료 인용.

자료: 1986-2005년 자료는 General Statistics Office, *Vietnam- 20 Years of Renovation
   and Developement 1986-2005*, statistical publishing house, 2006, p. 31, 47, 64, 85;
   2006-2010년 자료는 GSO, *Statistical Yearbook of Vietnam 2010*, statistical
   publishing house, 2011, p. 131, 161, 519, 755.

〈표 3-18〉 베트남의 시장경제화 주요정책

| 구분 | 정책내용 | 결과 |
|---|---|---|
| 가격자유화 | 임금·물가인상(1979)<br>정부결정 26호(1981. 6)<br>가격자유화조치(1981.10)<br>정부결정 217호(1987)<br>정부결정 195호(1989.12) | 가격자유화 조치로 정부의 통제품목 감소(1987년 98개, 1988년 40개, 1989년 16개, 1990년 6개, 1992년 1개로 축소) |
| 시장사회주의 | 정부결정 218호(1987.11)<br>정부결정 53호(1988)<br>신은행법제정(1990.10) | -베트남국가은행에서 상업은행 기능분리, 이원적은행체제로 개혁<br>-신은행법제정으로 1992년부터 다수의 민영상업은행 설립<br>-1991년부터 외국은행지점 및 합영은행 설립 허용<br>-1995년 금융리스회사 설립 허용 |
| 기업개혁 | 정부결정 25호(1981.1)<br>정부결정 217호(1987.11)<br>정부결정 315호(1990.9)<br>제7차 당 대회(1991.6)<br>정부의정서388호(1991.11)<br><br>정부결정 143호(1990.5)<br>정부지시 202호(1992.6)와<br>정부지시 84호(1993.3)<br>총리결정 90,91호<br>국영기업법(1995)<br>총리지시(2004.3)<br>통합기업법(2006) | -국영기업 경영권, 재정권 확대<br>-국가보조금 삭감, 정부통제 완화<br>-부실 국영기업 구조조정<br>-국영기업 재등록제<br>-국영기업 재등록(5,377), 합병(3,000), 해체(2000)<br>-국영기업의 실험적주식회사화<br>-1992년부터 1996년간 5개 국영기업이 주식회사로 전환<br>-국영기업의 총공사화 추진<br>-국영기업 주식회사화, 합작허용<br>-대형 국영기업 주식회사화추진<br>-국영기업,사기업,외자기업 동등 |
| 사유화 | 서기국지시 100호(1981)<br>정부결정 26호(1981.6)<br>정치국결의안10호(1988.4)<br>정부결정 27호(1988.3)<br>사영기업법(1990.12)<br>개정헌법(1992)<br>개정토지법(1993.6)<br>내국인투자촉진법(1994.6)<br>신사기업법(1999)<br>기업법(2000) | -생산청부제. 토지대여 2-3년<br>-실적임금제<br>-농가계약제, 토지대여 15년<br>-사기업경영 보장<br>-사영기업 법적 보장<br>-사유재산공인<br>-토지사용권 보장, 토지대여 50년<br>-사기업권장<br>-지방 소규모 국유기업 사유화<br>-사기업설립 인가제 대신 등록제 |

| 대외개방 | 외국인투자법(1987.12) 1988년 외자법개정(1990, 1992, 1996, 2000) 정부규정(1991.10) 수출입세법(1992.3) 미국과의 관계개선 | -외국인 직접투자 촉진 -무역독점 철폐,신규무역회사 설립 -외국인투자 유치 -수출가공구 설립 -수출입 관세체계 확립 -경제제재해제(1994),무역협정체결 (2000), WTO가입(2007) |

## 제2절 개혁·개방 초기조건

### 1. 민족 통일국가 건설

베트남공산당은 1930년 2월 호치민이 홍콩에서 조직한 인도차이나공산당에서 시작되었다. 인도차이나공산당은 1941년 민족주의세력 등 모든 항불세력을 규합하여 베트민(베트남독립동맹)으로 통합되었다가 1951년 2월 제2차 당 대회에서 베트남노동당으로 명칭을 바꾸었다. 베트남이 통일되고 1976년 12월 개최된 제4차 당 대회에서 베트남공산당으로 개명하였다. 베트남공산당은 프랑스와 미국을 물리치고 독립과 통일을 달성함으로서 정권수립의 정통성과 합법성을 갖게 되었다.

호치민(Ho Chi Minh)이 이끄는 베트민(Viet Minh)은 일본이 연합국에 무조건 항복하고 제2차 세계대전이 끝나자, 일본의 꼭두각시 바오 다이 황제를 폐위시키고, 1945년 9월 2일 베트남민주공화국을 선포하였다. 그러나 제2차 세계대전의 승전국이 된 프랑스가 베트남을 재식민지화 하려고 하면서 제1차 인도차이나전쟁이 발생하였다. 전쟁 초기 호치민 정부군은 프랑스군에 밀려 정글로 도주하였으나, 1949년 중국 내전에서 승리한 중국공산당이 대규모 무기와 훈련을 지원하면서 상황이 바뀌었고, 프랑스는 1949년 말 미국에 지원을 요청하였다.

1950년 1월 중국과 소련은 호치민 정부를 공식 인정하였고, 같은 해 6월 한국전쟁이 발생하였다. 미국에서는 매카시 의원이 주도하는 반공주의 운동이 본격화되고 있었다. 서방세계 지도자들은 인도차이나전쟁을 베트남의 독립전쟁이 아니라 자유세계에 대한 공산주의 팽창정책의 일환으로 보았다. 미국은 1950년 5월부터 1953년까지 프랑스에 군사비용의 80%를 지원하였다.[97] 1954년 5월 7일 디엔비엔 푸(Dien Bien Phu) 전투에서 대패한 프랑스는 5월 21일 제네바협정을 체결하고 베트남에서 철수하였다.

제네바협정에 따라 베트남은 북위 17도선을 경계로 북쪽에는 호치민 주도의 공산정권이 수립되었고, 남쪽에는 응오 딘 지엠(Ng·Dinh Diem)을 수반으로 한 친서방 정권이 들어섰다. 북베트남은 토지개혁에 착수하여 1957년 기초작업을 완성함으로써 사회주의체제를 구축하였다. 남베트남의 지엠 정권은 남베트남내 비엣민 지지자들을 억압하면서 제네바협정에 의해 제안된 단일정부수립을 위한 1956년 총선거를 거부하였다. 1957년에서 1959년까지 남베트남에서는 2천 명 이상이 공산주의자로 낙인찍혀 처형당했다.[98] 베트남공화국의 농촌지역을 도는 순회재판소에서 유죄 판결을 받으면 곧바로 단두대에서 처형되기 일쑤였다. 북베트남정권은 1959년 남부에서의 무장투쟁을 결의하였고, 1960년에는 남부에 베트남민족해방전선(NLF: National Liberation Front)을 조직하였다.

남베트남정부를 지원하던 미국이 1964년 통킹만 사건을 계기로 북베트남을 폭격하고, 1965년 3월 지상 전투부대를 파견함으로써 제2차 인도차이나전쟁이 시작되었다. 미국은 총인원 3백만 명 이상의 엄청난 인원과 물자를 동원하였지만 승리하지 못했다. 1968년

---

97) 황귀연, "베트남공산당의 개혁·개방정책에 관한 연구", 1966, p. 209.
98) 윌리암 J. 듀이커, 정영목 옮김, 『호치민 평전』, p. 743.

북베트남군과 베트남민족해방전선의 '구정공세'에 의해 일시적이지만 미국대사관이 점령당하는 사태가 발생하자, 유럽과 미국 내에서 반전여론이 확산되었고, 닉슨 미대통령은 1969년 1월 베트남화(Vietnamization)정책을 발표하고 베트남에서 미군의 점진적 철수를 시작하였다.

1973년 1월 23일 파리평화협정이 체결되고, 3월에 남아있던 미군이 모두 철수하였다. 1975년 1월 북베트남은 남베트남에 대해 총공격을 단행하여 4월 30일 사이공(현 호치민)을 점령함으로써 통일을 달성하고, 국민투표를 거쳐 1976년 7월 베트남사회주의공화국을 수립하였다. 이와 같이 베트남공산당은 인도차이나공산당이 조직된 후 45년 동안 프랑스와 미국을 상대로 전쟁을 통해 독립과 통일을 달성하였기 때문에 베트남에서 정통성과 권력을 독점하게 되었다.

### 2. 집단지도체제

1975년 4월 통일을 달성한 북베트남은 1976년 4월 남북 총선거를 실시하고, 같은 해 7월 베트남사회주의공화국을 수립하였다. 베트남 정부는 통일헌법 개정작업에 착수하여 1980년 11월 새로운 헌법을 공포하였다. 1980년 헌법은 국가권력이 전 인민에 속하며 인민의 권력은 국회와 인민회의를 통해서 구현된다(제6조)고 규정하여 형식적 의미에서의 주권재민 사상을 포함시켰다. 그러나 베트남공산당이 국가와 사회를 이끄는 유일한 조직이고, 공산당은 노동계급과 전체 베트남 인민의 이해를 위하여 투쟁하고 존재한다(제4조)라고 규정하여 공산당에 의한 국가 영도의 원칙을 명백히 하였다.[99]

1980년 헌법은 1959년 헌법에서의 기관장 체제를 집단체제로 바

---

99) 법무부, 『베트남 개혁개방법제 개관』(서울: 법무부, 2005), p. 278.

꾸어 국가주석과 국회상무위원회를 국가평의회(The Council of State)로 흡수하고, 정부는 수상을 의장으로 하는 각료회의(The Council of Ministry)로 바꾸었다. 국가평의회는 국회의 최고조직으로 사회주의와 국가방위에 관한 주요문제 결정과 국가기관의 활동을 감시하며, 각료회의는 최고의 행정집행기관으로 정치, 경제, 사회, 문화, 안보, 대외활동 등을 통일된 체제하에서 수행토록 하였다. '공산당의 영도, 국가기관의 관리, 인민의 권리행사'라는 관계가 체계화 되었다. 공산당은 당의 정책을 국회를 통해 법률로 구체화 시킨 후 행정기관에 하달하고, 주요 국가기관의 핵심적인 직책에 당원을 임명하여 국가기관의 활동을 감독한다. 권력은 공산당에 집중되어 있으며, 공산당 내의 최고 의사결정기구인 정치국에서 주요정책이 결정된다. 정치국원은 당 중앙위원회에서 선출하는 것으로 되어 있으나 오히려 정치국이 중앙위원회의 후보자를 사전 선발하여 전당대회에서 공식적으로 선출하는 과정을 거치고 있다. 정치국은 정치국 상무위원을 선출하는데 정치국 상무위원은 정치국을 대신하여 일상적인 정책결정 기능을 수행한다.[100] 정치국 상무위원은 당 서기장, 국가주석, 정부수상, 국회의장, 정치국 상무위원 1명 등 총 5명으로 구성되어 있다.

## 3. 실용주의 정치문화

베트남은 1천년 이상 중국의 지배(BC 111-AD 939)를 받았다. 이 기간에 베트남에는 유교사상과 민족주의가 뿌리를 내렸다. 오랜 기간 중국의 지배를 받으면서 형성된 베트남의 전통적인 유교사상은 프랑스 지배를 받으면서 서서히 붕괴되었다. 베트남의 교육기관은

---

100) Quan Xuan Dinh, "The Political Economy of Vietnam's Transformation Process", Contemporary Southeast Asia, Vol. 22 No. 2, 2000, p. 224.

프랑스의 교육시스템으로 바뀌었다. 프랑스식 교육과 100년 가까운 분할 통치 식민지정책에 의해 베트남의 전통적인 유교사상은 소멸되었다. 사상적 공백이 발생한 시기에 공산주의 사상이 유입되면서 베트남에서 공산주의는 성공적으로 정착할 수 있었다.[101]

유교와 공산주의는 매우 다르고 모순적이기 때문에 조화를 이루기가 쉽지 않다고 생각하기 쉽다. 사실 유교는 변화를 지양한 보수적인 사상이고, 공산주의는 사회의 진보를 추구한 다이내믹한 사상이다. 유교는 물질이 윤리의 실현에 방해되는 것으로 간주하지만 공산주의는 물질의 생산을 중시한다. 유교는 위계질서를 중시하지만 공산주의는 평등을 추구한다. 이처럼 유교와 본질이 다름에도 불구하고 공산주의는 베트남 지식인, 특히 유교적 배경을 가진 사람들로부터 많은 지지를 받았다.

공산주의가 베트남에서 정착할 수 있었던 이유는 먼저 유교의 영향력이 사라져 갈 때 도입되었다는 점을 들 수 있다. 베트남에서 유교의 전통은 유교의 공식적인 영향력이 사라진 후에도 비공식적으로 계속 영향력을 발휘하였다. 그러나 젊은층과 지식인들은 유교의 위계, 형식주의, 보수성에 반감을 보였다. 베트남 지식인들은 공산주의가 근대적, 과학적, 그리고 가장 반유교적(부패한 기존질서, 국가멸망으로 이어진 무능력에 대한 부끄러움)인 새로운 이데올로기로서 유교사상의 발전형이라는 이미지를 가지고 있었고, 당연히 선호되었다.[102]

공산주의가 베트남에서 성공적으로 정착하게 된 또 다른 이유는 겉에서 보기와는 달리 유교사상과 공산주의는 본질적인 공통점이 있었기 때문이다.[103] 유교와 공산주의는 모두 소수의 엘리트에 의

---

101) William J. Duiker, *The Communist Road to Power in Vietnam* (Colarodo: Westview Press, 1966), p. 26.
102) William J. Duiker, *The Communist Road to Power in Vietnam*, p. 356.

해 정치, 통치 행위가 구현되었고, 절대 진리에 대한 믿음과 그 절대 진리를 표현한 경전들에 대한 강한 믿음이 있었으며, 개인 윤리와 사회에 대한 헌신을 강조하였다. 두 가지 사상 모두 공동체에 대한 개인의 종속을 강조하였으며, 물질생산과 부는 최종목표가 아니고, 더욱 중요한 것을 위해 필요한 것이라고 생각했다. 이런 공통점들로 인해 전통적인 것들에 대한 믿음이 흔들리던 변환기에 있던 베트남 지식인들은 공산주의로부터 기존의 이데올로기와 비슷한 친숙함을 느낄 수 있었고, 당시 가장 과학적, 실리적이고 구체적인 행동방침을 제시하는 공산주의 사상에 매료되었던 것이다.

유교사상과 함께 민족주의는 베트남의 정치를 이해하는데 핵심 개념이 되어왔다.[104] 베트남의 민족주의는 중국이 베트남을 지배하는 기간에 베트남 민족이 격렬한 투쟁을 통해 독립을 추구하면서 형성되었다. AD 40년 중국에 대항했던 쯩 자매부터 15세기 명나라와 싸운 레 로이 황제에 이르기까지 베트남 민족은 정체성에 대한 자의식을 가지고 조국을 방어할 용기를 갖춘 민족으로 성장하였다.[105]

1858년 프랑스 군함이 베트남 중부 다낭을 점령한 이후 베트남의 민족주의는 반식민주의와 반제국주의 형태로 나타났다. 프랑스는 베트남 응우옌 왕조의 프랑스 선교사 처형사건을 빌미로 1858년 다낭에 상륙하여 1861년 사이공을 점령하고, 1883년 안남(중부)과 통킹(북부)을 식민지화하였다.[106] 프랑스는 베트남을 남부(Cochinchina),

---

103) William J. Duiker, *The Communist Road to Power in Vietnam*, p. 26.

104) 클라크 네어 저, 동남아지역연구회 역, 『현대 동남아의 이해』(서울: 서울프레스, 1993), p.183.

105) 윌리암 J. 듀이커, 정영목 옮김, 『호치민 평전』), p. 36.

106) Ian Jeffries, *A Guide to the Socialist Economies* (London and New York: Routledge, 1990), p. 279.

중부(An Nam), 북부(Tonkin)의 3지역으로 나누어 분할 통치하였다. 프랑스에 저항하던 함응이 황제가 1888년 프랑스군에 체포되어 해외로 유배당한 후에도 베트남인들의 반불 독립 무력투쟁은 유학자들을 중심으로 1910년대 초반까지 계속되었다. 이후 국내에서 활동이 어려워지자 독립운동은 해외에서 지속되었다. 호치민은 1930년 홍콩에서 인도차이나 공산당을 조직하고 독립운동을 시작하였다. 코친차이나 공산당은 코민테른과 연계되어 있었지만 공산주의보다 민족주의를 우선시하였다. 1941년 5월 개최된 인도차이나 공산당 제8차 전체회의에 채택한 결의안에는 아래에서 알 수 있는 것처럼 베트남의 민족주의가 잘 나타나 있다.

> 그렇다고 해서 우리당이 인도차이나 혁명에서 계급 투쟁의 문제를 무시한다는 뜻은 아니다. 아니 계급 투쟁의 문제는 계속 존재할 것이다. 그러나 현재는 민족이 일차적으로 중요하며, 특정한 계급에게는 유익하지만 민족에게는 해로운 모든 요구는 민족의 생존에 종속되어야 한다.[107]

이러한 민족주의는 호치민이 1952년 소련을 방문할 때에도 잘 나타났다. 호치민이 소련을 방문하여 스탈린과 정상회담을 할 때 호치민의 민족주의 성향을 싫어하는 스탈린은 회의실에 두 개의 의자를 가리키며 말했다. "호치민 동지, 여기에 의자가 두 개 있소. 하나는 민족주의자들을 위한 의자이고, 다른 하나는 국제주의자들을 위한 의자요. 동지는 어디에 앉고 싶소?" 그러자 호치민은 이렇게 답했다고 한다. "스탈린 동지, 나는 두 의자에 다 앉고 싶습니다." 이와 같이 호치민은 민족 독립을 최고의 가치로 두고, 이를 위해서 이념이나 정책에 구애받지 않았다.

---

107) 윌리암 J. 듀이커, 정영목 옮김, 『호치민 평전』, p. 389-390.

실용주의 정신 역시 베트남 정치체제에서 민족주의와 함께 전수되고 있는 중요한 정치문화이다. 베트남에서 민족지도자로 추앙받고 있는 호치민도 민족주의자이며 실용주의자였다. 그의 실용주의 정신은 1945년 미국의 정보장교 찰스 펜에게 한 언급내용에서 잘 나타나 있다.

> 우선 프랑스와 같은 강대국으로부터 독립을 얻는 것은 외부의 도움 없이 이룰 수 없는 만만치 않은 과제라는 사실을 이해해야 합니다. 그 도움은 반드시 무기 같은 것만이 아니라, 조언이나 연락 같은 것일 수도 있지요. 사실 폭탄을 던지기만 한다고 독립을 얻을 수 있는 것은 아닙니다. 그것은 초기의 혁명가들이 흔히 저지르는 잘못이지요. 독립은 조직, 선전, 훈련, 규율을 통해서 얻어야 합니다. 또한 … 체제를 갖춘 믿음, 복음, 실제적인 분석, 그러니까 성경이라고 해도 좋을 만한 것이 필요하지요. 마르크스-레닌주의는 나에게 그런 틀을 주었습니다.[108]

찰스 펜이 호치민에게 미국을 존경한다고 하면서 왜 미국의 호의를 잃을 공산주의 대신 민주주의나 어떤 다른 형식의 정치체제를 선택하지 않았느냐고 묻자, 호치민은 자신이 실제적인 도움을 받을 수 있었던 것은 모스크바에 도착했을 때 뿐이었다고 말했다. 대국들 가운데 오직 소련만이 '어려울 때 친구요, 참된 친구'였다. 소련은 호치민에게 의리를 보여줌으로써 그의 의리를 얻은 셈이었다.[109] 호치민은 외교정책에서도 실용주의 태도를 견지하였다. 호치민은 1945년 국가를 수립한 이후 1960년대 미국과 전쟁을 할 때까지 외교협상에서 아래와 같이 실용주의 태도를 취하였다.

---

108) 윌리암 J. 듀이커, 정영목 옮김, 『호치민 평전』, p. 829.
109) Charls Fenn, "Trial to Doomsday", pp. 238-239(Charls Fenn의 원고), 윌리암 J. 듀이커, 『호치민 평전』, pp. 829-830 재인용.

〈표 3-19〉 호치민의 외교협상 사례

| 연도 | 외교협상 사례 |
|------|--------------|
| 1945-46년 | 일본군 무장해제를 위해 베트남에 진군한 장개석 군대를 되돌려 보낼 때 "중국-베트남 우호"를 내세움 |
| 1946년 | 프랑스와 예비협정 교섭시는 "자유 베트남"을 내세움 |
| 1946년 | 프랑스 정부와 교섭하러 프랑스 방문시는 "프랑스 연방 내 독립통일베트남"을 내세움 |
| 1949년 | 프링스와 전쟁시는 모든 국가들과 협력할 용의가 있으며, 스위스처럼 중립국이 될 수도 있다고 말함 |
| 1960년대 | 미국과 전쟁을 할 때는 "월남의 평화와 중립"을 주장 |

자료: 임홍재, 『베트남 견문록』(서울: 김영사, 2010), p. 309.

실용주의 정신은 베트남의 정치체제 내 권력투쟁이나 정책결정 과정에서 극단적인 흑백논리보다는 온건하고 타협적인 태도로 나타났다. 1954년 7월 제네바협정 체결로 프랑스군이 베트남에서 철수하고, 베트남은 남북으로 분단된 후 북베트남에서는 1954년 가을부터 노동운동가였던 호앙 쿠옥 비엣 지휘하에 토지개혁이 시작되었다. 토지개혁은 1955년부터 확장되고 과격해지기 시작하였다. 호치민은 모든 지주를 반혁명 세력으로 무차별적으로 분류하지 말라고 경고했지만 쯔엉 찐 당 서기장을 중심으로 한 토지개혁 급진파들은 중국의 예를 따라 지역주민의 4-5%는 계급의 적으로 선포해야 한다고 주장했다.[110]

급진적 토지개혁을 주도한 사람들은 쯔엉 찐 당 서기장, 호앙 쿠옥 비엣, 농무부 차관 호 비엣 탕, 당 서기국의 책임자 레 반 루옹 등이었다. 1956년 토지개혁이 끝날 때까지 최소 3천명에서 5천명의 사람들이 처형당했을 것이라고 인정하는데, 1만 2천명에서 1만 5천

---

110) Edwin E. Moise, *Land Reform in China and North Vietnam: Consolidating the Revolution at the Local Level* (Chapel Hill, N.C.: University of North Carolina press, 1983), pp. 218-222, 듀이커, 『호치민 평전』, p. 701 재인용.

명에 이르는 사람들이 처형당했다는 설도 있다.[111]

과격한 토지개혁에 대해 1956년 초부터 비판이 고조되어 1956년 9월 개최된 당 중앙위원회에서 토지개혁위원회의 주역 4명이 모두 해임되었다. 쯔엉 찐은 당 서기장에서 해임되었고 호 비엣 탕은 중앙위원회에서 축출되었다. 레 반 루옹은 서기국에서 지위를 박탈당했다. 호앙 쿠옥 비엣 역시 정치국에서 쫓겨났다. 당 서기장은 호치민이 잠정적으로 서기장을 맡다가 1957년 남부베트남 활동을 지도해 온 레 주언이 서기장으로 선출되었다.

쯔엉 찐 당 서기장 등은 정책적 과오로 직책에서 해임되었지만 새로운 지도부에 의해 처벌받지는 않았다. 오히려 쯔엉 찐은 1957년 12월 개최된 중앙위원회 확대회의에서 정치국과 중앙위원회 내의 지지자들을 움직여 남부베트남 민족해방을 우선하려는 레 주언 서기장에 대해 북부베트남의 사회주의화를 선행해야 한다는 입장을 제시하여 지지를 이끌어 냈다. 그 후 쯔엉 찐은 1986년 레 주언이 사망하자 당 서기장으로 다시 선출되기도 하였다. 당 핵심지도자들의 정책적 과오에 대해서 책임을 묻되 처벌하지는 않았다. 반대파들에 대한 타협적인 태도는 실용주의 정신에서 비롯된 것으로 베트남 정치체제에서 지금도 유지되고 있는 규범이다.

이러한 베트남인의 실용주의 정신은 프랑스와 미국의 영향을 많이 받았다. 베트남은 통일 전 프랑스로부터 100여 년, 이후 남베트남은 미국으로부터 20여 년 동안 지배를 받으면서 서양의 영향을 받아 들였다. 프랑스는 통치기간 동안 중앙집중식 식민지체제를 구축하기 위해 베트남들의 생활중심 단위인 혈연공동체 락을 해체하고 개인생활을 보장하는 정책을 추진하였다. 이 결과 주민들은 공동체주의에 기반한 전통적 가치에서 벗어나 개인중심의 실용주의

---

111) 듀이커, 『호치민 평전』, p. 714.

적 사고를 받아들였다. 또 미국이 실질적으로 지배하던 시기에는 남베트남에 상업주의와 소비주의 등 자본주의 문화가 베트남인들의 사고방식에 영향을 미쳤다. 서방문화의 확산은 부정적 측면도 있었지만 베트남인들에게 개방적이고 실용주의적인 사고를 정착시키는데 중요한 역할을 하였다.[112]

## 제3절 개혁·개방 동인

### 1. 공산당 지도부 교체

1930년 호치민에 의해 창립된 베트남공산당은 1941년 지주, 상공인 등 광범위한 계층과 연계하여 베트남독립동맹(베트민)을 조직하고, 프랑스 식민주의 및 일본 군국주의자들과의 투쟁을 주도하였다. 1945년 제2차 세계대전 결과 일본이 패망하자 베트민은 호치민을 수반으로 하는 베트남민주공화국(Democratic Republic of Vietnam, 월맹) 수립을 선포하였다. 독립을 선언한 월맹과 식민지 지배를 재개하려는 프랑스 사이에 대립이 격화되어 제1차 인도차이나전쟁(1946-54년)이 시작되었다. 프랑스는 1950년 전 황제 바오 다이를 수반으로 하는 베트남국(State of Vietnam)을 수립하였으나, 1954년 디엔비엔 푸(Dien Bien Phu) 전투에서 패배한 후 제네바협정을 체결하고, 베트남에서 완전히 물러났다.

제네바협정에 의해 베트남은 북위 17도를 기준으로 남북으로 분단되었고, 프랑스가 물러난 남부지역 공백에 미국이 들어왔다. 바오 다이 정권에서 수상으로 재직했던 응오 딘 지엠(Ngo Dinh Diem)이 미국의 지원을 받아 베트남공화국(Republic of Vietnam, 월남)을 수

---

112) 김성철, 『베트남 대외경제개방 연구: 북한에 주는 함의』(서울: 통일연구원, 2000), p. 29.

립하고, 초대 대통령에 취임하였다. 월맹과 월남 간 지속된 대립과 갈등은 통킹만 사건을 계기로 미국이 월맹을 폭격하면서 제2차 인도차이나전쟁(1965-75년)이 시작되었다. 제1차 인도차이나전쟁은 프랑스에 대한 베트남의 반외세 투쟁이었고, 제2차 인도차이나전쟁은 자본주의진영과 공산주의진영 간 벌어진 전쟁이었다.[113]

1975년 전쟁에서 승리한 월맹은 1976년 4월 25일 총선거를 통해 최고인민회의를 새로 구성하였다. 최고인민회의는 1976년 7월 통일을 공식 선언하고, 국명을 베트남사회주의공화국(Socialist Republic of Vietnam)으로 개칭하였다. 베트남이 통일된 이후에도 공산당 지도부 인적구성은 거의 변동이 없었다. 1976년 제4차 당 대회에서 구성된 당 지도부는 1960년 제3차 당 대회에서 구성된 사람들과 거의 같았다. 레 주언(Le Duan), 쯔엉 찐(Trang Chinh), 팜 반 동(Pham Van Dong), 레 득 토(Le Duc Tho), 보 응우옌 지압(Vo Nguyen Giap), 팜 훙(Pham Hung), 응옌 반 링(Nguyen Van Linh), 반 띠엔 중(Van Tien Dung), 마이 찌 토(Mai Chi Tho) 등 주요 인물들은 1980년대까지 베트남공산당의 핵심보직을 맡았다.[114]

1980년대 들어 베트남공산당은 경제위기를 극복하기 위해 당 리더십 변화를 통한 지도력의 발전을 모색하였다. 먼저 당 정치국, 중앙위원회, 국무위원회에 속한 고위관리 20명 이상을 교체하고, 조직의 통폐합과 정계개편을 단행하였다.[115] 이어 1982년 개최된 제5차 당 대회에서 대대적인 원로 정치국원 교체가 이루어졌다. 정치국원 14명중 레 주언 서기장을 비롯한 원로 정치국원 8명만 유임되

---

113) 최병욱, "베트남 역사 개관", 양승윤 외, 『경제개혁으로 21세기를 여는 민족주의의 나라 베트남』(서울: 한국외국어대학교, 2000), p. 66.

114) 황귀연, "베트남공산당의 개혁·개방정책에 관한 연구", p. 70.

115) Douglas Pike, "Vietnam in 1980: Gathering Storm", *Asian Survey*, Vol. 21 No. 1, 1981, p. 88.

고, 보 응우옌 지압 장군 등 6명의 원로 정치국원이 경질되었다. 이들 경질된 지도자들에 대해서는 이전까지 예우 차원에서 보장하였던 당 서기국원 자격과 당 중앙위 위원 자격까지 모두 박탈함으로써 당의 활동에서 이들을 완전히 배제하였다.[116] 당내 강경파 원로 정치국원들이 퇴장한 정치국원 자리에는 보 반 키엘 등 비교적 젊은 개혁파들이 차지하였다.

1986년에는 베트남공산당에 획기적인 변화가 발생하였다. 1986년 7월 레 주언(Le Duan) 당 서기장이 사망하면서 공산당 지도부 권력구조에 커다란 변화가 발생하였다. 그동안 베트남공산당은 레 주언 당 서기장을 비롯하여 쯔엉 찐, 팜 반 동, 레 둑 토, 팜 훙 등 5명의 집단지도체제로 운영되어 왔다. 레 주언 사망으로 당 서기장을 계승한 쯔엉 찐이 1986년 12월 제6차 당 대회에서 당 서기장에 연임될 것이라는 예상을 깨고, 쯔엉 찐(79세)이 팜 반 동(80세), 레 둑 토와 함께 퇴진하고, 응우옌 반 링이 당 서기장으로 선출되면서 개혁파가 크게 약진하였다.

핵심 보수파 인사들이 퇴진은 공산당 내 잠재해 있던 내적 위기가 반영된 것이었다. 동반 퇴진을 거부한 보수주의자 팜 훙이 1987년 6월 총리에, 보 치 콩이 국가평의회의장에 선출되었고, 이듬해 3월 팜 훙 총리가 사망하자 71세의 도 므어이가 총리에 선출되었다.[117] 제6차 당 대회에서 개혁주의자 반 링이 당 서기장에 선임되고, 당 지도부 핵심 보수파 인사들이 퇴진했지만 일부 혁명1세대 지도자들이 남아 영향력을 행사하였다. 이에 따라 당 대회에서 개혁·개방정책이 채택되었음에도 집단지도체제의 특성상 개혁·개방 정책이 곧바로 강한 추동력을 갖지는 못했다. 그러나 제6차 당 대회

---

116) Edmund McWilliams, "Vietnam in 1982: Onward into the Quagmire", *Asian Survey*, Vol. 23 No. 1, p. 63.
117) Ian Jeffries, *A Guide to the Socialist Economies*, p. 280.

에서 반 링이 당 서기장에 선임된 이후 1991년 제7차 당 대회에서 도 므어이가 당 서기장에 선출되고, 2001년 제9차 당 대회에서는 농 득 마잉이 당 서기장에 선출되는 등 공산당 최고지도자가 당 대회를 통해 합법적으로 선출되는 전통이 베트남 정치체제에 확립되었다.

〈표 3-20〉 제4차 당 대회 베트남의 정치국원 성향(1976년)

| 서열 | 성 명 | 비고 | 성향 |
|---|---|---|---|
| 1 | 레 주언( Le Duan) | 정위원 | 보 수 |
| 2 | 쯔엉 찐( Truong Chin) | 〃 | 보 수 |
| 3 | 팜 반 동( Pham Van Dong) | 〃 | 개 혁 |
| 4 | 팜 훙(Pham Hung) | 〃 | 보 수 |
| 5 | 레 득 토(Le Duc Tho) | 〃 | 보 수 |
| 6 | 보 응우옌 지압(Vo Nguyen Giap) | 〃 | 불명확 |
| 7 | 응우옌 주이 찡(Nguyen Duy Trinh) | 〃 | 불명확 |
| 8 | 레 타잉 응이(Le Thanh Nghi) | 〃 | 개 혁 |
| 9 | 쩐 꾸억 호안(Tran Quoc Hoan) | 〃 | 불명확 |
| 10 | 반 띠엔 중(Van Tien Dung) | 〃 | 불명확 |
| 11 | 레 반 르엉(Le Van Luong) | 〃 | 불명확 |
| 12 | 응우옌 반 링(Nguyen Van Linh) | 〃 | 개 혁 |
| 13 | 보 찌 공(Vo Chi Cong) | 〃 | 개 혁 |
| 14 | 쭈 후이 먼(Chu Huy Man) | 〃 | 불명확 |
| 15 | 또 흐우(To Huu) | 후보위원 | 보 수 |
| 16 | 보 반 끼엩(Vo Van Kiet) | 〃 | 개 혁 |
| 17 | 도오 므어이(Do Muoi) | 〃 | 보 수 |

자료: 황귀연, "베트남공산당의 개혁 개방에 관한 연구", 1996, p. 67 & 이한우, 『베트남 경제개혁의 정치경제』, 2011, p. 54 활용, 필자 종합.

〈표 3-21〉 제5차 당 대회 베트남의 정치국원 성향(1982년)

| 서열 | 성 명 | 비고 | 성향 |
|---|---|---|---|
| 1 | 레 주언( Le Duan) | 정위원 | 보 수 |
| 2 | 쯔엉 찐( Truong Chin) | 〃 | 보 수 |
| 3 | 팜 반 동( Pham Van Dong) | 〃 | 개 혁 |
| 4 | 팜 훙(Pham Hung) | 〃 | 보 수 |

| | | | |
|---|---|---|---|
| 5 | 레 득 토(Le Duc Tho) | 〃 | 보 수 |
| 6 | 반 띠엔 중(Van Tien Dung) | 〃 | 불명확 |
| 7 | 보 찌 공(Vo Chi Cong) | 〃 | 개 혁 |
| 8 | 쭈 후이 먼(Chu Huy Man) | 〃 | 불명확 |
| 9 | 또 흐우(To Huu) | 〃 | 보 수 |
| 10 | 보 반 끼엣(Vo Van Kiet) | 〃 | 개 혁 |
| 11 | 도오 므어이(Do Muoi) | 〃 | 보 수 |
| 12 | 레 득 아잉(Le Duc Anh) | 〃 | 보 수 |
| 13 | 응우옌 득 떰(Nguyen Duc Tam) | 후보위원 | 불명확 |
| 14 | 응우옌 꺼 타익(Nguyen Co Thach) | 〃 | 개 혁 |
| 15 | 동 시이 응우옌(Dong Si Nguyen) | 〃 | 불명확 |

자료: 황귀연, "베트남공산당의 개혁 개방에 관한 연구", p. 69 & 이한우, 『베트남 경제개혁의 정치경제』, p. 56 활용, 필자 종합.

〈표 3-22〉 제6차 당 대회 베트남의 정치국원 성향(1986년)

| 서열 | 성 명 | 직위 | 성향 |
|---|---|---|---|
| 1 | 응우옌 반 링(Nguyen Van Linh) | 정위원 | 개 혁 |
| 2 | 팜 훙(Pham Hung) | 〃 | 보 수 |
| 3 | 보 찌 공(Vo Chi Cong) | 〃 | 개 혁 |
| 4 | 도오 므어이(Do Muoi) | 〃 | 보 수 |
| 5 | 보 반 끼엣(Vo Van Kiet) | 〃 | 개 혁 |
| 6 | 레 득 아잉(Le Duc Anh) | 〃 | 보 수 |
| 7 | 응우옌 득 떰(Nguyen Duc Tam) | 〃 | 불명확 |
| 8 | 응우옌 꺼 타익(Nguyen Co Thach) | 〃 | 개 혁 |
| 9 | 동 시이 응우옌(Dong Si Nguyen) | 〃 | 불명확 |
| 10 | 쩐 쑤언 바익(Tran Xuan Bach) | 〃 | 개 혁 |
| 11 | 응우옌 타잉 빙(Nguyen Thanh Binh) | 〃 | 보 수 |
| 12 | 도안 쿠에(Doan Khue) | 〃 | 보 수 |
| 13 | 마이 찌 토(Mai Chi Tho) | 〃 | 개 혁 |
| 14 | 다오 주이 뚱(Dao Duy Tung) | 후보위원 | 보 수 |

자료 : 황귀연, "베트남공산당의 개혁 개방에 관한 연구", p. 72 & 이한우, 『베트남 경제개혁의 정치경제』, p. 62 종합.

## 2. 경제난과 사회정치적 위기

베트남이 통일되기 이전 남베트남에는 자본주의체제가 존속하고 있었고, 북베트남에는 사회주의체제가 형성되어 있었다. 베트남이 통일된 이후에도 북베트남과 남베트남 경제는 서로 다른 경제체제에 의해 운용되고 있었다. 베트남을 통일한 베트남공산당은 승리에 대한 자부심과 축제 분위기속에서 20년 간 북베트남에서 시행해왔던 사회주의 중앙계획경제체제를 남베트남에 쉽게 이식할 수 있을 것으로 생각했다. 강대국을 물리치고 독립과 통일을 달성했다는 자신감에 찬 베트남공산당에게는 당연한 일이었을지 모른다.

그러나 베트남은 오랜 기간 전쟁으로 피폐화된 상태였다. 남베트남은 15,000개 마을 중 9,000개가 파괴되었고, 1,000만 명의 사람들이 마을을 떠났으며, 300만 명이 무직이었다. 북베트남은 폭격으로 3개 시, 12개 읍, 모든 산업지대, 모든 교량, 6개 철도, 3,000개 학교, 350개 병원, 300개 마을이 완전 파괴되었다.[118] 국토는 황폐화되고, 전체노동력의 4분의 3이 영세 농업에 종사하는 농업후진국이라는 악조건이었다. 그런데도 전쟁에서 승리한 공산당은 베트남 사회주의 건설에 문제될 게 없다고 생각했다. 당시 응에 안(Nghe An)성에서 "밥 한 공기, 가지 한 묶음과 한 마음의 공산정신"만 있으면 베트남의 사회주의를 건설할 수 있다는 구호가 만연한 것도 당시 상황을 반영한 것이었다.[119]

승리감에 도취된 베트남공산당은 남베트남의 사회주의화를 쉽게 달성할 수 있을 것으로 자신하고, 1980년까지 남베트남의 사회

---

118) Tran Hoang Kim, *Economy of Vietnam: Review and Statistics* (Hanoi: Statistical Publishing House, 1992), p. 22.

119) Ngo Xuan Binh 베트남 사회과학원 동북아연구소 소장이 2008년 8월 필자 면담 시 언급한 내용이다.

주의 건설을 완성시킨다는 목표 하에 전후 경제재건을 위한 제2차 경제개발 5개년계획과 남베트남 사회주의화 정책을 급속히 추진하였다. 전체인구 50%를 가지고 있는 북베트남은 이미 사회주의체제가 정착된 상황이었다. 북베트남은 사회주의 중앙통제계획모델에 따라 경제를 운용한 결과 1975년 GMP는 정부부문이 38%, 집단부문이 52%, 사적부문에서 만들어진 생산물이 10%를 차지하였다.[120]

그러나 외국원조에 의존해서 형성되었던 남베트남 경제체제는 시장위주로 운용되고 있었다. 전쟁 시 수요를 충족시키기 위해 도시지역에서는 상업과 서비스 체제가 확립되었고, 전후에도 그대로 존속하고 있었다.

베트남공산당은 남베트남의 사회주의화를 신속히 완료하기 위해 재교육수용소(Re-education Camp)를 설치하여 수십만의 남베트남 군인, 경찰, 공무원 등을 격리시키고, 남베트남 정권의 자산과 외자기업을 국유화하였으며, 대외무역 활동과 사적 경영활동을 금지하였다.[121] 재교육수용소에 수감된 인원은 베트남측이 5만 명이라고 밝히고 있지만, 10-30만 명 규모의 사람들이 수용된 것으로 평가되고 있다.[122] 또 베트남의 박해를 피하여 베트남을 탈출한 '보트 피플'은 1978년 말 50만 명에 이른 것으로 추정되었다.[123] 남베트남에

---

120) GMP(국민소득이라고도 불림)는 COMECON의 MPS 방식에 따라서 매년 새롭게 만들어진 자신의 양을 말하는데 GDP보다 낮게 계산된다. 왜냐하면 GMP는 상환금, 무역, 화물수송을 제외한 거의 모든 서비스 행위를 제외시키고 있기 때문이다. 베트남정부는 1989년부터 GDP를 산출하고 있는데, 1989년도 GDP는 GMP보다 35%가 더 높게 나타났다. Tran Duc Nguyen, "베트남 경제: 5개년계획을 통한 발전", 구성렬 편저, 『베트남의 경제개혁과 전망』, 1993, p. 219.

121) Majorie Niehaus, "Vietnam 1978: The Elusive Peace", *Asian Survey*, Vol. 19, No. 1 (Jan. 1979), p. 89;

122) Majorie Niehaus, "Vietnam 1978: The Elusive Peace", p. 89.

서 상권을 장악하고 있던 중국계 베트남인들이 대부분 베트남을 탈출하거나 수용됨으로써 베트남 경제는 마비상태가 되었다.

농업부문에서는 토지개혁과 집단화를 추진하였다. 그러나 농민들의 강한 반발로 남베트남에서의 농업집단화는 실패하였다. 장기간의 전쟁으로 황폐해진 지역과 미개발 지역에 수많은 집단농장을 설치하고, 이곳에 주로 화교나 반체제 인사들을 이주시켜 이주정책이 정치보복적 성격을 띠고 있다는 지적이 있었다.[124] 이들의 생산활동이 효과적일 수 없었다. 제2차 5개년경제계획(1976-1980)이 끝난 1980년도 농업집단화는 농가기준으로 9.2%, 경지면적 기준으로 5.8%에 그쳤다.

또 중공업 발전에 우선권을 부여한 제2차 경제개발5개년계획은 투자재원 부족, 낙후된 사회간접자본, 시설 등을 고려할 때 합리적인 정책이 아니었다. 전시체제에 익숙해 있는 베트남 공산당과 정부 관리들로부터 수준급의 경제관리 노하우를 기대하는 것도 무리였다.[125] 이러한 상황에서 제2차 경제개발5개년계획이 성공할 수 없었다. 제2차 경제개발5개년계획 기간 중 총 투자액은 75억 달러로서 이중 공업에 35%, 농업에 30%를 투자하고, GMP 성장률은 연평균 13-14%, 공업총생산은 16-18%, 농업총생산은 8-10%의 성장을 목표로 하였다. 그러나 1976-1978년간 공업생산물은 9.5% 증가하였으나 여타 분야는 부진하였고, 농업생산물은 흉작으로 3.8%나 감소하여 GMP 연 평균성장률은 2.5%에 불과하였다.[126]

---

123) Majorie Niehaus, "Vietnam 1978: The Elusive Peace", p. 88.

124) 응우웬 반 까인, 김기태 역, 『베트남공산화의 이상과 현실』(서울: 조명문화사, 1989), pp. 337-442.

125) William J. Duiker, *Vietnam Since the Fall of Saigon* (Athens: Center for International Studies, Ohio Univ. 1989), p. 42.

126) Tran Duc Nguyen, "베트남 경제: 5개년계획을 통한 발전", p. 221.

〈표 3-23〉 베트남의 연도별 곡물생산량

| 년도 | 곡물총생산량(만톤) | 1인당 곡물생산량(kg) |
|------|------|------|
| 1976 | 1,346 | 274 |
| 1977 | 1,262 | 250 |
| 1978 | 1,227 | 239 |
| 1979 | 1,398 | 267 |
| 1980 | 1,440 | 269 |
| 1981 | 1,500 | 273 |
| 1982 | 1,683 | 300 |
| 1983 | 1,699 | 296 |
| 1984 | 1,780 | 304 |
| 1985 | 1,820 | 304 |
| 1986 | 1,838 | 301 |
| 1987 | 1,756 | 281 |
| 1988 | 1,958 | 307 |
| 1989 | 2,152 | 332 |
| 1990 | 2,149 | 324 |
| 1991 | 2,172 | 321 |

자료: Tran Hoang Kim, *Economy of Vietnam: Review and Statistics* (Hanoi: Statistical Publishing House, 1992), p. 127.

농산물 생산량은 1980년도 2,100만 톤을 목표로 하였으나, 실제생산량은 1,440만 톤 이었다.[127] 동 기간 내 인구 증가율은 매년 2.24%를 보여 국민 1인당 곡물 소비량은 1976년도 274.4kg에서 1980년도에 263.2kg으로 줄어들었다.[128]

---

127) Tran Hoang Kim, *Economy of Vietnam: Review and Statistics* (Hanoi: Statistical Publishing House, 1992), p. 127 ; 년도 별 곡물생산량은 자료마다 다소 차이가 있다. 예를 들어 General Statistic Office에서 발간한 *Vietnam-20 Years of renovation and Development* 자료에 1986년도 곡물생산량은 1,660만 톤으로 되어 있다(p. 64).

128) Phan Van Khai, "Vietnam's Economy after Ten Years of Renovation", Tran Nham,

공장가동률은 50%에 불과했으며, 인플레는 1976년부터 오르기 시작하여 1980년도에 25.2%에 이르렀고, 1986년도에는 587.2%에 이르렀다.[129] 국민들의 생활은 극도로 어려워졌고, 공산당과 정부에 대한 신뢰는 떨어져 국가는 심각한 정치경제적 위기에 빠져들었다.[130] 이러한 위기를 극복하기 위해서는 새롭고 과감한 정책이 필요하다는 요구가 나타나기 시작하였다.

1979년 9월 개최된 제4기 공산당 중앙위원회 6차총회는 제2차 경제개발5개년계획의 실패를 인정하고, 사적부문의 역할 증대와 노동생산성 제고를 위한 물질적 인센티브 강화, 그리고 사회주의화 개조 속도를 완화하는 신경제정책을 채택하였다.[131] 농업부문에서 생산물계약제 실시, 국영기업의 자주권확대, 노동생산성을 높이기 위한 성과급 임금제도 등을 도입함으로써 베트남 경제는 1979-1981년간 다소 호전되었다. 특히 농업에서 1980-1985년간 1인당 쌀 생산량은 매년 4-10%씩 증가하여 총체적으로 년 평균 1백만 톤 가까이 증가하였다.

공업부문에서는 1981년 1월부터 국유기업이 원료를 확보하는 방법에 따라 3가지 형태의 생산방법을 도입하여 국유기업이 자체 확보하는 원료의 생산물에 대해서는 일정부분 판매자율권을 부여하였다.[132] 소규모 상업과 서비스 분야에서 사적경영활동이 부분적으로 인정되었다.

그러나 시간이 지나면서 오랜 전쟁으로 인한 산업기반의 낙후,

---

ed. *Such is Vietnam: Renovation and Economic Development* (Hanoi: National Political Publishing House, 1998), pp. 35-36.

129) General Statistic Office, *Vietnam — 20 Years of renovation and Development* (Hanoi: Statistical Publishing House, 2006), p. 84.

130) Phan Van Khai, "Vietnam's Economy after Ten Years of Renovation", p. 36.

131) William J. Duiker, *Vietnam Since the Fall of Saigon*, pp. 49-69.

132) Ian Jeffries, *A Guide to the Socialist Economies*, p. 283.

자연재해, 캄보디아 침공 및 중국과의 전쟁, 미국을 비롯한 서방국가들의 경제제재조치 등 대내외적 요인으로 인해 경제는 다시 침체의 국면으로 빠져들었다. 신경제정책에 의한 정부통제 완화로 고율의 인플레이션 발생, 계층 간 소득격차 확대, 매점매석, 부패 등 자본주의의 부정적인 요소가 만연하면서 경제는 혼란에 빠졌다.[133]

베트남 공산당은 이러한 부정적 현상들이 기존 사회주의 질서를 와해시킬 수 있다는 우려 하에 1982년부터 경제활동에 대한 통제를 강화하기 시작하였다. 1982년 3월 제5차 당 대회에서 재통제정책을 비판한 개혁주의자 응우옌 반 링(Nguyen Van Linh) 호치민 당 서기장은 강경보수파에 밀려 정치국원에서 해임되었다. 분배와 유통과정에 대한 규제를 강화하고, 남베트남에서의 농업집단화를 다시 강화하였다. 재통제정책은 인플레이션 완화, 재정적자폭의 감소 등 일시적 성과를 보였으나, 곧바로 제2차 경제개발5개년계획 기간의 통제시기에 나타났던 병폐와 부작용이 되살아났다. 암거래, 밀무역 등 경제범죄가 급증하였고, 당 간부와 관료들의 특권행사와 부정부패가 만연하게 되었으며, 실업률이 급상승하고 생산효율성이 떨어져 경제상황은 다시 침체국면에 빠져들었다.

1985년 6월 개최된 공산당 중앙위원회 7차총회는 통제정책을 폐기하고, 1980년대 초반의 개혁조치를 전면적으로 실시하는 재자유화 정책을 채택하였다. 보수파에 의해 축출되었던 응우옌 반 링 호치민 당 서기장은 정치국원에 복귀되었다. 재자유화정책은 시장기능에 의한 생산, 분배, 유통체제를 확립하려는 것으로 시장경제체제로의 본격적인 이행과정이라 할 수 있다.[134] 이 결정에 의해 베

---

133) 조명철·홍익표, 『중국·베트남의 초기 개혁·개방정책과 북한의 개혁방향』(서울: 대외경제정책연구원, 2000), pp. 36-37.

134) 구성렬, "남·북베트남의 경제통합 실태", 『지역경제』 1995년 12월호, 대외경제정책연구원, p. 66.

트남의 개혁·개방정책은 본격적으로 추진되기 시작하였다. 1986년부터 시작되는 제4차 경제개발5개년계획(1986-1990)에서 경제개발성과를 극대화하기 위해 1985년 9월 화폐개혁을 단행하였다. 그런데 화폐개혁 단행 1주일 전에 화폐개혁 정보가 시중에 새어나가 달러와 실물자산 구입현상이 발생하여 인플레이션이 급상승하고 경제는 혼란에 빠졌다. 이에 대한 책임으로 짱 푸엉(Trang Phuong) 부총리가 해임되었다.

재자유화정책 추진과 관련 개혁파와 보수파 간 정책대립 사실이 1985년 10월부터 1986년 1월까지 신문에 보도되었다. 개혁파를 대표하는 보 반 끼엩(Vo Van Kiet) 국가계획위원회 의장은 중앙계획기구들은 지시를 줄여 전략적 개발, 전국적 개발정책수립, 정책기획, 하부기관 업무감독 등에 한정할 것을 주장했다. 보수주의자를 대표하는 팜 훙(Pham Hung) 내무장관은 경제개혁에 대한 당의 통제를 강조하였다.[135] 이에 따라 재자유화정책은 개혁파와 보수파 간 타협에 의해 조정되어 중앙집중제 완화, 사기업 육성과 함께 전략적 산업부문에 대한 국유화 원칙과 개혁에 대한 당의 최종 결정권을 인정하게 됨으로써 결국 개혁파와 보수주의자들의 타협에 의한 미진한 개혁정책이 산출되었다.

### 3. 국제사회의 압력

중국은 1940년 이래 2차에 걸친 인도차이나전쟁에서 100억 달러 이상에 해당하는 원조와 인적자원을 제공하면서 베트남과 우호관계를 유지했다. 베트남전쟁 기간에는 매년 약 50만 톤의 쌀과 의류,

---

135) Lewis M. "The Scramble Toward Revitalization: The Vietnamese communist Party and the Economic Reform Program", *Asian Survey*, Vol. 27, No. 4 (April 1987), pp. 481-482.

비누 등 생활필수품을 지원하였다. 그러나 베트남 통일 이후 동남
아 주도권을 두고 양국관계가 소원해지면서 1978년 중국은 베트남
에 대한 원조를 중단하였다. 중국의 지원으로 추진되던 70개의 프
로젝트가 중단되고, 북부에서만 25만 명의 중국인이 베트남을 떠났
다. 이들 대다수가 광부, 어부, 부두노동자들이어서 1978년 베트남
의 석탄생산량과 어획량이 크게 줄어 들었고, 북부 주요항구인 하
이퐁(Hai Phong)에서는 숙련노동자의 부족으로 부두 하역작업이 지
체되었다. 베트남 전력생산의 60%는 화력이었는데 석탄생산 감소
로 전력생산에 차질을 가져왔다. 전력공급 부족으로 공장 가동율이
떨어지고, 농촌 관개시설에 대한 전력공급 중단사태가 발생하였
다.[136]

중국과의 관계가 악화되면서 베트남의 대외정책은 소련을 중심
으로 한 사회주의권과의 관계강화로 전환되었다. 베트남은 1978년
6월 경제상호원조회의(COMECON)에 가입하고, 1978년 11월 3일 소련
과 25년 기간의 우호협력협정과 경제, 과학, 문화 협력협정을 체결
하였다.[137] 소련과 협정을 체결한 베트남은 1978년 12월 25일 중국
의 지원을 받아 국경을 자주 침범하는 캄보디아 폴 포트(Pol Pot) 정
권을 전복시키기 위해 캄보디아를 침공하였다.[138] 1979년 1월 8일
폴 포트 정권을 축출하고, 헹 삼린(Heng Samrin) 정권을 수립하자,
폴 포트 정권을 지원하던 중국은 베트남에게 '교훈을 가르친다'는
명분으로 1979년 2월 17일 베트남을 침공하였다. 치열한 전투로 양
국 모두 대규모 사상자가 발생하였으며[139], 베트남의 강력한 저항

136) Nayan Chanda, "Vietnam's Battle of the Home Front", *Far Eastern Economic
    Review*, 2 Nov. 1979, pp. 44-46.
137) Majorie Niehaus, "Vietnam 1978: The Elusive Peace", p. 89.
138) John C. Donell, "Vietnam 1979: Year of Calamity", *Asian Survey*, Vol. 20, No. 1
    (Jan. 1980), pp. 20-21.

에 부딪친 중국은 베트남에 대해 교훈을 가르쳤다면서 1979년 3월 5일 일방적으로 철수하였다.[140] 이후 중국과의 관계가 단절되었다.

미국과의 관계는 1964년 8월 통킹 만 사건을 계기로 미국이 북베트남에 대한 경제제재를 시작하여 1994년 2월 클린턴 대통령이 경제제재를 전면 해제할 때까지 30년 동안 대립과 갈등이 지속되었다. 북베트남에 대해 처음 취했던 경제제재는 1975년 남베트남이 패망하면서 베트남 전 지역으로 확대되었다. 미국의 베트남 경제제재 내용은 크게 두 가지로 구성되어 있었다. 하나는 1917년 제정된 적성국 교역법(Trading with the Enemy Act)에 근거한 미국인의 대 베트남 거래관계금지와 미국 제품의 대 베트남 교역금지였다. 다른 하나는 미국이 주도하고 있는 세계은행, IMF 등 국제금융기관에서 베트남에 대한 국제공적자금 지원과 서방국가들의 대 베트남 공적자금 지원을 하지 못하도록 한 것이었다.

미국의 베트남 경제제재는 처음 적성국에 대한 봉쇄조치로 시작되었으나, 점차 세계 전략적, 경제적, 인도주의적 문제 해결의 고리로 활용되었다. 미국은 베트남과 전쟁을 수행하던 1960-70년대는 베트남을 적성국가로 간주하고 봉쇄의미에서 경제제재를 가했다. 1980년대는 베트남의 개혁·개방정책에 대해 자본주의로의 편입과 캄보디아 침공 문제를 둘러싼 전략적 문제, 그리고 미군실종자 문제의 해결을 위한 정책으로 활용하였다. 1990년대는 캄보디아 평화협정이 체결되면서 미군 실종자 확인과 유해송환이라는 인도주의적 문제의 해결을 위한 목적으로 활용하였다.

그러나 캄보디아 문제가 해결된 1990년대 초반 여타 자본주의

---

139) 베트남은 사상자 숫자를 밝히지 않고 있으나 중국은 중국측 사상자 2만 명, 베트남측 사상자 5만 명이라고 밝힘. John C. Donell, "Vietnam 1979: Year of Calamity", p. 24.

140) David M. Finkelstein, "Vietnam: A Revolution in Crisis", p. 981.

국가들의 베트남 진출이 이루어지면서 미국의 대 베트남 경제제재는 그 실효성을 상당 부분 상실하게 되었다. 1989년 9월 베트남이 캄보디아에서 베트남군을 철수시키고 서방국가들과의 관계개선을 도모하자, 미국은 베트남과의 관계정상화를 위한 4단계 로드맵을 제시하였다. 베트남이 캄보디아 문제와 실종자 문제 해결에 단계별 약속을 이행한다면 미국도 이에 상응하여 제제조치를 완화한다는 것이었다.

1991년 10월 캄보디아 평화협정이 체결되자 미·베트남 관계 정상화 노력은 급진전 되었다. 1993년 출범한 클린턴 행정부는 실종자 문제를 중요 의제로 삼았지만 베트남에 대한 경제제재를 완화하여 1993년 7월 국제금융기관의 대 베트남 융자재개를 허용하고, 1994년 2월 베트남에 대한 경제제재를 전면 해제하였다. 베트남은 1994년 11월 시티뱅크와 뱅크오브아메리카(BOA) 하노이지점 설립을 허가하였다. 1995년 8월 양국은 국교를 수립하고, 2001년 최혜국(MFN: Most Favoured Nation) 대우를 부여하였다.

소련과의 관계는 고르바초프가 개혁·개방을 추진할 때까지 긴밀한 협력관계를 유지하였다. 1950년대 중반부터 베트남과 경제협력관계를 유지해 온 소련은 1975년 이후 본격적인 원조를 제공하기 시작하여 1987년까지 소련이 제공한 원조액은 122억 달러에 달했다. 베트남의 경제가 악화된 1987년에는 최대 규모인 15억 7,500만 달러를 지원하였다. 베트남은 소련 이외에도 동독, 체코 등 동유럽 사회주의 국가들로부터 매년 1억 8천만 달러 이상의 원조를 받아 1975년부터 1988년까지 총 22억 7,800만 달러를 지원받았다. 사회주의 국가들의 원조는 베트남 경제를 지탱시켜 준 실질적인 기반이었다. 이러한 사회주의 국가들로부터의 원조는 1986년 7월 블라디보스톡에서 고르바초프가 '새로운 아시아정책(New Asian Policy)'을 선언한 후 삭감되기 시작하였다. 소련의 지원은 1990년 5억 8,500만 달러, 1991

년 1억 5,965만 달러로 감소되었고, 1992년에는 중단되었다.[141] 사회주의 국가들로부터의 지원이 삭감되자 베트남은 서방국가들로부터 자본유치가 절실해졌다. 그러나 베트남의 지역패권을 우려한 아세안 국가들은 베트남의 캄보디아 침공을 비난했으며, 미국이 주도한 대 베트남 통상금지 조치에 스웨덴을 제외한 모든 서방국가들이 동참하였다. 캄보디아 침공 및 중국과의 전쟁을 치루면서 베트남의 군대는 약 1백만 명으로 증가했으며, 군사비는 제2차 5개년경제계획 기간에 매년 정부예산의 30-50%가 지출되었다.[142]

베트남은 소련으로부터 제2차 경제개발계획기간에 총 25억 달러의 현금을 포함하여 매년 평균 7.3억 달러의 원조를 받았지만[143] 중국의 경제지원 중단, 서방세계의 경제제재, 아세안 국가와의 관계가 경직되면서 군사비와 경제발전에 필요한 재원의 확보가 불가해졌다. 남베트남에서 농업집단화정책, 상거래 금지, 상권을 장악했던 화교들에 대한 탄압, 캄보디아 침공 및 중국과의 전쟁으로 인한 과다한 군비지출, 국제적 제재 등으로 인해 베트남 경제는 침체에 빠졌다.

소련으로부터 막대한 경제적 지원을 받고 있는 베트남은 국내정치에서 소련의 영향을 받지 않을 수 없었다. 1985년 3월 고르바초프가 집권한 후 추진한 개혁·개방정책도 당연히 베트남에게 영향을 미쳤다. 소련의 변화는 베트남 개혁주의자들에게 자신감을 주었으며, 고르바초프 자신도 베트남의 개혁과 개방을 권유하였다.[144] 1986년 베트남 공산당 당 대회에 고르바초프가 신임하는 소련 공산

---

141) 권율, "주요국의 대베트남 경제협력과 한국의 ODA 지원방향", 대외경제정책연구원, 1994, p. 16.

142) David M. Finkelstein, "Vietnam: A Revolution in Crisis", p. 983.

143) John C. Donell, "Vietnam 1979: Year of Calamity", pp. 25-26.

144) David M. Finkelstein, "Vietnam: A Revolution in Crisis", p. 987.

당 정치국원 레가초프(Y. Legachev)가 이끄는 소련 대표단이 참석하였으며, 당 대회에서 채택된 많은 발표문이 소련 공산당에서 채택한 발표문과 매우 유사하였던 것은 베트남에 대한 소련의 영향력을 나타낸 것이었다. 이러한 분위기속에서 응우옌 반 링이 당 서기장에 선출되고, 개혁주의자들의 약진이 이루어졌다.

〈표 3-24〉 소련의 대외 경제원조 실적(1980-1990)

(단위: 백만 달러)

| 구 분 | 54-87 | 1980 | 1984 | 1985 | 1986 | 1987 | 1988 | 1989 | 1990 |
|---|---|---|---|---|---|---|---|---|---|
| 동아시아 | 13,631 | 1,195 | 1,095 | 1,253 | 1,331 | 1,542 | 1,324 | 1,094 | 585 |
| 북한 | 1,421 | 260 | 55 | 93 | 6 | 33 | 41 | 16 | 0 |
| 베트남 | 12,210 | 935 | 1,040 | 1,160 | 1,325 | 1,575 | 1,365 | 1,110 | 585 |
| 기 타 | 64,710 | 4,135 | 6,102 | 6,416 | 4,387 | 4,954 | 4,480 | 4,949 | 5,100 |
| 캄보디아 | 685 | 0 | 87 | 98 | 128 | 134 | 137 | 159 | 110 |
| 쿠바 | 50,374 | 3,243 | 5,153 | 5,300 | 3,280 | 3,735 | 3,270 | 3,720 | 3,955 |
| 라오스 | 638 | 57 | 77 | 100 | 74 | 94 | 86 | 75 | 70 |
| 몽골 | 13,013 | 835 | 785 | 918 | 905 | 991 | 987 | 995 | 965 |
| 합 계 | 88,341 | 5,330 | 7,197 | 7,665 | 5,718 | 6,496 | 5,804 | 6,043 | 5,685 |

자료: CIA, *Handbook of Economic Statistics 1991*, 1991, p.160, 권율,『주요국의 대베트남 경제협력과 한국의 ODA 지원방향』, 대외경제연구원, 1994, p. 16 재인용.

## 제4절 개혁·개방정책 평가

### 1. 개혁·개방 촉진요인

베트남의 개혁·개방 촉진요인은 대내적 요인과 대외적 요인으로 나누어 볼 수 있다. 대대적 요인은 첫째, 지속된 경제난으로 국민들의 생활이 더욱 어려워지면서 공산당과 정부의 지도력에 대한 신뢰가 땅에 떨어지고, 국가는 사회경제적 위기에 빠져들어 이를 극복하기 위한 획기적인 정책대안의 필요성이 제기된 것이다.[145] 베트남은 전쟁으로 국토가 황폐화된 상태에서 사회적 통합과 경제 발전을 위해 제2차(1976-80), 제3차(1981-85) 경제개발 5개년 계획을 추진했으나 성과를 거두지 못하고, 국민들의 생활은 악화되어 갔다.

〈표 3-25〉 베트남의 도이모이 이전 경제정책 변화

| 시기구분 | 경제개발계획 | 주요정책 | 비 고 |
|---|---|---|---|
| 북베트남 계획경제 수립기 (54-65년) | 3개년 계획 (58-60년) | ·토지개혁 실시 ·집단농장화 | ·대미전쟁 격화(1964년) |
| | 제1차 5개년 계획(61-65) | ·국유기업체제 수립 ·중화학공업 육성 | |
| 전시체제 | 경제계획중단 | ·남베트남의 사회주의 개조 추진 ·중화학공업 육성 | ·남부베트남 사회주의 개조 실패 ·남북통일(1975) |
| 사회주의적 경제통제 (76-79년) | 제2차 5개년 계획 (76-80년) | ·농업의 집단화 ·국제경제기구가입 ·캄보디아 침공(1978.12) | ·제4차 당 대회(1976) ·중국과의 전쟁(1979.2) |
| 신경제정책 시기 (80-82년) | 제3차 5개년 계획 (81-85년) | ·경작자율권 확대(최종생산물계약제) ·국영기업자율권 확대 ·임금, 유통제도 개선과 자유화 | ·초인플레이션, 재정적자 증대 ·신경제정책 문제점 대두 ·제5차 당 대회(1982) |
| 재통제 시기 (83-85년) | | ·유통,분배 재통제 ·남부농업집단화 재강화 ·사적경제활동 억제 ·상공업세법 수정 | ·경제활동 위축 ·재정적자 축소 |

자료: 조명철·홍익표,『중국·베트남의 초기 개혁·개방정책과 북한의 개혁방향』, p. 37; 권율, "베트남 개혁·개방모델이 북한에 주는 시사점",『수은북한경제』, 2005 여름호, p. 30 활용 작성.

이러한 사회경제적 위기가 반영되어 도이머이 이전 베트남은 1975-79년간 사회주의적 통제정책, 1979-1982년간 자유화 정책, 1982-84년간 재통제 정책, 그리고 1985년 이후 재자유화정책을 추진하였

---

145) Phan Van Khai, "Vietnam's Economy after Ten Years of Renovation", p. 36.

다.[146] 베트남 경제정책이 통제와 자유화 조치를 오락가락 한 것은 그만큼 경제난이 심각했고, 경제정책을 둘러싼 개혁파와 보수파 대립이 치열했기 때문이다.

베트남 경제의 병폐는 전쟁의 충격, 남북 베트남 통합의 문제, 무능력한 관료, 중앙집권계획, 비현실적 목표, 자연재해, 외교적 고립 등 이었다. 이중 가장 큰 문제는 100만 명의 군대를 유지하기 위해 매년 국가예산의 30-50%를 사용해야 하는 엄청난 국방비였다.[147] 베트남 정부가 추진하는 '사회주의 건설'과 '조국방어'라는 두 개의 주요목표는 서로 상충되고 있었다. 제2차 세계대전 이후 1975년까지 30년 간 지속된 전쟁에 이어 1978년 12월 캄보디아 침공 및 1979년 2월 중국과의 전쟁으로 인한 군사비 지출 증대로 재정구조는 악화되고, 자원배분은 지속적으로 왜곡되었다.

통일 후 남베트남을 사회주의화하기 위해 생산국유화, 농업집단화, 상업활동 금지 등 계획경제체제를 무리하게 추진함으로써 경제 각 부문의 생산성도 크게 떨어졌다. 베트남공산당은 1977년 6월 "남부발전에 관한 결의"를 채택하고, 1977-78년간 남베트남에서 농업에 대한 집단화를 추진하였다. 1978년 3월에 사영기업과 자본주의적 상업 활동을 전면 금지시키고, 남베트남에서 3만개 이상의 사기업을 몰수하고, 화폐개혁을 단행하였다.[148] 이러한 조치로 유통구조는 마비되고, 남베트남 상권을 장악하고 있던 화교들은 막대한 타격을 받았다. 더구나 같은 해 대홍수가 발생하여 농작물 생산량은 1,050만 톤에 그쳐 베트남 국민이 필요한 기본수요량에서 7백만 톤

---

146) 박종철, "베트남의 체제개혁: 정치제도와 권력구조의 변화",『한국과 국제정치』제5권 1호, 1989년 봄, p. 28.

147) David M. Finkelstein, "Vietnam: A Revolution in Crisis", p. 9; Tran Hoang Kim, *Economy of Vietnam: Review and Statistics.* pp. 21-22.

148) Majorie Niehaus, "Vietnam 1978: The Elusive Peace", p. 86.

이나 부족하여[149] 국민들의 생활은 더욱 어려워졌고, 이것은 체제 위기를 불러 일으켰다.

개혁·개방을 촉진한 두 번째 요인은 공산당 지도부의 세대교체 이다. 1930년 베트남공산당을 만든 호치민은 일인독재의 관행을 만 들지 않고 집단지도체제를 강조했다. 1969년 호치민이 사망한 이후 에도 이러한 전통은 계승되어 독립전쟁에 참여한 혁명 1세대들은 통일 후에도 당 서기장, 국가주석, 총리를 중심으로 한 집단지도체 제를 유지하였다. 통일 후 1976년 개최된 제4차 당 대회까지는 공산 당 지도부 인사 교체가 거의 없었다. 그러나 1982년 경제적 어려움 속에서 개최된 제5차 당 대회에서 주목할 만한 정치국원 교체가 있 었다. 원로 정치국원 14명 중 지압 장군 등 6명의 당 원로인사들이 퇴장하고, 레 득 아인, 응우옌 득 땀, 응우옌 꺼 타익, 동 시 응우옌 등 비교적 젊은 정치인들이 정치국원에 임명되었다. 1986년 제6차 당 대회에서는 개혁주의자 응우옌 반 링이 당 서기장에 선출되고, 13명의 정치국원 중 7명이 새로 선출됨으로써 실질적인 세대교체가 이루어졌다.

또 베트남의 국부로 추앙받고 있는 호치민은 1920년대 이미 풍 부한 해외경험을 통해 실용주의적 사고를 터득하였다. 그는 민족의 독립과 발전을 달성하기 위해 민족주의와 실용주의를 강조하였다. 1945년 호치민은 미국과 비엣민 간 협력을 논의하기 위해 만난 미 육군 대령 찰스 펜에게 자신이 공산주의를 채택한 이유에 대해 "프랑스로부터 독립 쟁취는 외부의 원조가 없이는 안 된다. 독립은 폭탄을 던지기만 한다고 얻는 것이 아니고, 조직, 선전, 훈련, 기율 로 얻는다. 마르크스-레닌주의는 이런 모델을 제공해 준다"는 요지 로 답변하였다.[150] 베트남 독립을 위한 수단으로 마르크스-레닌주

---

149) Majorie Niehaus, "Vietnam 1978: The Elusive Peace", pp. 86-87.
150) William J. Duiker, 정영목 옮김, 『호치민 평전』, p. 829.

의가 필요하다는 것이었다. 실제 독립투쟁을 위해 결성한 베트민에 공산주의자와 민족주의자는 물론 지주들까지 총망라되어 있다는 사실은 베트민이 단순한 공산주의 조직이 아니라는 것을 보여주었다.

베트남은 독립전쟁 뿐만 아니라 외교협상에서도 하나의 전략이나 정책에 매달리지 않고, 상황에 따라 탄력적인 방안을 선택하는 실용주의 정신을 견지하였다. 1946년 일본군의 무장해제 조치를 취하기 위해 베트남에 진군한 장개석 군대를 되돌려 보낼 때 베트남은 '중국-베트남 우호'를 내세웠고, 1949년 프랑스와 전쟁할 때에는 베트남이 스위스처럼 '중립국'이 될 수도 있다고 하였으며, 1960년대 미국과 전쟁을 할 때에는 '월남의 평화와 중립'을 주장하였다.

이러한 외교협상 자세는 불리한 조건에서 싸우기보다 타협적 해결책이 바람직하다는 실용주의 정신에 입각한 것이었다. 호치민은 1952년 10월 베트남 정부의 8개 정강 발표시 민족자결과 독립을 내세우면서도 적대적이지 않은 외국인과의 선린을 강조하면서 외국인들의 생명과 재산에 대한 보호를 제시하기도 하였다.

호치민의 사상과 전략은 계승되어 베트남 특유의 노선이 되었고, 베트남인들은 이를 '호치민주의'라고 부른다. 호치민의 민족주의와 실용주의적 사고는 그를 민족지도자로 추앙하는 베트남인들에게 교훈적으로 전수되어 권력투쟁에서도 나타나고 있다. 정책실패로 책임을 지고 물러나는 인사들이 처벌받지 않고 명예롭게 퇴진토록 함으로써 정치적 갈등을 회피하고 있다. 이러한 관행은 직책에서 물러나는 인사들이 숙청이나 체면손상없이 보직만 정지시키는 관례를 지킴으로서 인물교체에 따른 권력투쟁과 정치적 동요를 피하면서 정책전환을 가능하게 만들었다. 공산당 지도부에 보수파와 개혁파간 대립이 상존했지만 민족주의와 실용주의에 입각한

호치민 사상과 집단지도체제에 의한 타협에 의해 점진적 개혁이
가능하였다.

또 베트남에서는 사회주의 추진기간이 짧아 계획경제시스템이
충분히 발달치 않았고, 도시 국유부문 비중이 낮아 개혁으로 인해
기득권을 침해받는 세력이 강하지 않았으며, 개혁정책이 호치민을
비롯한 종전의 최고지도자에게 정치 이념적으로 위협이 되지도 않
았다. 호치민은 독립운동 지도자이며 건국의 아버지로서 권위를 보
유할 수 있었으며, 여타 지도자들도 짧은 사회주의 기간의 오류에
대해 책임을 질 필요가 없었다는 사실도 개혁·개방을 촉진시킨 요
인이었다.[151]

개혁·개방을 촉진시킨 대외적 요인은 먼저 중국과 소련의 개혁·
개방정책을 들 수 있다. 중국은 1978년부터 개혁·개방정책을 추진
하였고, 소련은 1985년 고르바초프가 집권하면서 개혁·개방정책을
추진하였다. 당시 베트남과 소련은 특별한 우호관계를 유지하고 있
었기 때문에 소련의 변화는 베트남에게 강력한 영향력을 미쳤다.
중국과는 1979년 충돌 이후 외교관계가 단절되어 양국 간 교류는
거의 없지만, 중국은 베트남이 전통적으로 영향력을 받아온 인접
국가이고, 또 베트남과 동일한 사회주의체제를 유지하고 있는 국가
였기 때문에 중국의 개혁도 베트남에 영향을 미치지 않을 수 없었다.

개혁·개방을 촉진시킨 두 번째 대외적 요인은 주변국가들의 급
성장이었다. 동아시아의 한국, 대만, 싱가포르 같은 국가들이 경제
구조 개선과 능동적인 대외정책을 통해 기적에 가까운 발전을 이
룩하였고, 이는 역내 각국들에게 '도미노' 파급효과를 만들어 냈다.
말레이시아, 태국, 인도네시아 등 아시아 주변국들도 시장개방과

---

151) 북베트남의 사회주의 존속 기간은 30년 정도, 남베트남은 5-10년 정도로
    소련, 동유럽 사회주의 국가에 비해 존속 기간이 짧아 계획경제체제가
    확립되기 어려웠다.

외자도입 등의 경제개혁을 통해 급속한 경제발전을 이룩하였다. 이러한 주변국가들의 성장은 베트남 지도자들을 자극하였다.

〈표 3-26〉 베트남의 국내세입과 해외원조 예산비율

| 연도 | 국내세입 | 해외원조(유상, 무상) |
|---|---|---|
| 1976 | 55.2 | 44.8 |
| 1977 | 65.5 | 34.5 |
| 1978 | 68.0 | 32.0 |
| 1979 | 59.2 | 40.8 |
| 1980 | 61.1 | 38.1 |
| 1981 | 77.5 | 22.5 |
| 1982 | 71.2 | 28.8 |
| 1983 | 78.4 | 21.6 |
| 1984 | 86.3 | 13.7 |
| 1985 | 74.9 | 25.1 |
| 1986 | 85.5 | 14.5 |
| 1987 | 89.8 | 10.2 |
| 1988 | 82.7 | 17.2 |
| 1989 | 78.4 | 21.6 |
| 1990 | 82.0 | 18.0 |

자료: Tran Hoang Kim, *Economy of Vietnam: Review and Statistics* (Hanoi: Statistical Publishing House, 1992), p. 114.

국가예산의 상당부분을 해외원조에 의존하던 베트남이 버티어 나갈 수 있었던 것은 소련의 원조에 의한 것이었다. 베트남은 1950년대 중반부터 1987년까지 소련으로부터 총 122억 달러를 지원 받았다. 베트남 경제가 악화된 1987년에는 최대 규모인 15억 7,500만 달러를 제공 받았다. 동독, 체코 등 동유럽 사회주의 국가들로부터도 1975년부터 1988년까지 총 22억 7,800만 달러를 지원 받았다. 그러나 소련에서 개혁·개방정책이 추진되면서 베트남에 대한 경제지원은 1988년부터 감소되기 시작하여 1992년에는 완전히 중단되었다.

소련과 사회주의 국가들로부터 지원이 중단되자 베트남이 자본을 도입할 수 있는 국가는 서방국가들 뿐이었다. 이에 따라 베트남은 서방세계로부터의 자본도입을 위해 개혁·개방정책이 절실해졌다.

개혁·개방을 촉진시킨 세 번째 대외적 요인은 베트남에 대한 소련과 동유럽 사회주의 진영의 경제원조가 감소, 중단된 것이었다. 베트남은 제2차 경제개발 5개년계획(1976-80년) 기간에 사회주의국가는 물론이고, 서방국가로부터 경제원조를 획득하기 위해 노력하였다. 1978년 남베트남이 가지고 있었던 IMF와 세계은행의 회원국 자격을 계승하여 정식 회원국이 되었다. 그러나 1978년 베트남의 캄보디아 침공을 계기로 미국 주도의 대 베트남 봉쇄정책에 대부분의 서방국가가 동참함으로써 서방세계 및 국제금융기관으로부터 원조를 받을 수 없게 되었다.

## 2. 개혁·개방 억제요인

1930년 창설되어 45년간의 민족해방투쟁과 자본주의 국가와의 전쟁을 통해 베트남사회주의공화국을 건설한 혁명투쟁 참여자들은 혁명주도권의 연속성에 대해 강한 애착을 보이면서 사회주의 이념을 고수하려고 하였다. 이들은 일당독재와 반체제 인사에 대한 무자비한 탄압, 그리고 무기에의 의존이라는 전통 공산주의 이론에 입각한 혁명적인 해결방안만을 고집했다.[152]

특히 1965년부터 1973년간 지속된 미국과의 전쟁으로 인해 형성된 이들의 반미 적대감정은 자본주의 체제에 대한 거부감으로 작용하였다. 자본주의 요소를 받아들이는 개혁·개방정책에 반대하는

---

152) 황귀연, "베트남정권의 형성과정과 정치구조", 양승윤 외, 『경제개혁으로 21세기를 여는 민족주의의 나라 베트남』, p. 217.

이들 혁명 1세대들의 존재는 개혁·개방의 억제요인이었다. 이들은 장기간 정권을 장악하였다.

1976년 개최된 제4차 당 대회에서 결정된 공산당 지도부 인원구성은 1960년 제3차 당 대회와 거의 동일 하였다. 1976년 제4차 당 대회를 통해 구성된 정치국원은 1940년대 초부터 지도부에 있었던 정치국원 중 세 명만이 빠졌다. 호치민을 포함한 두 명은 이미 사망했고, 한 명은 레 주언 당 서기장의 친소정책에 의견을 달리하고 중국으로 망명한 호앙 반 호안(Hoang Van Hoan)이었다.[153]

호앙의 중국망명 사건 이후 당 지도부에 균열이 나타나 제5차 및 제6차 당 대회를 통해 정치국원이 교체 되었지만, 1991년 제7차 당 대회까지 약 60년 간 서른 명이 정치국원의 자리를 지킬 정도로 정치국원의 변화는 거의 없었다. 레 주언, 쯔엉 찐, 팜 반 동, 레 득 토, 보 응우옌 지압, 팜 훙, 응우옌 반 링, 반 띠엔 중, 마이 찌 토 등 주요 인물들은 1980년대까지 공산당의 핵심 보직을 유지했다.[154]

1986년 당 대회에서 응우옌 반 링이 당 서기장에 선출되고, 개혁파가 약진하였음에도 혁명 1세대인 강경 보수주의자인 팜 훙이 당 서열 2위를 유지하면서 보수주의 입장을 고수하여 개혁·개방정책은 탄력을 받지 못하였다. 팜 훙을 중심으로 한 공산당 내 보수성향의 이론가, 일부 정부관료 및 군부지도자 등 기득권을 가진 수구세력은 개혁의 폭과 내용에 대하여 이의를 제기하며 반대하였다. 특히 공해유발, 환경파괴, 빈부격차의 심화, 사치 향락산업의 증가 등 경제발전에 따른 부작용들이 심각한 사회문제로 떠오를 때마다 이들의 목소리는 커지곤 하였다.[155]

---

153) John C. Donell, "Vietnam 1979: Year of Calamity", p. 29.

154) 황귀연, "베트남정권의 형성과정과 정치구조", p. 218.

155) 오인식, "베트남 경제개혁의 평가와 전망", 『서강경제논집』 27권 2호, 1998년 12월, pp. 80-81.

경제 자유화조치로 인해 대두된 자본주의의 부정적 요소 역시 개혁·개방의 장애물로 작용하였다. 1979년 9월 공산당 중앙위원회 전체회의에서 채택한 신경제정책 실시로 베트남 경제는 초기에 쌀 생산이 증대되고, 공업생산성도 향상되는 등 경제 자유화조치 효과가 나타났으나, 시간이 지나면서 서방국가의 경제제재, 외환부족, 산업기반 낙후, 경제 하부구조의 미비 등으로 다시 침체국면으로 빠져들었고 부작용도 나타났다. 정부가 자유화 조치로 유통을 완화하자 소비재가 절대 부족한 상황에서 투기와 대규모 암거래가 공공연히 행해지는 상황이 되었다. 또 1980년과 1981년 생산자의 생산의욕을 부추기기 위해 생산자가 판매할 수 있는 목표 초과 생산물에 대한 협의가격을 자유시장 가격에 가깝도록 대폭 인상하고, 노동자들의 임금도 100% 인상한 조치는 인플레를 야기시켰다.

베트남에는 경제개발에 필요한 가계, 기업, 해외저축이 거의 전무하였으므로 경제개발에 필요한 재원을 모두 정부가 부담할 수밖에 없는 상황에서 협의가격 인상, 노동자 임금인상, 투자재원 조달 등을 위해 정부는 통화증발을 하였고, 이것은 극심한 인플레이션으로 이어졌다.[156] 정부의 신경제정책으로 고율의 인플레이션 발생, 사회적 계층 간 소득격차 확대, 매점매석, 지역개발 불균형, 부패만연 등 자본주의의 부정적 요소들이 나타나면서 경제는 더욱 혼란에 빠졌다.[157] 개혁·개방정책 추진과정에서 나타난 자본주의의 부정적 요소는 개혁·개방을 반대하는 보수주의자들의 입장을 강화시켰고, 개혁·개방정책의 저해요소로 작용하였다.

---

156) 안승욱, "베트남의 개혁개방과 경제발전 전략", 『한국과 국제정치』 26호, 1997, pp. 66-67.

157) 조명철·홍익표, 『중국·베트남의 초기 개혁·개방정책과 북한의 개혁방향』, pp. 36-37; 전상인, "베트남의 도이머이 - 사회주의 원리와 자본주의 정신", 『경제와 사회』 제26호, 1995, p. 63.

이와 함께 1980년대 말부터 시작된 사회주의 진영의 붕괴는 장기적으로는 베트남의 개혁·개방을 촉진시켰지만, 단기적으로는 베트남의 개혁·개방을 크게 저해하였다. 소련과 동유럽 사회주의 국가들이 탈사회주의화의 조짐을 드러내자 베트남에서는 베트남 사회주의체제의 유지와 안정이 가장 우선적인 현안으로 급부상하여 도이머이정책에 대한 재검토로 이어졌다.[158]

보수파의 반동에 개혁파도 동조했다. 1989년 8월에 개최된 공산당 제7차 중앙위원회는 보수파의 요청으로 '긴급한 이념문제'를 논의한 끝에 공산당 일당지배에 대한 도전을 결코 용납지 않고, 다원주의와 다당제 민주주의를 배격할 것임을 결의하였다. 1989년 말 동유럽 사회주의가 잇따라 붕괴하고, 소련 사회주의체제 마저 장래가 불투명해졌다. 1989년 12월 당내 급진개혁파로 알려진 쩐 쑤언 바익(Tran Xuan Bach) 정치국원이 당으로부터 축출되었고, 언론과 문화 활동에 대한 통제도 크게 강화되었다.[159]

보수파의 개혁·개방에 대한 반동은 1990년 3월에 개최된 공산당 제8차 중앙위원회에서 경제적 분야에서 개혁과 개방을 더욱 더 가속화하는 반면 정치사회적 영역에서는 반대로 보수적 노선을 강화키로 결정할 때까지 지속되었다. 베트남공산당은 세계체제의 변화와 더불어 도이머이의 지속적 추진 이외에는 대안이 없음을 확인하고, 통제 대신 도이머이의 수정, 강화로 입장을 정리하였다.

소련 및 동유럽 사회주의체제의 붕괴, 특히 베트남이 전적으로 의존했던 소련의 붕괴는 장기적인 측면에서는 베트남의 개혁·개방을 촉진시켰지만, 초기에는 개혁·개방의 일시적 억제요소로 작용하였던 것이다.

---

158) Michael C. Williams, *Vietnam at the Crossroads* (N.Y: Council of Foreign Relations Press, 1993), p. 32.
159) 전상인, "베트남의 도이머이 – 사회주의 원리와 자본주의 정신", p. 68.

## 제5절 소결론

사회주의 방식의 제2차 5개년경제계획이 실패하고, 1979년 처음 도입된 베트남의 개혁·개방정책은 30년 이상 점진적으로 심화되어 사회주의 계획경제체제를 시장경제체제로 전환시켰다. 초기 개혁·개방정책은 체제보완 차원에서 시작되었지만, 시간이 지나면서 체제를 변화시키는 방향으로 진행되었다.

베트남의 개혁·개방정책 전개과정을 분석해 보면 코르나이가 제시한 체제전환 방식에 따라 이루어졌다. 코르나이는 변화를 심도에 따라 시장화, 사유화, 자유화로 구분하고, 시장화(시장조정 메커니즘)를 변화의 깊이에 따라 다시 가격개혁, 시장사회주의, 기업의 자주관리로 구분하였다.

1979년 시행된 베트남의 첫 번째 개혁·개방정책인 신경제정책의 주요내용은 농업의 생산물계약제, 국영기업의 제한적 자율권 부여 그리고 임금과 물가 인상 등 이었다. 농업에서 생산물계약제를 통해 초과생산물을 농민이 자유롭게 처분토록 함으로써 농산물의 생산, 분배, 유통에서 시장기능을 일부 도입하였다. 신경제정책에서 가장 큰 변화는 가격개혁이었다. 1981년 5월부터 1982년 2월까지 가격 및 임금 체계를 대폭 개정하여 임금은 100% 인상하고, 필수물자를 제외한 모든 물가를 6-7배 인상하였다. 그러나 신경제정책은 기업의 자주관리나 사유화 관련 내용은 포함되어 있지 않았다.

1986년 12월 제6차 당 대회에서 채택한 도이머이정책은 가격자유화 조치, 시장사회주의, 기업의 자주관리가 모두 포함된 시장화와 제한적인 사유화 조치가 포함된 개혁·개방정책이었다. 1987년 12월 가격 통제 품목 98개가 1988년 40개, 1989년 16개, 1990년 6개, 1992년 1개로 줄어들어 실질적인 가격자유화가 완료되었다. 시장사회주의를 향한 개혁은 1987년 베트남국가은행에서 상업은행 기능을 분리키로 결정하고, 1990년 신은행법을 제정하여 1992년부터 다수의 민영사업은행이 설립되었고, 1991년부터 외국은행 지점 및 합영은행 설립도 허용하였다. 기업의 자주관리를 위한 개혁은 1987년 11월부터 국영기업에 대한 국가 통제를 완화하고 국가보조금을 삭감하기 시작하여 1990년도에는 국가보조금을 완전 중단하였고, 부실 국영기업에 대한 구조조정 조치를 시작하였다. 1991년 제7차 당 대회에서 국영기업 재등록제를 채택하여 1993년까지 3000개 이상의 기업을 합병하고, 2000여개의 기업을 해체하였다. 또 1992년부터 일부 국영기업의 주식회사 전환을 시범적으로 추진하였다.

사유화 조치를 보면 1988년 3월부터 사기업 경영을 보장하였고, 1990년 12월 사영기업법 제정, 1992년 개정헌법에 사유재산을 공인하였다. 토지 사유화는 1988년 4월 토지 사용기간을 15년으로 연장하였고, 1993년 6월에는 토지 사용자가 사용토지의 임대, 매매, 양도, 상속, 저당 등을 가능토록 하고, 사용기간을 50년으로 연장하였다. 대외개방 부문에서는 1987년 외국인투자법을 공표하고, 1988년 무역독점을 철폐하고 신규 무역회사 설립을 허용하였으며, 1991년에는 수출가공구를 설립하였다.

1994년 1월 개최된 제7차 전국인민자대표자회의는 본격적인 시장경제화 정책 추진을 의미하는 전 국토의 공업화·근대화 노선을 채택하였다. 베트남 정부는 국제금융기관의 권고를 받아 국영기업에 대한 개혁을 가속화하여 1994년 1,500여개의 국영기업을 총공사로 전환시키고, 1995년 국영기업을 제정하였으며, 1996년부터 국영기업의 주식회사화를 적극 추진하였다. 2006년에는 국영기업, 사기업, 외자기업에 공통적으로 적용되는 통합기업법을 제정하여 사유화 조치가 확대되었다.

이와 같이 베트남의 개혁·개방정책은 소련이나 동유럽의 체제전환과는 달리 정치부문은 공산당 일당체제를 그대로 유지하면서 경제부문만 시장경제체제로 전환하는 점진적 단일전환 방식으로 진행되었다.

베트남의 개혁·개방이 순조롭게 이루어진 것은 아니었다. 국내외 여건과 정치체제 내 보수파와 개혁파의 논쟁을 통해 진퇴를 반복하며 개혁·개방정책은 점진적으로 심화되었다. 개혁·개방정책의 확대와 중단은 정치체제의 권력구조와 개혁·개방 초기조건, 그리고 동인이 상호 작용하면서 결정되었다.

베트남 경제정책의 기본방향은 전당대회에서 결정되고, 전당대회에서 결의한 내용의 세부정책은 당 중앙위원회와 정치국 회의에서 결정된다. 당 중앙위원회는 1년에 두 차례 총회를 개최하며, 정치국원과 당 서기장을 선출한다. 정치국은 실질적인 베트남 공산당 내 최고의 정책결정 기구로 정치국에는 당 서기장, 국가 주석, 정부 총리, 국회의장 그리고 정치국 상무위원 등 5명으로 구성된 정치국 상무위원회가 있다. 정치국 상무위원회는 정치국을 대신하여 당의 의결사항을 감사하고 지도하고, 정치국이 검토하고 결정할 수 있도록 제출할 사항을 준비한다.[160]

베트남공산당은 1930년 설립된 이후 집단지도체제로 운영되어 왔다.[161] 정치국에서의 정책결정은 모든 정치국원들의 합의를 통해 이루어진다. 특히 정치국을 대신하여 일상적인 정책을 결정하는 정치국 상임위원 5명의 권력 분권과 합의에 의한 정책결정 전통은 중시되고 있다. 베트남의 개혁·개방정책은 정치국에서 합의가 이루어진 후 당 대회에서 채택되기 때문에 실제 개혁·개방정책의 채택 또는 중단 여부는 정치국 회의에서 결정된다.

---

160) 황귀연, "베트남 정권의 형성과정과 정치구조", p. 230.

161) Douglas Pike, "Origin of Leadership Change in the Soicalist Republic of Vietnam", Raymond Taras eds., *Leadership Change in Communist State* (Boston: Unwin Hyman, 1989), pp. 117-121.

1979년 9월 신경제정책이 채택될 당시 정치국원 14명은 1976년 제4차 당 대회에서 선출된 사람들이었다. 이들의 성향을 보면 개혁성향 정치국원이 4명, 보수성향 정치국원이 4명 그리고 중도성향 정치국원이 6명이었다. 이들 정치국원 14명이 신경제정책을 채택한 것은 정치국원들의 성향이 바뀐 것이라기보다는 1979년 당시 개혁·개방정책에 대한 촉진요인이 강화되었기 때문이다. 촉진요인을 보면 첫째, 통일 후 급속히 추진한 남베트남 사회주의화 정책의 실패로 인한 사회적 혼란과 경제난, 둘째, 전쟁으로 국토가 황폐화 된 상태에서 중화학공업 위주로 추진된 제2차 경제개발5개년계획 실패로 인한 경제난 악화, 셋째, 캄보디아 침공(1978년 12월)과 중국과의 전쟁(1979년 2월)으로 공산당과 정부의 지도력에 대한 신뢰가 땅에 떨어지고, 국가는 사회경제적 위기에 빠져들어 획기적인 정책대안의 필요성이 제기된 것이라 할 수 있다.[162] 정치국원 14명은 대부분 프랑스와의 독립전쟁, 미국과의 민족통일전쟁에 참여한 혁명1세대들로 자본주의 요소를 받아들이는 개혁·개방 정책에 부정적인 입장을 견지하고 있었다. 그럼에도 정치국 회의에서 신경제정책을 채택하게 된 것은 체제위기로 확산될 수 있는 사회경제적 위기를 극복해야 한다는 개혁·개방정책 촉진요인이 개혁·개방 억제요인보다 크게 작용했기 때문이다.

1982년 3월 개최된 제5차 당 대회에서 괄목할 만한 정치국원 교체가 이루어졌다. 개혁성향 정치국원 2명과 중도성향 정치국원 4명이 퇴진하고, 보수성향 정치국원 3명, 개혁성향 정치국원 1명이 선출되어, 총 12명의 정치국은 개혁성향 정치국원 3명, 보수성향 정치국원 7명, 중도성향 정치국원 2명으로 구성되었다. 보수성향 인사들이 장악한 정치국은 신경제정책에 부정적이었다. 신경제정책은

---

162) Phan Van Khai, "Vietnam's Economy after Ten of Renovation", p. 36.

농업과 공업부문에서 상당한 성과를 거두었지만 가격자유화 조치에 따른 높은 인플레이션, 재정적자 확대, 상인들의 매점매석, 계층 간 소득격차 확대 등으로 사회적 혼란도 야기되었다.

경제적 위기를 극복하기 위해서는 개혁·개방정책을 지속 추진해야 하는 개혁·개방 촉진요인은 그대로 존재하고 있었다. 그러나 보수성향의 인사들로 바뀐 정치국은 신경제정책의 문제점을 중시하고 신경제정책을 중단하였다. 신농업세 채택, 농업집단화 재강화, 상공업세법 수정, 유통부문 통제강화 등 재통제 정책을 채택하였다. 정책을 결정하는 정치체제가 보수화되고, 신경제정책 시행으로 나타난 문제점이 개혁·개방 억제요인으로 작용하면서 신경제정책은 중단된 것이다.

정부가 1983년부터 사회주의적 통제를 강화하자, 통일 직후 사회주의적 통제시기에 나타났던 부정적인 현상들이 다시 나타나기 시작하였다. 투기, 암거래, 밀무역 등 경제적 범죄와 관료주의 병폐가 재현되었다. 노동생산성은 악화되어 갔고, 재정적자는 확대되었다. 통제강화에 따른 경제악화와 관료주의 병폐는 개혁·개방촉진요인으로 작용하였다. 베트남공산당은 1985년 6월 다시 신경제정책을 강화하는 재자유화 개혁정책을 채택하였다.[163]

1986년 12월 개최된 제6차 당 대회에서는 개혁성향 정치국원 1명, 보수성향 정치국원 4명, 중도성향 정치국원 2명이 퇴진하고, 개혁성향 정치국원 4명, 보수성향 정치국원 2명, 중도성향 정치국원 2명이 선출되었다. 총 13명의 정치국원 중 개혁 성향 정치국원은 6명, 보수성향 정치국원은 5명, 중도성향 정치국원은 2명이었다. 특히 당서기장에 개혁파인 응우옌 반 링이 선출되고, 보 반 키엘이 국가계획위원회 위원장으로 선출됨으로써 정치국은 개혁파가 주도권을

---

163) John H. Esterline, "Vietnam in 1986 : An Uncertain tiger", p. 93.

잡게 되었다.

개혁 성향의 인사들로 바뀐 정치국은 재자유화 정책을 확대 심화한 도이머이정책을 채택하였다. 당시 베트남 경제는 비효율적인 중앙집중제, 관료제, 보조금 지급제 등이 유지되는 가운데, 재자유화 정책 추진으로 인한 가격, 임금, 화폐개혁으로 연간 600%에 이르는 심각한 인플레이션이 발생함으로써 심각한 위기상황이 지속되고 있었다. 공산당 지도부는 위기상황을 극복하기 위해 과거와 같은 통제정책이 아니라 전면적인 개혁·개방정책인 도이머이정책을 채택하였다.

도이머이정책은 개혁성향의 당 지도부와 국내외적 개혁·개방 촉진요인이 상호 작용하여 산출된 정책이다. 정치국이 개혁성향의 인물로 바뀐 것은 레 주언 당 서기장이 사망하고, 쯔엉 찐 후임 당 서기장 등 핵심 보수파 인물들이 동반 퇴진함으로써 이루어졌다. 당내 보수파는 1985년 9월 통화개혁 실패에 따른 책임으로 정치적 입지가 크게 약화된 상황에서 1986년 7월 30여년 간 공산당을 이끌어 온 레 주언 당 서기장이 사망하고, 같은 해 12월 개최된 제6차 당 대회에서 베트남 공산당 핵심 권력자였던 쯔엉 찐 후임 당 서기장, 팜 반 동 총리, 레 둑 토 정치국원이 퇴진함으로써 보수파는 크게 후퇴하였다. 새로운 당 서기장으로 개혁파인 응우옌 반 린이 선출되었다. 응우옌 반 린은 '작은 고르바초프'였다.[164]

개혁·개방을 촉진시킨 국내요인은 무엇보다 국내경제 운영의 실패였다. 사회주의적 공업이 착실하게 발전하고 국민들의 생활이 안정되어 있었다면 사회주의 원칙을 완화시키거나 기존노선의 방향을 수정하지 않았을 것이다.

---

164) Thai Quang Tung, "Factions and Power Struggle in Hanoi: Is Nguyen Van Linh in Command?" Thai Quang Tung ed., *Vietnam Today: Assessing the New Trends* (N.Y.: Crane Russak, 1990), pp. 1-21.

개혁·개방을 촉진시킨 대외적 요인은 먼저 소련과 중국의 개혁·개방정책 영향을 들 수 있다. 소련은 1985년 고르바초프가 당 서기장이 되면서 페레스트로이카를 제창하였고, 베트남에게도 개혁·개방을 권유하였다.[165] 당시 소련은 베트남이 전적으로 의존하고 있는 국가이었기 때문에 베트남에 대한 소련의 영향력은 지대하였다. 중국은 1979년 전쟁으로 국교가 단절되어 있는 상황이었지만, 전쟁 이전 많은 원조를 제공한 국가였고, 1970년대 중반 이후 추진하고 있는 개혁·개방정책이 사회주의체제를 유지하면서 큰 성과를 거두고 있었다. 또 한국, 대만, 싱가포르 등 주변 시장경제체제 국가들의 눈부신 경제발전도 베트남 지도자들을 자극하였다.

두 번째 대외적 요인은 베트남에 대한 미국 주도의 경제제재였다. 캄보디아 침공 이후 지속되고 있는 서방국가들의 경제제재를 해제시키고, 서방의 자본과 기술을 도입하기 위해서는 캄보디아에서의 철군 및 개방정책이 불가피하였다.

그러나 도이머이정책은 보수파 핵심인물인 팜 홍 총리 등의 견제로 초기에는 추동력이 약했고, 1980년대 말 동유럽 사회주의 국가들이 탈사회주의화 움직임을 보이자 오히려 베트남공산당은 베트남 사회주의체제의 안정과 유지를 우선시하여 도이머이정책을 재검토하였다.[166] 1989년 8월 개최된 7차 당 중앙위는 다당제 민주주의를 배격한 공산당 일당지배를 결의하였으며, 같은 해 12월에는 급진개혁파인 쩐 수언 바익을 정치국원에서 축출하고, 언론과 문화 활동에 대한 통제를 강화하였다. 이러한 보수파의 개혁·개방에 대한 반동은 1990년 3월 개최된 8차 당 중앙위에서 경제분야의 개혁·

---

165) Vo Nanh Tri, "The Renovation Agenda: Grouping in the dark", Thai Quang Tung ed., *Vietnam Today: Assessing the New Trends*, pp. 37-45

166) Michael C. Williams, *Vietnam at the Crossroads* (N.Y.: Council of Foreign Relations Press, 1993), p. 32.

개방을 강화하고, 정치사회분야에서 보수적 노선을 강화키로 결정
하면서 중단되었다. 이후 소련이 붕괴되자 당 지도부는 도이머이정
책의 지속적 추진 이외에는 대안이 없음을 확인하고, 통제 대신 도
이머이정책을 강화키로 입장을 정리함에 따라 베트남의 개혁·개방
은 점진적으로 확대 심화되었다.

〈표 3-27〉 도이머이정책의 초기조건과 동인 평가

| 구 분 | 실 태 | 평가 |
|---|---|---|
| 국가건설 정통성 | 공산당에 의한 독립, 통일전쟁으로 정통성 확보 | 촉진요인 |
| 민족의 분단 여부 | 1975년 민족통일 달성 | 촉진요인 |
| 지정학적 조건 | 중국의 핵심이익이 달려 있는 국가가 아님 | 촉진요인 |
| 시민사회 존재 경험 | 프랑스, 미국 지배 경험으로 자본주의 문화 경험 | 촉진요인 |
| 지도부 교체 | 1986년 제6차 당 대회에서 당 서기장 등 개혁성향의 인물로 지도부 교체 | 촉진요인 |
| 경제적위기와 시장화 | 인프레이션, 재정적자 등 경제적 위기 지속 심화 | 촉진요인 |
| 체제위기 인식 강도 | 경제적 위기가 사회정치적 위기로 확산되면서 지도부의 위기 인식 증대 | 촉진요인 |
| 사회통제력 | 재교육캠프, 강력한 공안기구 등 사회통제력 강함 | 저해요인 |
| 국제사회압력 | 소련지원감소, 미국 제재, 중국과 대립 | 촉진요인 |

# 제4장 북한의 개혁·개방

## 제1절 개혁·개방정책 개관

### 1. 제한적 개혁·개방정책

#### 가. 합영법 제정

1970년대 추진한 서방국가들과의 경제협력 확대와 차관도입 정책이 실패하자 북한은 서방국가들로부터 투자를 직접 유치하기 위해 1984년 9월 합영법을 공표하고, 이듬해 3월 합영회사 소득세법, 외국인 소득세법, 합영법 시행세칙을 제정하였다. 합영법 제정은 1979년 중국이 '중외합자경영기업법'을 제정하고 경제특구를 설치하는 등 개방정책을 본격화하는 상황과 김일성의 중국 및 동유럽 방문 결과에서 영향을 받은 것으로 보인다.[1] 김일성은 1980년 5월 루마니아와 유고슬라비아, 1982년 9월 중국, 1984년 5월에서 7월까지 소련 폴란드 동독 체코 헝가리 유고슬라비아 불가리아 루마니아 등을 순방하면서 북한보다 훨씬 앞서 있는 동유럽 국가들의 상황에 충격을 받았다고 한다.

합영법은 서방국가들과의 단순 교역을 통한 자본, 플랜트 도입에서 외국인의 직접투자를 통해 기술, 경영기법의 도입이 가능하도록 개방의 폭을 확대한 조치였다. 그 동안 자립경제와 자력갱생을

---

[1] 신지호, 『북한의 '개혁·개방: 과거·현황·전망』(서울: 도서출판 한울, 2003), p. 89.

내세우던 북한이 자본주의 국가의 직접투자를 받아들이겠다는 정
책은 경제성장 전략의 커다란 변화였다. 이것은 김일성의 동유럽
순방과 1979년 중국이 중외합작경영기업법을 제정하고 경제특구를
설치하는 등 개방정책이 본격화 되고 있는 데에서 영향을 받은 것
이 사실이지만, 보다 근본적인 이유는 외국자본의 직접투자를 허용
하지 않을 수 없을 정도로 경제적 현실이 어려워졌기 때문이다.

북한이 중국과 달리 경제특구를 설치하지 않은 것은 특정지역에
서 시장경제 원리를 전면적으로 실시하는 특구보다는 전국 각지에
합영사업을 분산시키고, 그것을 당의 통제 하에 두는 것이 시장경
제 도입에 따른 혼란 방지에 효과적이라고 판단하였기 때문이었다.
자본주의 제도가 적용되는 경제특구에서 주민들이 자본주의 사상
에 오염되는 것을 두려워했으며, 또 경제특구를 통한 자본주의 시
장경제의 시험 자체를 주체사상과 김일성 유일 지도력에 대한 도
전으로 간주했기 때문이다.

합영법을 제정한 후 북한은 당시 프랑스 미테랑 정권의 남북한
등거리 외교정책을 이용하여 합영사업 제1호로서 깜빼농·베를날사
와 조선제일설비수출입회사와의 사이에 양각도호텔(50층) 건설계
약을 체결하였다. 그러나 프랑스측이 북한측의 계약불이행을 이유
로 건설 도중 철수하였다.[2] 또 1985년 9월 조선아시아무역촉진회의
초청으로 북한을 방문한 가와가쯔 일본 남해전철 회장과 이성록 북
한 아시아무역촉진회장간 '기술제휴 및 합영에 관한 비망록'이 교환
되었지만, 북한측의 미결제 채무 문제로 결실을 맺지 못하였다.

서방국가들과 일본으로부터 자본유치가 불가능해지자 북한은
조총련 자본을 끌어들이는 방향으로 정책을 전환하였다. 1986년 2
월 김일성은 평양을 방문한 재일본 조선인 상공인연합회 대표단에

---

2) 전홍택·박진, "북한경제의 역사적 평가", 차동기·김광석 편, 『한국경제반
   세기: 역사적 평가와 21세기 비젼』(서울: 한국개발연구원, 1995), p. 722.

게 조총련 상공인들의 대북 합영사업 필요성을 강조하였다. 김일성
의 '2.28교시'로 1986년 6월 오사까에서 '합영사업연구회'가 조직되
고, 8월에는 평양에서 합영사업을 총괄할 '조선국제합영총회사'를
창립되었지만 조조합영사업은 성공하지 못했다. 1991년 4월 평양에
서 개최된 합영사업 제품전시회를 위해 조총련이 작성한 문서에
의하면 1991년 3월 현재 조조합영회사는 총 122개이며, 이중 폐업한
회사는 29사로 되어 있다.[3] 1991년 4월 합영사업 제품전시회에 실제
참가한 회사는 69개사였고, 1996년도 제품전시회 참가 예정(명미상
의 이유로 전시회는 취소) 회사는 82개사였다. 모란봉합영회사를
경영하였던 전진식씨는 1993년 현재 북한에서 가동 중인 합영회사
는 20개 정도라고 증언하였다.[4]

합영법 제정 이후 1993년 말까지 10년 동안 북한이 유치한 계약
금액은 1억 5천만 달러였다.[5] 합영사업이 부진했던 가장 큰 이유는
합영법이 근본적으로 문제를 가지고 있었기 때문이다. 합영기업이
란 북한측 투자가와 외국투자가가 공동으로 투자하고 공동으로 운
영하며 투자 몫에 따라 분배하는 기업이므로 100% 외국인 단독투자
는 허용되지 않았다. 따라서 출자지분의 산정에서부터 경영, 분배
에 이르기까지 북한측 입김이 강하게 작용할 수밖에 없었다.[6] 또
북한의 체제 및 좁은 내수시장 등 열악한 투자환경, 북한의 낮은
신용도로 인한 외국자본가들의 진출 기피, 폐쇄적인 경제정책의 지
속, 시장경제논리가 적용되는 경제특구의 미설치, 외자유치관련법
의 미비, 핵문제로 인한 국제사회 압력과 북한의 강경대응으로 인

---

3) 신지호, 『북한의 '개혁·개방': 과거·현황·전망』, p. 99
4) 일본 TBS 방송, 1993년 12월 26일, 신지호, 『북한의 '개혁·개방': 과거·현황·
전망』, p. 102 재인용.
5) 조동호, "제2장 계획경제의 한계", p. 67.
6) 조동호, "제2장 계획경제의 한계", p. 66.

한 조총련계와 일본인 기술자들의 방북이 어려웠기 때문이다.[7]

합영법은 외국기업의 합영회사에 대한 경영권, 인사권, 소유권을 인정하고 최고의사결정기관은 이사회라고 명기했지만 현실은 달랐다. 북한이 경제 현실상 어쩔 수 없이 외국자본을 유치할 수밖에 없었다하더라도 자립경제노선은 결코 포기할 수 없는 노선이었다. 이에 따라 북한은 자본주의 사상 침투 방지를 위해 합영사업 시행 시 공동출자, 북한 단독경영 방식을 취하고, 처음부터 합영기업에 북한의 기업관리시스템인 '대안의 사업체계'를 적용시켰다. 이러한 시장경제에 대한 무지와 오해, 법적 제도적 미비, 열악한 사회간접자본 등으로 북한의 합영사업은 실패하였다.

### 나. 나진·선봉 자유경제무역지대 설정

1980년대 말부터 진행된 동유럽 사회주의 국가들과 소련의 붕괴는 북한에게 큰 타격을 주었다. 특히 북한 교역량의 50% 이상을 차지하던 소련의 붕괴는 북한경제에 결정적 영향을 미쳤다. 그동안 정부 간 의정서와 청산제도에 의해 이루어져 왔던 북한과 소련 간 교역이 1991년도 무역경제협력협정에 의거해서 청산방식이 아닌 국제시장 가격을 기초로 한 경화(hard currency) 결제 제도로 바뀌었다. 이 결과 북한의 대소 교역량이 급감하여 북한의 전체 교역량이 1990년도 46억 4,400만 달러에서 1991년도 26억 4,100만 달러로 감소하였다. 경제적 난관에 부딪친 북한은 새로운 대외경제정책을 모색하지 않을 수 없게 되었다.

이러한 상황에서 1990년 7월 중국 장춘에서 개최된 '동북아시아 경제기술발전회의'에서 두만강유역 합작개발문제가 제기되었고, 동 문제는 1991년 7월 몽골에서 개최된 '1992년에서 1996년까지 UNDP

---

7) 김계동, "북한의 대외개방정책: 여건조성과 정책방향",『국방론집』제30호 (서울: 통일원, 1994년 여름), p. 138.

지원 하에 동북아지역 기술협력사항에 관한 회의'에서 동북아시아 협력사업의 최우선 과제로 결정되면서 본격화되기 시작하였다. UNDP는 향후 20년간 300억 달러를 투자하여 두만강유역을 동북아와 세계를 잇는 무역의 중심으로 개발한다는 계획을 수립하였다. 그러나 어느 지역을 중심으로 개발할 것인가는 결정하지 않았다. 북한 중국 러시아 3국이 접경지역을 공동 제공하고 UNDP가 이를 관리하기 위해 두만강지역개발회사(TRADCO)를 설립하는 방안이 제시되었지만 각국의 이해조정이 이루어지지 않은 채 북한은 나진·선봉 자유경제무역지대, 중국은 훈춘 경제개발구, 러시아는 나호드카 경제특구를 설치하여 독자적 개발을 추진하는 양상을 보였다.[8]

북한은 동 사업을 북한 중심의 사업으로 만들려는 움직임을 보였다. 1991년 12월 28일 북한은 정무원 결정 74호로 '라진·선봉 자유경제무역지대' 설치를 공표하였다.[9] 그 주요내용은 나진·선봉지구에 총 면적 621km² 의 자유경제무역지대 설치, 동 지역 내 합영, 합자, 외국인 단독기업을 허용, 외국인의 투자한 자본과 소득의 법적 보장 및 관세 소득세 감면 등 각종 특혜조치 제공, 나진항, 선봉항과 인접 청진항을 자유 무역항으로 지정한다는 것이었다. 1992년 4월 개정된 헌법에서는 제한적 경제개방정책을 수용하였다. '조선민주주의인민공화국은 자기 령역안에 있는 다른 나라 사람의 합법적 권리와 리익을 보장한다.'(제16조) '국가는 우리나라 기관, 기업소, 단체와 다른 나라 법인 또는 개인들과의 기업 합영과 합작을 장려한다'(제37조)라고 규정하였다. 또 김정일 체제를 강화하기 위해 국방위원회를 강화하고, 사회주의진영의 붕괴를 반영하여 주체사상

---

8) 동용승·서양원, 『남북경협: 이렇게 풀자』(서울: 삼성경제연구소, 1995), p. 16.

9) '라진·선봉 자유경제무역지대' 명칭은 1998년 9월 '라진·선봉경제무역지대'로 변경되었다가 2001년에 '라선경제무역지대'로 변경되었다.

으로 1972년 헌법의 맑스-레닌주의를 대체하였다.[10] 이어 북한은 1992년 10월 외국인투자법, 합작법, 외국인기업법을 제정하고, 1993년 1월에 자유경제무역지대법, 외화관리법, 토지임대법 등을 제정하였다. 나진·선봉 자유경제무역지대설치를 뒷받침하는 조치였다.

북한이 나진·선봉지구에 경제특구를 설정하게 된 것은 합영법 실패, 사회주의국가 몰락, 심각한 경제침체, 중국의 경제특구 성공으로 인한 자극, 전면적인 개방정책 수행 시 동구와 같은 체제붕괴 우려, UNDP 두만강유역 개발사업에 대한 대응 등이 복합적으로 작용한 것이었다. 북한은 나진·선봉지역을 국제화물 중계기지, 가공수출을 위한 제조업지대, 국제적인 관광지로 개발하는 것을 목표로 설정하고[11], 10개 부문 93개 사업을 3단계로 나누어 총 69억 9천만 달러를 투자한다는 개발계획을 수립하였다. 제1단계(1993-1995)는 41억 3천만 달러를 투자하여 철도 도로 항만 등 투자환경 정비, 제2단계(1996-2000)는 11억 3천만 달러를 투자하여 자유경제무역지대 체제 정비 및 동북아시아 교류거점 역할, 제3단계(2001-2010)는 17억 2천만 달러를 투자하여 종합적이고 현대적인 국제교류거점 기능을 수행할 수 있도록 체제를 완비한다는 것이었다.[12]

그러나 1993년 핵문제 발생으로 긴장이 고조되어 진척이 이루어지지 않았다. 나진·선봉 자유경제무역지대에 실제적인 투자가 이루어지기 시작한 것은 1994년 10월 '북미기본합의문'이 조인된 이후이다. 북미기본합의문에 따라 미국이 북한에 중유제공을 시작한 후

10) 개정헌법 제3조는 "조선민주주의인민공화국은 사람중심의 세계관이며 인민대중의 자주성을 실현하기 위한 혁명인 주체사상을 자기활동의 지도적 지침으로 삼는다"라고 규정함으로써 기존의 맑스-레닌주의를 삭제하였다.

11) 조선민주주의인민공화국 대외경제협력위원회, 황금의 삼각주, p. 3; 신지호, 『북한의 '개혁·개방': 과거·현황·전망』, pp. 114-115 재인용.

12) 동용승·서양원, 『남북경협: 이렇게 풀자』, p. 75.

그리스의 스포라스 홀딩사가 원유가공공장에 투자할 의향을 표명했고, 영국의 셸태평양사가 10만 톤 규모의 원유저장, 공급시설 건설을 위해 200만 달러의 선행 투자를 결정했다.[13]

1995년 1월 20일 미국의 제재완화조치 발표이후 네델란드 국제은행이 조선국제보험회사와 합영으로 노스이스트뱅크 설립을 위한 400만 달러 투자계약을 체결했고, 1995년 9월 태국의 록슬리사가 합영 전화사업, 홍콩의 신동북아 주식회사가 선봉 국제공항과 나진의 헬리포트 건설 합영사업, 홍콩의 다이슨사가 도로건설과 시멘트공장 건설 사업에 투자계약을 체결하였다.[14]

UNDP 두만강지역개발사무국의 자료에 따르면 1998년까지 7년간 나진·선봉 자유경제무역지대에 대한 총 투자 집행액은 8,800만 달러에 불과하였다. 1999년 이후 투자유치 실적은 발표되지 않았지만 2,000년 7월 현재 나진·선봉지역의 투자계약액은 5억 2천만 달러, 실행액은 2억 2천만 달러라고 한다.[15] 2002년 현재 나진·선봉지역에는 130여개의 외국투자기업이 활동 중이며, 이중 90%가 중국기업이며, 중국 기업 중 80%가 연변주 기업이라고 한다.[16]

나진·선봉자유경제무역지대는 1998년 이후 대내외 정치 경제적 조건의 한계로 부진을 면치 못하고 있다. 북한의 외국투자은행법 (1993년 제정)에 근거하여 네델란드의 INC 은행과 홍콩의 페레그린 은행이 각각 북한과 합영은행을 설립(1996년)하였으나, 1998년 경영 부진을 이유로 나진·선봉에서 철수하였다.

---

13) 조선중앙통신, 1995.3.23; 조선중앙통신, 1995.9.14.
14) 조선중앙통신, 1995.10.14 ; 조선중앙통신, 1996.2.21.
15) 가나모리위원회 방북시 청취(2000년 7월), 이찬우, "두만강 지역 개발 10년 –평가와 과제", p. 57 재인용.
16) 연변일보 2002년 7월 10일, 나진·선봉 연길대표사무소 김희학 대표 인터부, 이찬우, "두만강 지역 개발 10년–평가와 과제", p. 57 재인용.

나진·선봉 자유경제무역지대가 실패하게 된 주요원인은 북한의 전반적인 개혁체제의 미비, 열악한 인프라 시설, 대외적 개방을 위한 제도적 기반의 미약함 등을 지적할 수 있지만[17], 무엇보다 중요한 것은 외자도입에 필요한 우호적인 대외관계 구축에 실패한 점을 지적하지 않을 수 없다. 경제특구를 공표한 시점은 핵 의혹이 불거진 시점과 거의 일치하고 있어 외자유치가 원활히 이루어질 수 없었다. 거기에 UNDP의 두만강지역개발 프로젝트의 비현실성도 하나의 요인이었다. 막대한 개발자금, 불투명한 전망으로 인해 최대의 출자국으로 기대되었던 일본이 관심을 보이지 않았고, 관련국 민간기업도 관심을 보이지 않았다.

나진·선봉자유경제무역지대 창설은 1970년대 차관, 1980년대 합영법 보다 진전된 개방정책이었지만, 북한의 체제방어를 위한 제한적이고 폐쇄적인 개방체제의 고수와 최악의 국가신용도에 따른 투자위험 등으로 외국인들이 투자를 기피함으로써 북한의 나진·선봉 자유경제무역지대를 통한 외자유치 정책도 성공하지 못했다.

〈표 4-1〉 두만강지역의 외국인 직접투자 유치(실행기준)

(단위: 백만 달러)

| 구분 | 연변주 | 나진·선봉 | 연해지방 |
|---|---|---|---|
| 1985-1993 | 42 | 1 | 141 |
| 1994 | 61 | 1 | 2 |
| 1995 | 78 | 4 | 53 |
| 1996 | 134 | 31 | 97 |
| 1997 | 95 | 26 | 95 |
| 1998 | 47 | 25 | 56 |
| 1999 | 33 | na | 54 |

---

17) 정영철, 『북한의 개혁·개방: 이중전략과 실리사회주의』(서울: 선인, 2004), p. 158.

| 2000 | 29 | na | 78 |
|------|-----|-----|-----|
| 2001 | 32 | na | 56 |
| 합계 | 551 | 88 | 642 |

자료: UNDP 두만강지역개발사무국, 이찬우, "두만강 지역 개발 10년 - 평가
    와 과제", 『KDI북한경제리뷰』(서울: 한국개발연구원, 2003년 2월), p. 56 재
    인용.

## 다. 분조관리제의 개선

1990년대 초부터 시작된 식량부족과 경제적 위기로 북한의 계획
경제는 붕괴되면서 시장경제와 계획경제의 이중경제가 확대되었다.
1992-1993년부터 식량배급이 불규칙해지고, 개인의 텃밭 경작으로 생
산된 농산물의 암거래가 장마당이나 농민시장에서 폭증하였다.[18]

북한은 식량증산을 도모하기 위해 1996년부터 일부 협동농장을
대상으로 분조관리제를 개선하여 시행하였다. 분조관리제는 1966년
부터 북한이 협동농장을 운영해 온 제도로서 협동농장의 생산 및
노동조직의 최소 기본단위를 분조로 하여 운영하는 제도였다. 분조
에 일정 면적의 경지와 생산수단을 제공하고, 국가 생산계획에 의
거해서 수립된 생산계획의 수행정도와 농민의 근로일수를 평가하
여 분배를 실시하는 제도였다.

북한은 10-25명으로 구성된 분조의 규모를 줄여 노동의 효율성을
높이고, 농민들에게 물질적인 자극을 주어 식량을 증산시키기 위해
1996년부터 일부 협동농장에 대해 분조의 규모를 축소하고, 생산계
획 초과분의 처분권을 분조에 주는 새로운 분조관리제를 시행하였
다. 북한은 이러한 조치가 일정한 성과를 거두자 1997년부터 정무
원 결정으로 모든 협동농장 및 국영농장에 새로운 분조관리제를
도입하였다.

---

18) 정영화·김계환, 『북한의 시장경제이행』(서울: 집문당, 2007), p.166.

<표 4-2> 북한의 분조관리제 변화

| 구분 | 분조관리제 (1966-1995) | 새로운 분조관리제 (1996년 이후) |
|------|------------------------|----------------------------------|
| 분조구성 | 노,장,청을 배합하는 원칙하에 10-25명으로 구성 | 가족, 친척 단위를 위조로 7-8명으로 구성 |
| 생산계획 | 매년 국가생산목표에 따라 각 농장들에 지표 설정 | 지난 3년간 평균과 1993년 이전 10년간 평균수확고의 평균치 |
| 초과분 처리 | 초과 생산물은 국가에서 수매 | 초과 생산물은 분조원에게 처분권 부여 |

자료: 조선신보, 1997년 7월 16일.

## 2. 개혁·개방정책 확대

### 가. 7·1경제개선관리조치

북한은 1998년 김정일 체제가 공식 출범하면서 경제적 위기로 인한 내부적 혼란을 수습하고 체제 및 제도정비에 나섰다. 1996-1998년 간 고창된 '고난의 행군'과 1998년 '사회주의 강행군'은 체제 수호를 위한 슬로건이었고, '붉은기사상'은 체제변화를 거부하는 이데올로기적 방어 담론이었다.

김정일 시대 개막과 함께 북한이 제시한 비전은 강성대국이었다. 북한은 김정일 체제 출범 직전 1998년 8월 노동신문을 통해 강성대국론을 주장하였다.[19] 그 뒤를 이어 정치강국, 군사강국은 달성되었다면서 경제강국 건설을 강조하였다. 경제강국 건설을 위해 북한이 1998년부터 2000년까지 추진한 경제정책은 자립경제 기초를 다지고, 붕괴된 사회주의 계획경제체제를 재건하는 것이었다.

계획경제체제 재건을 위해 북한은 내각의 권한 강화(1998년 9월), 인민경제계획법 제정(1999년 4월), 중앙정부로 나선지역 관할권 이관(1999년 2월), 농민시장의 불법거래 단속 강화, 산업구조 조정 등

---

19) 노동신문 1998년 8월 22일, "강성대국"

을 단행하였다. 중소규모 공장 4,700여개 중에서 설비노후 또는 중복 투자된 공장 1,800여개, 무역상사 400여개 중 부실한 60여개를 정리하고, 110여개 연합기업소도 개별 공장, 기업소로 해체(1999년 12월) 한 후, 2000년 9월 필수부문 30여개만 연합기업소로 복원하였다. 새로 조직된 연합기업소는 과거처럼 여러 부문을 망라한 것이 아니라 한 가지 상품에 주력할 수 있도록 전문성과 효율성을 대폭 강화한 형태로 조직되었다. 이러한 경제재건 노력으로 무역과 공장가동률이 증가하고, 곡물 생산량도 다소 늘어나면서 1990년부터 지속되어온 마이너스 경제성장이 1999년 플러스 성장으로 전환되었다.[20]

북한의 노력과 국제적 대북지원 증대 등의 요인으로 북한 경제 상황이 호전되면서 일상생활은 다소간 정상화되었다. 황장엽에 따르면 2000년 중반에는 공장에 출근하는 사람이 50% 정도였고, 2000년 말경에는 거의 100%가 출근하고 있으며, 학생들도 모두 학교에 출석하고 있다고 했다.[21] 남북정상회담이 개최되었던 2000년 중반부터 김정일은 '경제사업에서 실리주의'를 강조하면서 경제구조, 투자, 기업경영, 생산공정 등 전면적인 경제체제의 갱신(혁신)을 촉구하였다.

> 김정일 동지께서는 다음과 같이 지적하시었다. '우리는 경제사업에서 실리주의로 나가야 합니다.' 경제사업에서 실리주의란 우리의 경제건설의 궁극적 목적을 실현하는데 가장 리롭게 경제를 합리적으로 조직하고 효율적으로 관리 운영해 나가는 관점과 태도를 말한다. … 다시 말해서 최소한의 지출

---

20) 한국은행의 북한 GDP 측정결과에 의하면 북한은 1999년 6.2% 성장률을 기록하였다.

21) 박형중, "1990년대 이래 북한의 경제실태와 경제관리: 7월 조치의 자리매김을 위하여", 『통일문제연구』 제16권 2호, 2004년 하반기, pp. 19-20.

로 최대한의 경제적 효과를 내도록 하는 것이다.[22]

이후 북한에서는 '개건과 개선'이 새로운 슬로건으로 대두되었다.[23] 북한사전에서 '개건'은 '뒤떨어진 것을 선진적으로 다시 건축하거나 건설하는 것'을 의미하며, '개선'은 '부족하거나 잘못된 것을 고쳐 잘 되게 하는 것'을 의미한다. 결국 '개건'이 새로운 기술 장비의 건설과 혁신을 일컫는다면, 개선은 경제관리 방식의 혁신, 운영에서의 선진 기법의 도입 등을 일컫는다.[24]

2000년 들어 김정일이 '개건'과 '개선'이라는 이름하에 부분적인 개혁조치를 취할 수 있었던 것은 내부적으로 경제상황이 다소 호전되고 남한에 의한 흡수통일이라는 위기의식이 감소한데 따른 자신감을 바탕으로 하고 있다. 1998년 2월 출범한 남한의 김대중 정부는 대북 포용정책을 추진하면서 대북정책 3원칙의 하나로 '흡수통일 배제'를 천명했고, 동년 금강산 관광이 시작되었다. 이후 2000년 6월 역사적인 남북정상회담이 이루어졌고, 장관급 회담이 연이어 개최되었다. 이러한 환경은 북한으로 하여금 대남체제 차별성 유지라는 점을 상당히 완화시켜 주었을 것이다.[25] 북한의 대남 위기의식이 감소되었던 것이다.

2000년 10월 김정일이 지시한 '내각 중심의 경제관리방식 개선' 방안을 마련하기 위해 '6·3그루빠'조직이 신설되었다. '6·3그루빠'는

---

22) 간부, 당원 및 근로자 학습강연자료, "실리를 보장할데 대한 당의 방침에 대하여"(조선로동당출판사, 2000), 한기범, "북한 정책결정과정의 조직행태와 관료정치", 경남대학교 박사학위논문, 2009, pp. 109-110 재인용.

23) 북한은 2003년 6월 조선중앙통신에서'경제개혁'이라는 용어를 사용하기 전까지 개혁, 개방을 개건과 개선으로 우회하여 사용하였다.

24) 정영철, 『북한의 개혁·개방: 이중전략과 실리사회주의』, pp. 73-74.

25) 하상식, "북한의 개혁전망-7·1경제관리 개선조치의 성격평가를 중심으로", 『한국동북아논총』제32집, 2004, p. 150.

경제개혁방안을 마련하여 2001년 6월 김정일에 보고하였고, 김정일 지시로 동 개혁방안을 시행하기 위한 세부계획이 수립되어 2002년 7월 1일부로 시행하게 되었다.[26]

김정일의 2000년 5월, 2001년 1월 두 차례 중국 방문도 북한의 개혁·개방을 촉진시킨 요인으로 작용하였다. 김정일은 중국의 개혁·개방 현장을 방문한 후 중국의 개혁·개방을 긍정적으로 평가하였다. 지도자와 공산당의 영도 하에 경제발전을 이루는 것이 가능함을 목격하였다. 김정일은 2001년 중국 방문을 마치고, 신의주를 현지지도 하면서 "모든 간부가 낡은 관념을 버리고 새로운 사고를 가져야하며 일하는 기풍과 태도를 근본적으로 고쳐야 한다"면서 '신사고'를 강조하였다.

2001년 10월 3일 김정일은 중앙당과 내각의 간부들에게 '6·3그루빠'가 보고한 개혁안을 기초로 "강성대국 건설의 요구에 맞게 사회주의 경제관리를 개선 강화할데 대하여"라는 이른바 '10·3 담화'를 하였다. 김정일은 '10·3 담화'에서 "사회주의 경제관리를 개선하고 완성하는데서 틀어쥐고 나가야 할 종자는 사회주의 원칙을 확고히 지키면서 가장 큰 실리를 얻을 수 있는 경제관리방법을 해결하는 것"이라고 강조하고, '실리를 보장'하기 위한 정책방향을 제시하였다.

김정일이 제시한 정책방향은 ①계획사업을 웃기관과 아랫단위 사이에 분담하라 ②생산관리를 원가, 번수입에 의거 통제하라 ③로동규율에서 남는 조직, 건달풍을 없애라 ④모든 보수에서 평균주의, 공짜를 없애라는 내용으로 요약된다.[27] 또 '10·3 담화'에는 그 이전에는 등장하지 않았던 '군수공업우선론'도 포함되어 있었다. 군수공업을 선차로 내세우고 전력공업, 석탄공업, 금속공업, 철도

---

26) '6·3그루빠'의 개혁 입안과 시행과정에 관한 상세내용은 한기범, "북한 정책결정과정의 조직행태와 관료정치", pp. 112-123을 참고하라.

27) 한기범, "북한 정책결정과정의 조직행태와 관료정치", pp. 117.

운수부문 그리고 먹는 문제 해결을 위한 농업생산에 힘을 집중하라는 것이었다.[28]

북한은 '10·3 담화'에 기초하여 2002년 7월 1일 자본주의 시장경제요소가 포함된 획기적인 '7·1경제관리개선조치'를 발표하였다. 7·1조치는 가격 및 임금 인상, 가격설정방식의 개편, 일부 계획수립 권한의 하부 위임, 공장·기업소에 대한 경영자율권 부여, 원부자재 시장의 개설, 분배의 차등화, 사회보장체제 개편 등이 포함된 개혁정책이었다. 소유제도의 변화 같은 조치는 포함하고 있지 않아 체제전환의 시도라고는 할 수 없지만 시장원리를 적용한 가격제도 도입, 생산에 따른 인센티브 제공, 계획의 분권화, 배급제도의 폐지 등은 획기적인 조치였다. 7·1조치의 구체적 내용은 다음과 같다.

첫째, 가격 및 임금제도 개혁이다. 북한은 가격기준의 설정과 가격제정 원칙을 변경하고, 가격을 현실화하였다. 북한은 과거 석탄과 전력 같은 기초원료 가격을 가격기준으로 하였으나 7·1조치 이후 식량(쌀)을 가격기준으로 하였다. 가격제정은 국가 개입을 축소하고 생산원가, 국제시장가격, 국내의 수급동향을 고려하여 결정함으로써 상품의 생산, 유통, 소비가 원활히 이루어지도록 하였다. 시장중심의 가격결정 방식을 수용한 것이다. 임금은 쌀을 구입하고 주택비를 지불하는 등 새로운 가격에 따라 생활을 유지하는데 필요한 몫을 계산하고 액수를 정하였다.

가격 현실화는 국정가격을 농민시장, 암시장 수준으로 대폭 인상한 조치이다. 가장 큰 폭으로 오른 것은 쌀값인데 국가수매가격이 1kg당 0.8원(80전)에서 40원으로 50배 올랐고, 판매가격은 1kg당 0.08원(8전)에서 44원으로 무려 550배가 인상되었다. 이에 따라 각종 소비재와 봉사가격, 공공가격, 생산재에 이르기까지 모든 항목이

---

28) 박형중, 『북한의 개혁·개방과 체제변화』, pp. 180-181.

수십 배서 수백 배까지 올랐다. 쌀 가격의 대폭적 상향조정과 함께 임금도 20-40배 인상하였다. 사무직 종사자는 140원에서 1,200원으로, 생산직 근로자는 110원에서 2,000원으로, 탄광 등 고강도 근로자는 20배 이상, 노동자, 농민, 과학자는 10배, 공무원은 14-17배, 군인은 40여배 이상 인상되었다.[29]

북한 당국이 가격을 현실화한 이유는 두 가지 목적이 있었다. 첫째는 국영부문과 사경제부문 간의 가격 격차를 줄여 암시장으로의 자원, 재화, 노동력의 유출을 막으려는 것이었다.[30] 국제가격과 농민시장가격의 차이가 크게 벌어지면서 상당수의 물품이 공식부문보다는 비공식부문으로 유출되었고, 비공식부문의 확장은 체제에 대한 위험요인으로 작용하기 때문이다. 두 번째는 가격 현실화를 통해 가격에 대한 보조금을 폐지함으로써 정부의 재정적자를 줄이려는 것이었다. 북한의 배급제는 국가가 수매가격보다 낮은 가격으로 배급가격을 책정하고, 그 차이는 국가보조금으로 충당해왔기 때문에 재정적자는 계속 악화되었다. 가격현실화 조치로 가격보조금을 철폐할 수 있게 되어 재정부담이 줄어들었다.

임금인상 조치는 상품 가격 현실화 조치에 따라 이루어진 불가피한 측면도 있었지만 노동능력 차이에 따른 인센티브 제공을 통해 생산을 증가시키려는 목적도 포함되어 있었다. 북한 노동자는

---

29) 서재진, 『7·1조치 이후 북한의 체제변화: 아래로부터의 시장사회주의와 개혁』, 통일연구원, 2004, pp. 64-65.

30) 김용술 북한 무역성 부상 겸 대외경제협력촉진위원장은 2002년 9월 2일 도쿄에서 일본 경제계 관계자들을 상대로 가진 비공개 설명회에서 "지난 시기에는 국가가격이 농민시장 가격보다 터무니 없이 싸기 때문에 그 공간을 이용해서 국가상품을 빼내어 농민시장에 거래함으로써 부당한 수익을 얻게 되는 비법적인 현상들이 나타나는 것을 막지 못했습니다"라고 언급하고 있다. 조동호, "변화하는 북한경제 평가와 전망", 『수은북한경제』 2004 여름호, p. 3.

기능 숙련도에 따라 무기능, 기능, 고급기능 노동자로 구분된다. 과거에는 무기능과 고급기능 노동자간 임금격차는 1.5-2배였는데 7·1조치로 2-3배 확대시켰다. 임금격차를 확대시켜 노동자로 하여금 숙련도를 높이도록 유도하여 생산효율을 증대시키려는 것이었다.

이와 함께 임금분배에서 평균주의를 철폐하여 생산성을 높이려고 하였다. 7·1조치 이전에는 생산계획량의 70%만 달성하면 100% 기본생활비를 지급하고, 생산계획에 훨씬 미달하더라도 60% 임금은 국가가 지급하였다. 7·1조치를 통해 기준량 이상의 생산에 대해서는 성과급을 제공함으로써 생산증대를 도모하였다. 이것은 생산활동을 장려하기 위해 기존에 사용했던 사상적 자극에서 물질적 자극으로 전환시킨 것이었다. 또, 임금을 인상하고 국가 보조금을 중단함으로써 국가재정의 부담도 줄일 수 있었다.

둘째, 기업부문에서 분권화를 통해 기업의 자율성을 확대하고 '번수입 지표'를 도입하였다. 기업의 자율성 확대는 기업경영의 권한과 책임이 강화되는 것을 의미하였다. 북한에서는 2001년 초반까지도 '계획의 일원화, 세분화 원칙'이 거론되었지만 '10·3 담화' 이후 이 원칙이 사실상 폐지되고, 각 공장, 기업소가 국가계획의 범위 내에서 자기단위의 현실에 맞게 계획지표를 세우고 집행할 수 있도록 했다. 인민경제의 선행부문과 기초공업부문을 비롯한 전략적 중요성을 가진 지표에 대해서는 국가계획위원회가 계획을 하고, 나머지는 해당기관, 기업소에서 하도록 하였다. 공장, 기업소에서 생산한 소비재에 대해서는 국가가 가격제정 원칙과 기준을 정해주고, 상급기관 감독 하에 공장 자체로 가격을 제정해서 생산, 판매토록 하였다.

또 '사회주의 물자교류시장'을 허용하여 공장, 기업소간 과부족되는 원부자재를 유무상통토록 하고, 생산물의 일부분을 자재용 물자교류에 사용할 수 있도록 하였다.[31]

 공장, 기업소 경영 과정에서 '대안의 사업체계'가 공식 붕괴되고 지배인의 권한이 강화되었다. '대안의 사업체계'는 1961년 12월 도입된 제도로서 이전의 지배인 단독책임제가 관료주의적이며 개인주의적이라는 비판을 받고, 지배인 단독책임제 대신 당 비서, 공장장, 기사장으로 구성된 공장당위원회에 의한 집단적 지도체제로 바뀌었는데, 집단지도체제에서 당 비서가 기업의 생산관리를 최종 책임지도록 함으로써 사실상 당이 기업을 관리하게 된 제도였다. '대안의 사업체계'는 중앙정부의 예산부족으로 자재공급이 중단되면서 1990년대는 사실상 작동이 중단된 상태였다. 북한은 생산활동이 중단된 공장을 가동시키기 위해 개별공장이 자력갱생에 의한 방식으로 공장을 가동할 수 있도록 독립채산제를 확대함에 따라 '대안의 사업체계'는 공식 붕괴되고, 기업지배인의 권한이 강화되었다.

 기업 활동을 평가하는 방법도 과거와 같이 현물지표 또는 생산액 지표가 아니라 '번수입 지표'가 사용되었다. '번수입'이란 기업소에서 생산된 제품을 판매하여 얻은 총 수입에서 생산비(생활비 제외)를 뺀 금액이다. 총수입에서 원료자재비, 연료 및 동력비, 감가상각비, 일반비를 공제한 나머지 부분으로 '생산자들의 생활비, 국가기업 리득금, 기업소 리득금으로 구성된다.'[32] '번수입'은 국가, 기업소, 생산자(개인들) 사이에 분배된다. 국가에 바치는 이득금과 기업소 운영에 필요한 자금를 제하고, 나머지를 종업원들의 보수에 돌리기 때문에 번수입에 따라 생산자들의 몫도 달라진다. 기업소의 생산실적과 관계없이 일률적으로 생활비를 지급하던 기존의 분배의 평균주의와는 전혀 다른 소득분배 구조의 혁신적인 변화였다.

---

31) 리장희, "사회주의 사회에서 생산수단 유통영역에 대한 주체적 견해", 『경제연구』 2002년 제1호, p. 24.

32) 리영근, "기업소경영활동에서 번수입을 늘이기 위한 방도", 『경제연구』 2003년 제1호, p. 38.

셋째, 농업부문에서는 협동농장의 자율성이 확대되고 분조관리제가 개선되는 등 농민에 대한 각종 인센티브가 강화되었다. 7·1조치로 계획관리의 분권화가 추진되면서 협동농장의 경영자율성이 확대되고, 경영성과에 대한 책임도 강화되었다. 경영자율성 확대로 협동농장이 재배하는 농작물의 선택도 가능해졌다. 과거에는 중앙에서 농작물 생산목표를 협동농장에 할당하기 때문에 협동농장에서 재배 농작물 구성을 변경하기 어려웠으나, 이제 협동농장이 수익 극대화를 위해 농작물의 구성을 선택할 수 있게 되었다. 생산물에 대한 국가의 의무 수매량을 줄이고, 농장이 자체 처분 할 수 있는 물량을 증대시켰다.

분조관리제도 개선되었다. 북한의 협동농장은 원래 10-25명으로 구성된 분조라는 단위로 농사를 짓고 수확량을 분배하였다. 이러한 규모의 분조는 일을 하지 않는 무임승차자를 발생시켜 생산성을 저하시켰다. 이에 북한은 1996년 생산성을 높이기 위해 일부 지역에서 분조원의 수를 7-8명으로 줄이는 새로운 분조관리제를 시행하였으나 전국적으로 확대되지 못하고 실패하였다. 7·1조치는 이러한 분조관리제의 규모를 4-5명의 가족 단위로 하여 시범 실시하고 있다고 한다. 신의주와 온성에서는 2002년 초부터 3-4 가구를 한 분조로 묶어 농사를 짓게 하고, 초과 달성한 분조에 대해서는 초과분에 대해 자체 분배토록 하고 있다는 사실이 확인되고 있다.[33] 과거에는 협동농장의 최하 경영단위인 작업반의 실적에 따라 분배 몫이

---

33) 권태진, "북한의 농업실태와 농업발전 전략",『북한의 경제개혁에 따른 국제사회의 대북 농업협력 방향』, 한국농촌경제연구원 주최 국제세미나 (2003.3.11.) 자료집, p.34; 남성욱은 2003년 1월부터 분조관리제를 전국적으로 시행한다고 예고하였으나 2004년 현재 시행되지 않고 있다고 한다. 남성욱,『현대 북한의 식량난과 협동농장 개혁』(서울: 한울 아카데미, 2004), p. 339.

정해지면 그것을 작업반 산하 3-4개의 분조가 평등하게 나누어 가졌으나 이제는 분조까지 개별 실적에 따라 몫을 분배 받는 것으로 개선되었다.

개인 텃밭도 확대되었다. 종전의 30평 규모에서 함경도 회령 및 무산 지방을 중심으로 400평까지 텃밭 농사를 확대하였다.[34] 농민들에 대한 또 다른 인센티브 강화 조치는 개인경작제도의 확대였다. 개인경작제도는 농작원이 협동농장이 보유한 국유지 일부를 배분받아 스스로 경작한 뒤 세금을 내고 생산물을 자체 처분할 수 있는 제도이다. 지금까지 북한 주민은 뙈기밭이나 텃밭에서 농작물을 경작할 수 있었지만 국유지에 대한 개인 경작은 허용되지 않았다. 국유지에 대해 최초로 개인 경작이 허용된 것이다.[35]

넷째, 시장의 확대이다. 7·1조치 이후 북한은 농·공산품 유통구조 개선을 추진하였다. 농·공산품의 가격을 농민시장에서 거래되는 실제가격에 근접시켜 국영상점에서 판매토록 하여 붕괴된 국가 상품 공급체계를 확립하려고 하였다.

이를 위해 북한은 장마당에 대한 통제를 강화하고, 국영상업망에 대한 공급을 강화하였다. 중국으로부터 소비재를 수입하여 국영상업망에 대한 상품공급을 늘리고, 국영상점이 시중의 공산품과 식료품을 수매하여, 일반 주인들에게 다시 되팔도록 함으로써 농민시장 기능을 국영상점망으로 흡수, 통제하려고 하였다.

그러나 농민시장 통제정책은 국가가 국영상업망을 통해 주민들의 수요에 대응할 수 있을 만큼 곡물과 공산품을 확보할 수 없었기 때문에 쌀과 공산품들이 농민시장에서 다시 은밀히 거래되면서 가격은 전보다 더 많이 인상되었다.

국영상업망을 통해 생필품을 충분히 공급할 수 없었던 북한 당

---

34) 남성욱, 『현대 북한의 식량난과 협동농장 개혁』, p. 339.
35) 서재진, "7·1조치 이후 북한의 체제변화", p. 87; 연합뉴스, 2004년 12월 5일.

국은 결국 2002년 9월부터 장마당에서 쌀 판매를 다시 허용하고, 12월에는 공산품의 판매도 전면 허용했으며, 2003년 3월에는 농민시장을 종합시장으로 확대하는 조치를 취하였다.

7·1조치로 배급제가 폐지되고, 국가가 생필품을 안정적으로 지원하지 못하고 있는 상황에서 주민들이 생필품 부족 문제를 해결하고 있는 비공식 경제부문의 양성화 조치는 불가피한 것이었다.[36] 북한은 종래에는 시장을 '자본주의적 잔재가 남아있는 뒤떨어진 상업형태로서 전인민적 소유와 공업화가 완성되면 없어질 것'이라고 규정하였으나, 이제는 시장에 대해 자본주의에서 사회주의로 이행되는 과도기적 형태로 인식하고 받아들인 것이다. 북한이 결국 아래로부터의 압력에 의해 '계획과 시장의 공존'을 모색하는 정책으로 전환하게 된 것이다. 이후 시장은 점차 확대되었으며, 2005년 6월에는 북한과 중국이 공동으로 운영하는 수입물자교류시장인 '보통강 공동교류시장'이 개설되었다.

<표 4-3> 7·1경제관리개선조치 주요내용

| 구분 | | 조치 전 | 조치 후 |
|---|---|---|---|
| 시장 기능 강화 | 가격 | ·시장가격이 국정가격의 수십 배 혹은 수백 배 | ·국정가격을 농민시장가격에 근접하게 인상 |
| | 임금 | ·110원/월 | ·2,000원/월 (노동력을 계획부문내로 흡수 조치) |
| | 가격 설정 | ·생산원가를 고려하여 가격 설정 ·설정기관: 중앙 및 지방행정기관 | ·생산원가, 국제시장가격, 국내수요·공급을 고려 ·설정기관: 지방공장에도 가격설정 재량권제한 부여 |
| | 원부자 재시장 | ·공장, 기업소간 계약에 의해서만 가능 | ·원부자재시장 개설 |

---

36) 2003년 4월 국가계획위원회 최홍규 국장은 시장을 통제의 대상이 아닌 "사회주의 상품유통의 일환"으로 규정하였다. 김영윤·최수영,『북한의 경제개혁 동향』(서울: 통일연구원, 2005), p. 30.

| | | | |
|---|---|---|---|
| | 환율 | ·1달러=2.16원<br>(암시장은 1달러=250원) | ·1달려= 153원<br>(암달러 시세 폭등) |
| 분<br>권<br>화 | 계획<br>수립 | ·계획의 일원화, 세부화<br>·계획수립권한은 국가계획<br>위원회에 집중 | ·주요사업은 국가계획위원회,<br>세부사업은 해당기관, 기업소,<br>지방행정기관 수립 |
| | 공장·<br>기업소<br>경영 | ·느슨한 독립채산제(원자재<br>등을 국가에 의존)<br>·원가개념 부족(원가 보다계<br>획 목표 달성이 우선)<br>·대안의 사업체계(당위원회<br>지도 체제) | ·독립채산제 강화(부족한 원<br>부자재는 공장·기업소가 자<br>체 해결)<br>·원가개념 강화(국가지표 줄<br>이고 번수입지표 도입)<br>·대안의 사업체계 폐지 |
| 분배<br>방식<br>개선 | 분배<br>방식 | ·평균주의 분배주의<br>·사회주의 분배원칙의 유명<br>무실 | ·평균주의 배제(수익성 높은<br>공장·기업소는 많은 수입 분<br>배, 상여금 지급) |
| | 사회보<br>장체계 | ·식량, 소비재, 주택 등을 거<br>의 무상공급 | ·식량, 소비재, 주택 등에 제<br>값 지불 |

자료: 정세진, "이행학적 관점에서 본 최근 북한경제 변화 연구", 『국제정치
논총』 제43집 1호, 한국국제정치학회, 2003, p. 215; 임수호, 『계획과 시장』,
삼성경제연구소, 2008, pp. 231-232 활용 재구성.

### 나. 경제특구의 확대

북한 최고인민회의 상임위원회는 2002년 9월 19일 '신의주특별행
정구기본법'을 채택하고, 신의주를 개발특구로 공식 발표하였다.
동 법에 의하면 신의주특별행정구는 중앙에 직할되고, 외교와 방위
는 북한이 담당하지만 홍콩과 같이 독자적인 입법, 사법, 행정권을
갖도록 하였다. 신의주특별행정구에서는 무비자, 무관세, 사유재산
권이 보호되며 외화 반출입이 무제한 허용되고, 향후 50년 동안 신
의주특별행정구의 법률제도를 변경하지 않을 것임을 명시하였다.
신의주특별행정구 설치는 북한이 중국계 네덜란드 국적의 사업가
인 양빈을 신의주특별행정장관에 임명할 만큼 경제 개혁·개방에
대한 북한의 강력한 의지를 보인 조치였다.
　그러나 중국이 곧바로 양빈을 농업용지 불법전용, 사기, 뇌물공

여, 금융사기, 주가조작, 허위출자 등 6가지 죄목으로 구속함으로써 신의주특별행정구는 시작도 못하고 좌절되었다. 중국이 신의주특별행정구를 반대한 이유는 신의주특별행정구가 중국의 단동경제특구와 지리적으로 인접해 있는데다가 북한이 서방국가 및 러시아와의 관계 개선을 추진한데에 대한 불만이 표출된 것으로 보인다. 미국의 제임스 켈리 특사 방북을 통한 미국과의 대화 재개 움직임, 북·일 수교 재협상 등이 중국을 불편하게 하였다. 중국은 북한에 대한 중국의 영향력 감소, 단동과 신의주 간 시장경쟁 구도가 형성되는 것을 사전 차단하기 위해 양빈을 체포한 것으로 보인다.

북한은 신의주특별행정구에 이어 남한기업과의 협력을 목표로 금강산관광지구와 개성공업지구를 특구로 지정함으로써 개혁·개방에 대한 적극적인 의지를 보였다. 2002년 10월 23일 금강산관광지구를 지정한 최고인민회의 상임위원회의 정령을 발표하고, 11월 13일 '조선민주주의인민공화국 금강산관광지구법'을 공포하였다.

북한은 후속 조치로 2003년 6월 28일 금강산관광지구에 대한 투자 및 기업 활동의 편의를 보장하기 위해 '금강산관광지구 개방규정'과 '금강산관광지구 기업창설운영규정'을 발표하였다.[37] 이에 따라 남한 자본이 투자되어 2005년 3월 현재 금강산 관광사업에 약 7억7천만 달러가 투자되었는데, 그 중 현대아산이 약 5억 9천만 달러, 정부가 약 1억 달러, 기타 기업이 약 8천만 달러를 투자하였다.[38] 남한의 금강산 관광객 수는 1998년부터 2008년 7월 북한병사에 의한 남한 관광객 피격사건으로 관광이 중단될 때까지 약 190만 명에 이르렀으며, 북한이 벌어들인 외화수입도 수억 달러가 넘는 것으로 추정되었다.

---

37) 조선중앙통신, 2003년 6월 28일.
38) 김익신, "북한개혁조치와 북한경제의 변화", 대구대학교 박사학위논문, 2010, p. 49.

북한은 금강산관광지구법에 이어 2002년 11월 '조선민주주의인민공화국 개성공업지구법'을 공포하고, 2003년 6월 최고인민회의 상임위원회 결정으로 '개성공업지구 개발규정'과 '개성공업지구 기업창설운영규정'을 발표하였다. 개성공업지구법에 의하면 공업지구에는 '남측 및 해외동포, 다른 나라의 법인, 경제조직들'이 투자할 수 있으며 경제활동을 자유롭게 할 수 있도록 하였다. 공업지구 개발은 '정해진 개발업자'가 하며, 토지 임대기간은 50년으로 하고, 임대기간이 끝난 후에도 기업의 신청에 따라 임대 받은 토지를 계속 이용할 수 있도록 하였다.

〈표 4-4〉 7·1조치 이후 경제개혁 전개과정

| 년도 | 개혁<br>부문 | 주 요 내 용 | 비고 |
|---|---|---|---|
| 2002 | 거시<br>경제 | ·번수입지표 도입, 재정과 기업회계의 분리<br>- 독립채산제 전 기업으로 확산<br>- 중앙계획대상축소, 세부계획 기업·협동농장 위임<br>- 사회적 공짜 단계적 철폐<br>·가격개혁 | 분권화,<br>화폐화,<br>개방화<br>개혁 |
| | 미시<br>경제 | ·경영권 일부 이양, 계획외 생산품 시장판매 허용, 이윤의 자체 사용권 허용, 생활비등급제 폐지, 가격결정권 일부 이양, 물자교류시장을 통한 원자재 거래 허용<br>·물질적 인센티브제 허용 | |
| | 대외<br>부문 | ·분조관리제 확대, 이중곡가제 폐지, 초과생산물 처분 허용, 작물선택권 부여<br>·개성공업지구법, 금강산관광특구법 신의주행정특별법 제정 | |
| 2003 | 상업<br>유통 | ·종합시장 시스템 도입<br>·국영상점의 기관·기업 임대 허용<br>·개인상업 허용 | 시장화<br>개혁 |
| 2004 | 거시<br>경제 | ·재정법 개정, 국가예산수입법 제정, 번수입 사용 권한 확대, 국가납부금 정액제로 전환, 경제단위 현금 | |

| | | 보유 확대 | |
|---|---|---|---|
| 2004 | 미시 경제 | ·중앙은행법 제정(이원적 금융시스템 토대 마련)<br>·현물지표 축소, 대부분 현금지표화<br>·자체생산품 가격승인제 폐지, 가격결정권 확대, 원자재 현금거래 허용, 원자재자율수입 허용, 상금·장려금 지불제 폐지, 인력운용권한 부여<br>·포전담당제 시범실시, 개인경작지 확대, 분조단위 분배 권한 확대, 현물분배를 현금분배로 전환<br>·상업법 개정: 지방정부의 시장개설 허용<br>  - 무역회사에 의한 국영상점 인수, 경영 허용<br>  - 사회주의물자교류시장 도입<br>·무역법 개정: 무역분권화 확대 | 분권화, 화폐화, 확대 개혁 |
| 2005 | 대외 경제 부문 | ·대남경협기구 확대개편, 북남경제협력법제정<br>·수입물자교류시장 개설<br>·외국투자기업관련법 개정, 재정관리 개선, 외자기업의 국내시장 접근 허용, 최저임금 하향조절, 무제한 은행 입출금 허용 등 | 개방화 확대 |
| 2006 | 거시 경제 | ·상업은행법 제정(상업금융기관 제도 마련)<br>  - 외화예금제도 도입<br>·부동산사용료, 재산판매수입금 신설<br>·소규모 사업개발, 운영권의 지방 이양 | 재정, 금융 개혁 |

자료: 권영경, "7·1조치 이후 북한정권의 경제개혁·개방전략과 향후 전망", 『북한연구학회보』제12권 제1호, 2008, pp. 9-10 활용 재정리.

## 3. 개혁정책 후퇴

김정일의 절대적 지지를 받아 추진된 7·1조치가 가시적인 성과를 보이지 못하자 그동안 경제정책에 소외되었던 당, 군이 2004년 중반부터 시장경제에 대해 비판하기 시작하였다. 당은 내각의 경제사업과 사회주의 원칙 문제를 제기하며 당의 영도를 주장하였다. 당, 정 간의 불협화음이 지속되자, 김정일은 2005년 2월 26일 당중앙위원회 책임일군들을 대상으로 아래와 같이 내각을 비판하였다.

경제지도 일군들이 경제지도와 관련된 당의 의도는 잘 알지 못하고 있는 것 같습니다. 일부 일군들은 시장을 나라의 경제를 운영하는데서 보조적인 공간으로 리용하자는 것을 시장경제로 전환한다는 것으로 이해하고 있는 것 같습니다. 시장과 시장경제는 성격이 다릅니다. 경제지도 일군들이 시장과 시장경제에 대한 개념을 바로 인식하지 못하고 있는 것을 보면 사상의 빈곤, 지식의 빈곤에 빠져 있다는 것을 알 수 있습니다. 우리는 시장경제를 받아들이지 말아야 하며 그 무엇을 〈개혁〉하는 놀음을 말아야 합니다.[39]

김정일의 내각에 대한 비판 이후 여러 정책회의에서 당, 정 간부들 간에 마찰이 증폭되었다. 2005년 3월 9일 예정되었던 최고인민회의 제11기 3차회의는 개최되지 못하고 돌연 연기되어 4월 11일에야 개최되었다. 당은 4월부터 9월까지 권력층에 대한 비리, 뇌물수수 등 혁명성을 내사하는 한편 사회 저변의 남한풍 확산 같은 비사회주의 현상을 단속하였다. 박봉주 내각에 전적인 신뢰와 후원을 보내던 김정일은 경제개혁에 유보적인 입장으로 선회하였다. 김정일의 신뢰를 잃은 내각은 당의 권세에 눌렸고, 내각의 개혁정책은 추동력을 상실하였다.

김정일은 2005년 7월 당 계획재정부를 신설하고, 최고인민회의 예산위원장인 박남기를 당 계획재정부장에 겸직시켰다. 박남기는 당을 통해 사회주의 원칙에 의거한 경제관리제도 확립을 추진하고, 박봉주 총리는 내각을 통해 개혁정책을 추진하면서 북한의 경제관리에 혼선이 나타났다. 이러한 혼선은 박봉주 총리가 해임될 때까지 지속되었다.

박봉주 총리는 2006년 4월 800만 달러의 비료 구입자금을 유류 구입자금으로 전용하였다는 이유로 40일 간의 직무정지 처벌을 받

---

39) 김정일, "당중앙위원회 책임일군들에게 하신 말씀", 2005.2.26, 한기범, "북한 정책결정과정의 조직행태와 관료정치", p. 191 재인용.

아 경제사령관으로서의 역할이 사실상 정지되었으며, 2007년 4월에 해임되어 순천 비날론기업소 지배인으로 좌천되었다. 박봉주에게 개혁정책을 자문해 주었던 경제전문가들도 대부분 지방으로 좌천 되었다. 경제주도권을 다시 장악한 당은 '국가량곡전매제'를 실시 하고, 시장에 대한 통제를 강화하는 등 역개혁 조치를 추진하였다.

### 가. 국가 양곡전매제 실시

북한은 계획경제 복원을 위하여 2005년 10월부터 양곡의 시장유통을 금지시키고, 국가가 양곡을 전량 수매하여 주민에게 판매하는 국가 양곡전매제를 시행하였다. 북한 당국은 쌀 수매가를 1kg당 40원에서 180원으로 인상하고, 협동농장은 물론 개인 경작지나 공장, 기업소 부지에서 생산된 곡물을 전량 수매하였다. 판매는 대상에 따라 차등가격을 적용하였다.

직장 출근자나 그 부양가족, 학생, 연로 보장자들에게는 기존가격인 44원에 판매하였고, 무직자와 규정량[40] 초과 구입자들에게는 600원에 판매하였다. 당시 시장 쌀값이 1kg당 800원이었기 때문에 국가 양곡전매제는 양곡 구매자들에게는 혜택을 주는 조치였다. 그러나 양곡을 전량 수매하려는 북한 당국과 농민들 사이에는 이해 관계가 엇갈려 양곡 수매를 둘러싸고 숨바꼭질 현상이 발생하였다.

북한이 양곡 전매제를 도입한 것은 시장가격이 국정 쌀값(44원)에 비해 가파르게 상승(800원)하자 체제안정을 위해 곡물에 관한 한 국가가 직접 통제하여 가격 안정을 도모하려는 것이었다. 또 직장 출근자와 무직자들 간의 판매가격을 차별화함으로써 무직자들이 직장으로 복귀하도록 유도하려는 목적도 있었다.

수매가를 40원에서 180원으로 인상함으로써 농민들의 증산 의욕

---

40) 판매 규정량은 직장 출근자는 500-700g, 부양가족 300g, 학생 300-500g, 연로 보장자는 300g이다.

을 고취할 수도 있었다. 그러나 보다 근본적인 목적은 붕괴된 북한의 계획시스템의 복구에 있었다. 계획시스템의 복원은 배급제의 정상화와 계획의 일원화, 세부화 원칙의 복원을 의미하였다.[41] 따라서 식량배급제의 복원은 계획시스템 복원의 첫걸음이었다.

그러나 식량이 확보되지 않은 상황에서 계획시스템 복원은 처음부터 불가능한 것이었다. 양곡전매제 시행 초기에는 암거래에 대한 집중적인 단속과 함께 지방에서도 일부 식량 배급을 시행함으로써 제대로 이루어지는 듯 했지만 국가가 확보한 식량이 절대 부족하여 평양을 제외한 여타 지역에서는 식량 배급이 곧 바로 중단되었다. 이 결과 양곡전매제는 유명무실해져 장마당에서의 곡물 암거래는 묵인될 수밖에 없었고, 관료들의 이권 개입 여지가 늘어나 주민들 부담만 가중되었다.

## 나. 시장통제와 화폐개혁

북한은 7·1조치 이후 주민들의 생활편리를 도모한다는 명분으로 2003년 3월부터 시장을 장려하였다. 그러나 2007년 4월 박봉주 총리가 해임되어 순천 비날론기업소 지배인으로 좌천된 후 2007년 10월부터 시장에 대한 본격적인 통제가 시작되었다. 북한은 2007년 10월 중앙당 차원에서 전국 주요 도시들에 대한 시장실태를 조사한 후, 시장이 북한 사회의 배금풍조, 부정부패, 빈부격차를 심화시키고 있으며, 장사하는 사람들이 폭리를 취하기 위해 국가의 법질서를 위반하는 행위를 자행하고 있다고 판단하였다. 이에 따라 시장에 대한 통제가 시작되어 2007년 말부터 종합시장 건물 밖에서 장사하는 이른 바 '메뚜기 시장'을 단속하고, 남한 상품 등 통제품 거래에 대한 처벌을 강화하였다. 시장에서 장사하는 여성들에 대한 나이를

---

41) 박석삼, 『북한경제의 구조와 변화』(서울: 한국은행 금융경제연구원, 2004), pp. 128-134.

제한하여 50세 미만의 여성들에 대해서는 장사를 금지시켰다.[42] 2008년 6월 18일에는 김정일이 당, 국가경제기관 책임 일군들과 한 이른바 '6·18 담화'에서 시장에 대한 관계 일군들의 올바른 인식을 촉구하였다.

> 내가 최근시기 여러 기회에 말하였지만 시장에 대한 인식을 바로 가져야 합니다. 우리가 경제관리에서 시장을 일정하게 리용하도록 하였더니 한때 일부 사람들은 사회주의원칙에서 벗어나 나라의 경제를 〈개혁〉〈개방〉하며 시장경제로 넘어가는 것처럼 리해한것 같은데 이것은 아주 잘못된 생각입니다. 경제지도일군들이 시장과 시장경제에 대한 그릇된 인식을 가지게 되는 것은 사상의 빈곤, 지식의 빈곤에 빠져있다는 것을 말해줍니다. 사상과 방침을 정확히, 깊이 있게 인식하지 못하면 사회주의경제의 우월성에 대한 신념이 흔들리게 되어 제국주의자들이 떠벌이는 〈개혁〉〈개방〉에 현혹될수 있고 자본주의경제에 대한 환상에 사로잡힐수 있는것입니다. 이에 대하여 일군들이 각성을 높여야 합니다.… 시장은 경제분야에서 나타나는 비사회주의적현상, 자본주의적요소의 본거지이며 온상입니다. 시장에 대하여 아무런 국가적대책도 세우지 않고 그대로 내버려 두거나 시장을 더욱 조장하고 그 령역을 확대하는 방향으로 나간다면 불피코 나라의 경제가 시장경제로 넘어가게 됩니다. 그러나 현실적조건에 따라 국가적통제밑에 시장을 일정하게 리용하는 것이 곧 시장경제로 가는것은 아닙니다. 시장과 시장경제는 같은 개념이 아닙니다. 문제는 시장을 어떻게 보고 대하며 그것을 어떤 원칙과 방향에서 리용하는가 하는데 있습니다.[43]

---

42) 북한은 종합시장을 장려하면서 노동 적령기에 있는 남자에 한해 장사를 금지시켰다(2004.8.12. 시장관리운영규정세칙). 그후 젊은 여성들의 시장 참여가 늘자 40세 미만 여성의 상행위를 금지(2007년 초)하였고, 2007년 10월에는 50세 미만 여성의 장사를 금지하였다.

43) 김정일, "경제사업에서 사회주의원칙을 고수하며 사회주의경제의 우월성을

북한은 김정일의 '6·18담화'이후 2008년 10월 종합시장 폐지 방침을 발표하고, 2009년 1월부터 상설종합시장을 이전 농민시장으로 전환토록 하였다. 시장을 한 달에 3번만 열리는 10일장으로 변경하고, 농산품이나 가내수공업에서 생산한 기초 생필품 이외의 공산품이나 수입상품은 판매를 금지시켰다. 북한 당국의 종합시장 폐지정책은 주민들의 반발로 일단 보류되었다가 2009년 6월 북한의 최대시장인 평성시장의 철거를 시작으로 재개되었다.

또 북한은 시장에 대한 통제력을 강화하고, 재정자금을 확보하기 위해 2009년 11월 30일 화폐개혁을 단행하였다.[44] 신구화폐를 1:100 비율로 가구당 10만원(나중에 50만원으로 상한선 조정)까지 1주일(11.30-12.6) 동안만 교환해 주는 조치였다.[45] 북한은 주민이 보유하고 있는 상한선 이상의 북한 원화와 외화는 모두 당국에 납부토록 함으로써 시중자금을 일시에 강제 회수하였다.

화폐개혁의 효과가 나타나려면 시장에서 공급부족 문제가 해결되어야 한다. 그러나 북한시장에서는 공급문제가 해결되지 않아 화폐개혁으로 인해 물가와 환율이 폭등하는 부작용이 발생하였고, 이에 대한 주민들의 불만이 고조되자 북한은 시장에 대한 통제를 2010년 2월부터 다시 완화하였다.

## 다. 선군경제건설노선

김정일은 2002년 7월 경제관리개선조치에 이어 2개월 후인 9월 5

높이 발양시킬데 대하여(당, 국가경제기관 책임일꾼들과 한 담화, 2008. 6.18)", 한기범, "북한 정책결정과정의 조직행태와 관료정치", pp. 209-210 재인용.

44) 임강택 외, 『2010년 북한경제 종합평가 및 2011년 전망』(서울: 통일연구원, 2011).

45) 북한은 과거 3차례(1959.2.12., 1979.4.6., 1992.7.14.) 화폐교환을 내각결정 또는 중앙인민위원회 정령으로 시행하였다.

일 '국방공업을 우선 발전시키면서 경공업과 농업을 동시에 발전시키라'는 국방공업우선발전론을 제시하였다. 국방공업우선주의란 '국가 투자에서 국방공업의 몫을 충분히 조성하고 여기에 설비, 자재, 전력, 노력 등을 최우선적으로 원만히 보장하며 다른 부문에 비해 앞세운다'[46]는 것이다.

국방공업우선주의는 2003년 신년공동사설[47]에 등장한 이후 매년 신년공동사설에 핵심적 과업의 하나로 게재되면서 '선군시대 경제건설로선'으로 정립되었다.

김정일은 경제관리개선을 강조한 2001년 '10·3 담화'에서도 이미 군수공업을 선차로 내세우라고 강조한 바 있었다. '10·3 담화'는 민수부문에서 '경제관리개선'이라는 개혁적인 정책과 군수부문에서 '국방공업우선발전'이라는 보수적인 정책이 혼재되어 있었는데, 이러한 구상이 7·1조치와 선군경제건설노선으로 제시된 것이었다. 2003년 8월 28일 김정일은 당, 국가, 경제기관 책임일군들을 대상으로 국방공업의 우선발전을 강조하였다.

> 우리 시대, 우리 혁명에서는 군사가 첫째이고 국방공업이 선차이며, 국방공업을 강화 발전시키는 것은 우리에게 사활적인 문제로 나섭니다. ⋯ 사탕이 없이는 살 수 있어도 총알이 없이는 살 수 없는 것이 오늘의 우리 현상입니다. ⋯ 최근에 미제는 또 다시 핵소동을 벌리면서 조선반도와 그 주변에 침략을 증강하고 우리나라의 정세를 전쟁접경에로 몰아가고 있습니다.⋯ 이 조건에서 군사력을 강화하여 국방공업을 더욱 발전시키는 것은 혁명과 건설에서 제1차적인 전략적과업으로 나섭니다. ⋯ 군수생산에 필요한 것이라면

---

46) 서재영 외, 『우리 당의 선군시대 경제사상 해설』(평양: 조선노동당출판사, 2005), p.21.
47) "국방공업에 선차적 힘을 넣을 것", 『로동신문』 『조선인민군』 『청년동맹』 신년공동사설, 2003.1.1.

무엇이든지 아낌없이 대주는 원칙을 지켜야 하며 국가적으로 국방공업부문에 기계설비와 자재, 연료와 동력을 무조건 최우선적으로 보장해 주는 강한 규률을 세워야 합니다.[48]

김정일이 7·4조치와 국방공업우선발전이라는 경제원리가 다른 두 가지 정책을 동시에 제시한 것은 당시 북한이 처한 대내외적 상황과 밀접히 연관되어 있었다. 이 당시 북한은 미국을 제외한 주변 국가들과는 우호적인 분위기가 형성되어 가고 있었다. 남북관계에서는 남북정상회담 이후 교류 협력이 확대되고 있었다. 남북 당국자 회담, 경제 관련 회담이 계속되고, 남북 간 철도·도로 연결 작업 및 관련 군사회담 등이 개최되었다. 부산아시아경기대회에 북한이 대규모 사절단을 파견하는 등 비정치적 접촉도 활발해졌다. 또 2012년 8월에는 북·러 정상회담을 하였고, 9월에는 일본과 정상회담이 개최하고 평양공동선언(9.17)을 채택하였다.

반면 미국과의 관계는 점점 악화되었다. 2000년 말까지 클린턴 정권에서는 북·미관계가 급속도로 개선되었으나, 2001년 1월 부시 정권이 들어서면서 급반전 되었다. 부시 정권은 북한과의 관계를 원점부터 검토하였고, 그 와중에 '9·11테러'사건이 발생하였다. 부시는 북한을 '악의 축'국가 중 하나로 지목하였고, 2001년 말 발표된 '핵태세 보고서'(Nuclear Posture Review)에는 잠재적 적대세력에 대한 선제공격 및 제한적인 핵무기 사용이 포함되어 있었다.[49]

북한은 부시 정권의 대북정책을 1년여 지켜보다가 대화에 의한 북·미관계 개선을 포기하고 '핵·미사일 개발'로 정책 방향을 결정

---

48) 김정일, "당이 제시한 선군시대의 경제건설로선을 철저히 관철하자"(당, 국가, 경제기관 책임일꾼들과 한 담화, 2003.8.28), 한기범, "북한 정책결정 과정의 조직행태와 관료정치", p. 150 재인용.

49) 하상식, "북한경제의 개혁전망", p.151.

했던 것으로 보인다. 이것은 2012년 10월 켈리 미 특사가 방북 (10.3-10.5)했을 때 북한이 "핵무기는 물론 그보다 더한 것도 가지게 되어 있다"고 언급한 점, 그리고 2006년 6월 1차 핵실험 직후 북한 주민을 대상으로 미사일 발사, 핵실험이 성과적으로 진행되어 강력한 전쟁 억지력을 갖게 되었다면서 "장군님께서 공장과 농촌길보다 먼저 선군 장정의 길에 오르시었는지를 눈시울을 적시며 똑똑히 알게 되었다"고 선전한데서도 알 수 있다.[50]

북한은 7·4조치와 선군경제건설노선을 동시에 추진함으로써 1990년대 중반부터 형성된 북한의 이중경제구조를 공식제도의 틀로 편입시키려 했다.[51] 군수산업, 중공업 부문으로 대표되는 국가 기간산업은 국가가 직접적인 투자와 명령을 통해 확실하게 관리하고, 주민생활과 직접 관련되는 경공업, 소비재 부문은 시장에 맡기고 국가가 공식적으로 손을 떼는 것이다. 부족한 자원을 가지고 경제를 재건하려면 전략부문에 자원을 집중해야 하며, 비전략적부문에 대한 자원배분을 배제하는 것이 불가피한 것이다. 이에 따라 국가경제를 전략부문과 비전략적부문으로 구획화(compartment)하여, 비전략적인 민수부문 경제는 내각에 맡겨 부분적인 시장요소를 도입한 개혁정책을 통해 생산을 증대시키고 경제를 활성화시키며, 군수부문은 국가가 계획에 의해 우선적으로 자원을 투자하고 철저히 관리한다는 것이다.

민수부문 경제에서 발생한 잉여에 대해 세입을 통해 재정을 확충하고, 확충된 재원을 군수부문에 투자하여 국방공업을 발전시키

---

50) 학습제강(당원 및 근로자), "사회주의에 대한 신념을 확고히 간직할데 대하여"(2008.2), 한기범, "북한 정책결정과정의 조직행태와 관료정치", p. 154 재인용.

51) 양문수, "북한의 경제 체제 변화 전망", 김연철 외, 『북한은 어디로 가는가?』 (서울: 플래닛미디어, 2009), p. 307.

려는 목적도 있었다. 이것은 국방부문에 기계설비와 자재, 연료를 최우선적으로 보장해 주라는 김정일의 8·28 담화에서도 알 수 있다. 또 중공업 부문에서 군수공업을 분리하여 선차성을 부여함으로써 부족한 자원을 군수산업에 우선 투자할 수 있도록 하였다. 북한이 국방산업에 최우선을 두는 것은 체제안보와 연계되어 있다. 따라서 북한이 체제안보에 위기를 느끼지 않을 때까지는 국방산업에 대한 투자 우선순위는 바뀌지 않을 것이고, 전략산업 부문에 대한 중앙집권적 계획경제정책은 지속될 것이다.

## 4. 북·중 경협 위주 개방 강화

1992년 8월 한·중 수교로 악화된 북·중 관계는 김정일이 2000년 5월 중국을 방문하여 9년 만에 북·중 정상회담을 개최함으로써 개선되기 시작하였다. 2001년 9월 장쩌민 중국 국가주석이 북한을 방문함으로써 우호관계는 회복되었고, 양국 간 경제협력도 확대되기 시작하였다.

특히 양국 간 교역규모는 급속히 증대되었다. 북한의 대외무역에서 중국이 차지하는 비중은 2000년 초반 25%에서 2005년 52%로 늘어났고, 2011년도에는 89.1%(북한의 전체교역량 63억 2천만 달러에서 56억 3천만 달러)를 기록하였다.

2000년대 중반부터는 무역, 투자와 같은 기존의 단순한 경제협력 형태와는 다른 양국 접경지역 공동개발이라는 새로운 형태의 경제협력이 시작되었다. 접경지역 개발은 중국의 국토개발 전략과 연계되어 있다. 중국은 2000년 서부 대개발전략을 발표한데 이어 2003년 동북진흥전략을 발표하였다.[52] 동북진흥전략은 동북3성의 노후화

---

52) 2002년 9월 중국공산당 제16기 대회에서 '옛 공업기지' 동북지역(랴오닝, 지린, 헤이룽장)에 대한 중점 개발 방침이 정해진 후, 중국 중앙정부는

된 공업기지를 새로운 중공업기지로 부활시키고, 첨단산업을 육성해서 1980년대 선전 중심의 경제권, 1990년대 상해 중심의 경제권, 2000년대 북경·천진 지역의 경제권 개발에 이어 중국 경제의 제4의 축으로 발전시킨다는 전략이었다.[53] 2003년 11월 중국 국가발전개혁위원회는 610억 위안(약 74억 달러)에 이르는 100개의 동북3성 재개발 프로젝트를 승인하였다. 이 프로젝트는 랴오닝성 투자가 52건으로 투자액의 72.5%를 차지하며, 지린성과 헤이룽장성은 각각 11건, 37건의 투자계획으로 구성되었다.

동북3성 재개발 프로젝트 시행을 통해 국유기업 개혁에 성과를 거둔 중국 국무원은 2009년 9월 9일 '동북지역 등 노공업기지진흥전략을 한층 더 실시하는 것에 관한 국무회의 약간 의견'을 발표하고, 동북3성의 전면적인 지역개발 진흥전략을 추진키로 하였다. 중국 국무원은 동북3성을 전면적으로 개발하기 위해서는 지역개발 성장축이 필요하다고 판단하고, 랴오닝연해경제벨트(2009.7.1), 창지투개발개방선도구(2009.8.30), 선양경제개발구(2010.4)을 국가 프로젝트로 비준하였다.

창지투개발개방선도구(원제: 중국 두만강지역 협력개발계획 요강-창지투를 개발개방 선도구로) 프로젝트는 중국이 창지투(창춘, 지린, 투먼)개발개방선도구에 대한 투자를 통해 중국의 동북지역개발을 선행함으로서 두만강지역개발프로젝트[54]에서 주도권을 잡고

---

2003년 '동북진흥' 국책을 발표하였고, 국무원은 2007년에 "동북지구진흥규획", 2009년에 "진일보 동북지구 등 공업기지 진흥전략에 대한 약간 의견"(33호 문건)을 정식 반포하였다. 최수영 편, 『중국의 창지투 계발계획과 한반도 경제』(서울: 통일연구원, 2012), pp.16-17.

53) 최수영 편, 『중국의 창지투 계발계획과 한반도 경제』, pp. 51-52.

54) 두만강지역개발프로젝트는 1991년 10월 24일 UNDP가 유엔본부에서 다자간 협력을 통한 두만강지역 개발을 제안한 프로젝트로 주요내용은 중국, 북한, 러시아 3개국의 접경지역인 두만강 삼각주에 향후 20년 동안 300억

선점하려는 목적도 내재되어 있다. 창지투개발개방선도구에서는 두만강개발 100개 중점 건설 프로젝트를 작성하고, 2,908억 위안(500 억 달러)를 투입할 계획을 수립하였다.

중국은 동 자금을 국민경제 12차 5개년계획(2011-2015)과 13차 5개 년계획(2016-2020)에 포함시켜 단계적으로 조달하여, 2010-2015년 기 간에는 중국 내 인프라와 산업단지 건설에 주력하고, 2016-2020년 기간에는 역외운송통로 구축을 주요과제로 한다는 목표를 제시하였다.[55] 창지투선도구 100개 중점 프로젝트 중에서 북한 관련 프로젝트는 도로, 철도, 통상구 등 총 9개 프로젝트로 160억 5천만 위안(26억 달러) 투자가 계획되어 있다.[56]

창지투개발계획이 추진되면서 북·중관계는 긴밀해졌다. 2009년 5월 북한이 2차 핵실험을 실시하자 중국은 '배은망덕'(환구시보)이라는 표현으로 북한을 비난하면서 유엔 안보리의 대북제재에 동참하였지만 양국 간 경제협력은 강화되었다. 중국 지도부는 2009년 7월 후진타오 국가주석 주재로 중국의 대외정책방향을 결정하는 중앙외사공작영도소조 회의를 개최하고, 북한 문제를 논의하였다. 북한이 중국의 전략적 자산이냐 부채냐를 놓고 격론이 벌어졌다고한다. 시진핑 부주석도 참석한 이 회의에서 중국은 미국이 아시아에 대한 영향력을 계속 강화하는 상황에서 북한은 여전히 전략적 가치가 있다는 결론을 내린 것으로 알려졌다.[57] 이후 2009년 10월 원자바오 총리가 북한을 방문하여 신압록강대교 건설을 약속하고,

---

달러 투자를 유치하여 동북아의 중심지로 건설한다는 것이다. 그러나 1997년 동아시아 금융위기로 외자유치가 어려워지면서 사업이 위기에 처하자, 2000년대 들어 중국과 러시아는 자체투자를 통한 개발 전략으로 선회하였다.

55) 최수영 편, 『중국의 창지투 계발계획과 한반도 경제』, p. 118.
56) 최수영 편, 『중국의 창지투 계발계획과 한반도 경제』, p. 131.
57) 조선일보, 2012년 11월 16일.

경제기술협조, 교육교류협력 등에 관한 협정을 체결하였다.

원자바오 총리의 방북 후, 김정일은 2009년 말 나선지역을 방문하여 현지지도하고, 2010년 1월 4일 최고인민회의 상임위원회는 정령을 통해 나선시를 특별시로 승격시키고, 1월 27일 '라선경제무역지대법'을 개정하였다.[58] 개정된 나선경제무역지대법은 지방정부 자율성 확대, 투자형식 확대, 한국기업의 나선특구 진출 허가, 특구 내 기업과 특구 밖 기업 간 거래 허용 등 특구 내 투자환경을 개선하였다.

중국은 2010년 3월 발생한 천안함 폭침과 같은 해 11월 발생한 연평도 포격 사건에도 북한을 두둔하는 자세를 보였다. 천안함 폭침 사건 이후 김정일은 2010년 5월부터 2011년 8월까지 네 차례나 중국을 방문하면서 중국과의 관계 강화를 모색하였다. 2010년 5월 방중에서는 랴오닝성 일대를 방문하였고, 8월 방중 시에는 지린성, 헤이룽장성을 방문하여 중국의 대북 연계개발 전략에 호응하였다.

북한은 나진·선봉특구와 별도로 신의주 인근 황금평, 위화도에 새로운 특구를 개발하였다. 황금평, 위화도 특구개발은 2010년 김정일 위원장의 방중 시 양국 지도자들의 합의에 따라 2010년 11월 19일 천더밍 상무부장이 북한을 방문하여 황금평·위화도 경제구 공동개발에 관한 협정을 체결함으로써 시작되었다.[59]

중국은 20억 달러를 나선특구에 투자하여 도로, 발전소를 지어 주고, 광물채굴권을 가져가기로 합의하였다. 중국의 상지관군투자유한공사는 12월 20일 북한 합영투자위원회와 10개항의 투자의향서

---

58) 나진선봉경제무역지대법은 1993년 제정된 이후 1999년, 2002년, 2005년, 2007년, 2010년 개정되었고, 2011년 다시 개정되었다.

59) 윤승현, "북한의 개혁·개방 촉진을 위한 중국의 역할", p. 77; 김철, "김정은 시대의 북·중 관계와 경제협력", 『KDI북한경제리뷰』 2013년 1월호, p. 136.

를 체결하였다.[60] 상지관군투자유한공사는 2-3년간 나선경제특구 건설에 필요한 인프라를 건설한 후 5-10년에 걸쳐 동북아 최대 핵심 공업특구를 건설하기로 하였다. 이를 위해 20억 달러를 투자하여 화력발전소, 도로, 유조선 전용부두, 석유정제공장, 제철소를 건립하고, 함북 무산 자철광산 등 지하자원을 개발하며, 국제금융은행도 설립키로 하였다.

북한은 중국의 2개 기업에 각각 50년 임대 형식으로 위화도(12.2 ㎢)와 황금평(11.45 ㎢)의 개발권을 부여 하고, 중국측은 황금평에 5억 달러, 위화도에 3억 달러를 투자하여 개발할 예정으로 알려졌다.[61] 2010년 12월 북한합영위원회 대표단이 중국을 방문하여 중국 상무부와 '라선경제무역지대와 황금평, 위화도 경제지대 공동개발 및 공동관리에 관한 협정'을 체결하였다.

2011년 6월에는 북·중 관련 인사가 참석한 가운데 단둥시에서 '황금평, 위화도경제구 부분협력 프로젝트 가동식'이, 훈춘시에서 '라선경제무역구 공동개발, 공동관리 프로젝트 가동식'이 열렸다.[62] 동 가동식에서 지린성의 야타이 그룹은 나선시에 100만 톤 규모의 시멘트 생산공장을 건설하기로 하였다. 2012년 8월 장성택 국방위 부위원장이 중국을 방문하여 중국 천더밍 상무부장과 나선지구 관리위원회와 황금평·위화도지구 관리위원회 설립을 선포하고, 경제기술협력협의에 서명함으로써 김정은 체제에서도 중·북 국경지역 특구개발은 탄력을 받게되었다.

---

60) 이영훈, "창지투개발계획의 실현 가능성과 북한의 개혁·개방", 『KDI 북한경제리뷰』 2011년 4월호, pp. 6-7.

61) 김상훈, "최근 북중 경제협력 현황" 『KDI북한경제리뷰』 2010년 8월호, p. 81; 연합뉴스, 2010년 2월 23일.

62) 김철, "김정은 시대의 북·중 관계와 경제협력", p. 126; 윤승현, "북한의 개혁·개방 촉진을 위한 중국의 역할", p. 77.

2009년 10월 원자바오 총리의 방북 이후 급속히 진행되고 있는 북·중 접경지역개발 경제협력은 동쪽의 훈춘-나선과 서쪽의 단둥-신의주, 두 축에서 진행되고 있다. 동쪽의 나진 선봉특구는 중국의 창지투개발개방선도구 프로젝트와 연계되어 있고, 서쪽의 황금평, 위화도 특구는 중국의 랴오닝연해경제벨트 프로젝트와 연계되어 개발되고 있다. 황금평·위화도 자유무역지구 개발은 현재 신압록강대교 건설이 진행되고 있지만 나진·선봉특구에 비해 진전속도가 느린 상태이다. 중국이 동쪽 축의 나진·선봉특구 개발을 서두르는 것은 중국 동북지역 물류 운송을 위한 동해로의 출구를 확보하는 것이 급선무이기 때문이다. 중국은 이미 창춘-훈춘 간 고속도로를 개통했고, 취안허-원정 다리 보수, 원정-나진 간 도로 현대화, 나진항 개발 및 전용부두를 확보함으로써 동해로의 출루를 확보하였다.

2011년 12월 북한은 해외자본 특히 중국의 투자를 촉진시키기 위해 특구관련법 2개와 외국인투자관련법 11개를 제·개정하였다. 특히 12월 3일 상임위원회 정령으로 발표된 제6차 개정 '라선경제무역지대법'은 시장경제제도 요소가 많이 도입되었다. 개정된 나선경제무역지대법에는 외국인 투자기업에 대한 각종 특혜와 함께 지대개발 방식(제13조), 기업의 경영자율권 허용(제40조), 시장가격체제의 도입(제44조), 특구와 경제무역지대 밖의 기업들과의 경제적 연계 허용(제48조) 등 시장경제제도가 포함되어 있다.

이는 북·중 경제협력에 있어서 체제의 차이로 인한 기업활동의 제약이 상존하면서 대북경협에 있어서 중국 정부의 목소리가 나선지대 개발에 반영된 것이라 할 수 있다.[63] 북한이 중국의 입장을 수용하면서 특구의 공동개발, 공동관리라는 새로운 형태의 경제협력에 적극적으로 나서고 있는 것은 남북관계 악화로 남북경협을

---

63) 배종렬, "최근 개정된 북방 특구법제의 개혁 개방성-라선경제무역지대법을 중심으로", 『수은북한경제』 2012년 봄호, p. 64.

통한 외화수입이 줄어들었고, 핵 문제로 인해 미국과의 관계개선이 이루어지지 않고 국제사회의 제재가 지속되고 있는 상황에서 북한에 투자할 수 있는 나라는 중국만이 유일한 국가이기 때문이다.

중국이 국제사회의 대북제재에도 불구하고 북한과 경제협력을 강화하고 있는 것은 중국의 대북정책에 기반을 두고 있다. 중국의 대북정책은 중국의 북한에 대한 전략적 가치판단에 기초하여 수립된 것이다. 중국은 북한의 전략적 가치를 다음과 같이 평가하고 있다.[64]

첫째, 중국은 북한을 전략적 자산(strategic value)으로 간주하고 있다. 중국이 미국을 비롯한 서구 세력과의 충돌 시 북한은 자국 안보에 중대한 영향을 미치는 완충지대(buffer zone)로서 역할을 한다고 본다. 청일전쟁, 임진왜란, 한국전쟁 개입도 같은 이유에서다.

둘째, 중국은 서구세력과의 경쟁에서 활용할 수 있는 전략적 카드 또는 전략적 지렛대로 판단한다. 지역 및 글로벌 차원의 미국과의 경쟁, 협상과정에서 북한에 대한 중국의 특수한 영향력을 일종의 카드 또는 지렛대로 활용할 수 있는 것이다.

셋째, 중국은 북한을 '한·미·일 3각 동맹체제'에 대응하기 위한 대항전선의 일원으로 평가한다. 중국은 '북방 3각' 관계는 붕괴되었지만 '남방 3각' 관계는 여전히 강화 유지되면서 중국의 안보위협을 가중시키고 있다고 본다. 냉전의 유산이 지속되고 있는 한반도에서 북·중 동맹을 개정하거나 폐기하는 것은 시기상조라고 보고 있다. 이러한 중국의 북한에 대한 전략적 가치 판단위에 중국의 대북정책은 크게 다음의 몇 가지 핵심 기조를 중심으로 정리될 수 있다.[65]

---

64) 박병광, "북한의 3차 핵실험과 중국의 대북정책 변화", 『KDI 북한경제리뷰』 2013년 3월호, pp. 15-16.

65) 박병광, "후진타오시기 중국의 대북정책 기조와 북핵 인식", 『통일정책연구』 제9권 제1호, 2010, pp. 62-70.

첫째, 북한체제의 붕괴 방지이다. 북한의 붕괴는 중국의 '근본적 이익'이 걸린 문제로 인식하고, 북한체제의 안정을 대북정책의 핵심기조로 하고 있다. 중국은 북한 붕괴에 따른 대규모 난민 유입과 국제개입에 의한 무력충돌 가능성을 우려하고, 또 중국의 국가목표인 지속적 경제발전에 부정적 영향을 미친다고 보고 있다.

둘째, 북한의 개혁·개방 유도이다. 중국은 북한이 경제개혁과 개방을 통해서 경제난을 극복하는 것이 독자적 생존능력을 확보하는 것은 물론 장기적으로 북핵문제를 해결하는 선결과제로 보고 있다. 북한의 개혁·개방은 북한의 안정뿐 아니라 중국 동북지방 경제발전과도 연계되어 있다고 본다.

셋째, 북한의 각종 군사도발 억제이다. 북한의 군사도발은 한반도 안정을 헤치는 것은 물론 미국의 개입을 초래하고, 한·중관계 및 중·미관계를 악화시키는 것으로 보고 있다.

넷째, 북한에 대한 영향력 유지이다. 북한에 대한 영향력 강화를 통해 동아시아 역내 책임 강대국의 이미지를 창출하고, 한국 및 미국과의 협상에서도 북한을 유용한 레버리지로 활용하고자 한다.

다섯째, 북핵문제 해결과 한반도 비핵화이다. 북핵문제로 인한 한반도 긴장상황이 중국의 최우선 목표인 '한반도의 평화와 안정'에 근본적으로 위배될 뿐만 아니라 주변국들의 핵 확산을 불러일으킬 수 있으며, 북핵을 빌미로 미국의 동아시아에서의 군사력 증강과 영향력 확대를 초래할 수 있다고 본다. 그러나 북핵문제 해결을 위한 대북제재나 압박은 오히려 북한의 극단적 조치를 자극하거나 북한 붕괴를 야기하여 상황을 더욱 불안정하게 만들 수 있음을 우려하여, 협상과 대화로 북핵 문제를 해결해야 한다는 입장이다.[66] 이와 같은 중국의 대북정책 기조는 장쩌민이 2001년 9월 방북

---

66) 협상과 대화에 의한 북한 핵문제 해결이라는 중국의 입장은 제1차 북한 핵실험 직후 외교부 대변인 브리핑(2006.10.12.)에서 공개된 이후 지금까

시 북한에 제시한 북·중관계 '16자 방침'과 2006년 1월 김정일의 방중시 원자바오 총리가 제시한 북·중 경제관계 '12자 원칙'에 잘 나타나 있다.[67]

중국은 이제 북한과 이념을 공유하는 것도 아니고, 양국 지도자간 유대감도 없으며, 전 지구적 관점에서 보면 북한이 중국의 큰 경제적 자산도 아니지만 중국 지도부는 '중국의 안보는 만주의 확보에 달려 있고, 이는 또 한반도의 안정에 달려 있다'고 보고 있다.[68] 북한의 지전략적 가치를 매우 크게 평가하고 있는 것이다. 지역강대국에서 세계강대국으로 부상하고 있는 중국의 대미 군사전략은 아·태지역에서 미군의 영향력 확대를 억제하고, 중국군 활동영역을 단계적으로 확대한다는 것이다.[69] 미국의 전략은 필리핀, 호주 등 태평양 국가와 중앙아시아의 타지키스탄, 인도 등을 연결하고, 한국, 일본과의 안보동맹을 통해 중국을 봉쇄하는 것이다.

미·일 동맹, 한·미 동맹이 남아있는 상황에서 중국이 향후 미국과 한판 싸움이 불가피하게 된다면 북한의 전략적 중요성은 매우 크다. 이에 따라 중국은 북한체제의 존속과 남북한 분단체제의 안정적 관리를 대북정책의 핵심으로 하고 있다.[70] 중국이 북한의 핵

---

지 변함없이 유지되고 있다. 박병광, "북한의 3차 핵실험과 중국의 대북정책 변화", p. 19.

67) '16자 방침'은 장쩌민 국가주석이 2001년 9월 북한을 방문하여 김정일과 회담에서 제시한 '전통계승, 미래지향, 선린우호, 협력강화'를 내용으로 하고(인민일보, 2006.1.19.), '12자 원칙'은 2006년 1월 김정일 위원장이 중국을 방문했을 때 원자바오 총리가 북·중 경제협력원칙으로 제시한 '정부인도, 기업참여, 시장운용'을 내용으로 한다.(인민일보, 2006.1.19.), 박병광, "북한의 3차 핵실험과 중국의 대북정책 변화", p. 17 재인용.

68) 정재호, 조선일보 인터뷰, 2012년 11월 17일.

69) 조선일보, 2013년 6월 13일.

70) 문흥호, "후진타오 집권기 중국의 대북한 인식과 정책: 변화와 지속", 김연철 외, 『북한 어디로 가는가?』, 도서출판 플래닛미디어, 2009, p. 178.

실험을 반대하면서도 북한의 붕괴는 막기 위해 북한을 감싸고 지원하는 이유이다. 북한의 핵무기는 미국의 위협에 대응하기 위한 것이지만 중국에 대한 위협으로 활용될 수도 있다. 북한이 핵무기를 보유하게 된다면 중국은 러시아, 인도, 파키스탄, 북한이라는 핵보유 4개국과 국경을 접하게 된다. 그럼에도 중국은 전략적 이해 관점에서 북한체제의 붕괴 방지를 더 중요시 하고 있다.

중국과 북한 간 이해관계가 일치하여 북·중 경제협력은 강화되고, 북한의 중국에 대한 경제의존도는 더욱 심화되고 있다. 북한의 대중 무역의존도는 2011년도 이후 90%에 이르고 있고, 북한은 중국 상품의 소비시장이 되었다. 동북3성 기업이 주도하는 대북 지하자원개발 투자는 중국 정부에 의해 정책적으로 이루어지고 있다. 중국의 경제성장과 동북3성 개발에 따라 중국의 북한자원에 대한 수요가 증가하고 있기 때문이다. 이에 따라 북한은 중국의 상품시장에 이어 중국의 자원 공급기지로 전락될 수 있고, 다른 국가들의 대북 투자가 제한된 상태에서 중국의 대규모 투자가 지속되면 북한 경제는 중국 경제권에 연계될 수 있다.

북한은 현재 헌법에 핵보유를 명시하고 핵 포기 의사가 없음을 명백히 하고 있다. 핵 포기 없이 미국과의 관계개선은 불가하며, 이에 따라 국제사회의 대북제재는 지속되고 투자는 제한될 것이다. 북한은 중국에 대한 의존도를 줄이기 위해 남한의 투자를 유치하는 방안을 강구할 수도 있다. 과거 김대중 정부와 노무현 정부 시절에 북·중 경제관계를 자극할 정도로 남북경협이 활성화 된 적도 있기 때문이다. 그러나 핵 문제가 해결되지 않고, 국제사회의 제재가 지속되고 있는 상황에서 남한의 대북 투자 역시 크게 증대되기는 쉽지 않다.

결국 중국으로부터 투자를 유치해야 하는 북한은 경제난을 극복하기 위해 중국의 요구를 수용하면서 경제발전을 모색해야 한다.

현재 북한이 중국과 공동개발, 공동관리 형태로 나선경제특구와 황금평, 위화도특구 등 중국과의 접경지대 개발을 적극 추진하는 배경이기도 하다. 북한이 시장경제체제인 중국과 접경지역 '공동개발, 공동관리'를 진행하려면 중국 자본을 유치할 수 있는 시장경제의 룰을 따라야 한다. 2011년 12월 외국인 투자를 촉진시키기 위해 재·개정된 2개의 특구관련법과 11개의 외국인투자관련법들은 중국의 요구를 받아들인 것으로 볼 수 있다. 중국과 공동개발, 공동관리 형태에 의한 특구 개발정책이 성과를 거두면 북한은 특구를 더욱 확대하는 개발전략을 추진할 수 있을 것이다.

## 제2절 개혁·개방 초기조건

### 1. 분단국가

해방 후 분단된 남북한은 1950년 6·25 전쟁을 치루고, 대결상태를 유지해 왔다. 따라서 남한은 북한에게 있어 단순한 외국이 아니라 같은 주민, 같은 영토를 놓고 서로 단일 정통 정부임을 다투는 투쟁대상이다. 북한 주민들에게 남한 체제는 대안적 체제로 되며 북한 주민들이 남한 정부를 지지하게 되면 북한 체제는 설 자리를 잃게 된다. 이러한 연유로 북한은 분단 이후 남한 정부를 제거하려고 하였으며, 남한 정부 제거가 불가능할 경우 차선책으로 공존체제를 제도화하려고 하였다.[71]

북한은 냉전 초기에 소련의 제3세계에서의 진영 확대 전략에 편승하여 소련의 지원을 받아 무력으로 남한을 제거할 수 있다고 믿고 남침했으나 실패하였다. 이후 북한은 프롤레타리아 국제연대에

---

71) 이상우, 『북한정치: 신정체제의 진화와 작동원리』(서울: 나남출판, 2008), pp. 265-266.

의한 통일을 모색하였다. 북한은 남한의 농민과 근로자들의 지지를
얻을 수 있다고 확신하고, 대남 공산혁명을 위해 가능한 모든 방법
을 동원하였다. 그러나 1990년대 들어 소련과 동유럽 사회주의 국
가들이 붕괴되고, 구 사회주의 국가들이 남한과 수교하면서 북한의
기대와 희망은 사라졌다.

특히 남한이 1970년대 산업화와 1980년대 민주화 과정을 거쳐
1990년대 경제강국으로 성장하면서 남한의 민중들이 북한체제를
지지하리라는 것은 기대할 수 없게 되었다. 남한의 국력이 북한보
다 월등히 커지면서 북한은 오히려 남한을 체제 위협세력으로 인
식하지 않을 수 없게 되었다.

〈표 4-5〉 남·북한 경제성장률 비교

(단위: %)

| 구분 | 1961-65 | 1966-70 | 1971-75 | 1976-80 | 1981-85 | 1986-90 | 1991-95 | 1996-00 | 2001-05 | 2006-10 |
|------|---------|---------|---------|---------|---------|---------|---------|---------|---------|---------|
| 북한 | 9.4 | 10.8 | 17.6 | 8.1 | 6.5 | 1.5 | -4.0 | -0.7 | 2.5 | -0.1 |
| 남한 | 6.5 | 10.4 | 8.7 | 7.5 | 8.4 | 10.8 | 7.8 | 4.6 | 4.5 | 3.8 |

자료: 민족통일연구원, 『남북한국력추세비교연구』, 1992, pp. 235-236; 한국은
    행, 남북한의 주요 경제지표(http://www.bok.or.kr/broadcast.action?menuNaviId
    =2236) 활용 작성.

남·북한의 국력차이는 경제력에서 뚜렷이 드러난다. 북한경제
는 1970년대 초반까지 남한경제 보다 우월한 성과를 보였다. 일인
당 국민소득의 경우 1971년까지는 북한이 높았으나 1972년에 316달
러로 동일해졌고, 1973년에는 북한이 418달러, 남한이 396달러로 북
한이 높아졌다가 1974년 이후로는 남한이 지속적인 우위를 보이고
있다.[72] 경제성장률을 보면 1970년대까지는 북한이 남한 보다 높았
다. 1961년에서 1980년까지 북한의 연평균 경제성장률은 11.5%이었

---

[72] 민족통일연구원, 『남북한 국력추세 비교연구』, 1992, p. 233.

고, 남한의 경제성장률은 8.3%이었다.[73] 특히 1971-1975년간 북한의
연평균 경제성장률은 17.6%라는 높은 실적을 보였다. 그러나 1970년
대 후반부터 북한의 경제성장률은 지속적으로 감소하여 1990년대
에는 마이너스 성장을 기록하였다. 2000년대 들어 북한 경제는 다
소 나아지고 있으나 성장률은 여전히 낮은 수준에 머무르고 있다.

한편 남한의 경우는 지속적인 성장세를 유지하여 북한과의 경제
규모 격차는 계속 확대되었다. 2011년의 경우 북한의 국민총소득
(명목 GNI)는 남한의 2.6%에 불과하고, 일인당 국민소득은 5.3%에
지나지 않는다.

〈표 4-6〉 남·북한 국민소득 비교

| 구분 | 남한 | | | 북한 | | |
|------|------|------|------|------|------|------|
| | 명목GNI (십억원) | 1인당GNI (만원) | 경제성장률 (%) | 명목GNI (십억원) | 1인당GNI (만원) | 경제성장률 (%) |
| 1990 | 191284 | 446 | 9 | 16407 | 81 | -4 |
| 1991 | 231097 | 534 | 10 | 16767 | 82 | -4 |
| 1992 | 263501 | 602 | 6 | 16447 | 79 | -7 |
| 1993 | 298057 | 674 | 6 | 16431 | 78 | -5 |
| 1994 | 348956 | 782 | 9 | 17026 | 80 | -2 |
| 1995 | 408014 | 905 | 9 | 17170 | 79 | -4 |
| 1996 | 458636 | 1007 | 7 | 17256 | 79 | -3 |
| 1997 | 502865 | 1094 | 6 | 16814 | 76 | -7 |
| 1998 | 492574 | 1064 | -6 | 17597 | 79 | -1 |
| 1999 | 542178 | 1163 | 11 | 18741 | 83 | 6 |
| 2000 | 600159 | 1277 | 9 | 18978 | 84 | 0 |
| 2001 | 649899 | 1372 | 4 | 20287 | 89 | 4 |
| 2002 | 720996 | 1514 | 7 | 21331 | 92 | 1 |
| 2003 | 767771 | 1604 | 3 | 21947 | 94 | 2 |
| 2004 | 829327 | 1726 | 5 | 23767 | 102 | 2 |
| 2005 | 864427 | 1796 | 4 | 24792 | 105 | 4 |
| 2006 | 910134 | 1882 | 5 | 24429 | 103 | -1 |

---

73) 민족통일연구원, 『남북한 국력추세 비교연구』, pp. 235-236.

| 2007 | 976814 | 2010 | 5 | 24827 | 104 | -1 |
| 2008 | 1034115 | 2113 | 2 | 27347 | 114 | 3 |
| 2009 | 1069783 | 2175 | 0 | 28635 | 119 | -1 |
| 2010 | 1174753 | 2378 | 6 | 30049 | 124 | -1 |
| 2011 | 1238405 | 2488 | 4 | 32438 | 133 | 1 |

자료: 통계청, 국민총소득(GNI) 및 경제성장률.

북한의 국민소득은 한국은행 추정치에 의한 것으로 한국은행 추정치가 북한경제의 실제 규모를 과대 추정하고 있다는 점을 감안하면 남북한의 경제력 격차는 더 클 것이다.[74] 남·북한의 경제력 격차는 대외부문에서 더욱 두드러진다. 2012년 남한의 무역규모는 북한의 157배이고, 수출은 188배이다.

또한 국제사회에서 북한의 위상은 1980년대 후반부터 남한에 비해 크게 뒤떨어졌다. 북한은 1988년의 서울 올림픽을 방해하기 위해 1987년 11월 29일 KAL-858기 폭파 테러사건을 일으켰다. 이 사건으로 북한은 미국 등 국제사회로부터 테러지원국으로 지정되고 경제제재 조치를 받게 되었다. 북한의 방해공작에도 불구하고 한국은 1988년 서울 올림픽을 성공적으로 개최하였고, 이를 계기로 남북한의 국제위상은 크게 차이가 나기 시작하였다.[75]

---

74) 국민소득(GNI)은 한나라의 국민이 일정기간 생산활동에 참여한 대가로 벌어들인 소득의 합계로서 국민총생산(GDP)에 교역조건의 변화를 반영한 것이다. 국민총생산은 그 나라의 경제가 일정기간에 생산한 최종생산물을 시장가격으로 평가한 총액이므로 국민총생산을 계산하기 위해서는 각 재화의 시장가격이 있어야 한다. 북한의 경우에는 시장가격이 없으므로 한국은행은 대안으로 남한의 시장가격을 적용한다. 북한이 생산하는 재화의 질이 남한보다 크게 떨어지는 상태에서 남한의 시장가격을 적용함으로써 북한의 실제 국민총소득은 그만큼 과대 추정되는 결과를 낳게 된다. 조동호, "제2장 계획경제의 한계", 박재규 편, 『북한의 딜레마와 미래』(법문사, 2011), p. 49.

75) 김계동, "제9장 북한의 외교정책", 김계동 외, 『현대외교정책론』(서울: 명

〈표 4-7〉 2012년 남·북한 주요 경제지표

| 구분 | 단위 | 북한(A) | 남한(B) | B/A(배) |
|------|------|---------|---------|---------|
| 인구 | 천 명 | 24,427 | 50,004 | 2.0 |
| 명목 GNI | 조 원 | 33,479 | 1,279,546 | 38.2 |
| 1인당 GNI | 만 원 | 137 | 2,559 | 18.7 |
| 경제성장률 | % | 1 | 2 | 2.0 |
| 무역총액 | | 68 | 10,675 | 157.0 |
| 수출 | 억 달러 | 29 | 5,479 | 188.9 |
| 수입 | | 39 | 5,796 | 148.6 |

자료: 한국은행, 남북한의 주요 경제지표(http://www.bok.or.kr/broadcast.action?
menuNaviId=2236).

1989년 몰타에서 개최된 미·소 정상회담에서 냉전종식이 선언되자, 남한은 이에 부응하여 북방외교를 전개하였다. 그 결과 남한은 소련 및 중국을 포함한 기존의 거의 모든 사회주의 국가들과 수교를 하게 되었다. 그러나 북한은 미국, 일본 등 서방국가들과 수교를 하지 못함으로써 고립상태에 놓이게 되었다. 더욱이 대내적으로 경제난이 겹치면서 북한체제는 위기에 빠졌다. 이에 따라 냉전시기 '전조선의 적화통일'이라는 북한의 공세적 대남정책은 북한의 '체제생존'이라는 수세적 대남정책으로 전환되었다.[76]

북한은 한국과의 대결에서 오는 체제위협을 제거하기 위해 남한과 공존체제를 제도화하려는 전략과 대량살상무기를 개발하여 남한의 대북공세를 억지하는 전략을 추진하였다.[77] 1990년 총리를 대표로 하는 남북고위급회담을 시작하여 1991년 '남북한기본합의서'를 채택하여 남북공존을 모색하는 한편 1993년 3월 NPT를 탈퇴하고 '벼랑끝 외교'를 시작하였다.

중국도 민족이 분단되어 있는 국가이지만 북한은 중국의 입장과

---

인문화사, 2010), pp. 348-349.
76) 김계동, "제9장 북한의 외교정책", p. 350.
77) 이상우, 『북한정치: 신정체제의 진화와 작동원리』, p. 267.

는 다르다. 중국은 1971년 10월 유엔 총회에서 유일한 합법정부로 공인받은 이후 대만을 독립적인 정부로 인정하는 것을 철저히 배제하였다. 그러나 등소평 체제의 출범과 함께 개혁·개방을 추진하면서 중국은 무력을 통한 대만의 조속한 해방이라는 기존의 입장에서 벗어나 개혁·개방 목표를 효율적으로 달성하기 위한 교류협력확대 대상으로 양안관계를 규정하였다. 대만 역시 이에 호응하는 정책을 수립함으로써 양안관계는 우호적으로 발전하게 되었다. 중국이 개혁을 추진하면서 대만정책을 변화할 수 있었던 것은 대만의 양안관계 개선을 위한 적극적인 노력도 하나의 원인이었지만 보다 근본적인 것은 중국이 국력이나 국제정치적 지위에서 대만보다 압도적인 우위를 갖고 있어 대만이 중국의 대안국가로서 위치를 차지할 수 없다는 자신감에서 비롯된 것이었다. 중국은 대만을 체제위협세력이 아니라 중국의 개혁·개방을 성공적으로 수행하기 위해 필요한 자본과 기술을 확보할 수 있는 대상으로 인식하였던 것이다.

그러나 남북한 관계는 다르다. 남북한은 유엔에 동시 가입하고 있어 국제사회에서 모두 독립적인 주권국가로 인정되고 있다. 북한 입장에서 남한은 국제사회에서 항상 경쟁해야 하는 대상이며, 현재 남한의 경제력은 북한 보다 월등히 앞서 있다. 1990년 10월 3일 동독이 붕괴되고 서독에 흡수통일 되었을 때 북한은 충격을 받았다. 북한은 독일식 흡수통일 방식이 한반도에서 실현될지 모른다는 우려도 하였다. 김일성은 1991년 신년사에서 남북한의 통일은 "누가 누구를 먹거나 먹히우는 식"으로 되지 말아야 한다고 천명함으로써 남한에 의한 흡수통일을 두려워하는 태도를 보였다. 이러한 상황변화에 따라 북한은 냉전시기 '전 조선의 적화통일'이라는 공세적 대남정책에서 '체제생존'이라는 수세적 대남정책으로 전환하였다.[78] 북한은 한국과의 대결에서 오는 체제위협을 제거하기 위해 남한과 공존체제를 제도화하려는 전략과 대량살상무기를 개발하여 남한의 대북공세를 억지하는 전략을 병행 추진하였다.[79]

북한은 1990년 총리를 대표로 하는 남북고위급회담을 통해 1991년 '남북한기본합의서'를 채택하여 공존을 모색하는 한편 핵 개발을 위해 1993년 3월 NPT를 탈퇴하였다. 남북 양측은 '남북한기본합의서'에서 '현 정전상태를 평화상태로 전환'하고, 남북군사공동위원회를 구성·운영키로 하였다.[80] 1994년 북·미 간 서명한 '제네바 기본합의'에 의해 중유는 미국이 제공하고, 북한 내 경수로 건설은 한반도에너지개발기구(KEDO)를 조직하여 한국이 주된 역할을 담당키로 하였다. 북한에 한국형 경수로를 제공키로 하고, 한국은 경수로 건설의 모든 책임과 건설 경비의 85% 이상인 32억 2천만 달러를 제공키로 하였다.[81]

1998년 출범한 김대중 정부는 일체의 무력도발 불용, 흡수통일 배제, 화해협력이라는 3원칙하에 대북 화해협력정책을 추진하였고, 그 결과 남북관계는 갈등과 긴장관계에서 협력관계로 발전하기 시작하였다. 김대중 정부 출범 이후 북한은 당분간 당국 간 회담을 기본적으로 거부하였으나 특별 목적을 위한 당국 간 대화에는 응했다. 남북 양측은 1998년 4월 남북차관급회담을 개최하고, 비료지원문제와 이산가족문제, 특사교환, 남북기본합의서 이행문제 등을 논의하였다. 그러나 남한이 비료문제와 이산가족면회소 설치문제를 병행하자고 주장한데 비해 북한은 비료지원문제를 우선 협의하자는 입장을 보임으로써 회담은 결렬되었다.[82]

---

78) 김계동, "제9장 북한의 외교정책", p. 350.

79) 이상우, 『북한정치: 신정체제의 진화와 작동원리』, p. 267.

80) 김갑식, "남북관계와 북한변화", 윤대규 엮음, 『북한의 체제전환과 국제협력』(서울: 도서출판 한울, 2009), p. 69.

81) 최동희, 『국제질서와 한국외교』(서울: 집문당, 2005), p. 123.

1998년 년 6월 현대 정주영 회장이 차량 50대에 소 500마리를 싣고 판문점을 통해 북한으로 들어갔고, 같은 해 10월 7년 동안 9억 4,200만 달러를 제공키로 하고, 금강산 개발권을 획득하였다. 그리고 1998년 11월 18일 남한인 889명을 태운 금강호가 동해를 출발하여 다음날 장전항에 입항함으로써 남한인의 금강산 관광이 시작되었다.

2000년 6월 13일 김대중 대통령이 평양을 방문, 김정일 국방위원장과 정상회담을 갖고, 6월 15일 공동선언을 발표함으로써 남북관계는 획기적인 발전을 하게 되었다. 남북 정상이 합의한 6·15 공동선언의 주요내용은 다음과 같다.[83]

첫째, 공동선언에서 합의 서명된 항목은 다음 다섯 가지이다. ① 남북의 통일문제를 민족의 힘으로 자주적으로 해결한다. ②남의 연합제안과 북의 연방제안의 공통성을 인정하고, 그 방향에서 통일을 지향해 간다. ③8월 15일경 이산가족 방문단을 교환하고, 인도적 문제를 해결한다. ④경제협력을 통해서 경제를 발전시키고 여러 분야의 협력과 교류를 활성화한다. ⑤합의사항을 속히 실시하기 위해 빠른 시일 내에 당국 간의 대화를 갖는다.

둘째, 공동선언에서 김정일 국방위원장은 적절한 시기에 서울을 방문할 것을 표명하였다.

셋째, 한국 측은 시드니 올림픽 개회식에서 남북 동시 입장과 2001년 오사카에서 개최되는 세계탁구선수권대회에 단일팀 결성을 제안했다.

남북 정상회담 이후 남북 당국 간 회담은 정상회담 이전과는 달리 일회성 회담이 아니라 지속성 있는 회담으로 추진되었다. 남북

---

82) 전현준 외, 『김정일 정권 등장 이후 북한의 체제유지 정책 고찰과 변화 전망』(서울: 통일연구원, 2008), p. 172.
83) 최동희, 『국제질서와 한국외교』, p. 139.

장관급회담이 정례화 되고, 경제협력추진위원회, 적십자회담, 개성 공단건설 실무접촉 등 분야별로 다양한 회담이 단절되지 않고 진행되었다. 특히 철도·도로연결, 4개 경협합의서 채택, 개성공단 건설 등 남북경협의 물적, 제도적 인프라 구축 확보를 위한 방향으로 회담이 진행되어 상호신뢰와 화해협력의 분위기가 조성·심화되는 모습을 보여주었다.[84] 그러나 이러한 남북관계는 이명박 정부가 출범하면서 점차 경색되었다.

## 2. 유일지도체제

북한의 정치체제는 사회주의 국가들이 가지고 있는 일반적인 특성인 일당 독재체제 이외에도 북한만이 갖고 있는 특수성이 있다.[85] 북한만이 갖고 있는 정치체제 특수성은 주체사상과 그에 기반하여 구축한 유일지배체제이면서 세습체제라는 점이다. 원래 사회주의 국가는 당 우위의 국가체제로 당이 국가와 사회 전반에 대한 지도적 역할을 수행해 왔다. 북한노동당도 국가, 사회, 군대를 유일적으로 지도 통제하는 최고의 권력기구 역할을 수행하고 있다. 노동당의 이러한 지위는 노동당규약과 북한헌법에 명시되어 있다. 조선노동당규약은 전문에서 조선노동당은 '근로계급과 전제 근로대중의 선봉적, 조직적 부대이며 전체 근로대중 조직체 중에서 최

---

84) 정영태, "북한의 대남협상행태 분석", 『한반도 군비통제』(서울: 국방부, 2006), pp.72-79.

85) 최완규는 북한사회의 특수성으로 "주체사상(사회정치적 생명체론)에 기반을 둔 수령중심의 유일적 영도체계, 근대세계에서는 거의 유례를 찾아볼 수 없는 가족적 코포라티즘, 국가질서의 유지와 권력의 부자세습, 자립노선에 기초한 인민동원 중심의 경제성장전략의 고수, 그리고 시민사회나 반체제적 대중운동의 경험부재 등"을 제시하고 있다. 최완규, 『북한은 어디로』(서울: 경남대학교 출판부, 1996), p. vii.

고형태의 혁명조직'이라고 규정하고 있다. 또 사회주의헌법 제11조는 '조선민주주의인민공화국은 조선로동당의 령도 밑에 모든 활동을 진행한다'라고 규정되어 있다.

국가기구는 당의 노선과 정책을 집행할 수 있는 충분한 기능과 그것을 수행하는데 필요한 '정치적, 물질적, 조직적 수단들'을 모두 가지고 있기 때문에 당의 노선과 정책의 집행자 역할을 하는 것으로 규정된다.[86] 따라서 당에는 국가기구의 각 부서를 관장하기 위한 조직이 비서국 산하에 설치되어 있다.

또 군대를 통제하기 위하여 군대의 각급 단위에 조선인민군 당위원회 산하에 당 조직을 구성하고, 이들로 하여금 전군의 사상교양, 혁명전통교양을 담당하도록 하고 있으며, 조선인민군 당위원회의 집행기관으로서 당 중앙위원회와 당 중앙군사위원회의 지도를 받는 조선인민군 총정치국을 두어 군을 장악하고 있다. 그러나 북한 정치체제의 최고권력기구인 조선노동당은 김정일시대 들어 경제위기가 지속되면서 위상이 약화 되었고, 주민들의 당에 대한 신뢰도도 낮아졌다. 김정일은 1990년대 후반부터 당에 대해 불신을 드러내면서 당 운영 방식을 전환하였다.

김정일은 1996년 12월 김일성대학을 방문하고 돌아온 자리에서 식량을 구하러 주민들이 유랑하는 현실을 개탄하며 당 간부들을 질타하였다. 김정일은 당 사업이 잘 되지 않아 사회주의 건설에서 혼란이 조성되고 있다면서 당 일군들이 군대 정치일군들보다 못하다고 질책하였다. 당 중앙위원회 책임 일군들이 자신의 사업을 도와주지 못할 바에는 있으나 마나 하다라고까지 했다.[87]

김정일의 당 사업에 대한 불신은 북한의 권력구조에 변화를 발

---

86) 사회과학출판사, 『인민정권 건설 경험』(평양: 사회과학출판사, 1986), p. 133.
87) "1986년 12월 김일성 종합대학 창립 50돌 기념 김정일의 연설문", 『월간조선』 1997년 4월호(서울: 조선일보사, 1997) pp. 306-317.

생시켰다. 김정일은 위기극복을 위해서는 당과 사회전체가 '군대의 당 사업 방식'을 배워야 한다는 기치를 내세우고, 선군정치를 시작하였다. 김정일의 선군정치는 '군대는 곧 당이고, 국가이며 인민이다'라는 '선군의 혁명철학'에 따른 것이다.[88] 선군정치 하에서도 군에 대한 당의 영도는 불변이지만 당의 기능과 역할이 약화되었다. 김정일 체제가 출범하면서 정치의 중심은 당 중앙위원회에서 국방위원회로 옮겨졌다. 1998년 9월 개정헌법에서 북한은 주석과 중앙인민위원회를 폐지하고, 국방위원장을 국가수반으로 하는 국가기구체제 개편을 단행하였다.

1998년 헌법은 내각의 권한을 강화시켰다. 전문성이 강한 행정 경제기관들의 위상과 권한도 강화시키고 내각이 관장토록 하였다. 과거 조선노동당 지방당 책임비서가 관장했던 지방인민위원회의를 당에서 분리시켜 내각 지도하에 둠으로써 내각이 지방인민위원회를 장악토록 하였다.

또 총리를 비롯한 내각 구성원을 거의 전문관료 출신으로 배치하였다.[89] 이러한 구조개편은 북한지도부가 행정 경제분야의 독자성을 제고시키고, 경제적 실용주의를 지향하고 있음을 보여주는 것으로 내각이 경제정책에서 보다 과감한 정책을 추진할 수 있도록 하였다. 기존의 당·정·군 관계에서 일정한 변화가 초래되어, 과거에 비해 당의 사회장악력이 그만큼 약화되었음을 보여주는 것이었다.

그러나 유일지배체제가 확립된 북한에서는 당·정·군 간의 권력변화와 관계없이 모든 권력은 최고지도자에게 집중되어 있다. 유일체제는 절대권력자인 수령을 중심으로 전체사회가 일원적으로 편

---

88) 1999년 6월 16일 로동신문, 근로자 공동논설 "우리당의 선군정치는 필승부대이다."에서 선군정치를 김정일 시대의 기본통치 방식으로 규정했다.
89) 이종석, 『새로 쓴 현대북한의 이해』, pp. 288-289.

재되어 있는 체제로 혁명적수령관과 사회정치적생명체론에 기초하고 있다.

혁명적수령관의 핵심은 수령·당·대중이라는 프롤레타리아 독재체제 속에서 수령이 차지하는 지위와 역할을 규명한 것이다. 수령의 지위는 '인민대중의 최고뇌수이며 통일단결의 중심이며 자주성을 위한 혁명투쟁의 최고 영도자'로 규정된다.[90] '인민대중의 최고뇌수'란 인간 유기체의 모든 활동을 조절 통제하는 뇌수에 비유한 것으로서 여기서 수령 지도의 무오류성이 도출된다. 혁명적 수령관은 '수령을 절대화하고 무조건 받드는 견해와 관점, 자세와 담장'[91]이라고 정립함으로써 수령이 절대권력을 갖도록 하였다.

사회정치적생명체론은 1980년대 혁명적수령관으로부터 파생된 것으로 유일체제를 더욱 체계화 하였다. 사회정치적생명체론에 의하면 사람에게는 생명유기체로 살며 활동하는 육체적 생명과 사회적 존재로서 살며 활동하는 정치적 생명이 있다. 사회정치적생명체란 정치적 생명을 매개로 어버이수령, 어머니당, 대중이 '혈연적 관계'에 기초하여 '혁명적 대가정'을 이루고 있는 사회체제를 가리킨다.

사회정치적생명체에서 수령은 그 생명의 중심이다. 사람의 뇌수가 생명의 중심인 것처럼 혁명의 주체로서의 사회정치적 집단의 생명의 중심은 집단의 최고 뇌수인 수령이다. 육체적 생명은 부모가 주지만 정치적 생명은 최고 뇌수인 수령으로부터 받는다. 개인이 당 조직과 당이 영도하는 정치조직의 한 성원이 되어 수령과 혈연적 관계를 맺게 될 때 정치적 생명을 받게 된다는 것이다.[92] 따라서 대중은 생명의 은인인 어버이 수령에 대해서 충성과 효성을 다할 것이 요구된다. 이러한 혁명적수령관과 사회정치적생명체론

---

90) 김창하, 『불멸의 주체사상』(평양: 사회과학출판사, 1985), p. 199.

91) 『철학사전』(평양: 사회과학출판사, 1985), p. 388.

92) 권혁, 『일심단결의 대가정』(평양: 평양출판사, 1993), p. 188.

은 유일지배체제를 정당화하기 위한 이론이었다.

김일성과 김정일은 유일지배체제 구축을 위한 이론화 작업과 함께 지속적인 정적 숙청과 적절한 권력분배를 통한 충성 유인으로 유일지배체제를 구축하였다. 정권수립 당시 북한 정권은 다른 지역을 근거로 활동한 다양한 파벌 세력들의 연합체 성격이었다.[93] 김일성을 지지하는 국내공산주의 집단인 갑산파, 박헌영으로 대표되는 남로당 계열, 김두봉 등 중국 연안파, 허가이 등 소련파 등이 각기 일정한 권력지분을 행사하며 집단지도체제를 유지하였다.

김일성의 반대파 숙청작업은 1950년대 초반부터 시작되었다. 전쟁기간 중 김일성은 연안파의 무정과 소련파인 허가이 등을 정책적 오류를 범했다는 명분으로 처벌하여 당과 군 내부에서 그의 권력기반을 강화하였다. 이와 동시에 개인숭배를 부추기어 1952년부터 김일성 '수령'이라는 호칭이 북한사회 전반에 일반화되기 시작하였다.[94] 휴전 직후 김일성은 남침계획의 실패에 대한 책임을 박헌영에게 전가하여 남로당 계열인사들을 숙청하였다.

1956년 8월 당 중앙위원회에서 최창익·윤공흠 등 연안파와 박창옥 등 소련파 인사들은 단합하여 스탈린을 모방한 김일성의 개인숭배를 비난하며 집단지도체제를 확립할 것을 주장하였다. 이들은 또한 김일성이 중공업의 우선적 발전을 무리하게 추진하며 경공업 발전과 농촌지역 개발을 등한시 하여 주민들의 생활수준을 악화시키고 있다고 비판하였다. 김일성은 빨치산파와 갑산파 세력의 지지를 받아 이들을 '반혁명 종파분자'로 몰아 숙청하였다. 8월 종파사건 직후 김일성은 친·인척과 빨치산 추종세력으로 일인독재체제를 공고히 구축하였다. 이어 1958-1960년 중앙당 집중지도사업으로 주민성분 분류작업을 추진하여 주민들을 핵심계층, 동요계층, 적대계

---

93) 최완규, 『북한은 어디로』, pp. 326-329.
94) 이종석, 『새로 쓴 현대북한의 이해』, p. 416.

층의 3계층으로 분류하고 사회통제를 강화하였다.[95]

1956년 8월 종파사건 이후 북한의 권력구도는 김일성을 추종해온 빨치산파와 갑산파가 당·정부 요직을 독점하였다. 그러나 당 정치위원회 상무위원 박금철과 대남공작 총책 이효순 등 갑산파 고위관료들은 점차 혁명전통을 김일성의 빨치산 활동만을 중심으로 협소하게 해석하는데서 벗어나 다른 동료들의 혁명 활동도 인정하는 방향으로 보다 폭넓게 해석되기를 희망하였다. 예를 들어 박금철은 자신이 일제하에서 서대문 형무소에 있을 때 그의 처가 자기에게 헌신했던 것을 내용으로 하는 '일편단심'이라는 영화를 제작하였다. 갑산파의 이와 같은 행동이 자신의 권위를 저하시킨다고 생각한 김일성은 "당 지도자가 살아 있는 동안에는 그 공적을 기리는 기념비를 세워서는 안 된다"고 비판하며 '김일성의 전통만이 유일한 혁명전통'으로 인정하는 '당의 유일사상체계 확립'을 요구하였다.[96]

1967년 5월 개최된 당중앙위원회 전원회의는 박금철, 이효순, 김도만 등을 반혁명 사상을 퍼뜨린 혐의로 비판하고 숙청하였다. 이들을 제거한 공식적인 명분은 '당의 유일사상체계를 세우는 것을 방해'하고 '조선로동당을 수정주의의 길로 나가게 했다'는 것이지만 실제적으로는 자신의 위상을 당을 초월한 수령으로서 절대화하려는 김일성의 권력의지와 아버지를 신격화하며 후계자 기반을 구축하려는 김정일의 권모술수가 보다 근본적인 요인이었다.[97]

---

95) 정치적으로 분류된 북한사회의 핵심계층은 약 28%, 동요계층은 45%, 적대계층은 27% 정도를 차지한다. 『2009 북한개요』, 통일연구원, 2009, pp. 330-331.

96) 와다 하루키, 서동만·남지정 옮김, 『북조선: 유격대국가에서 정규군국가로』(서울: 돌베개, 2002), pp. 123-128.

97) 이승현, "제9장 1960년대 북한의 권력구조 재편과 유일사상의 대두: 제한적 다원성에서 유일체제로", 경남대 북한대학원 엮음, 『북한현대사 1』(서

1974년 2월 당 중앙위원회 전원회의에서 후계자로 공식 선정된 김정일은 1974년 4월 '당의 유일사상체계 확립의 10대 원칙'을 발표하여[98] 김일성에 대한 절대적 충성을 강요하면서 김정일 자신의 유일지도체제로 권력을 전이시켜 나갔다. 유일지배체제는 스탈린식 수령독재체계를 본질로 하지만 그것과 구별되는 것은 후계자 문제와 관련되어 있다.[99] 유일지배체제는 '유일사상체계확립 10대원칙'의 마지막 항목인 수령승계의 원칙에 잘 나타나 있다.

'유일사상체계확립 10대원칙'은 '① 위대한 수령 김일성동지의 혁명사상으로 온 사회를 일색화하기 위하여 몸바쳐 투쟁하여야 한다. ② 위대한 수령 김일성동지를 충성으로 높이 우러러 모셔야 한다. ③ 위대한 수령 김일성동지의 권위를 절대화하여야 한다. ④ 위대한 수령 김일성동지의 혁명사상을 신념으로 삼고 수령님의 교시를 신조화하여야 한다. ⑤ 위대한 수령 김일성동지의 교시집행에서 무조건성의 원칙을 철저히 지켜야 한다.' 그리고 마지막으로 '⑩ 위대한 수령 김일성동지께서 개척하신 혁명위업을 대를 이어 끝까지 계승하며 완성하여나가야 한다.'고 규정하여 김일성을 신격화하는 동시에 김정일에로의 권력승계를 정당화하였다.

## 3. 주체사상의 국가

북한의 주체사상은 북한의 정치체제와 주민생활 그리고 대외관계 등 모든분야에서 유일한 지도이념이 되고 있는 이데올로기이다.

울: 도서출판 한울, 2004), pp. 345-346.

98) 김정일, "전당과 온 사회에 유일사상체계를 더욱 튼튼히 세우자"(1974.4. 14.), 『주체혁명위업의 완성을 위하여 3』(평양: 조선로동당출판사, 1987), pp. 91-124.

99) 정성장, "북한체제와 스탈린체제와의 비교", 오일환 외, 『현대북한체제론』 (서울: 을유문화사, 2000), p. 119.

이데올로기는 '집단 혹은 공동체의 신념, 생각, 태도, 특징의 집합체'로 정의될 수 있다.[100] 이데올로기가 이론(theory)과 구별되는 것은 이데올로기는 뚜렷한 목표 정향성(goal-oriented)과 행동 지향성(action-oriented)을 갖고 있다는 것이다.[101] 이데올로기는 대중에게 일관된 사고체계를 제공함으로써 정치리더십과 체제에 대한 정당성을 부여하고, 이루고자 하는 목표를 위해 대중의 자발적 참여를 동원해내는 역할을 한다.

이데올로기의 이러한 기능은 사회주의체제에서 가장 극대화되는데 혁명 이전에는 사회주의 혁명의 당위성을 설파하고, 혁명 성공 이후에는 사회주의 건설의 필요성과 정당성을 제공하며, 체제의 위기상황에서는 위기 극복을 위한 정당화 담론을 제공한다. 이를 전제로 셔만(F. Schurmann)은 사회주의체제의 이데올로기를 관념과 행동의 연계가 간접적인가 혹은 직접적인가 따라서 순수이데올로기와 실천이데올로기로 구분하였다. 순수이데올로기는 개인에게 일관되고 의식적인 세계관을 제공하는 사고체계로 정의되며, 실천이데올로기는 개인에게 합리적 도구를 제공하는 사고체계로 규정된다.[102] 사회주의가 추구하는 목표를 보다 강조한 것이 순수이데올로기라면 실천이데올로기는 그 목표를 달성하기 위한 혁명과 건설의 실천원칙에 보다 강조점을 둔 것이라 할 수 있다.

북한의 공식 이데올로기인 주체사상 역시 순수이데올로기와 실천이데올로기 개념으로 설명할 수 있다.[103] 전후 사회주의 건설과

---

100) John Plamenatz, *Ideology* (New York: Praeger, 1970). p. 15, 김근식, "1990년대 북한의 체제정당화 담론: '우리식 사회주의'와 '붉은기철학'을 중심으로", 『통일정책연구』 8권 2호, 통일연구원, 1999, p. 37 재인용.

101) Roy Macridis and Mark Hulliung, *Contemporary Political Ideologies* (New York, Harper Collins, six ed., 1966), p. 3.

102) Franz Schurmann, *Ideology and Organization in Communist China* (Berkeley, Los Angeles: University of California Press, 1968), pp. 18-24.

정에서 자신의 힘에 의거한다는 주체적 입장의 확립으로 시작된 주체사상은 당연히 마르크스 레닌주의라는 순수이데올로기가 지향하는 공산주의 건설을 위한 일종의 실천이데올로기였다. 그러나 이 실천이데올로기로서의 주체사상은 1970년대에 종합적 체계화를 거치면서 철학적 원리를 가진 세계관을 갖추게 되고, 1980년대 이후에는 마르크스 레닌주의의 대체로까지 주장하게 되었다. 주체사상은 마르크스 레닌주의를 실현하기 위한 구체적 방침과 수단으로서의 실천이데올로기에서 자신의 진리를 토대로 실천을 위한 구체적 원칙과 방법을 제공해 줄 수 있는 순수이데올로기까지 격상된 것이다.

주체사상의 기원에 대해 김정일은 1930년 6월 30일 장춘현 카륜회의에서 김일성이 주체사상의 창시를 선포하는 연설 '조선혁명의 진로'에서 시작되었다고 주장하고 있으나 신빙성이 낮다.[104] 실제 북한에서 주체라는 말이 공식 사용된 것은 1955년 12월 김일성이 '사상사업에서 교조주의와 형식주의를 퇴치하고 주체를 확립할 데 대하여'라는 연설이었다.[105] 1953년 스탈린 사망 후 소련 공산당은 스탈린의 개인숭배정책을 비판하고 북한도 이러한 새로운 정책노

---

103) 주체사상의 순수이데올로기와 실천이데올로기 기능에 관한 상세 내용은 김근식의 상기 논문 "1990년대 북한의 체제정당화 담론: '우리식 사회주의'와 '붉은기철학'을 중심으로" pp. 37-59를 참고하라.

104) 양성철, "주체사상과 통일", 양재인 외, 『북한의 정치이념: 주체사상』(서울: 경남대 극동문제연구소, 1990), pp. 130-131.

105) 동 연설에서 김일성은 주체의 필요성과 주체의 개념, 그리고 주체의 확립 방법과 당면과제를 제시하였으나 사상체계의 전모를 밝힌 것은 아니었다. 그러나 북한은 이후 김일성의 연설(1965년 인도네시아 알리 알람 사회과학원에서 행한 연설, 1966년 10월 5일 당대표자대회에서 행한 연설 등)을 통해서 점차적으로 주체의 사상체계를 확립해 나갔다. 최완규 지음, 『북한은 어디로』, p. 197.

선을 따를 것을 요구하였다. 이 때 김일성은 '주체'라는 용어를 사용하여 소련의 내정간섭을 거부하는 한편, 소련의 수정주의 노선에 동조하는 당내 파벌을 숙청하고 스탈린식 일인독재체제를 확립하였다.

1960년대에 들어 중국과 소련 간 이념분쟁이 격화되자 북한은 사상에서 주체, 정치에서 자주, 경제에서 자립, 국방에서 자위 등을 강조하며 이러한 구호들을 주체사상이라는 개념으로 통합하였다. 주체사상의 이론화 작업은 1960년대 말 당시 김일성대학 총장 황장엽이 중심이 되어 시작되었다.[106] 황장엽은 새로운 인본주의에 기초하여 주체사상을 체계화시켰다. 그는 사람중심의 세계관을 강조하며 사람을 단순한 물질적 존재가 아니라 '자주성과 창조성, 의식성을 가진 사회적 존재'로 규정하였다. 그리고 '사람은 자기 운명의 주인'이며 주체사상은 '혁명과 건설의 주인은 인민대중'이라는 뜻이라고 해석했다.[107] 황장엽은 사회운동의 주체를 노동계급으로 보고 프로레타리아독재를 강조하는 마르크스주의 계급이론에서 벗어나기 위해 인민대중을 사회운동의 주체로 부각시켰다. 그러나 1970년대 초반부터 주체사상의 체계화 작업을 주도한 김정일을 중심으로 한 북한 지도층은 '계급적 입장을 버리는 것은 노동계급의 당의 영도적 입장을 버리는 것이며 노동계급의 당의 수령의 절대적 지위를 버리는 것으로 되어 그들의 사활적인 이익과 대치'된다고 판단하고, '사회적 운동의 주체는 노동계급이며, 노동계급의 당이며, 노동계급의 수령'이라고 공식 천명하였다.

1980년 10월 제6차 당 대회에서는 당 규약을 개정하여 '조선로동당은 오직 위대한 수령 김일성 동지의 주체사상, 혁명사상에 의해

---

106) 황장엽, 『나는 역사의 진리를 보았다』(서울: 도서출판 한울, 1999), pp. 156-163.
107) 황장엽, 위의 책, pp. 375-376.

지도 된다'또한 '조선로동당은 당의 유일사상체계를 세우는 것을 당 건설과 당 활동의 기본원칙으로 삼는다'라고 명시하여 주체사상을 유일한 지도이념으로 구축하고 당을 김일성사상을 충실히 이행하는 도구로 규정하였다. 주체사상이 마르크스 레닌주의를 밀어내고 순수이데올로기로의 위상을 차지하게 된 것이다.[108]

북한이 당 규약을 개정한 시점은 중국이 등소평의 지도하에 1978년부터 개혁·개방정책을 추진하고 있을 때였다. 소련의 수정주의 노선에 반발하여 출발한 주체사상은 중국식 개혁·개방정책에 대해서도 거부감을 표명하였다. 북한 지도층의 이러한 입장은 개정된 당 규약에 '조선로동당은 자본주의사상과 마찬가지로 국제공산주의 운동과 로동계급운동에서 나타난 수정주의, 교조주의를 비롯한 온갖 기회주의를 반대하고 맑스-레닌주의의 순결성을 고수하기 위하여 간결히 투쟁한다'는 조문으로 표현되고 있다. 여기서 명시된 맑스-레닌주의의 순결성은 사실 스탈린주의의 원형을 고수하겠다는 의미이다. 따라서 '조선로동당은 프로레타리아 독재를 실시하며 사회주의, 공산주의 건설의 총로선으로서 천리마운동과 사상, 기술, 문화혁명을 추진한다'는 조문을 삽입하여 당시 실용주의 방향으로 정책을 선회하는 다른 사회주의 국가들의 일반적인 대세에 역행하였다.

1982년 3월 김일성 70회 생일을 기념하여 개최된 전국주체사상 토론회에서 '주체사상에 대하여'라는 김정일의 논문이 발표되었다.[109] 김정일은 이 논문에서 주체사상의 일반적 원리를 철학적 원리, 사회역사적 원리, 지도적 원칙으로 나누어 전면적으로 체계화

---

108) 박형중 외, 『김정일시대 북한의 정치체제: 통치이데올로기, 권력엘리트, 권력구조의 지속성과 변화』(서울: 통일연구원, 2004), p. 14.

109) 김정일, "주체사상에 대하여"(1982.3.31), 『김정일선집 7』(평양: 조선로동당출판사, 1996), pp. 143-216.

하였다. 김정일이 발표한 주체사상은 사람이 세계와 자기운명의 주인이며, 다른 존재와 구별되는 본질적 속성으로서 자주성, 창조성, 의식성을 지니고 있다고 주장하였다.

1986년 7월에는 '사회정치적생명체론'을 통해 "인민대중이 혁명의 자주적인 주체가 되기 위하여서는 당과 수령의 령도밑에 하나의 사상, 하나의 조직으로 결속되여야 합니다"라면서 사회정치적집단의 생명을 개인의 생명보다 중요시하였다.[110] 이어 "수령은 사회정치적생명체의 최고뇌수로서 집단의 생명을 대표하고 있기 때문에 수령에 대한 충실성과 동지애는 절대적이고 무조건적인 것으로 됩니다"라면서 수령에 대한 절대복종을 강요하였다.[111]

주체사상의 내용을 해석할 수 있는 권리를 독점한 김정일은 인간중심 사상으로 출발한 주체사상을 수령에 대한 충성을 절대시하는 수령유일지배체제를 논리적으로 정당화하는 사상으로 왜곡시켰다. 이런 과정을 거쳐 북한의 유일한 통치이념으로 정립된 주체사상은 김일성체제의 정통성 확보, 북한사회 구성원의 일체감 조성, 대외적 독자노선 추구의 기반구축, 권력세습의 합리화, 대중동원 등의 이데올로기적 기능을 수행해 왔다.[112] 그러나 김정일이 주체사상을 체계적으로 설명한 논문을 출간한 시점부터 주체사상은 대중을 동원하는 실천이데올로기로서의 기능을 상실하기 시작하였다. 주체사상이 실천이데올로기에서 순수이데올로기로 격상된 데 따른 결과이다. 그럼에도 특징적인 것은 주체사상이 순수이데올로기로서만이 아니라 실천이데올로기로서의 역할을 동시에 포함하고

---

110) 김정일, "주체사상교양에서 제기되는 몇가지 문제에 대하여"(1986.7.15),
   『김정일선집 8』(평양: 조선로동당출판사, 1998), p. 447.
111) 김정일, "주체사상교양에서 제기되는 몇가지 문제에 대하여"(1986.7.15),
   『김정일선집 8』, p. 451.
112) 최완규 지음, 『북한은 어디로』, p. 169.

있다는 점이다.

주체의 철학적 원리, 사회역사적 원리, 지도적 원칙으로 구성되는 협의의 주체사상은 혁명과 건설의 세계관을 제공해 주는 순수 이데올로기이지만, '주체의 사상, 이론, 방법의 전일적 체계'로 규정되는 광의의 주체사상은 보편적 철학원리와 함께 혁명이론, 건설이론, 영도방법 등 혁명과 건설의 구체적 원칙과 방법들을 포함하고 있기 때문이다.[113]

1990년대 들어 사회주의진영의 몰락으로 북한이 최대의 위기를 맞았을 때 주체사상은 위기관리를 위한 대중동원 및 체제정당화를 위한 기능을 수행하지 않았다. 이미 순수이데올로기로 격상되어 버린 상황에서 주체사상이 이를 원만히 수행하기가 어려웠던 것이다. 이에 따라 북한은 주체사상에 기초한 하위담론을 개발하여 '정당화'와 '동원'이라는 실천이데올로기적 기능을 대신하였다.

먼저 김일성은 1990년 5월 최고인민회의 9기 1차회의에서 북한식 사회주의를 '주체사상을 구현한 사람중심의 사회주의'로 정의하고, 북한식 사회주의가 인민대중 중심의 우월한 체제임을 강조하였다.[114] 이를 토대로 김정일은 1990년 12월 다른 사회주의가 좌절하는 것과는 달리 북한사회주의는 주체사상을 구현한 독창적인 '우리

---

113) 김근식, "1990년대 북한의 체제정당화 담론: '우리식 사회주의'와 '붉은기 철학'을 중심으로", p. 40. 조선로동당 창건 40돐을 기념하여 사회과학출판사에서 출간한 '위대한 주체사상 총서' 시리즈 10권의 제목은 다음과 같다. 주체사상의 철학적 원리(1권), 주체사상의 사회역사적 원리(2권), 주체사상의 지도적 원칙(3권), 반제반봉건민주주의혁명과 사회주의혁명이론(4권), 사회주의 공산주의 건설이론(5권), 인간개조이론(6권), 사회주의경제건설이론(7권), 사회주의문화건설이론(8권), 영도체계(9권), 영도방법(10권), 이중 1-3권은 사상, 4-8권은 이론, 9-10권은 방법을 의미한다.
114) 김일성, "우리나라 사회주의의 우월성을 더욱 높이 발양시키자(1990.5)", 『김일성 저작선집』 10권 (평양: 조선로동당출판사, 1997), p. 265.

식 사회주의'가 있어 필승 불패한다는 것을 강조하였다.[115] 소련 및 동유럽 사회주의권이 붕괴되는 상황에서 주체사상의 견지라는 '우리식'과 사회주의 일반원칙의 고수라는 '사회주의'를 결합시켜 위기를 극복하려 한 것이다.

그러나 1994년 7월 김일성이 사망하고, 1995년이 지나면서 북한의 체제위기는 더욱 심화되어 더 이상 '우리식 사회주의'의 우월성 강조만으로는 대중으로부터 정당화와 체제수호의 의지를 불러일으킬 수 없게 되었다. 주체사상의 새로운 변용담론 필요성이 커지자 북한은 '붉은기사상(철학)'을 등장시켰다. 붉은기사상은 1995년 8월 『로동신문』정론 "붉은기를 높이 들자"를 통해 처음 제기되었다.[116] 수령의 사망으로 인한 위기를 붉은기를 높이 들고 헤쳐 나가야 한다는 것이었다. 우리식 사회주의 위업을 달성하기 위해 배신과 변절 대신 신념과 일치단결로서 붉은기의 푯대를 따라 끝까지 사회주의의 길로 나가야한다는 집단적 당위성을 강조하였다. 사회주의 신념과 의리, 단결을 강조하는 붉은기사상은 1996년 1월 "붉은기를 높이 들고 새해의 진군을 힘차게 다그쳐나가자"라는 제하의 신년 공동사설에서 본격화되었다.[117] 이후 붉은기사상은 1997년 내내 북한의 위기 극복과 체제정당화를 위해 북한사회의 단결과 인내를 강조하는 정치적 담론으로 활용되었다.[118]

1998년 김정일의 권력승계가 공식 마무리되자 북한은 붉은기사상 대신 '사회주의 강성대국론'을 내걸었다.[119] 김정일 체제가 새롭

---

115) 김정일, "우리나라 사회주의는 주체사상을 구현한 우리식 사회주의이다 (1990.12)", 『김정일 선집』 10권 (평양: 조선로동당출판사, 1977), p. 471.

116) "붉은기를 높이 들자", 로동신문, 1996년 8월 28일.

117) "붉은기를 높이 들고 새해의 진군을 힘차게 다그쳐나가자", 로동신문, 1996년 1월 1일.

118) 김근식, "1990년대 북한의 체제정당화 담론: '우리식 사회주의'와 '붉은기 철학'을 중심으로", p. 56.

게 출발하고 위기가 안정화 되면서 북한은 인민들에게 새로운 희
망과 목표를 제공하는 담론이 필요하였던 것이다. 이에 따라 북한
은 김일성 사망 이후 위기 심화과정에서 제기한 붉은기사상을 부
국강병론인 강성대국론으로 대체한 것이다. 강성대국론 역시 주체
사상을 토대로 하고 있으며 김정은 시대에 들어와서도 지속되고
있다.

주체사상은 1950년대 실천적이데올로기로 출발했으나 1970년대
종합적 체계화를 거쳐 1980년대 순수이데올로기로 격상되었다. 이
후 주체사상에 기초한 하위담론들이 당시 상황에 맞도록 재단되어
군중동원, 체제 정당화 등 실천적이데올로기 기능을 수행하였다.
1990년대 위기상황에서 등장한 우리식 사회주의나 붉은기사상 또
김정일 체제 출발과 함께 등장한 강성대국론 등은 모두 주체사상
에 토대를 두고 있는 실천적이데올로기이다. 주체사상은 1950년대
이후에는 실천적이데올로기로서 그리고 1990년대 이후에는 순수이
데올로기로서 북한사회를 규정하고 지배하고 있는 것이다.

## 제3절 개혁·개방 동인

### 1. 자립적 민족경제건설노선

북한경제는 초기에는 중앙집권적 계획경제로 급속한 외연적 경
제성장을 달성하였으나 개인의 창의를 무시한 계획경제의 근본적
결함과 중공업 위주의 경제정책에 따른 비효율적 자원배분으로 인
하여 1970년대 말부터 성장이 둔화되기 시작하여 지속적으로 악화
되었다. 북한의 자립적 민족경제건설노선은 북한만의 독특한 발전

---

119) "위대한 당의 령도따라 사회주의 강성대국을 건설해 나가자", 로동신문,
1998년 9월 9일.

전략이었다. 이것은 '국가주권'을 '생산수단'보다 먼저 언급하는 '주체의 방법론'에 기초하여 정립된 북한 경제체제의 운영방식으로 다른 사회주의 국가들과 대비되는 독자성을 보였다.[120]

북한이 자립경제를 채택하게 된 배경은 대내외적 상황과 밀접히 연관되어 있다. 전쟁이 끝난 후 김일성은 대내적으로 당내 권력투쟁에서 반대파를 제거해야 했고, 대외적으로는 중·소 간 발생한 이념분쟁에서 독자적인 노선을 강구해야 했다.

1953년 3월 스탈린이 사망한 후 새로 구성된 소련지도부는 스탈린식 단일지도체제를 부정하고, 집단지도체제를 채택하여 개인숭배에 대해 비판을 하였다. 이것은 북한에도 영향을 미쳐 김일성 단일지도체제에 대한 반대운동이 고조되었다. 이에 대해 김일성은 1955년 12월 28일 당 선전선동일군들을 대상으로 한 연설을 통해 교조주의와 형식주의를 비판하면서 당 사상사업에서 주체는 조선혁명을 하는 것이라고 강조하면서 사상에서의 주체를 강조하였다.[121]

이어 1956년 경제에서의 자립, 1957년 정치에서의 자주, 1962년 국방에서의 자위노선을 제기하였고, 1965년 4월 인도네시아 알리아르함 사회과학원에서 행한 '조선민주주의 인민공화국에서의 사회주의 건설과 남조선 혁명에 관하여' 제하 연설에서 김일성은 "사상에서의 주체, 경제에서의 자립, 정치에서의 자주, 국방에서의 자위, 이것이 우리 당이 일관하게 견지하고 있는 입장"이라고 설명함으로써 주체사상이 정식화 되었다.[122]

---

120) 김일성은 "사람들의 사회적 지위는 국가주권과 생산수단을 가지고 있는가 못가지고 있는가 하는데 따라 결정됩니다. 국가주권과 생산수단을 가진 사람이라야 사회의 주인으로 될 수 있습니다."라고 하였다. 과학, 백과사전 출판사, 『주체의 사회주의 정치경제학 연구』, p. 7.

121) 김일성, "사상사업에서 교조주의와 형식주의를 타파하고 주체를 확립할 데 대하여(1955.12.28.)", 『안보통일문제기본자료집: 북한편』(서울: 동아일보사, 1972), p. 269.

김일성은 1967년 12월 개최된 최고인민회의에서 국가의 중점실행과업으로 공화국 10대 정강을 발표하였는데, 이 정강 여러 조항에서 자립적 민족경제 토대 강화를 강조하였다.[123] 북한이 주장하는 자립적 민족경제의 본질은 '국내의 수요를 기본적으로 국내생산으로 보장하는 경제이며 원료생산으로부터 완제가공품의 생산에 이르기까지 생산순환이 완결되고 부문들 사이의 유기적 연계가 이루어진 조화로운 경제'를 구축하는 것이다.[124] 자립적 민족경제는 세 가지 요소로 구성된다.[125]

첫째는 중공업, 경공업, 농업 등 모든 생산부문을 갖추며, 각각의 내부구조와 생산기술 공정이 완비되어 민족국가 단위로 재생산을 실현할 수 있는 다방면적이고 종합적인 구조를 구축하는 것이고, 둘째는 필요한 생산물을 자체적으로 생산할 수 있는 수준의 기술적 자립을 이루는 것이며, 세 번째는 생산용 원료·연료를 외부에 의존하지 않고 내부에서 조달할 수 있도록 튼튼한 원료 및 연료기지를 구축하는 것이다. 북한의 자립 발전전략은 자본주의는 물론 사회주의 시각에서도 독특한 것이었다. 제2차 세계대전 후 소련은 사회주의 국가 간 국제 분업체계인 코메콘(COMECON: Council for Mutual Economic Assistance)을 조직하였다. 그러나 북한은 자립적 민족경제라는 입장에서 코메콘에 편입되는 것을 거부했다.

자립의 전략은 경제발전에 소요되는 자본과 설비, 원자재, 기술 등을 외부에서 수입하는 것이 아니라 내부에서 동원해야 한다. 따

122) 이종석, 『새로 쓴 현대북한의 이해』, pp. 160-161.
123) 김일성, "국가활동의 모든 분야에서 자주, 자립, 자위의 혁명정신을 더욱 철저히 구현하자(1967.12.16.)", 『북한최고인민회의자료집』 제3집(서울: 국토통일원, 1988), pp. 79-83.
124) 과학백과사전 출판사, 『주체의 사회주의 정치경제학 연구』, pp. 88-89.
125) 사회과학출판사, 『경제사전』 2권(평양: 사회과학출판사, 1985), pp. 208-209.

라서 북한은 1956년 12월 조선노동당 중앙위원회 전원회의에서 내부원천의 동원을 통한 경제발전을 천명하고, 그 수단으로 '천리마운동'을 발기하였다. 1959년부터는 외부로부터의 기계나 설비 수입을 대체하기 위해 자체의 기술과 노력으로 기계공업을 발전시키자는 이른 바 '공작기계 새끼치기운동'을 전개하였다. 1990년대 북한이 경제난 극복을 위해 제시한 방안도 기본적으로 자력갱생과 '제2의 천리마운동'이었다.[126]

자립적 민족경제는 대외적 자립을 표방한 주체사상의 이상적인 구도를 제시한 것이었다. 이를 달성하기 위한 구체적인 방법은 중공업 우선정책과 기술혁명을 통하여 기계제작공업·금속공업·화학공업·전력공업 등을 현대적인 산업으로 발전시키는 것이었다. 이에 따라 북한은 '중공업을 우선적으로 발전시키며 경공업과 농업을 동시에 발전'시킨다는 정책기조를 강조하였다.[127]

중공업우선정책이란 '소비재'보다 '소비재 생산을 위한 생산수단'을, 그리고 '소비재 생산을 위한 생산수단' 보다 '생산수단 생산을 위한 생산수단'을 더 빠른 속도로 성장시키는 것을 말한다. 북한이 이러한 중공업 우선정책을 채택한 것은 생산수단의 자체 생산능력을 갖추면 경제전반의 기계화를 도모할 수 있게 되어 자립적 민족경제 발전 목표를 실현할 수 있다는 인식을 가지고 있었기 때문이다.

북한의 자립적 민족경제건설노선은 1977년부터 '자력갱생의 혁명정신'이라는 구호로 변형된다.[128] '자력갱생의 혁명정신'은 북한

---

126) 김근식, "북한 발전전략의 형성과 변화에 관한 연구: 1950년대와 1990년대를 중심으로", 서울대학교 박사학위논문, 1999, pp. 41-103.

127) 과학백과사전출판사, 『주체의 사회주의 정치경제학 연구』, p. 99.

128) 박석삼, 『북한경제의 구조와 변화』 금융경제총서 제9호, 한국은행 금융경제연구원, 2004, p. 10. 자력갱생원칙은 최고인민회의 제6기 1차회의(1977)에서 "자력갱생의 혁명정신을 더욱 높이 발휘하자"라는 구호를 채택하면서 공식화되었다.

주민들이 자신의 힘과 지혜, 나라의 자원과 설비들을 최대한 동원하여 사회주의 경제건설에 새로운 도약을 일으킨다는 것을 의미한다. 북한이 자력갱생의 구호를 채택하게 된 것은 제1차 7개년계획(1961-70)과 6개년계획(1971-76)을 통해 어느 정도 생산력을 증대시키는 성과를 거두었으나, 새로이 시작하는 제2차 7개년계획(1978-84)의 성공 여부에 대한 불안감도 작용하였다. 또 당시 남한은 자립적 민족경제건설노선과는 상반된 수출드라이브 정책을 통해 고도경제성장을 이루고 있었고, 중국도 개혁개방을 모색하고 있는 상황에서 기존의 자립 경제정책의 정당성을 강조할 필요성도 있었다.[129]

이러한 북한의 자립적 민족경제건설노선은 대외경제 관계를 최소한의 필요 원자재 및 자본재를 수입하는 보완적 차원으로만 인식하여 북한경제를 국제경제 질서에서 유리된 폐쇄경제형으로 만들었고, 국내자원에만 의존하는 산업기술을 구축함으로써 세계 기술발전에서 낙후된 경제구조가 구축되었다.

〈표 4-8〉 북한의 공업건설 투자 구성 비율

(단위: %)

| 구분 | 1957 | 1958 | 1959 | 1960 |
|---|---|---|---|---|
| 공업건설 총투자액 | 100 | 100 | 100 | 100 |
| 중공업 | 84.0 | 85.0 | 81.6 | 80.6 |
| 경공업 | 16.0 | 15.0 | 18.4 | 19.4 |

자료: 『조선중앙년감 1961』(평양: 조선중앙통신사, 1962.6), p. 157.

자립적 민족경제건설은 권력투쟁 과정을 거치면서 중공업우선정책을 통해서만 실현될 수 있다는 명제로 고착화되었다. 이 결과 중공업에 대한 투자가 우선되었다. 1960년 북한이 공업부문 건설에 투자한 총액 2억 6천만 원 중 중공업 부문에 2억 9백만 원, 경공업

---

129) 박석삼, 『북한경제의 구조와 변화』, p. 10.

부문에 5천 1백만 원이 할당되었다.[130] 1957-1960년간 북한의 공업건설 투자의 구성 비율은 〈표 4-8〉과 같다.

북한은 1956년 2월 소련공산당 20차 대회에서 흐루쇼프의 스탈린 비판을 계기로 시작된 중·소 갈등이 1960년 들어 표면화되자 1962년 12월 조선노동당 중앙위원회 제4기 5차 전원회의에서 국방에서의 자위, 4대 군사노선과 함께 군사·경제 병진노선을 결정하였다.[131]

1966년 10월 김일성은 제2차 당 대표자대회에서 베트남 전쟁 등 국제정세의 악화를 이유로 "원쑤들의 침략책동에 대비하여 국방력을 더욱 강화할 수 있도록 경제건설과 국방건설을 병진"시켜야 한다는 군사·경제 병진노선을 제기하였고,[132] 북한 노동당 중앙위원회 전원회의에서 공식 채택되었다. 이후 북한은 1966년 예산대비 10%에서 1967년 30%로 국방비를 증액하였으며, 1971년까지 이러한 기조가 유지되었다.[133]

북한의 군사·경제 병진노선에 따라 경제를 이원화시켜 민수산업은 제1경제위원회에서 관리하고, 군수산업은 제2경제위원회에서 관리하게 하였다. 북한의 산업이 군산복합형으로 정착되면서 군수

---

130) 조선중앙통신사, 『조선중앙년감 1961』(평양: 조선중앙통신사, 1962.6), p. 157.

131) 임수호, 『계획과 시장의 공존』, p. 47; 함택영, "경제·국방건설 병진노선의 문제점", 최청호 외 지음『북한사회주의건설의 정치경제』(경남대학교 극동문제연구소, 1993), p. 136.

132) 로동신문, 1966년 10월 6일; 김일성, "현정세와 우리당의 과업"(1966.10.5.), 『김일성저작집 20권』, 1966, p. 414.

133) 성채기, "북한군사력의 경제적 기초: 군사경제 실체에 대한 역사적·실증적 분석", 경남대 북한대학원 편, 『북한군사문제의 재조명』(서울: 한울, 2006); 통일교육원, 『북한이해』(서울: (주)늘품플러스, 2013), p. 142; 함택영, "경제·국방건설 병진노선의 문제점", p. 139.

산업과 민수산업 간의 구별이 어려워졌다. 국가자원은 군수산업으로 집중되어 민수산업과 소비재 생산부문 발전은 저해되고 민생경제는 악화되었다.

1993년 발생한 핵 위기로 미국과 전쟁 일보직전까지 가는 상황에 처했던 김정일은 1994년 1월 1일 '자립적인 국방공업을 발전시키는 것은 조국과 사회주의의 운명과 관련된 중요한 문제'라면서 '경제형편이 아무리 어려워도 군수생산을 소홀히 할 수 없다'고 군수산업을 강조하였다.[134] 1994년 김일성의 사망으로 김일성의 유언정치가 된 농업·경공업·무역 제일주의라는 '혁명적 경제전략'은 1996년까지는 북한에서 공식적으로 유지되었지만 3년간의 완충기가 지나자 북한에서 사라졌다. 김정일은 1997년 1월 1일 당 중앙위원회 책임일군들과 한 담화에서 경제사업도 군대를 강화하는 사업과 연관시켜 하라고 지시했다.[135]

1997년 10월 당 총비서로 추대된 김정일은 1998년 1월 16일 첫 번째 경제부문 현지지도 장소로 군수공업의 메카인 자강도를 방문하였다. 1999년 1월 1일에도 김정일은 당 중앙위원회 책임일꾼들의 담화에서 국방공업을 떠나서는 경제강국을 건설할 수 없다면서 군사가 첫째이고, 국방공업이 선차라는 점을 강조하였다. 2002년 9월 김정일은 국방공업을 우선적으로 발전시키면서 경공업과 농업을 동시에 발전시키는 선군시대 경제건설노선을 제시하였다.[136] 선군정치는 1995년 1월 1일 김정일이 인민군대(다박솔초소)에 대한 현지시찰로부터 시작되었다.[137]

---

134) 김정일, "당사업을 잘하여 사회주의혁명 진지를 더욱 튼튼히 다지자(1994.1.1.)", 『김정일선집 13권』(평양: 조선로동당출판사, 1998), p. 399.

135) 김정일, "올해의 당사업에서 혁명적 전환을 일으킬데 대하여(1997.1.1.)", 『김정일선집 14권』(평양: 조선로동당출판사, 2000), p. 268.

136) 조선신보, 2003년 4월 11일.

선군정치는 군사를 제일국사로 내세우는 정치방식이다. 국방공업을 인민경제의 다른 부문보다 앞세우고 국방공업발전에 우선적인 힘을 넣는 것을 의미한다. 군사분야의 사업을 어느 분야의 사업보다 선차적이고 중요한 사업으로 내세우고 국방력 강화에 최우선적인 힘을 넣는다는 것이다. 북한은 이것이 국방공업을 우선적으로 발전시키면서 경공업과 농업을 동시에 발전시키는 노선으로 중공업을 우선적으로 발전시키면서 경공업과 농업을 동시에 발전시키는 노선의 계승발전이라고 주장하고 있다.[138] 1960년대 이후 군사·경제 병진노선을 뒷받침하기 위해 강조해 왔던 중공업 우선주의를 국방공업 우선주의로 대체시킨 것이다.

군사·경제 병진노선은 '경제에 무리가 가더라도 국방력을 강화하기 위해서 국방공업에 힘을 넣을 수밖에 없다'라는 입장인데 비해 선군경제노선은 '경제를 빠르게 발전시키기 위해서라도 국방공업을 우선 발전시켜야 한다'는 것이다. 국방공업은 최신과학기술과 강력한 중공업을 필수불가결의 요구로 내세우는 분야이기 때문에 강력한 자립적 국방공업의 토대를 다져놓으면 경공업과 농업을 비롯한 다른 모든 경제분야를 활성화해 나갈 수 있고 인민생활도 높일 수 있다고 주장한다.[139]

선군의 원칙은 선군시대 나라의 경제구조가 국방공업, 민수산업으로 이루어지는 조건에서 계획지표도 군수생산지표와 만수생산지표로 구분하여 계획화 사업을 진행하고, 군수생산지표를 중시해야 하며[140], 국가의 경제투자에서 국방공업의 몫을 먼저 조성하고 로

---

137) 김봉호, 『위대한 선군시대』(평양: 평양출판사, 2004), p. 6.

138) 김봉호, 『위대한 선군시대』, p. 109.

139) "선군정치는 민족의 자주성을 위한 필승의 보검", 노동신문, 2003년 4월 3일.

140) 김재서, "선군원칙을 구현한 사회주의경제관리", 『경제연구』 제1호, 2004,

력(노동력), 설비, 자재, 전력 등 필요한 모든 것을 최우선 보장해야 한다는 것이다.[141] 국방공업을 우선해야 한다는 선군시대 경제전략은 강한 군사력 없이는 나라와 민족의 자주권과 생존권도 사회주의도 지킬 수 없고,[142] 제국주의 침략으로부터 사회주의 제도를 고수한 조건에서만 인민생활 문제를 풀어나갈 수 있기[143] 때문이라고 하지만, 과거 중공업 우선발전 노선보다 북한 경제구조를 더욱 왜곡시켜 민생경제를 더욱 악화시켰다. 김일성 시대의 군사·경제 병진노선은 군수공업과 중공업 발전을 우선시하면서도 때로는 경공업, 농업 등 민생부문의 균형발전 문제도 제기되었다. 그러나 선군 경제정책은 어떤 경우에도 군수산업에 대한 우선적인 자원배분을 기본으로 삼고 있어 북한 산업의 불균형은 확대되고 경제 정상화는 더욱 어려워지고 있다.

## 2. 경제난과 사회정치적 위기

북한의 경제적 위기는 사회주의 체제의 특징인 국유제와 중앙집권적 계획경제 그리고 북한의 주체사상에 기반을 둔 자립적 민족경제건설, 군사·경제 병진노선에 따른 자원 왜곡과 구조적 모순에서 비롯된 결과였다.

북한의 국유제는 해방 후 바로 시작되었다. 북한은 소련군정 하에서 1946년 3월 토지개혁을 시작으로 동년 8월에는 공장·광산·철

---

p. 13.

141) 리기성, "위대한 령도자 김정일동지께서 새롭게 정립하신 선군시대 사회주의경제건설로선", 『경제연구』 2호, 2003, p. 5.

142) 김봉호, 『위대한 선군시대』, p. 108.

143) 박명혁, "사회주의기본경제법칙과 선군시대 경제건설에서 그의 구현", 『경제연구』 3호, 2003, pp. 7-8.

도·은행 등 산업의 국유화를 단행하였으며, 1947년에는 수자원·광물자원·임업 등을 국유화하였다. 이러한 국유화 사업은 지속 확대되어 1958년에는 다음 표에서 알 수 있는 것처럼 모든 생산수단에 대한 국유화를 완료하였다.

〈표 4-9〉 북한의 사회주의 경제 비중

(단위: %)

| 구 분 | 1946 | 1949 | 1953 | 1956 | 1957 | 1958 |
|---|---|---|---|---|---|---|
| 국민소득 | 14.8 | 44.5 | 45.6 | 85.8 | 93.5 | 99.9 |
| 공업총생산액 | 72.4 | 90.7 | 96.1 | 98.0 | 98.7 | 99.9 |
| 농업총생산액 | - | 3.2 | 8.0 | 73.9 | 88.2 | 100 |
| 소매상품유통액 | 3.5 | 56.5 | 67.5 | 87.3 | 87.9 | 99.9 |

자료: 『조선중앙년감 1959』, p. 171.

북한은 1946년 토지개혁과 산업시설의 국유화를 실시한 후 계획경제를 추진하였다. 1947-1948년 두 개의 1개년계획을 통하여 주민들의 생활필수품과 농업의 생산을 증진시켰고, 1949-50년에는 제1차 2개년계획을 추진하였으나 1950년 6·25 전쟁으로 중단되었다. 전쟁 이후에는 1954-56년 전후 복구 3개년계획을 추진하였다. 1957-61년 농업의 협동조합화와 공업의 국·공유화를 진행하는 한편, 노력동원을 가속화하여 계획기간을 2년 앞당겨 조기 달성하고 공업총생산을 2.6배로 증대시켰다.[144] 이후 북한은 사회주의 소유제를 바탕으로 1961년부터 계획경제를 본격적으로 추진하였다.

계획경제는 소련이 사회주의 국가를 건설하는 과정에서 구축한 소위 '스탈린식 고전적 사회주의'가 원형이 되었다. 제2차 세계대전 이후 수립된 다른 사회주의 국가들도 경제계획을 추진할 때 일반

---

144) 황의각 "북한의 경제침체: 개괄 및 총량분석", 황의각 외 지음, 『북한 사회주의경제의 침체와 대응』(서울: 경남대학교 극동문제연구소, 1995), pp. 5-6.

적으로 소련의 모델을 따라 다음과 같은 사항을 기본원리로 간주
하였다.[145]

첫째, 사회적 생산의 무정부성을 극복하기 위해서 경제활동 내
용을 지표화하고 각 부문별 수요와 공급의 균형을 맞추는 등 과학
적 사고를 강조한다. 둘째, 공산당은 경제에 대한 통제력을 유지하
며 정치이념은 경제운영의 방향을 제시하는 기본지침이 된다. 셋
째, 공산당과 국가 최고지도부가 결정한 경제계획은 명령 및 지시
적 성격을 띠는 공적 통제력을 가지며 중앙과 지방의 행정기관, 공
장 및 기업소 등은 정해진 목표의 할당량을 충족시켜야 하는 의무
를 진다. 넷째, 최고지도자가 공표한 경제목표를 달성하기 위해서
중앙계획당국이 단일한 경제계획을 마련하며, 각 지방과 기업은 중
앙에서 결정된 단일계획을 지침으로 하여 실행계획을 작성하고, 집
행사항을 중앙에 보고하여야 한다.

북한도 경제계획의 과학적 사고를 강조하며 중앙집권주의 원리
에 따라 경제계획을 수립하였다. 경제계획의 최상위 정책결정기구
는 노동당 중앙위원회이며, 내각 산하기구인 국가계획위원회가 생
산목표·투자규모 등 중요한 경제지표를 작성한다.

소련이나 중국과 같이 방대한 영토를 가진 사회주의 국가는 지
방계획기구가 별도로 존재하며 중앙계획이 미치는 못하는 범위 내
에서 독자적인 계획을 수립한다. 그러나 영토가 협소한 북한의 경
우 경제계획은 고도로 중앙집중화되어 1964년부터 '계획의 일원화·

---

145) 오용석 교수는 사회주의 경제계획에서 일반적으로 고려되는 기본원리
를 ① 과학적 접근의 원리, ② 경제와 정치의 상호연관성 원리, ③ 명령
및 지시적 성격을 띠는 공적 통제력, ④ 중앙집권주의 원리, ⑤ 엄격한
일인 책임관리제, ⑥ 계획의 작성에서부터 달성에 이르는 계속성의 원
리 등 여섯 가지로 요약하여 설명하고 있다. 오용석, 『공산권경제의 탈
마르크스 경제학』(서울: 슬라브연구사, 1988), pp. 99-100.

세부화' 원칙에 의해 실행되었다.[146) 즉, 경제계획의 작성·집행·감독이 국가계획위원회를 중심으로 도·시·군 및 공장·기업소에 이르기까지 일원화된 체계를 이루었으며, 국가계획위원회는 지방 기업소·공장의 생산지표까지 구체적이고 세부적으로 수립하였다.

사회주의 국가들은 일반적으로 경제법칙보다 정치논리를 중요시 한 결과 합리적인 경제성장이 저해 받아 왔다. 그런데 다른 어떤 사회주의 국가보다도 훨씬 더 장기간 일인독재체제를 유지해 온 북한에서는 '위대한 수령의 령도는 사회주의 경제발전의 결정적 요인'이라며 이에 대한 어떠한 비판도 허용하지 않는 주체사상의 무오류성 논리가 적용되어 경제성장이 더욱 심각하게 왜곡되었다.[147)

1980년대 말부터 시작된 소련 및 사회주의 국가들의 체제 붕괴와 전환으로 인해 국제사회에서 고립되기 시작하여 1990년대 중반 이후에는 김일성 사망, 자연재해 등이 겹치면서 총체적 위기에 빠졌다. 북한의 체제위기는 ①1990년부터 1994년 6월까지의 안보·경제의 '이중적 위기', ②1994년 7월부터 2000년 10월까지의 '고난의 행군'으로 불리는 '총체적 위기', ③2000년 11월부터 현재까지의 '탈 위기 국면'순으로 진행되었다.[148) 이러한 위기는 2002년 7·1조치가 시행되기 이전 다소 완화되었지만 경제적 위기를 포함한 전반적인 위기상황은 지속되었다.

### 3. 국제사회의 압력

1990년 10월 독일의 통일과 1991년 말 소련의 해체는 북한에게

---

146) 문병집, "북한의 경제운영과 특성", 북한경제포럼 편, 『북한의 경제운영과 특성』(서울: 학문사, 2002), pp. 9-10.
147) 과학백과사전출판사, 『주체의 사회주의 정치경제학 연구』(평양: 과학,백과사전출판사, 1978), p. 29.
148) 서훈, 『북한의 선군외교』(서울: 명인문화사, 2008), p. 63.

큰 충격을 주었다. 특히 소련 및 동유럽 국가들과 정치적 유대에 기초하여 시행해 온 무역 및 경제협력 기반이 무너짐으로써 북한은 심각한 타격을 받게 되었다. 사회주의 국가들 사이의 무역거래는 국가 대 국가 차원에서 상호 필요한 물자에 대한 사전협의를 거쳐 호혜와 평등의 원칙에 입각하여 쌍무적 바터거래를 중심으로 추진되었다.[149] 이는 가격 차이에 의해 무역이 발생하는 자본주의 무역거래와는 다른 방식이었다.

냉전시기 북한의 무역은 주로 소련과 중국 등 사회주의 국가들과 쌍무적 바터거래에 입각하여 이루어졌다. 그런데 소련 및 동유럽 사회주의 국가들이 붕괴되고, 시장경제로 전환한 중국도 경화결제를 통한 무역방식을 요구하였다. 사회주의 무역시장을 상실하게 된 북한의 대외무역 규모는 급격히 축소되어, 수출입 총액은 1990년 41.7억 달러에서 1991년 25.8억 달러, 1992년에는 25.5억 달러, 1993년에는 26.4억 달러로 대폭 감소하였다.

북한의 대외무역에서 가장 중요한 품목은 식량과 석유 등 에너지 자원이었다. 그런데 외화부족으로 식량과 에너지 수입이 어려워지자 북한의 공장가동률은 급속히 떨어졌다. 이에 북한은 1991년 12월 나진·선봉지역을 자유경제무역지대로 지정하고, 대외무역 관련 당·국가 기구들을 재편하였다. 그리고 무역거래에 대한 중앙정부의 독점권을 완화하여 당과 군 그리고 각 행정단위들이 자율적으로 무역거래를 추진하도록 허용하였다.[150] 그러나 이러한 조치에도 불구하고 북한의 대외무역은 1990년대 말까지 계속 감소하였다. 이는 또한 식량난과 에너지난을 악화시켜 북한경제는 전반적인 위기 상황에 빠지게 되었다. 북한은 탈냉전에 따른 국제적 고립에서 탈

---

149) 동용승, "제2장 대외무역", 세종연구소 북한연구센터 엮음, 『북한의 경제』 (서울: 도서출판 한울, 2005), p. 76-77.

150) 동용승, "제2장 대외무역", p. 76-77.

피하고, 지속되는 경제난을 극복하기 위해 서방국가들에 대해 유연한 외교정책을 추진하는 한편 안보를 위한 핵 개발 정책을 병행 추진하였다.

〈표 4-10〉 1990년대 북한의 대외무역 추이

(단위: 백만 달러)

| 구분 | 1990 | 1991 | 1992 | 1993 | 1994 | 1995 | 1996 | 1997 | 1998 | 1999 |
|------|------|------|------|------|------|------|------|------|------|------|
| 수출 | 1,733 | 945 | 933 | 990 | 858 | 736 | 727 | 905 | 559 | 515 |
| 수입 | 2,437 | 1,639 | 1,622 | 1,656 | 1,242 | 1,316 | 1,250 | 1,272 | 883 | 965 |
| 합계 | 4,170 | 2,584 | 2,555 | 2,646 | 2,100 | 2,052 | 1,977 | 2,177 | 1,442 | 1,480 |

자료: 한국무역협회, 『북한의 경제·사회지표 2007』, 2007, p. 72.

남한과는 1990년부터 총리를 대표로 하는 고위급 회담을 개최하여 1991년 말 '남북 사이의 화해와 불가침 및 교류·협력에 관한 합의서(기본합의서)'를 체결하였다.[151] 남북 양측은 '남북한기본합의서'에서 '현 정전상태를 평화상태로 전환'하고, 남북군사공동위원회를 구성·운영키로 하였다.[152]

1998년 출범한 김대중 정부는 일관성 있는 대북 화해협력정책을 추진한 결과, 남북관계는 갈등과 긴장관계에서 협력관계로 발전하기 시작하였다. 2000년 6월 13일 김대중 대통령이 평양을 방문, 남북정상회담을 갖고 6월 15일 공동선언을 발표함으로써 남북관계는 대결의식이 완화되고 다방면에서 협력이 강화되었다. 남북정상회담 이후 북한은 유럽 서방국가들에 대한 접근을 가속화하여, 2000년 12월 영국과 외교관계를 체결하였고, 2001년 들어 네델란드, 벨기에, 스웨덴, 독일 등 15개 EU 국가 중 13개국과 외교관계를 수립하였

---

151) 김계동 외, 『현대 외교정책론』(서울: 명인문화사, 2007), p. 370.

152) 김갑식, "남북관계와 북한변화", 윤대규 엮음, 『북한의 체제전환과 국제협력』(서울: 도서출판 한울, 2009), p. 69.

다.[153] 또 2001년에 캐나다, 브라질, 뉴질랜드와도 외교관계를 수립하였다. 일본과는 1991년 1월부터 1992년 11월까지 8차례에 걸친 국교정상을 위한 회담을 개최하였고, 미국과는 1988년 12월부터 1992년 12월까지 북경에서 28차례의 참사관급 외교관 접촉을 진행하였다. 그러나 1989년 프랑스의 상업위성이 촬영한 영변 핵시설 사진이 공개되면서 촉발된 북한 핵 문제가 타결되지 못하고, 북한이 NPT를 탈퇴하면서 북·미관계는 악화되기 시작하였다.

사회주의진영의 붕괴로 위기의식에 빠진 북한은 재래식 전력에 비해 훨씬 값싸면서도 절대적인 억지력을 가진 비대칭 수단인 핵무기 개발의 필요성을 크게 느꼈다.[154] 북한은 핵무기 개발을 통해 남한에 대한 군사적 우위 확보, 대내적으로 군부지지 및 주민들의 내부동요 방지, 대외적으로 대미 관계개선을 위한 외교적 협상카드로 활용하여 외교적 고립을 탈피하고, 경제적 위기를 극복함으로써 체제생존을 도모코자 하였다.[155] 그러나 대량살상무기 확산을 방지하려는 국제사회는 북한의 핵 프로그램을 용인할 수 없었다. 결국 탈냉전시기 북한의 생존전략과 국제사회의 확산방지 노력이 충돌하게 되어 북한의 핵 위기는 발생하게 되었다.[156]

제1차 핵 위기는 1993년 3월 12일 북한이 국제원자력기구(IAEA)가 촉구한 특별사찰 요구에 반발하여 핵실험금지조약(NPT)를 탈퇴함으로써 발생하였다. 북한은 1994년 6월 IAEA를 탈퇴하고, '핵 안전협정'을 이행하지 않을 것임을 통보하였다. 이에 대해 미국은 유엔 안

---

153) 이태건 외, 『21세기 북한학 특강』(서울: 도서출판 인간사랑, 2003), p. 164.
154) 임수호, "실존적 억지와 협상을 통한 확산: 북한의 핵정책과 위기조성외교(1989-2006)", 서울대 박사학위논문, 2007, p. 118.
155) 홍용표, 『김정일정권의 안보딜레마와 대미·대남정책』(민족통일연구원, 1997), p. 11.
156) 하영선·남궁곤 편저, 『변환의 세계정치』(서울: 을유문화사, 2009), p. 251.

보리에서 대북제재를 논의하는 한편 북한 핵시설 공격 시나리오를 검토하는 등 한반도의 군사적 긴장이 고조되었다. 다행히 제1차 핵위기는 1994년 6월 카터 전 미국대통령이 방북하여 김일성과 극적인 합의를 거쳐 1994년 9월 23일 북·미 양국이 제네바에서 '북미기본합의문'(General Agreed Framework)를 채택함으로써 부분적으로 해소되었다. 이어 1996년 4월부터 시작된 미사일 협상도 1999년 9월 회담에서 북한은 장거리 미사일 추가 발사를 유예하고, 미국은 북한에 대한 경제제재를 완화한다는 '베를린 합의'가 이루어졌다.[157]

2000년 6월 남북정상회담에 이어 같은 해 10월 북한 국방위원회 제1부위원장인 조명록 차수가 미국을 방문하여 올브라이트 국무장관, 코언 국방장관과 회담을 갖고, 상호 적대관계 중지, 정전협정체제의 새로운 평화보장체제로의 전환을 위한 4자회담 활용, 미사일 시험발사 유예, 기본합의서에 따른 핵문제 해결 등을 명시한 북미 공동성명서를 발표(2000년 10월 10일)하였다. 이어 올브라이트 미국 국무장관이 10월 23일 북한을 방문하여 외교대표부 설치, 클린턴 미국 대통령의 방북 등을 합의하는 등 관계개선이 급진전 되었으나, 대통령 선거 결과 공화당으로 정권교체가 이루어지면서 합의내용은 성사되지 못하였다.

2001년 1월 부시 행정부가 들어서면서 북·미관계는 악화되기 시작하였다. 특히 2001년 9·11테러를 당한 부시 대통령이 2002년 연두교서에서 북한을 이라크, 이란과 함께 세계평화를 위협하는 '악의 축'이라고 규정하자, 북한은 북한에 대한 선전포고라고 강력히 반발하였다. 김정일은 군 관련 활동을 강화하면서 민족자주는 강한 총대에 있다면서 군사력 강화, 국방공업발전, 총대강화 정신을 강조하였다.

---

157) 윤태영, "북미미사일 협상과정, 쟁점 및 해결전망", 『동서연구』 12권 2호 (연세대학교 동서문제연구원, 2000), p. 148.

2002년 10월 제임스 켈리 미국 특사의 북한 방문 후 북한의 농축 우라늄 핵 개발 문제가 대두되자 미국은 북한에 새로운 핵 개발 계획을 먼저 포기해야 대화가 가능하다는 강경한 입장을 표명하였고, 이에 대해 북한은 2002년 12월 IAEA 사찰관을 추방하고, 핵 관련 시설의 동결을 해제하였으며, 2003년 1월 10일 NPT 탈퇴를 선언함으로써 제2차 북핵 위기가 발생하였다.

북·미간 긴장이 고조되자 중국이 2003년 4월 베이징에서 북한, 미국, 중국이 참여한 3자회담을 주선하였지만 타협점을 찾지 못했다. 다행히 북핵 문제를 6자회담에서 논의키로 합의하고, 2003년 8월 제1차 6자회담이 개최되었다. 이어 2004년에 제2차, 제3차 6자회담이 개최되었으나 성과를 거두지 못했다.

2005년 9월 개최된 제4차 6자회담에서 핵 문제의 평화적 해결에 합의한 9·19 공동성명(joint statement)을 채택하여 북핵 문제 해결의 단초를 마련하게 되었다. 그러나 미국이 북한의 미화 위조지폐 제조와 돈 세탁을 차단하기 위해 마카오 방코델타아시아(BDA)의 북한 계좌를 동결시켰고, 북한이 이에 반발하여 2006년 7월 5일 대포동 2호 미사일을 발사하고, 10월 9일에는 1차 핵실험을 실시하였다. 이에 유엔 안전보장이사회는 대북제재결의안 1718호를 채택하였다.

BDA 문제로 교착상태에 빠졌던 6자회담은 2007년 2월 제5차 6자회담에서 BDA 해결을 전제로 '9.19 공동성명 이행을 위한 초기조치(2·13 합의)'를 채택하였고, 2007년 10월 제6차 회의에서는 '9·19 공동성명과 2·13 합의에 따른 비핵화 제2단계 행동을 위한 공동성명(10·3 합의)'에 합의하였다. 그러나 10·3 합의 이행 관련 2008년 12월 베이징에서 개최된 6자회담 수석대표 회의에서 북핵 시료 채취 문제를 둘러싸고 북·미간 이견이 대립함으로써 6자회담은 다시 난관에 빠지고, 북·미관계는 대립상태를 지속하게 되었다.

일본과는 1991-1992년 간 8차례의 국교정상화 회담을 개최하였으

나, 북한이 일본의 식민지 지배에 대한 보상 등 과거사 문제, 일본
은 북한의 핵 사찰, 일본인 납치자 문제 등을 제기하면서 상호 현
저한 입장차를 보여 별다른 성과 없이 종료되었다. 1995-1996년 사
이에 일본이 50만 톤의 식량을 북한에 지원하고, 일본인 처 고향방
문 사업이 두 차례 이루어져 양국 간 관계개선 움직임이 있었으나
1998년 8월 북한이 미사일을 발사함으로써 북·일 관계는 급격히 냉
각되었다.

1999년 9월 일본은 미국의 대북경제제재 완화와 북한의 미사일
발사 유예를 합의한 북·미베를린 합의 분위기에 편승하여 1999년
12월 일본 정당대표단이 북한을 방문하여 북한측과 국교정상화 회
담 재개에 합의하였다.[158] 이 합의에 따라 1999년 12월 19일 개최된
적십자 회담에서 재북 일본인 처들의 고향방문과 국교정상화 회담
을 재개하기로 하였다.

북한과 일본은 2000년 4월, 8월, 10월 세 차례 국교정상화 회담을
개최하였으나 북한측의 과거사 청산문제, 일본측의 핵, 미사일 및
일본인 납치의혹 문제 제기로 합의를 보지 못했다. 그러나 2002년
9월 17일 일본의 고이즈미 준이치로 총리가 평양을 방문하여 김정
일과 정상회담에서 주요 현안들을 포괄적으로 해결하기로 합의하
고, '일·북 평양선언'을 발표함으로써 북일 관계는 전기를 맞게 되
었다. 북일 양측 정상은 불미스런 과거를 청산하고, 국교정상화 교
섭 재개, 일본의 식민지 지배 반성과 대북 경협 제공, 피랍 일반인
문제 사과와 재발 방지, 핵 통제 등에 합의하였다. 다음달 10월에
북한은 납치된 일본인 생존자 5명에 대해 일본 방문을 허용하였다.
평양선언 합의에 따라 2002년 10월 북·일 간 쿠알라룸프르에서 제12
차 국교정상화 회담이 개최되었으나, 핵 개발 포기 및 일본인 납치

---

158) 이태건 외, 『21세기 북한학 특강』, p. 159.

문제 등에 대한 입장 차이로 회담은 결렬되었다.

2004년 5월 김정일 국방위원장과 고이즈미가 총리가 평양에서 제2차 정상회담을 갖고, 중단된 수교회담을 재개하기로 하였다. 또 북한은 납치 생존자 가족을 일본에 귀국시키고, 여타 일본인 행방불명자에 대해 재조사하기로 하였으며, 일본은 북한에 인도적 지원을 하고, 북한이 '일·북 평양선언'을 준수하는 한 제제법안을 발동하지 않기로 하였다. 개선되어 가던 북·일 관계는 북한에 납치되었다가 북한이 일본에 돌려준 메구미 유골의 진위문제로 악화되기 시작하였으며, 2006년 2월 재개된 제13차 국교정상화 회담도 양측 입장 차이로 결렬되었다. 이어 북한이 같은 해 7월에 미사일 발사, 10월에 1차 핵실험을 강행하자 일본은 북한상품 수입 전면금지 등 강경 대북제제조치를 취하면서 대화채널은 단절되었다.

중국과의 관계는 1992년 한·중 수교로 일시 악화되었다가 점진적으로 회복되었다. 1990년대 들어 냉전체제가 붕괴되면서 한국과 중국은 1992년 8월 국교를 수립하였다. 한·중 수교가 이루어지자 북한은 중국을 "제국주의에 굴복한 변절자·배신자"[159] 라고 비난하면서 주중대사를 소환하였다. 1991년 10월 김일성의 중국 방문, 1992년 양상쿤 중국 주석의 북한 방문을 마지막으로 양국 간 전통적으로 이루어져 왔던 정상 간의 교환 방문도 중단되었다. 1995년 북한은 '100년 만의 자연재해'를 이유로 중국에 경제원조를 요청했고, 중국이 이를 받아들이면서 원조가 재개되었다. 1996년 5월 북한과 중국은 베이징에서 경제기술협조협정을 체결하고, 중국이 5년간 북한에 곡물 50만 톤, 유류 130만 톤, 석탄 250만 톤을 절반은 무상으로 절반은 국제가격의 1/3값으로 제공키로 하였다.

1998년 9월 김정일체제가 공식 출범하면서 북한은 국제적 고립

---

159) "반제투쟁을 강화하는 것은 사회주의 위업 완성을 위한 근본요구", 『조선중앙방송』, 1992년 9월 21일.

과 경제난 극복을 위해 중국과의 관계개선을 추진하였다. 1999년 6월 북한 김영남 최고인민회의 상임위원장이 북중 수교 50주년 기념 친선사절단을 인솔하고 중국을 방문하였다. 이때 김영남 상임위원장을 맞이한 장쩌민 주석은 김영남에게 남북관계 개선과 미국, 일본 등 서방국가와의 관계개선을 권고하였다.[160] 같은 해 10월 탕자쉬안 중국 외교부장이 북한을 방문하여 북·중 관계를 강화시키는 토대를 구축하였다.

2000년 3월 김정일 국방위원장이 주북 중국대사관을 전격 방문하고, 2개월 뒤인 5월에 중국을 방문하여 장쩌민 주석과 2차례 정상회담을 갖고, 전통적인 친선을 더욱 공고히 발전시키기로 합의하였다. 2001년 1월 김정일 국방위원장은 다시 중국을 방문, 장쩌민 주석과 양국의 친선관계를 보다 높은 수준으로 발전시키기로 합의하였으며, 상하이 푸동지구의 첨단산업기지, 금융 및 산업시설을 시찰하고 중국의 개혁성과를 '상전벽해'로 높이 평가하였다. 2001년 9월 장쩌민 주석이 북한을 방문함으로써 한중 수교 이후 소원했던 관계를 해소되었고, 중국은 식량 20만 톤과 중유 3만 톤을 무상으로 북한에 제공키로 하였다. 2003년 출범한 후진타오 정부는 북한과 전략적 협력관계를 강조하면서 전통계승, 미래지향, 선린우호, 협력강화를 대북방침으로 천명하였다.[161]

2004년 4월 김정일 국방위원장이 중국을 방문, 후진타오 주석과 정상회담을 갖고, 전통적 우호관계를 재확인하였다. 2005년 10월 후진타오 중국 주석이 북한을 방문하여 고위층 상호방문 지속, 교류 영역 확대, 경제무역을 통한 공동발전 모색, 공동이익 추구라는 북중 관계 발전의 4원칙을 천명함으로써 북중 관계가 실질을 도모하

---

160) 『人民日報』, 1999년 6월 5일자, 이종석, 『새로 쓴 현대북한의 이해』, p. 368 재인용.

161) 통일교육원, 『북한이해 2013』(서울: 늘품 플러스, 2013), p. 79.

는 차원으로 전환되었다. 2006년 1월 김정일 국방위원장이 중국을 방문, 후진타오 주석과 정상회담을 통해 양국 간 협력을 강화해 나갈 것을 재확인하였으나, 북한이 같은 해 7월 미사일 시험발사, 10월에 1차 핵실험을 강행하였고, 이를 중국이 비난하고 유엔안보리의 대북제제안에 반대하지 않음으로써 양국관계는 소강상태에 직면하였다.[162]

러시아와는 1991년 12월 소련이 해체되고 11개 공화국으로 이루어진 독립국가연합(CIS)이 출범하자 북한은 모든 공화국들과 수교함으로써 구 소련권과의 관계를 재정립하였다. 그러나 새로 탄생한 러시아는 북한을 교조적이며 전제적인 공산체제의 전형으로 인식하고, 친한 일변도의 대한반도정책을 전개하였다.[163] 이에 따라 러시아는 1961년 구소련이 체결하고, 5년 마다 갱신해 온 '조·소 우호협조 및 상호원조조약'의 파기를 만기 도래 1년 전인 1995년 9월 북한에 공식 통보함으로써 양국관계는 과거 군사동맹관계에서 일반적인 국가관계로 전환되었다.

러시아와 북한은 1996년 11월 나진·선봉지대 투자확대와 대북원유제공, 무역확대를 목표로 한 투자보장협정을 체결하고, 1997년 6월 모스크바에서 새로운 북·러 기본조약 체결을 위한 실무회담을 처음 개최하였다. 이후 양국은 1998년 12월까지 모스크바와 평양을 오가며 새 조약 협정을 위한 실무협상을 벌였다.[164] 북한과 러시아는 새로운 조약의 핵심쟁점이었던 '자동군사개입' 조항과 '고려연방제지지' 조항을 삽입하지 않는다는 원칙에 합의한 후, 1999년 3월 평양에서 '조선민주주의 인민공화국과 러시아연방 사이의 친선, 선린 및 협조에 관한 조약'에 가서명하고, 2000년 2월 이바노프 외상

---

162) 통일연구원, 『2009 북한개요』(서울: 통일연구원, 2009), p. 148.
163) 이종석, 『새로 쓴 현대북한의 이해』, p. 369.
164) 『조선중앙통신』, 1998년 12월 12일자.

이 평양을 방문하여 정식 서명하였다.

2000년 7월 푸틴 러시아 대통령이 북한을 방문하여 김정일 국방위원장과 회담을 갖고 '북·러 공동선언'을 채택함으로써 양국관계는 정상화되었다. '북·러 공동선언'에는 양국 간 협력강화, 남북의 자주적통일 노력지지, 내정간섭 반대, 미국에 대한 공동보조, 국제테러와 마약 등 다국적 범죄 방지, 동북아 평화·안정을 위한 협조 등이 포함되었다.[165]

2001년 8월 김정일 국방위원장이 러시아를 방문하여 푸틴 대통령과 두 번째 정상회담을 개최한데 이어 2002년 8월 러시아 극동지역을 방문하여 블라디보스톡에서 푸틴 대통령과 세 번째 정상회담을 갖고, 한반도 안정 및 한반도 종단철도(TKR)와 시베리아 황단철도(TSR) 연결 프로젝트를 비롯한 북러 간 경제협력 확대를 위해 노력하기로 합의하였다. 2005년 1월 세계 최대 석유가스 생산업체인 러시아 가스프롬사 대표단이 북한을 방문하여 시베리아 가스관의 북한통과 및 대북 가스제공 문제 등을 협의하였다. 같은 해 4월에는 모스크바에서 남한, 북한, 러시아 철도 전문가 회의를 개최하고, TSR-TKR 연결문제를 협의하였다.

러시아는 2007년 7월 북한이 미사일을 시험 발사하자 즉각 북한측에 미사일 발사 유예를 촉구하였고, 같은 해 10월 북한이 핵실험을 감행하자 북한측에 깊은 유감과 우려를 표명하고, NPT체제 복귀 및 6자회담 재개를 촉구하였다.

앞에서 살펴본 바와 같이 북한이 7·1경제관리개선조치를 시행하기 이전 북한의 대외적 환경은 매우 유동적이었다. 미국과의 관계는 클린턴 행정부 시절 관계개선이 급진전되다가 부시 행정부가 들어서면서 다시 악화되기 시작하였고, 한국, 중국, 일본 등 여타

---

165) 통일부, 『북한동향』 제496호(2000.7.15-21), p. 7-10

주변국과의 관계는 우호적인 환경이 조성되고 있었다. 특히 남한 김대중 정부의 일관성 있는 대북화해협력정책은 북한으로 하여금 흡수통일 우려를 상당히 불식시켜 주었다.

### 4. 핵 개발

1990년대 들어 소련과 동유럽 사회주의 국가들이 붕괴되면서 냉전시대 양극체제는 미국 패권하의 단일-다극체제로 전환되었다.[166] 동북아에서는 남한의 북방정책 결과 북한의 보호막 역할을 해 온 소련이 1990년 9월 남한과 수교하였으며, 중국도 1992년 8월 남한과 수교함으로써 북한은 외교적 고립에 빠지게 되었다. 더욱이 경제적 상황이 악화되고 김일성이 사망하면서 북한은 총체적 위기에 빠졌다.

위기의식에 빠진 북한은 재래식 전력에 비해 훨씬 값싸면서도 절대적인 억지력을 가진 비대칭 수단인 핵무기 개발의 필요성을 크게 느꼈다.[167] 북한은 핵무기 개발을 통해 남한에 대한 군사적 우위 확보, 대내적으로 군부지지 및 주민들의 내부동요 방지, 대외적으로 대미 관계개선을 위한 외교적 협상카드로 활용하여 외교적 고립을 탈피하고, 경제적 위기를 극복함으로써 체제생존을 도모코자 하였다.[168]

그러나 대량살상무기 확산을 방지하려는 국제사회는 북한의 핵 프로그램을 용인할 수 없었다. 결국 탈냉전시기 북한의 생존전략과 국제사회의 확산방지 노력이 충돌하게 되어 북한의 핵 위기는 발

---

166) 김계동, 『북한의 외교정책: 벼랑에 선 줄타기 외교의 선택』(서울: 백산서당, 2002), pp. 65-66.
167) 임수호, "실존적 억지와 협상을 통한 확산: 북한의 핵정책과 위기조성외교(1989-2006)", p. 118.
168) 홍용표, 『김정일정권의 안보딜레마와 대미·대남정책』, p. 11.

생하게 되었다.[169] 제1차 핵 위기는 1993년 3월 12일 북한이 국제원자력기구(IAEA)가 촉구한 특별사찰 요구에 반발하여 핵실험금지조약(NPT)를 탈퇴함으로써 발생하였다.

제1차 핵 위기는 1994년 6월 카터 전 미국대통령이 방북하여 김일성을 만나 극적인 합의를 거쳐 1994년 9월 23일 북·미 양국이 제네바에서 '북미기본합의문'(General Agreed Framework)를 채택함으로써 위기는 부분적으로 해소되었다. 1999년 9월 베를린에서 개최된 북·미간 미사일 회담에서는 북한은 장거리 미사일 추가 발사를 유예하고, 미국은 북한에 대한 경제제재를 완화한다는 '베를린 합의'가 이루어졌다.[170]

2000년 6월 남북정상회담에 이어 같은 해 10월 북한 국방위원회 제1부위원장인 조명록 차수가 미국을 방문하여 상호 적대관계 중지, 정전협정체제의 새로운 평화보장체제로의 전환을 위한 4자회담, 미사일 시험발사 유예, 기본합의서에 따른 핵문제 해결 등을 명시한 북미공동성명서를 발표하였다. 또한 올브라이트 미국 국무장관이 11월 북한을 방문하여 외교대표부 설치, 미국 대통령의 방북 등을 합의함으로써 양국 관계는 급개선의 조짐을 보였다. 김정일 국방위원장은 올브라이트 미국 국무장관에게 북한의 대안적 경제모델을 연구했다면서 스웨덴 모델을 시사했으며, 2001년 1월에는 군총치국장 등 군부최고실력자들을 대동하고 중국 상하이를 방문하여 개혁·개방의 필요성을 강조하였다.

그러나 2001년 1월 부시 행정부가 들어서면서 북·미관계는 악화되기 시작하였다. 부시 행정부는 클린턴 행정부의 대외정책에 비판적인 입장을 취하면서 북한에 대해서도 동년 6월 6일 핵과 미사일

---

169) 하영선·남궁곤 편저, 『변환의 세계정치』(서울: 을유문화사, 2009), p. 251.
170) 윤태영, "북미미사일 협상과정, 쟁점 및 해결전망", 『동서연구』 12권 2호 (연세대학교 동서문제연구원, 2000), p. 148.

개발에 대한 검증, 재래식 무기 감축 문제를 제시하였다. 이에 대해 북한은 6월 18일 외무성 담화를 통해 미국이 제시한 3대 의제는 북한을 무장해제 시키려는 목적에서 나온 발상이라며 강하게 반발하였다. 특히 2001년 9·11테러를 당한 부시 대통령이 2002년 연두교서에서 북한을 이라크, 이란과 함께 세계평화를 위협하는 '악의 축'이라고 규정하자, 북한은 북한에 대한 선전포고라고 비난하며 강하게 반발하였다.

미국과의 관계가 경직되면서 북한의 개혁·개방 움직임은 급격히 수그러들고 김정일의 군 관련 활동은 강화되었다. 김정일은 2001년 7월 러시아 방문 시 탱크, 로켓 등 군수공장을 방문하였으며, 민족자주는 강한 총대에 있다면서 군사력 강화, 국방공업발전, 총대강화 정신을 강조하였다. 2002년 10월 제임스 켈리 미국 특사의 북한 방문 후 북한의 농축 우라늄 핵 개발 문제가 대두되자 미국은 북한이 새로운 핵 개발 계획을 먼저 포기해야 대화가 가능하다는 강경한 입장을 표명하였다. 이에 대해 북한은 2002년 12월 IAEA 사찰관을 추방하고, 핵 관련 시설의 동결을 해제하였으며, 2003년 1월 10일 NPT 탈퇴를 선언함으로써 제2차 북핵 위기가 발생하였다.

북·미간 긴장이 고조되자 중국은 2003년 4월 베이징에서 북한, 미국, 중국이 참여한 3자회담을 주선하였다. 미국은 북한에 선 핵 포기를 주장하였고, 북한은 미국에 북한에 대한 적대시 정책을 먼저 포기하라고 주장하면서 타협점을 찾지 못했다. 그러나 중국측의 노력으로 북핵 문제를 6자회담에서 논의키로 합의하고, 2003년 8월 27일 제1차 6자회담이 개최되었다. 이어 2004년 2월 제2차 6자회담, 2004년 4월 제3차 6자회담이 개최되었으나 성과를 거두지 못했다.

2005년 9월 개최된 제4차 6자회담 2단계회의에서 북핵 문제의 평화적 해결에 합의한 9·19 공동성명(joint statement)을 채택함으로써 북핵 문제 해결의 단초를 마련하게 되었다. 그러나 미국이 북한의 미화 위조지폐 제조와 돈 세탁을 차단하기 위해 마카오 방코델타 아시아(BDA)의 북한 계좌를 동결시켰고, 북한이 이에 반발하여 2006년 7월 5일 대포동 2호 미사일을 발사하고, 10월 9일에는 1차 핵실험을 실시하였다. 이에 유엔 안전보장이사회는 대북제재결의안 1718호를 채택하였다.

BDA 문제로 교착상태에 빠졌던 6자회담은 북·미간 양자접촉을 통해 재개키로 합의하고, 2007년 2월 개최된 제5차 6자회담 3단계회의에서 BDA 해결을 전제로 '9.19 공동성명 이행을 위한 초기조치(2.13 합의)'를 채택하였다. 2007년 10월 제6차 6자회담 2단계회의에서는 '9.19 공동성명과 2.13 합의에 따른 비핵화 제2단계 행동을 위한 공동성명(10.3 합의)에 합의하였다. 그러나 10.3 합의 이행 관련 2008년 12월 베이징에서 개최된 6자회담 수석대표 회의에서 북핵 시료 채취 문제를 둘러싸고 북·미간 이견이 대립함으로써 6자회담은 다시 난관에 빠졌다.

2009년 1월 출범한 오바마 행정부는 핵무기의 완전한 제거, 핵확산 의혹 해소 등 북핵문제의 해결 없이는 관계정상화가 불가하다는 입장을 천명하였다. 북한도 강경입장으로 선회하여 2009년 4월 장거리 미사일을 발사하고, 5월 25일 2차 핵실험을 단행하였다. 유엔 안보리는 대북제재결의안 1874호를 채택하고, 북한에 대해 강력한 제재조치를 실시하였다. 북한은 국제사회의 제재하에서도 2009년 폐연료봉 재처리 완료 발표, 2010년 우라늄 농축시설 공개 등 핵능력 강화를 추진하면서 미국을 압박하였다.

2011년 12월 17일 김정일이 사망하고, 다음해 2월 베이징에서 개최된 북·미간 고위급 회담에서 북한은 핵실험, 장거리 미사일 발사 및 우라늄 농축 프로그램 유예, IAEA 사찰단 복귀조치를 취하고, 미국은 24만 톤에 해당하는 영양을 지원키로 한 '2.29 합의'가 채택되었다. 그러나 북한이 2012년 4월 장거리 미사일(북한은 우주로켓 주

장)을 발사하고, 헌법을 개정하여 핵 보유국을 명시하였다. 유엔 안
보리는 4월 16일 의장 성명을 채택하여 북한의 미사일 발사를 강력
규탄하고, 추가적인 제재조치를 단행했으며, 미국은 대북 영양지원
을 중단하였다.

북한은 2012년 12월 12일 장거리 미사일을 다시 발사하였고, 2013
년 2월 12일 3차 핵실험을 단행하였다. 유엔 안보리는 3월 8일 강력
한 대북제재결의안 2094호를 채택하였다. 북한 핵에 대해 소극적
자세를 취해 왔던 중국도 북한의 3차 핵실험 이후 북핵 위기 해결
을 위해 적극적인 자세를 보이기 시작하였다. 2013년 5월 워싱턴에
서 개최된 미·중 정상회담과 2013년 6월 베이징에서 개최된 한·중
정상회담에서 시진핑 총서기는 한반도 비핵화를 희망한다는 중국
입장을 밝혔으며, 2013년 5월 24일 중국을 방문한 북한 특사 최룡해
에게도 한반도 비핵화와 6자회담 재개 필요성을 강조하였다.


## 제4절 개혁·개방정책 평가

### 1. 개혁·개방 촉진요인

소련과 동유럽 사회주의 국가들은 1990년대 이미 자본주의체제
로 모두 전환하였다. 아시아에 위치한 중국과 베트남도 개혁·개방
정책을 통해 자본주의체제로 전환되어 가고 있다. 북한만이 사회주
의체제를 고수하고 있는 것은 앞서 살펴본 것처럼 북한의 특수성
에 기인하고 있다. 북한도 1970년대 이후 제한적이고 분절적인 개
혁·개방정책을 몇 차례 시도했으며, 앞으로 계획경제체제에 내재
되어 있는 문제점을 극복하고 경제를 발전시키기 위해서는 북한에
적합한 개혁·개방정책 추진이 필요한 상황이다. 북한체제에는 북
한의 개혁·개방을 저해시키는 요인과 함께 개혁·개방을 촉진시키

는 요인도 내재되어 있다. 지금까지 검토한 북한의 개혁·개방 초기 조건과 동인을 분석하여 도출할 수 있는 개혁·개방 촉진요인은 다음과 같이 정리할 수 있다.

첫째, 북한의 계획경제와 자립적 민족경제건설노선에서 비롯된 심각한 경제난이 지속되고 있다. 북한의 계획경제체제는 1970년대까지는 남한의 경제성장률을 앞서는 발전을 보이면서 정상적으로 가동되었다. 자립적 민족경제건설을 지향하는 중공업우선정책이 일정한 성과를 거둔 것이다. 그러나 1980년대 들어 경제규모가 커지면서 북한의 중공업우선 계획경제체제는 한계를 보이면서 경제성장률이 급격히 하락하였다.

중공업우선정책은 1960년대 이후 중·소분쟁으로 인한 안보위기속에서 자립국방을 위한 군수산업을 발전시키는 전략과 결합되어 '국방-경제 병진노선'이 되면서 북한 경제체제는 군수산업에 자원을 우선적으로 투자하는 체제가 되었다. 군수산업우선 성장전략은 초기에는 대규모 노동력 동원을 통해 외연적 성장에 성공할 수 있었으나, 자립경제노선에 따른 기술수준의 낙후, 노동생산성 저하 등으로 자본과 기술이 필요한 내포적 성장은 불가하였다.

더욱이 1990년대 들어 사회주의 진영이 붕괴하면서 북한의 대외무역은 급격히 감소하여 북한 경제에 치명적인 영향을 미쳤다. 1990년 북한의 소련과의 무역규모는 전체무역의 53%를 차지하고 있었으나, 1991년 6월 소련이 해체되고 러시아공화국이 출범한 후 북한과 러시아의 무역규모는 1990년 대비 83.6%나 급감하였다.[171] 러시아는 대북 수출품에 대해국제시세 보다 저렴하게 가격을 부여하던 종전의 '우호가격제'를 폐지하고, 북한에 경화결제를 요구하였다. 경화를 보유하고 있지 않은 북한은 러시아로부터 원자재를 도

---

171) 조동호, "제2장 계획경제의 한계", 박재규 편, 『북한의 딜레마와 미래』 (서울: 법문사, 2011), p. 70.

입할 수 없게 되어 북한의 대러 수입은 1990년 15.2억 달러에서 1991
년 1.8억 달러로 감소하였다. 중국도 1992년부터 '우호가격제'를 폐
지하고 경화결제를 요구하였다. 동독은 서독에 흡수통일 되었고,
다른 동유럽 국가들도 모두 시장경제체제로 전환을 추진하였다.

〈표 4-11〉 북한의 경제성장률 추이(1990-2012)

(단위: %)

| 구분 | 1990 | 1991 | 1992 | 1993 | 1994 | 1995 | 1996 | 1997 |
|------|------|------|------|------|------|------|------|------|
| 북한 | -4.3 | -4.7 | -7.1 | -4.5 | -2.1 | -4.4 | -3.4 | -6.5 |
| 남한 | 9.3 | 9.7 | 5.8 | 6.3 | 8.8 | 8.9 | 7.2 | 5.8 |
| 구분 | 1998 | 1999 | 2000 | 2001 | 2002 | 2003 | 2004 | 2005 |
| 북한 | -0.9 | 6.1 | 0.4 | 3.8 | 1.2 | 1.8 | 2.1 | 3.8 |
| 남한 | -5.7 | 10.7 | 8.8 | 4.0 | 7.2 | 2.8 | 4.6 | 4.0 |

| 구분 | 2006 | 2007 | 2008 | 2009 | 2010 | 2011 | 2012 |
|------|------|------|------|------|------|------|------|
| 북한 | -1.0 | -1.2 | 3.1 | -0.9 | -0.5 | 0.8 | 1.3 |
| 남한 | 5.2 | 5.1 | 2.3 | 0.3 | 6.3 | 3.6 | 2.0 |

자료: 한국은행, 남북한의 주요 경제지표.

1990년부터 마이너스 성장을 해오던 북한은 1994년 김일성이 사
망하고, 1995년 대홍수가 발생함으로써 경제기반이 완전히 붕괴되
어 수십만의 주민이 아사하는 사태가 발생하였다. 1990-1998년 간
연평균 -4.6%의 성장률을 기록함으로써 1998년도 북한의 총 생산력
은 1980년대 말에 비해 절반 수준으로 하락하였다. 1999년도 마이너
스 성장률이 플러스로 전환되었지만 2001-2005년간 연 평균 2.5%,
2006-2010년간 연 평균 -0.1%, 2011년 0.8%, 2012년 1.3%로 지속적인
장기침체를 보이고 있다.

북한의 계획경제체제는 자력갱생 원칙에 입각하여 자립적민족
경제건설을 표방하는 체제지만 김일성이 언급한 것처럼 100% 자립
이 아니라 30-40%의 원자재를 외국에서 수입해야 하는 자립도 70%

를 지향하는 체제이다. 사회주의 진영의 붕괴로 원자재 30-40% 수입이 중단되자 군수공장 등을 제외한 일반공장 가동률은 30% 이하로 떨어졌다.[172] 갑작스런 원자재 감소로 각 생산단위에 대한 원자재 공급이 불가능해지면서 중앙당국의 '계획의 일원화, 세부화 원칙'은 붕괴되고, 계획경제체제는 와해되었다.

북한의 계획경제체제 해체 징후는 1995년에 명시적으로 드러났다. 북한은 1995년도 재정규모를 전년 대비 40% 줄여 발표하였는데 재정규모의 대폭 축소는 북한이 더 이상 '계획의 일원화, 세부화 원칙'에 따라 경제를 운영할 만한 능력을 상실했음을 의미했다. 북한이 지금까지 구축해 온 계획경제체제가 기간산업을 제외한 경공업, 농업부문에서 붕괴된 것이다.

국가배급제도는 붕괴되고 식량위기가 대두되었다. 북한의 식량난은 사회주의적 집단영농 생산방식에 따른 생산력 감소로 1980년대 중반부터 시작되었다. 1980년대 북한의 식량 생산량은 연평균 415만 톤 정도로 정량배급 기준으로 200여만 톤 부족하여 1987년부터 1인당 배급량을 평균 700g에서 22%를 감량하여 배급하였다.[173] 이 당시에는 사회주의국가들의 원조와 수입능력 유지로 기근문제는 발생하지 않았다.

그러나 사회주의권이 붕괴되자 원조 및 우호무역이 폐지되고, 원유수입 급감에 따른 화학비료 생산 감소, 농기계 부품 및 연료 공급 중단, 자연재해 등으로 식량생산량은 400만 톤 이하로 급락하

---

172) 한국은행의 1999년 추계치에 의하면 북한의 제강업은 23%, 기계공업 25%, 화학비료 25%, 화학섬유 15.3%, 시멘트 및 비료는 30%로 전반적인 공장가동률이 30% 미만인 것으로 추정된다. 권영경, "북한경제의 위기 구조와 중국, 베트남의 초기 개혁·개방정책에 비추어 본 북한의 개혁·개방 평가", 『안보학술논집』 제13집 2호, 2002년 12월; 통일교육원, 『2013 북한이해』, p. 147.

173) 통일교육원, 『2013 북한이해』, p. 158.

면서 국가의 식량배급체계가 붕괴되고 대규모 아사자가 발생하는
초유의 사태가 발생하였다.[174]

〈표 4-12〉 북한의 식량수급량 추이(1995-2012)

(단위: 만 톤)

| 구분 | 1995 | 1996 | 1998 | 1999 | 2000 | 2001 |
|---|---|---|---|---|---|---|
| 식량수요량 | 534 | 529 | 530 | 504 | 518 | 524 |
| 전년도생산량 | 413 | 345 | 369 | 389 | 422 | 359 |
| 부족량 | 121 | 184 | 161 | 115 | 96 | 165 |
| 구분 | 2002 | 2003 | 2004 | 2005 | 2006 | 2007 |
| 식량수요량 | 536 | 542 | 548 | 545 | 560 | 543 |
| 전년도생산량 | 395 | 413 | 425 | 431 | 454 | 448 |
| 부족량 | 141 | 129 | 123 | 114 | 106 | 95 |
| 구분 | 2008 | 2009 | 2010 | 2011 | 2012 | |
| 식량수요량 | 540 | 548 | 546 | 534 | 540 | |
| 전년도생산량 | 401 | 431 | 411 | 425 | 445 | |
| 부족량 | 139 | 117 | 135 | 109 | 95 | |

주: 식량수요량은 농촌진흥청 추계시 감량배급(1일 546g)기준, WFP/FAO추계
　　시 1일 최소기준량(1인당 458g) 기준으로 계산한 것임.
자료: 농촌진흥청 자료(1995-2010), WFP/FAO자료(2011-2012), 통일교육원, 『2013
　　북한이해』, p. 158 재인용.

　　대규모 아사자가 발생한 1995-1997년간 부족한 식량은 감량배급
(1인당 546g)기준으로 연평균 155만 톤에 이르렀다. 2000년대에도 매
년 100만 톤 이상의 식량이 부족하였다. 그럼에도 1990년대 중반과

---

174) 양문수는 북한의 식량 배급체제가 1994-1995년 사실상 중단된 것으로 보
　　며, 김연철은 1995년 5월 이후 배급이 급감하여1997년 중단된 것으로 보
　　고 있다. 이석기는 양자의 차이를 인터뷰한 탈북자들의 출신지역 차이
　　로 보고, 사실상 배급중단 시기를 1995년으로 간주한다. 이석기, "북한의
　　1990년대 경제위기와 기업형태의 변화", 서울대학교 박사학위논문, 2003,
　　p. 83.

같이 기근 현상이 발생하지 않는 것은 남한과 국제사회의 지원, 개
인경작지 증대, 시장을 통한 식량거래 때문이라고 할 수 있다. 특히
북·중 접경지역을 통해 유입되는 식량과 전국적으로 발달된 장마당
거래를 통해 식량위기를 헤쳐 나가고 있는 것이다. 이처럼 지속되고
있는 경제난 극복을 위해서는 개혁·개방이 불가피한 상황이다.

둘째, 김정일 체제가 안정을 찾고, 남북관계를 비롯한 주변 국가
들과의 관계가 개선되고 있었다. 북한은 1994년 김일성 사후 총체
적 위기를 타개하기 위한 고난의 행군 시기를 마치고 1998년 헌법
수정, 군을 중심으로 한 국가체제를 정비하고 김정일 체제가 공식
출범하였다. 1990년부터 시작되어 1998년까지 지속된 마이너스 경
제성장률이 1999년도에는 국제사회의 지원 등에 힘입어 6%라는 성
장률을 달성함으로써 체제안정에 대한 자신감을 갖게 되었다.

대외적으로 남북관계는 급속히 개선되고 있었다. 1998년 출범한
김대중 정부는 대북 화해협력정책을 추진했고, 그 결과 남북관계는
개선되기 시작하여 2000년 6월 김대중 대통령이 북한을 방문하여
김정일 국방위원장과 정상회담을 갖고 '6·15 공동선언'을 발표하였
다. 남북관계 개선은 주변국가들과의 관계도 개선시켜 2002년 9월
일본 고이즈미 총리가 북한을 방문하여 김정일 국방위원장과 회담
을 갖고 '북·일 평화선언'을 발표하였으며, 2004년 5월 평양에서 제2
차 북·일 정상회담을 가졌다. 러시아 푸틴 대통령도 2000년 7월 북
한을 방문하여 양국 정상회담을 갖고, '북·러 공동선언'을 발표하였
다. 이어 김정일 국방위원장이 2001년 8월과 2002년 8월에 러시아를
방문하여 푸틴 대통령과 정상회담을 갖고 협력강화에 합의하였다.
1992년 한·중 수교로 소원해졌던 북·중 관계도 김정일 국방위원장
이 2000년 5월 중국을 방문하여 장쩌민 국가주석과 정상회담을 개
최함으로써 개선되었다.

미국과의 관계는 1994년 10월 제네바에서 북핵 관련 양국이 '북

미기본합의문'을 채택했고, 1999년 9월 베를린에서 개최된 미사일 관련 회담에서 북한은 장거리 미사일 발사를 유예하고, 미국은 북한에 대해 경제제재를 완화한다는 '베를린 합의'가 이루어졌다. 2000년 10월 북한 국방위원회 제1부위원장인 조명록 차수가 미국을 방문하여 '북미공동성명서'를 채택하였고, 뒤를 이어 올브라이트 미국 국무장관이 10월 23일 북한을 방문하여 외교대표부 설치, 미국 대통령의 북한 방문 등을 합의함으로서 양국관계는 급진전되었다. 그러나 2001년 1월 출범한 부시 행정부의 대북 강경정책과 북한의 농축우라늄 개발 문제가 대두되어 양국관계는 다시 악화되기 시작하였다.

셋째, 북한에서 시장화 현상이 확대되고 있다. 시장화란 다양한 의미로 사용되지만 본 논문에서 시장화란 시장(marketplace)의 발생 및 확대란 의미와 계획화(planning)에 대비되는 시장 매카니즘의 도입 및 확산이란 의미로 사용한다.[175]

북한의 시장은 해방 이후부터 존재해 왔다. 해방 이후 1950년 까지는 인민시장이라는 명칭으로 통상 1개 군에 3-4개씩 존재했다. 1950년에 농촌시장으로 명칭이 변경되었고, 이후 농민시장, 장마당, 시장(종합시장)으로 명칭이 바뀌면서 규모도 확대되었다. 농촌시장은 인민위원회 관리 하에 잉여농산물이나 공업상품을 거래할 수 있도록 하였다. 1958년 농업협동화가 완료되고 개인 상공업의 사회주의적 개조작업이 완료되면서 농촌시장은 내각 결정에 의해 농민

---

175) 대개 시장이라 하면 백화점이나 재래시장과 같이 장소, 공간으로서의 시장을 떠올리게 되는데 이는 시장의 극히 일부에 불과하다. 시장은 장소로서의 측면도 있지만 오히려 시스템이라는 측면이 더 중요하다. 우리가 흔히 시장이라고 하는 것은 엄밀히 말하면 시장 매카니즘이라고 해야 한다. 양문수, "북한의 시장화: 추세와 구조변화", 『KDI 북한경제리뷰』 제15권 6호, KDI, 2013년 6월, P. 47.

시장으로 개칭되고, 거래 품목도 곡식 및 공업제품을 제외한 야채, 부식물 등으로 제한되었다. 1969년부터는 한 개 군에 하나씩 설치되어 매월 3회 장이 서게 되었다.

농민시장의 목적은 협동농장원들의 생활을 향상시키고 노동의 욕을 고취시키는 한편 국영상점이 제때에 공급하지 못하는 생활필수품을 임시변통 할 수 있도록 하는 것이었다. 당시 농민시장에서 유통된 상품은 텃밭, 뙈기밭, 부업밭에서 생산된 농작물이 주류를 이루었다.[176) 농민시장은 1980년대 들어 중국의 개방정책, 1984년부터 추진한 8.3 인민소비품 생산운동에 의한 가내수공업 장려활동의 영향으로 활성화 되었고, 이에 편승하여 농민시장에서 허용되지 않는 품목도 불법 유통되면서 암시장화 되었다.

1990년대 들어 사회주의권이 붕괴되고 식량난이 심화되자, 1993년 3월을 전후해서 10일마다 열리던 농민시장이 매일 열리는 상설시장인 '장마당'으로 바뀌었다.[177) 1990년대 중반 배급제가 붕괴되면서 장마당은 전국적으로 확산되어 일반주민 대부분이 장마당에서 생활용품을 조달하게 되었다.[178) 장마당이 기존의 계획경제를 보완하는 기능을 벗어나 이를 대체하는 기능으로 변질되면서 1990년대 후반부터는 전국에 300개 이상의 장마당이 형성되었고, 주민

---

176) 텃밭은 농가 한 세대당 집 근처 30평 정도의 땅을 공식 허용한 땅이고, 뙈기밭은 개인이 산골짜기의 자투리땅을 스스로 개간해서 경작하는 비공식 땅이다. 부업밭은 작업반이나 직장 등 각 단위별로 척박한 땅을 나누어 주고 활용하게 하는 땅이다. 최수영, 『북한의 제2경제』, 민족통일연구원, 1997, pp. 18-20.

177) 내외통신, "탈북자의 증언을 통해 본 북한사회", 『북한실상종합자료집』, 내외통신사, 1995, pp. 71-72.

178) 통일부 추산에 의하면 일반주민의 경우 주식의 60%, 생활필수품의 70% 정도를 장마당에서 구입하고 있다. 통일부, 『최근 북한의 농민시장 실태와 가격동향 분석』, 1999년 1월.

들의 장사형태도 '되거리 장사', '달리기 장사', 상설시장에 앉아서 장사하는 '매대 장사'로 확대되었다.

북한은 2002년 7·1조치에 '사회주의 물자교류시장'을 포함시켰다. 공장·기업소 간 남거나 부족한 원자재를 유무상통토록 하고, 생산물의 일정 비율을 자재용 물자교류에 사용토록 허용하였다. 북한이 최초로 생산재 시장을 공식 허용한 조치였다. 2003년 3월에는 종합시장을 도입하였다. 2003년 6월에 김정일 특별지시로 전국의 농민시장을 '시장'으로 명칭을 바꾸고, 농·토산물은 물론 기존에 금지되었던 공산품의 매매까지 마약, 밀반출품을 제외한 거의 모든 물품의 매매를 허용하였다.[179] 종전의 암시장을 공식으로 합법화 시켜주는 조치였다. 평양시 낙랑구역에 '통일거리 시장'이 개설되고, 대표적인 시, 도 종합시장들은 대규모 도매시장으로 확대되고, 지방 소도시까지 유통망이 네트워크화 되는 현상이 나타났다.

시장이 합법화 되고 규모가 커지자 시장 참여자들도 늘어났다. 개인뿐만 아니라 공장 및 농장도 시장에 참여하였다. 개인들이 임노동, 장사, 개인경작, 식당, 숙박업 등 다양한 형태의 경제활동에 참여하면서 시장이 확산되고 계획경제 부문에서의 노동력 이탈 현상이 확대되었다. 종합시장이 등장한 이후 장사에 본격적으로 뛰어들어 돈을 벌어 축적한 이른바 돈주라고 불리는 사람들이 등장하였다.

계획경제부문이 점차 사적경제부문에 침식되고 의존하는 현상이 나타났다. 시장 확산에 따라 배금주의, 개인주의, 부정부패, 양

---

179) 김정일 위원장은 2003년 3월 9알 "시장을 장려하고 사회주의 경제관리와 인민생활에 효과적으로 이용하라"는 지시를 내렸다. 이에 따라 북한은 2003년 5월 5일 내각 결정 제27호 '시장관리 운영규정 채택에 대하여'를 채택하였다. 『민족21』 2003년 8월호; 조선일보 통한문제 연구소(http://www.nkchosun.com).

극화 현상 등 사회적, 정치적 부작용이 나타났다. 북한 당국은 체제 위협을 느끼고 시장을 통제하기 시작하였다. 북한노동당은 2005년 4월부터 권력층의 비리를 내사하는 한편 사회 저변의 '비사회주의적' 현상을 단속하면서 시장 주변의 '무질서한 현상'을 집중적으로 검열하였다.[180) 북한의 개혁정책 기조는 후퇴하기 시작하여 2007년 10월부터 북한은 시장에서의 불법, 무질서, 판매품목 등을 본격적으로 통제하고, 시장 축소를 시작하였다.

2008년 6월 김정일은 '6·18 담화'를 통해 시장은 자본주의적 요소의 본거지이며 온상이라고 지적하고, 경제개혁조치 전반에 걸친 후퇴를 공식 선언하였다. 2009년 1월 북한은 전국의 시장을 농민시장으로 환원한다는 방침을 발표하였으나 주민들의 반발로 일단 보류하였다. 그러나 북한은 2009년 6월 북한의 최대시장인 평성시장을 철거하였고, 이어 2009년 11월 30일에는 화폐개혁을 전격 단행하였다. 북한은 화폐개혁을 통해 화폐를 대량으로 보유하고 있는 상인들의 현금을 환수하여 국가재정을 높이고, 또 시장경제 활동을 위축시키려는 것이었다. 화폐개혁 조치로 상품 공급이 위축되어 물가가 폭등하고 걷잡을 수 없는 부작용이 발생하였다. 이에 북한 정부는 2010년 2월부터 시장에 대한 단속을 완화하고, 5월에는 시장에 대한 억제정책을 철회함으로써 시장은 합법적인 지위를 회복하였다.

북한은 시장억제를 위해 2007년부터 여러 차례에 걸쳐 시장을 통제하고, 폐쇄라는 조치까지 동원했지만 실패하였다. 그것은 시장이 북한 경제체제에서 주민들의 삶의 필수불가결한 존재가 되었을

---

180) 당은 2004년 말부터 인민보안성, 검찰, 보위부 합동단속반을 통해 '비사회주의적 현상'을 단속하다가 2005년 4월부터는 직접 '중앙당 검열 그루빠'를 구성하여 평성, 신의주 등 대도시 시장을 검열하였다. 한기범, 『북한 정책결정과정의 조직행태와 관료정치: 경제개혁 확대 및 후퇴를 중심으로(2000-2009)』, 2009, p. 192.

뿐만 아니라 국가 기관들도 이미 다양한 형태로 시장으로부터의 잉여에 의존하여 재정부족을 충당하고 있었기 때문이다. 북한 시장화의 발전과정을 보면 앞으로 북한에서 시장화가 급속히 확대되지는 않는다 하더라도 꾸준히 확산되면서 개혁·개방을 촉진시키는 요인으로 작용할 것이다.

넷째, 사회주의진영이 붕괴되고, 공산주의 이데올로기가 쇠퇴한 것 역시 북한의 개혁·개방을 촉진시키는 요인이다. 1980년대 후반부터 진행된 소련 및 동유럽 사회주의 국가들의 붕괴는 북한에게 커다란 충격을 주었었다.

사회주의 국가들의 붕괴는 북한에게 이념적 진영의 붕괴와 해외시장의 붕괴, 그리고 국제무대에서 외교적 고립을 가져왔다. 사회주의 국가들이 존재할 때에는 북한은 사회주의 국가들과 사회주의 체제의 정당성과 이데올로기에 대한 우월성을 공유하고, 반제국주의 활동 등을 통해 협조관계를 유지하였다. 그러나 소련과 동유럽 사회주의 국가들이 붕괴되고, 중국, 베트남은 개혁·개방으로 시장경제체제로 전환함에 따라 사회주의체제의 정당성과 마르크스·레닌주의는 퇴색하게 되었다.

북한은 주체사상을 마르크스·레닌주의와 차별화 하면서 생존을 모색하였지만 국제무대에서 고립은 심화되었다. 1992년 김정일은 "자본주의 포위속에서 혁명을 하지 않으면 안 되는 상황"이라고 위기감을 표출하였다.[181] 1990년대 중반 북한의 한 경제학자도 북한경제를 "자본주의 바다에 홀로 떠 있는 사회주의 작은 돛단배 한척"이라고 표현하였다.[182]

냉전시대에는 동북아와 한반도에 북방삼각동맹(북·중·소)과 남

---

181) 김정일, "당사업을 강화하여 우리식 사회주의를 더욱 빛내이자"(1992.1.1.), 『김정일선집』 12권 (평양: 조선로동당출판사, 1997), p. 254.

182) 조동호, "제2장 계획경제의 한계", p. 71.

방삼각동맹(한·미·일)이 균형을 이루고 있었다. 북한은 소련 및 중국과 전시 상호군사자동개입을 의미하는 상호원조조약에 의해 안보문제를 해결하였다.[183] 그러나 소련이 와해되고 뒤를 이은 러시아는 2000년 2월 자동개입조항을 폐지하였다. 중국은 기존 군사동맹 관계를 유지시키고 있지만 이를 방어적 측면에서 해석하는 등 과거와는 다른 행보를 보여 주고 있다.[184] 더욱이 남한은 1990년 9월 소련과 수교하고, 1992년 8월 중국과 수교했으나 북한은 미국, 일본과 수교를 하지 못함으로써 국제무대에서 고립이 심화되고 생존자체가 절실한 상황이 되었다. 20세기 초 유럽의 젊은이들을 열광시켰던 공산주의 이데올로기가 퇴색하고 사회주의 진영이 붕괴되자, 북한은 이제 '사회주의 북한'을 유지하기 위한 생존의 전략에 초점을 맞추어야 했다. 2000년대 들어 남한은 러시아 및 중국과 다방면에서 교류 협력이 더욱 확대되고 있으나 북한은 여전히 미국, 일본과 수교를 못하고 대립관계에 놓여 있다.

북한이 유일하게 의존하는 나라는 중국이지만 중국 역시 탈냉전 후 이념 보다 실리를 중시하는 정책에 따라 북·중관계는 기존의 혈맹관계라는 특수관계에서 점차 국가 간 보편적이고 일반적인 관계로 전환되어 가고 있다. 2007년 중국 사회과학원이 중국의 대학생, 학자, 공무원 등 3,000명을 대상으로 비밀리에 시행한 한반도와 북한에 대한 여론조사에서 73%가 북한을 중요한 나라라고 생각한다면서도 62%가 북·중관계는 혈맹관계는 아니라고 답변하였다.[185] 중

---

183) 북·소 간에는 1961년 7월 6일 "조선민주주의인민공화국과 쏘베트사회주의공화국 련맹 간의 우호, 협조 및 호상 원조에 관한 조약", 북·중 간에는 1961년 7월 11일 "조선민주주의인민공화국과 중화인민공화국 간의 우호, 협조 및 호상원조에 관한 조약"이 체결되었다. 『조선중앙연감 1962』 (평양: 조선중앙통신사, 1962), pp. 157-162.

184) 김용현, "북한 내부정치와 남북관계: 7.4 남북기본합의서, 6.15 비교", 『통일문제연구』 통권 제42호(서울: 평화문제연구소, 2004), pp. 4-5.

국이 전략적 이해관계에 따라 북한이 붕괴되지 않도록 후원하고는 있지만 과거처럼 이념적 토대위에서 북한을 무조건 지원할 수는 없는 상황이 되었다. 한·중관계는 수교 이후 1998년 협력동반자관계에서 2003년 전면적 협력동반자관계로, 2008년 전략적 협력동반자관계로 격상되었다.

2011년도 기준 북·중 간 무역규모는 63.2억 달러, 한·중 간 무역규모는 2,206억 달러였다. 중국은 중국의 경제발전에 대한 한국의 역할이 커지면서 한반도의 안정을 우선시하지 않을 수 없었다. 2010년 11월 연평도 포격사건 이후 중국 외교부 고위간부는 한국과 미국 외교관들에게 북한을 '골치 아픈 이웃'이라고 묘사하면서 북한을 포기할 준비가 되어 있는 것처럼 언급했다고 한다.[186] 천영우 당시 외교부차관도 "통일은 한국 중심으로 이루어져야 한다는 견해가 베이징 최고위층에서 확산되고 있다"면서 "통일 한국이 중국에 적대적이지 않다면 온건한 '한미동맹'도 용인할 것"이라고 말한 것으로 전해진다. 중국공산당 기관지 인민일보의 자매지인 환구시보는 "북한이 도발을 반복할 때마다 더욱 국제적으로 고립되는 대가를 치르게 될 것"이라고 북한을 비판하였다. 이러한 중국의 대북비판은 북한의 대남도발이 한반도를 안정적으로 관리하려는 중국의 정책에 부합되지 않기 때문이다.

---

185) 중국 공산당 대외연락부 아주국 간부인 오우양산은 2007년 9월 일본 문예춘추에 중국 사회과학원이 비밀리에 실시한 여론조사 결과를 발표하였다. 송봉선, 『중국을 통해 북한을 보다』(서울: 도서출판 시대정신, 2011), p. 64.

186) 2010년 11월 위키리크스는 허야페이 외교부 부부장이 "북한이 미국이라는 '어른'의 관심을 끌기 위해 '응석받이 어린아이'처럼 행동하고 있다"는 말을 했으며, 추이톈카이 외교부 부부장도 "중국은 북한이 '완충국'으로서의 가치가 거의 없다는 현실을 받아 들일 준비가 되어 있다"는 발언을 했다고 폭로했다. 송봉선, 『중국을 통해 북한을 보다』, p. 62.

북한 역시 중국을 과거처럼 신뢰하고 있는 것은 아니다. 황장엽 전 노동당 비서는 중국이 한국과 수교한다는 소식에 김일성이 앓 아누울 정도로 큰 충격을 받았다고 밝혔다. 북한은 중국이 북한을 배신했다고 생각하고 경계심을 갖게 되었으며, 독자적인 핵 개발도 추진하였다. 1990년대 중반 대기근으로 북한 주민이 대거 죽어가는 상황인데도 중국이 최소한의 식량만 지원해 준 냉담함을 기억하고 있다. 한·중 간 수교로 형성된 북·중 간 냉각관계는 김일성이 사망 하고, 김정일이 2000년 5월 김정일이 중국을 방문함으로써 복원되 기 시작하였지만 중국의 배신과 냉담함을 경험한 북한이 과거처럼 중국을 신뢰 하기는 어려웠다. 더욱이 중국은 한국과 수교 이후 북 한에 대해 개혁·개방을 종용하였다. 덩샤오핑은 1993년 북한이 "개 혁·개방을 하여 경제를 향상시키지 않으면 붕괴한다"고 경고 하였 다. 덩샤오핑은 1993년 5월 칭다오에서 개최된 북·중 비밀 수뇌회담 에서 김일성 대리로 참석한 강성산 총리에게 "북한은 경제건설을 본격적으로 추진해야 한다. 경제가 발전되지 못하면 한국에 흡수될 지 모른다"면서 북한의 개혁·개방을 독려하였다.[187]

2000년 5월 한·중 수교 후 처음으로 중국을 방문한 김정일은 베 이징의 실리콘밸리인 중관촌 등을 시찰하고, 장쩌민 국가주석에게 "중국은 개혁·개방으로 국력이 증대되었다. 덩샤오핑 노선이 옳았 다"고 개혁·개방을 긍정적으로 평가하였다.[188] 김정일은 귀국 후 내각이 중심이 된 경제개혁방안 수립을 지시(6월 3일로 추정)하였 다.[189] 2005년 10월 후진타오 중국 국가주석이 북한을 방문, 김정일

---

187) 이덕주, 『한국현대사비록』(서울: 기파랑, 2007), p. 470.

188) 한기범, 『북한 정책결정과정의 조직행태와 관료정치: 경제개혁 확대 및 후퇴를 중심으로(2000-2009)』, p. 116.

189) 김정일 지시에 의해 2000년 10월경 '친필지시 이행을 위한 상무조'(6.3 그 루빠)가 조직되어 대책안이 마련되었고, 구체적인 시행계획이입안되어

과 한반도의 비핵화와 북한의 6자회담 참여에 합의하고, 또 북한에 20억 달러 원조를 약속했으며, 개혁·개방을 권유하였다. 김정일은 2006년 1월 박봉주 총리를 대동하고 중국을 방문하여 후베이성의 우한, 광둥성의 주하이, 푸젠성의 샤먼 등 개혁·개방 도시를 방문했다. 원자바오 총리와의 회담에서 김정일은 개혁·개방에 대비한 지원을 요청하였고, 원자바오 총리는 "정부유도, 기업참여, 시장운영"이라는 새로운 북·중 경협방침을 제시하였다.[190]

2010년 8월 중국 창춘에서 개최된 북·중 정상회담에서 후진타오 국가주석은 양국 간 상호이익을 공동으로 도모하는 경제협력을 확대하고 추진하는 것은 양국 인민의 이익에 부합된다고 지적하고, "정부주도, 기업위주, 시장운영, 호리공영"이라는 북·중 경협의 새 방침을 제기하였다. 또 "경제건설을 하는 것을 변함없이 견지하고 사회주의 현대화 제반 사업을 전면 발전시키며 민생을 끊임없이 개선하고 보장해 주는 것이 중국의 개혁·개방 30년의 기본 경험"이라고 설명하고, "경제사회발전에서 자력갱생도 중요하지만 대외협력도 떼어놓을 수 없는 바, 이는 시대의 조류에 순응하고 국가발전을 촉진하기 위해 반드시 경유해야 할 길"이라고 언급하였다.[191] 북한이 개혁·개방에 관심을 가질 것을 강력히 종용한 것이었다.

원자바오 총리는 2012년 8월 장성택 부장의 중국 방문시 북한에 투자 환경 조성을 위한 개혁을 요청하였다. 북한체제 건설의 이념적 기초가 되었던 공산주의 이데올로기의 퇴조, 사회주의진영의 붕

---

2002년 7월 1일 시행되었다. 한기범, 『북한 정책결정과정의 조직행태와 관료정치: 경제개혁 확대 및 후퇴를 중심으로(2000-2009)』, pp. 112-114.

190) 김철, "김정은 시대의 북·중 관계와 경제협력", p. 128.

191) 김병욱, "김정은 권력승계 이후 선군경제운영과 국제사회 변화 동향", 『KDI 북한경제리뷰』 2012년 2월호, p. 86; 김철, "김정은 시대의 북·중 관계와 경제협력", p. 127.

괴, 북한이 유일하게 의존하고 있는 중국의 개혁·개방 종용, 그리고 자본주의를 향한 시대의 조류는 '자본주의 바다에 홀로 떠 있는 사회주의 작은 돛단배'인 북한의 개혁·개방을 촉진하는 요인이 되고 있다.

다섯째, 북한 지도부의 교체 역시 북한의 개혁·개방을 촉진시키는 강력한 요인이다. 새로운 김정은 체제는 김정일이 사망하고 4개월이 지난 2012년 4월에 공식 출범하였다. 김정일 체제가 김정은 체제로 교체된 것은 권력의 교체라기보다는 권력의 세습이기 때문에 통상적인 국가의 지도부 교체와는 차이가 있다. 더구나 김정은은 권력세습을 위한 충분한 준비기간도 없이 권력을 세습하였기 때문에 김정은이 당장 기존 정책과 다른 혁신적인 정책을 선택하기가 쉽지 않다.

특히 북한이 1990년대 중반 이후 지속되고 있는 국가위기를 견디면서 체제를 유지하고 있는 것은 인민의지지 보다는 최소화된 핵심지배연합의 강고한 응집력에 의한 것[192]임을 감안할 때 핵심지배연합의 기득권을 위협하지 않으면서 개혁·개방정책을 추진해야 하는 어려움이 있다. 그럼에도 불구하고 김정일 체제가 김정은 체제로 교체된 것은 북한의 개혁·개방을 촉진시키는 요인이 되고 있다.

그 이유는 먼저 북한의 최고지도자로서 김정은과 김정일은 차이가 있기 때문이다. 김정은은 2009년 1월 후계자로 내정[193]된 후,

---

192) 최완규, "장성택 방중과 북한개혁", 중앙일보(시론), 2012년 8월 22일; 한병진, "북한정권의 내구성에 대한 이론적 고찰", 『국가전략』 2009년 제15권 1호, 2009, pp. 125-127.

193) 김정일은 2009년 1월 8일 김정은의 생일날에 맞추어 그를 후계자로 결정했다는 교시를 이제강 당조직지도부 제1부부장에게 하달했고, 동시에 조선인민군 총정치국을 통해 북한군 대좌 수준까지 전달되었다. 이 시점에 맞추어 노동신문은 2009년 1월 8일 "향도의 당을 위해"라는 정론을 실었다. 김갑식, "김정은정권 출범의 특징과 향후 전망", 『NARS 현안보

2010년 9월 당 대표자 회의에서 당 중앙군사위부위원장, 당 중앙위원, 그리고 인민군 대장에 선출됨으로써 공식적인 후계자의 지위를 드러냈다. 2011년 12월 17일 김정일이 사망하자, 김정은은 12월 30일 당 정치국 회의에서 최고사령관으로 추대되었고, 2012년 4월 개최된 당 대표자회의와 최고인민회의를 통해 당 제1비서와 국방위 제1위원장, 당 중앙군사위원장에 추대되었다. 후계자로 내정된 후 공식후계자로 모습을 드러낼 때까지 21개월, 공식후계자에서 최고지도자까지 1년 7개월이 걸렸다. 김정일의 경우 후계자로 내정(1974년)된 후 공식후계자로 선포(1980년) 될 때까지 6년, 공식후계자에서 국방위원장 취임(1998년)까지 18년이 걸렸다. 최고지도자 지위에 오를 때 김정은의 나이는 28세, 김정일의 나이는 56세였다.

김정일은 18년 간 공식후계자로서 활동을 통해 최고지도자의 지위에 오르기 전에 이미 북한체제 내 확고한 리더십을 확보할 수 있었지만 김정은의 경우 1년 7개월이라는 짧은 지도자 수업으로는 확고한 리더십을 갖출 수 없었다. 김정일은 김일성이 사망하기 전에 이미 북한을 실질적으로 통치하고 있는 상태이었기 때문에 김일성이 사망한 후에도 정책이 그대로 유지되었다. 리더십도 확고히 갖추어져 있었기 때문에 최고지도자 지위에 오르지 않고도 3년 동안 유훈통치 형식으로 북한을 통치할 수 있었다. 김정은은 최고지도자로 추대될 당시 국가를 통치해 본 경험이 없었고, 나이도 김정일에 비해 훨씬 젊었다.

김정일은 해외생활 경험이 없지만 김정은은 스위스에서 유학생활을 했다. 어린 시절 생모 고영희와 함께 일본 디즈니랜드에 놀러 가기도 하였다.[194] 김정은의 이런 경험은 자본주의 체제를 긍정적

---

고서』제185호, 국회입법조사처, 2013년 1월 18일, p. 12; 이교덕, "김정은 체제와 2012년", 『KDI 북한경제리뷰』2012년 1월호, p. 25.
194) 이수석, "김정은시대의 권력개편과 체제변화", 『KDI 북한경제리뷰』2012

으로 평가하게 할 수도 있다. 김정은은 지도자의 지위에 오르기 전에 국정참여 기간이 짧아 김정일에 비해 국가정책의 수정이나 변화에 보다 자유로운 입장이다. 김정은이 비록 권력을 세습하였지만 김정일이 채택한 정책과 자신이 선택한 정책은 반드시 같을 수는 없기 때문이다. 해외생활 경험과 나이를 고려하면 김정일 보다 사고방식도 훨씬 유연할 수도 있다. 실제 노동당 제1비서와 국방위 제1위원장에 추대된 이후 모란봉악단 공연 관람, 유치원 방문, 군부대 방문 등에 부인 리설주를 대동하는 파격적인 모습을 보였다.

〈표 4-13〉 김정은 체제 정치국원 변화

| 구분 | 제3차 당대표자회<br>(2010년 9월) | 제4차 당대표자회<br>(2012년 4월) | 비고 |
|---|---|---|---|
| 정치국<br>상무위원 | 김영남(1928), 최영림(1930), 조명록(1928), 리영호(1942) | 김정은, 김영남, 최영림, 최룡해, 리영호 | |
| 정치국<br>위원 | 김영춘(1936), 전병호(1926), 김국태(1924), 김기남(1929), 최태복(1930), 양형섭(1925), 강석주(1939), 변영립(1929), 리용무(1925), 주상성(1933), 홍석형(1936) 등 11명 | **김경희, 김정각, 장성택, 박도춘,** 김영춘, 김국태, 김기남, 최태복, 양형섭, 강석주, 리용무, **현철해, 김원홍, 리명수** 등 14명 | 평균 나이 81.8세에서 약 78세로 낮아짐 |
| 정치국<br>후보위원 | 리태남(1938), 김락희(1933), 태종수(1936), 김평해(1941), 우동측(1942), 김정각(1941), 박정순(1928), 김창섭(1946), 문경덕(1957), 김양건(1942), 김영일(1947), 박도춘(1944), 최룡해(1950), 장성택(1946), 주규창(1928) 이상 15명 | **오극렬,** 김양건 김영일, 태종수, 김평해, 문경덕, 주규창, **곽범기,** 김창섭, **로두철, 리병삼, 조연준,** 김락희 (추정) | 후보위원은 추가 인물 포함가능성 있음 |

주: 괄호안은 출생년도, 굵은 글자체는 새로 인명된 인물.
자료: 이상숙, "김정은 체제의 권력구조와 개혁·개방정책추진", p. 10.

---

년 9월호, p. 27.

김정일에서 김정은으로 지도자 교체가 이루어지면서 북한체제 지도부 핵심인사들도 대폭 교체되었다. 핵심인사들의 교체는 김정은이 후계자로 내정되면서 시작되었다. 김정일은 김정은을 후계자로 내정(2009년 1월)한 후, 후계체제 구축을 위해 군부 내 세력교체를 단행하고 당을 복원시키는 조치를 취했다. 먼저 공안기구를 국방위 산하로 통합하고 2010년 6월 장성택을 국방위 부위원장에 임명하여 공안기구를 총괄하게 하였다. 2010년 9월 제3차 당 대표자회의를 개최하여 군부의 대표주자였던 오극렬, 김영춘을 권력의 핵심에서 퇴진시키고, 리영호를 정치국 상무위원, 당 중앙군사위부위원장에 임명하여 군을 장악토록 하였다. 또 당을 강화하는 조치를 취했다. 당 정치국 32명중 25명, 당 중앙군사위원회 19명중 16명, 당 중앙위원회 정위원 124명중 94명, 당 중앙위원회 후보위원 105명중 99명을 신규 충원함으로써 지난 15년 간 형해화 된 당을 정상화시켰다.[195]

이들의 구체적 경력은 알려지지 않고 있으나 50대 이하인 '혁명 3-4세대' 일부도 권력 핵심으로 진입했을 것으로 추정된다. 이들은 당연히 김정은과 함께 북한을 이끌어 갈 것이다. 김정일 사후 개최된 2012년 4월 제4차 당 대표자대회에서는 군부서열 1위인 총정치국장에 민간당료 출신인 최룡해를 임명하여 권력의 핵심에서 군부세력을 약화시키고 세대교체를 앞당겼다. 최룡해는 최현 전 인민무력부장의 차남으로 1980년대 장성택이 당 청년부장일 때 산하 청년조직책임자로 있었으며, 이후 장성택과 관계를 유지해왔다.

2012년 7월 김정일 시신 운구를 책임졌던 신군부의 실세인 리영호 총참모장을 모든 직무에서 해임하였다. 리영호는 당 출신인 최룡해의 총정치국장 임명과 군이 갖고 있던 경제사업권을 내각으로

---

195) 김갑식, "김정은 정권 출범의 특징과 향후 전망", p. 24.

이관하라는 김정은의 지시에 불만을 토로했을 수 있고, 이에 김정은이 권위 확보를 위해 숙청했을 가능성이 있다. 이 과정에서 장성택의 입김이 작용했을 것으로 추측된다.[196]

세대교체는 하부조직에서도 이루어졌다. 현재 북한 로동당의 조직지도부를 제외한 여타부서는 '혁명 5,6세대'인 30, 40대가 실무 팀장급으로 업무를 이끌어 가고 있다. 군부도 군단장은 40-50대, 사단, 여단장 일부는 30-40대로 교체되었다. 이들의 직책이 한 단계씩 승진하여 부부장급으로 올라가면 김정은 체제를 뒷받침하는 당내 파워 집단을 형성하게 될 것이다.[197] '혁명 1,2세대'는 혁명의 개척 세대로 김일성이 대표자이고, '혁명 3,4세대'는 혁명의 계승 세대로 김정일이 대표자이다. 혁명 3,4세대는 1940-1950년대 출생한 세대로 '주체의 조국' 건설에 매진한 1,2세대에 이어 '선군정치의 조국' 건설을 담당한 세대다.[198]

김정은 체제의 구축은 1960-1970년대 태어난 혁명 5,6세대와 더불어 진행되고, 김정일 세대인 혁명 3,4세대들이 후견인 역할을 할 것이다. 혁명 3-4세대들은 1970년대 초반 3대혁명 주축세력으로 유일사상체계 구축에 기여했고, 북한체제의 최고 전성기에 안정된 교육과 시혜를 받은 세대이기 때문에 투철한 혁명성을 보일 수 있다.[199]

---

196) 이수석, "김정은시대의 권력개편과 체제변화", pp. 24-25; 국가정보원은 7월 26일 국회정보위에서 김정은이 군부 세대교체 인사를 단행하고 경제 주도권을 군이 아닌 내각으로 이관하는 문제에 대하여 리영호가 반발하였기에 숙청했고, 숙청 직후 김정은이 원수 칭호를 받음으로써 김정은은 확실한 권력장악을 과시했다고 평가하였다. 연합뉴스, 2012년 7월 26일.

197) 정영태 외, 『포스트 김정일체제 전망』(서울: 통일연구원, 2010), pp. 81-82.

198) 로동신문, 2006년 6월 28일; 2007년 3월 19일.

199) 이교덕 외, 『새터민의 증언으로 본 북한의 변화』(서울: 통일연구원, 2007), pp. 29-31.

그러나 혁명 5,6세대들은 합영법 제정, 세계청년학생축전 개최 등 개방적 시기를 경험하고, 북한이 경제적으로 쇠락해 가는 시기에 성장했다. 북한은 이들에게 사상교육을 통해 '우리식 사회주의 고수'와 체제에 대한 충성심을 요구하지만 이들은 3,4세대 보다 더 실리적이고 대외개방적인 사고를 가지고 있을 가능성이 높다.[200]

경제개혁을 주도했던 인물들의 부상도 두드러졌다. 2002년 '7·1 경제관리개선조치'를 주도했던 총리 박봉주, 부총리 로두철, 전승훈, 곽범기 등의 위상이 올라가고, 경제부문에서 핵심역할을 수행하게 되었다. 2012년 4월 당 대표자회의에서 곽범기가 정치국 후보위원 겸 비서국 비서에 임명되었고, 내각 부총리 겸 국가계획위원장인 로두철도 정치국 후보위원에 임명되었다. 2007년 4월 당과 군부의 반발로 내각 총리에서 해임되었던 박봉주는 2010년 8월 당 경공업부 부부장으로 복권되고, 2012년 4월 경공업부 부장으로 승진하였다. 2013년 3월 31일 로동당 중앙위원회 전원회의에서 정치국 위원으로 임명된 데 이어 다음날 4월 1일 내각 총리에 임명되었다.[201] 신진 테크노크라트의 정치적 위상도 상승하였다. 2012년 4월 최고인민회의에서 리승호, 리철만, 김인식 등 3명이 내각 부총리로 임명되었는데 이들은 모두 전문지식을 가진 테크노크라트에 속하고 있다. 김인식은 수도건설위원장도 겸하고 있다.

이처럼 북한 최고지도자의 교체는 비록 권력 세습에 따른 교체이기는 하지만 새로운 지도자 김정은의 성격, 성장배경, 경험이 김

---

200) 정영태 외, 『포스트 김정일체제 전망』, p. 80.
201) 박봉주는 2002년 '7·1경제관리개선조치'를 주도한 경제전문가로 2003년 9월 내각 총리에 임명되었다. '7·1조치'시행 과정에서 당 및 군부와 마찰을 빚고, 2006년 6월 자금 전용 혐의로 40일간 직무정지를 당했다. 2007년 4월 총리직에서 해임되고 순천 비날론연합기업소 지배인으로 좌천되었다가 2010년 8월 당 경공업부 제1부부장으로 복권되었다. 파이낸셜 뉴스, 2013년 4월 1일.

정일과 달라 정책이 얼마든지 변화될 수 있다. 또 김정은 체제 출범 후 당, 정, 군의 핵심지도부 인사들이 대폭 교체되었으며, 개혁·개방에 부정적인 군부 영향력이 축소되고, 개혁·개방에 보다 온건한 세력이 주도권을 장악하였다. 박봉주 등 개혁·개방 세력이 복귀하였고, 하부조직에서도 새로운 젊은 세대가 등장하는 북한체제에 전반적으로 괄목할 만한 변화가 일어났다. 이러한 변화는 분명히 북한의 개혁·개방을 촉진시키는 요인으로 작용하고 있다.

여섯째, 북한의 과거 추진했던 개혁·개방정책 경험이 개혁·개방을 촉진시키는 요인이 되고 있다. 북한은 국내외 여건에 맞추어 1970년대 이후 제한적인 개혁·개방정책을 추진해왔다. 북한은 1970년대 동서진영 간 데탕트 분위기에 편승하여 서방국가들로부터 차관과 기술을 도입하기 위해 개방정책을 처음으로 추진하였다. 이 정책은 1970년대 발생한 오일 쇼크 영향으로 북한이 무역대금을 결재하지 못하자, 서방채권단이 1987년 북한을 채무불이행 국가로 선언하면서 실패로 끝났다.

서방으로부터 자본과 기술도입이 불가능해지자 북한은 외국인으로부터 직접 투자를 유치하기 위해 1984년 9월 합영법을 제정하였다. 자립경제를 표방하는 북한이 서방국가 자본을 받아들인다는 조치는 획기적인 변화였지만, 대외경제관계법의 미비, 자본주의 국가와의 경제협력 경험 부족, 인프라 시설 미비 등의 이유로 서방국가들의 자본 유치에 실패하였다. 이에 북한은 조총련계 자본을 끌어 들이기 위해 조총련계 기업과의 합영사업에 집중하지만 1993년 말까지 10년 동안 북한이 유치한 계약금액은 1억 5천만 달러에 불과할 정도로 부진하였다.

합영법에 의한 투자유치 성과가 부진하자 북한은 경제특구전략을 추진하였다. 1991년 12월 나진·선봉지역을 자유경제무역지대로 설정하고, 이를 법적으로 뒷받침하기 위해 1992년 외국인투자법, 합작법, 외국인기업법을 제정하고, 1993년 자유경제무역지대법, 외화관리법, 토지임대법 등 관련 법규를 제정하였다. 그러나 나진·선봉 경제특구 역시 열악한 사회간접자본시설, 경제적 타당성, 법, 제도 미비, 북한 관료의 무리한 개입, 그리고 북한 핵 위기 발생 등으로 인해 외자유치는 성과를 거두지 못했다. UNDP 자료에 의하면 2001년 말 투자유치 금액은 8,800만 달러였다.[202] 2000년대 들어 남북정상회담을 통해 남북관계가 개선되자, 북한은 2002년 7·1조치에 이어 신의주, 개성, 금강산에 새로운 경제특구를 설정하였다.

7·1조치는 가격 및 임금의 대폭 인상, 가격 결정 방식 개편, 배급제의 변화, 국가계획수립의 분권화, 공장·기업소의 경영자율권 확대, 사회주의 분배원칙에 입각한 분배의 차등화 확대 등을 골자로 하는 일련의 경제개혁조치였다. 7·1조치 성격에 대해서는 시장화를 지향해 나가는 성격의 개혁이라는 평가와 계획경제시스템을 개선하고 계획경제를 강화하려는 체제내적 개선조치에 지나지 않는다는 두 가지 견해가 있다. 7·1조치가 2005년 이후 중단되고, 2006년부터 역개혁적 조치가 나타나면서 7·1조치가 시장화를 향한 개혁이라는 평가는 동력을 잃었다.

그러나 7·1조치는 북한 스스로 1946년 토지개혁 이후 최대의 사변이라고 할 정도로 북한경제사에서 가장 개혁적인 조치였다. 7·1조치에는 시장경제적 요소가 포함되어 있으며, 이어 2003년 3월 기존의 농민시장을 종합시장으로 확대함으로써 북한의 시장화 확산에 지대한 영향을 미쳤다. 7·1조치는 당과 군부의 반발로 7·1조치의 주역인 박봉주 총리가 2006년 직무정지를 당함으로써 사실상 중단되었다. 김정은 정권 출범 이후 2013년 4월 박봉주가 내각 총리에 재기용 되고, 정치국 정치위원에 임명됨으로써 개혁·개방 가능성

---

202) 조동호, "제2장 계획경제의 한계", p. 69.

은 높아졌다.

7·1조치에 이어 북한은 2002년 9월 '신의주특별행정구기본법'을 발표하고, 네델란드계 중국인 양빈을 특별행정장관에 임명하였다. 신의주특구는 중국의 심천과 홍콩을 참고하여 설치한 것으로 평가되고 있다. 1990년 제정된 '홍콩특별행정구기본법'과 용어 및 내용이 상당 부분 일치하고 있다.[203] 신의주특별행정구기본법에 의하면 특구와 토지와 자원이 모두 국가에 속하지만 특구가 50년 동안 토지에 대한 개발, 이용, 관리 권한을 갖도록 되어 있다. 외국인의 무비자 통행, 외국인의 특구내 요직 취임 허용, 우대관세 적용, 자유로운 외환 유통 등 문호를 대폭적으로 개방하였다. 북한은 특구설립 발표 2년 안에 50만 인구를 특구로 이주시키며, 20만 명의 경제관리와 기술 관련 인재를 영입할 계획이었다. 그러나 중국이 2002년 10월 양빈을 거액의 탈세 혐의로 체포함으로써 신의주특별행정구 건설은 중단되었다.

2002년 11월 25일 북한은 '금강산관광지구법'을 선포하였다. 금강산 관광은 1998년 11월 유람선 금강호가 운영되면서 처음 시작되었다. 남한인의 금강산 관광은 2000년 말 기준 37만 명이었다. 2002년 11월 21일 '경의선·동해선 연결공사'가 마무리 되고, 2003년 9월부터 금강산으로 가는 육로 관광코스가 개통되었다. 2007년 6월에는 내금강 관광까지 관광산업이 확대되었으나 2008년 7월 11일 남한 관광객이 북한 병사의 총격으로 사망하는 사건이 발생하여 7월 12일부터 금강산 관광은 중단되었다. 2009년 11월 김정일은 현대아산 현정은 회장을 접견할 때 금강산과 개성 관광 회복 의사를 밝혔으나, 한국 정부는 총격 사인의 진실규명 및 재발방지, 관광객 신변안전 보장이라는 선결조건을 요구하여 양측 간 타협점을 찾지 못했다.

---

203) 김영훈·권태진, "북한의 경제개혁·개방 조치와 농업협력에 대한 시사", 『북한경제논총』 2002년 제8호, p. 39.

북한은 금강산 관광 중단이 장기간 지속되자 2011년 8월 22일 남한 재산에 대한 법적처분을 단행하겠다고 통보하였다. 2008년 금강산 총격사건 이전까지 금강산을 관광한 남한인은 193만 5천명이었다.[204] 북한은 금강산 관광을 통해 상당한 경제적 이익을 얻었다.

개성공업단지는 2000년 8월 남한의 현대아산과 북한의 아태민경련 간 개성공업지구 건설에 관한 합의서를 채택함에 따라 시작되었다. 북한은 2002년 최고인민회의 상임위원회 정령으로 개성공업지구법을 공표하고, 2003년 6월 30일 남북 관련인사들이 참석한 가운데 개성에서 공업단지 착공식을 가졌다. 2004년 6월 남한의 15개 기업이 시범단지 입주계약을 체결하였으며, 12월에 첫 제품이 출시되었다. 개성공업지구는 지속적으로 확대되어 2012년 12월 현재 남한의 123개 기업이 입주하여 생산 활동을 하고 있으며, 2012년까지 누계생산액은 19억 7599만 달러에 이르렀다. 개성공단 남한기업에 고용된 북한인은 2012년 말 기준 54,234명으로 개성시 인구 38만 명(개성시 거주자는 10만 명)의 14%를 차지하고 있다. 개성공단은 남북 모두에게 이익을 주고 있다. 2008년 금강산 관광이 중단되었을 때도 개성공단은 유지되었다. 2008년 이명박 정부가 들어선 이후 남북관계는 경색되기 시작하여 2010년 천안함 피격사건, 연평도 포격사건이 발생하였지만 개성공단은 유지되었다. 경색된 남북관계는 2013년 박근혜 정부 출범 이후 더욱 악화되어 2013 4월 북한이 개성공업단지에서 북한인 노동자를 철수시키고, 남한도 개성공업단지에서 남한인을 모두 철수시킴에 따라 개성공단 생산활동은 중단되었다.

한편 북한은 2010년부터 북방특구지역 개발을 위해 노력하고 있다. 1991년 개설된 이래 개발이 부진했던 나진·선봉경제무역지대와

---

204) 통일부, 『금강산관광객현황』, 2013. 7. 31.

신의주 인근에 위치한 황금평·위화도를 새로운 경제특구로 지정해 중국과 공동개발을 추진하고 있다. 북한은 2010년 1월 나선시를 특별시로 격상시키고 나선경제특구법을 개정했으며 국가경제개발총국을 설립하였다. 2010년 12월 중국과 나진, 황금평 공동개발 MOU를 체결하고, 2011년 6월 나진, 황금평 공동개발 착공식을 거행하였으며, 2011년 12월 황금평·위화도 경제특구법을 제정하고 각종 외국인 투자 관련법들을 해외자본 유치가 용이하도록 개정하였다. 이러한 일련의 조치는 모두 중국에 대해 개방을 확대하고 자본을 유치하기 위한 조치였다.

1970년대 이후 지금까지 북한이 추진했던 개혁·개방정책들은 대부분 실패로 끝났지만 개성공단이나 중국 접경지대 공동개발정책처럼 진행 중인 정책도 있다. 과거 7·1조치와 같은 개혁정책도 여건이 달라지면 보완을 통해 언제든지 다시 추진될 수 있는 정책으로 북한에게는 귀중한 경험이 되고 있다. 이러한 경험은 향후 북한이 개혁·개방을 보완하여 추진할 수 있는 요인이 되고 있다.

## 2. 개혁·개방 억제요인

북한체제는 다른 사회주의 국가들과 마찬가지로 생산수단의 사회적 소유와 중앙집권적 계획경제체제를 기본으로 하고 있다. 북한이 다른 사회주의 국가들과 달리 북한만이 가지고 있는 북한체제의 특수성은 주체사상과 주체사상에 기반을 둔 수령유일체제가 북한사회를 지배하고 있으며, 경제적으로는 자립적 민족경제노선과 군사·경제 병진노선을 지향하고 있다는 것이다. 북한체제의 이러한 특수성은 미국과의 적대관계, 분단국으로서 남한과 경쟁해야 하는 환경과 맞물려 개혁·개방을 억제하고 있다. 북한의 개혁·개방을 억제하는 요인을 살펴보면 다음과 같다.

첫째, 북한사회에 뿌리깊이 확립되어 있는 주체사상을 들 수 있다. 1953년 스탈린이 사망하고 소련의 신지도부가 집단지도체제로 구성되자 북한지도부 내에서도 당의 노선을 둘러싸고 갈등이 표출되기 시작하였다. 김일성은 1955년 12월 '사상사업에서 교조주의와 형식주의를 퇴치하고 주체를 확립할 데 대하여'라는 연설을 통해 사상에서의 주체를 강조하였고, 이를 계기로 주체사상이 형성되기 시작하였다. 이후 1965년 4월 김일성이 인도네시아 알리 아르함 사회과학원 연설에서 "사상에서의 주체, 정치에서의 자주, 경제에서의 자립, 국방에서의 자위 이것이 우리당이 일관하게 견지하고 있는 입장이다"라고 주장하면서 주체사상을 정식화하였다.[205]

1967년에는 갑산파를 숙청하고 주체사상에 근거하여 수령의 개인독재를 정당화하는 '당의 유일사상체계'를 확립하였다. 1974년 2월 12일 당중앙위원회 전원회의에서 후계자로 결정된 김정일은 2월 19일 전국선전일군강습회에서 김일성 사상을 '김일성주의'로 선포하고, '김일성주의'는 주체시대 새로운 요구를 반영하여 나온 독창적인 위대한 혁명사상이라면서 '김일성주의'를 '주체의 사상, 리론, 방법의 체계'로 정식화하였다.[206]

1980년 10월 로동당 6차 당 대회에서 당규를 고쳐 과거 마르크스-레닌주의와 김일성 주체사상을 병렬시켰던 당 지도이념을 '조선로동당은 오직 위대한 수령 김일성 동지의 주체사상, 혁명사상에 의해 지도된다.'로 고쳐 김일성 주체사상을 마르크스-레닌주의를 대

---

205) 김일성, "조선민주주의인민공화국에서의 사회주의건설과 남조선 혁명에 대하여(1954.4.14.)", 『김일성저작선집』4권(평양:조선로동당출판사, 1968), pp. 219-220.

206) 김정일, "온사회를 김일성주의화하기 위한 당사상 사업의 당면한 몇 가지 과업에 대하여(1974.2.19.)", 『주체혁명위업의 완성을 위하여 3』(평양: 조선로동당출판사, 1987), pp. 8-9.

체하는 새로운 지도이념으로 굳혔다. 1982년 3월 김정일은 김일성 70회 생일을 기념하여 발표한 '주체사상에 대하여'라는 논문을 통해 주체사상의 원리를 전면적으로 체계화하였다.

1986년 7월 김정일은 혁명의 주체는 '수령, 당, 대중의 통일체'이며, 인민대중은 당의 영도밑에 수령을 중심으로 하여 조직 사상적으로 결속됨으로써 영생하는 자주적인 생명력을 가진 하나의 '사회정치적 생명체'를 이루게 된다는 사회정치적생명체론을 제시하였다. 수령은 사회정치적생명체에서 그의 '최고뇌수'이고, 생명활동의 중심이며 당은 그의 중추를 이룬다면서 수령에 대한 절대복종을 강조하였다. 사회정치적생명체론을 통해 주체사상의 집단주의적 성격을 강화하고 수령의 권위를 절대화하였다.

사회주의체제에서는 중요한 정책적 변화를 시도할 때에는 먼저 이념체제의 수정을 통해 새로운 정책을 정당화하는 절차를 밟았다. 중국의 경우 1976년 모택동이 사망하자 등소평 등 개혁파들은 모택동 사상을 재평가하고, 실천은 진리를 검증하는 유일한 기준이라는 관점에서 개혁·개방정책을 정당화하는 작업을 거쳤다. 베트남도 1986년 도이모이 정책을 채택하기 전에 먼저 당의 지도노선의 잘못을 인정하고 반성하였다. 그런데 북한에서 주체사상은 당과 정부의 모든 정책과 노선을 결정짓는 확고부동한 지도이념이다. 사회정치적생명체론은 인간의 생명을 개인의 생명과 사회집단의 생명으로 구분하고, 사회집단의 생명이 개인의 생명보다 선행하기 때문에 개인의 생명은 사회집단 안에서만 존재가치를 인정받을 수 있다는 논리를 전개한다. 따라서 생산에 있어 개인의 자율성을 인정하는 개혁·개방논리가 수용되기 위해서는 지도이념인 주체사상의 경직성이 변해야 하는 것이다.

둘째, 주체사상에 기반을 둔 자립적 민족경제건설노선이다. 자립적 민족경제건설노선은 다른 사회주의 국가에서는 볼 수 없는 북한만의 특수한 경제발전전략이다.

북한이 자립적 민족경제건설노선을 경제정책 기조로 채택하게 된 것은 한국전쟁 이후 중국과 소련으로부터 원조가 줄어들었고, 또 중·소 이념분쟁에서 독자적인 노선을 강구해야 할 필요성 때문이었다. 북한은 1956년 경제에서의 자립을 발표하고, 자립적 민족경제건설을 시작하였다. 김일성은 1956년 8월 개최된 로동당 중앙위원회에서 연안파와 소련파를 제압하고, 자립적 민족경제건설을 위한 중공업우선정책을 채택하였다. 같은 해 12월 개최된 중앙위원회에서는 자립적 민족경제건설을 위한 내부자원 동원을 위해 천리마운동을 결정하였다. 1962년 김일성은 정부의 당면과업으로 자립적 민족경제를 다음과 같이 강조하였다.

> 자립적 민족경제를 건설한다는 것은 나라를 부강하게 하고, 인민생활을 높이는데 필요한 경공업제품들과 농업생산물을 기본적으로 국내에서 생산 보장할 수 있도록 경제를 다방면적으로 발전시키고 현대적 기술로 장비하여 자체의 튼튼한 원료기지를 닦아 모든 부문들이 유기적으로 련결된 하나의 종합적인 경제체제를 이룬다는 것을 의미합니다.[207)

김일성이 강조한 자립적 민족경제는 농업과 경공업 모든 분야에서 원료에서 제품생산까지 자급자족 체제를 갖추는 것을 목표로 하고 있다. 이러한 김일성의 입장은 무역분야에서도 동일하게 나타났다. 1967년 김일성은 무역에 대해 "기본적인 것, 많이 요구되는 것은 자체로 생산하고, 적게 요구되거나 모자라거나 자기 나라에서 생산할 수 없는 것은 유무상통의 원칙에서 다른 나라들과 무역을 통하여 해결하는 것"으로 규정하였다.[208) 무역의 기능을 자급자족

---

207) 김일성, "조선민주주의인민공화국 정부의 당면과업에 대하여(1962.10. 23.)", 『김일성저작선집』 3권 (평양: 조선로동당출판사, 1968), p. 398.

체제를 보완하는 거래로 제한하고, 거의 모든 것을 스스로 생산 조달하는 자급자족적 생산체제의 구축을 지향하였다.

북한의 자립적 민족경제건설은 1956년 발표한 '경제에서의 자립'이라는 주체사상의 이상적인 구도를 제시한 것이었다. 사회주의 건설은 근로자들의 자력갱생의 혁명정신에 의해 발전한다는 논리로 자립적 민족경제건설의 타당성을 주장하면서 자력갱생을 강조하였다. 북한에서 자력갱생이란 '혁명과 건설에서 나서는 모든 문제를 자신이 책임지고 자신의 힘으로 해결해 나가는 립장과 정신'을 의미한다.[209] 이에 따라 북한은 사회주의국가 상호경제협력체인 코메콘(COMECON)에도 가입하지 않았으며, 자본주의 국가들에 대한 경제개방에도 부정적 태도를 취했다.

이러한 북한의 자립적 민족경제건설노선은 1977년부터 '자력갱생의 혁명정신'이라는 구호로 변형되어 추진되었으며, 지금도 경제정책 기본노선으로 중시되고 있다. 2010년 9월 북한은 노동신문을 통해 대외의존 없는 자력경제를 건설하는 것이 북한노동당의 확고한 의지라고 천명하였고, 김정은 정권이 출범한 이후에도 "자력갱생은 우리혁명의 승리를 위한 담보이다"라고 주장하면서 자립경제를 강조하고 있다.[210] 50년 이상 지속되어 온 자립적 민족경제건설노선은 북한의 개혁·개방정책의 억제요인으로 작용하였으며, 북한의 산업기술을 크게 뒤떨어지게 만들었다.

셋째, 대외적으로 미국이라는 강력한 체제위협 세력이 존재하고

---

208) 김일성, "국가활동의 모든 분야에서 자주, 자립, 자위의 혁명정신을 더욱 철저히 구현하자(1967.12.16.)," 『김일성저작선집』 4권 (평양: 조선로동당출판사, 1968), p. 575.

209) 과학백과사전출판사, 『백과전서』 4권 (평양: 과학,백과사전출판사, 1983), p. 160.

210) 로동신문, 2012년 10월 21일.

있다는 점이다. 1993년 시작된 북한 핵 문제는 그간 협상을 통해 1994년 10월 제네바 합의, 2005년 9.19 공동성명, 2007년 2.13 합의 등 평화적 해결 가능성도 보였지만 합의의 이행과정에서 선순환 구조보다는 갈등의 악순환 구조가 전개되면서 타결되지 못하고 있다. 이것은 북한이 핵무기를 북한체제를 옹위하는 마지막 보루로 간주하고 있어 선 핵포기는 절대 협상의 대상이 될 수 없다는 입장을 견지하고 있기 때문이다. 반면 미국은 핵무기의 비확산을 국가안보의 주요한 이슈로 상정하고 있기 때문에 북한의 핵 프로그램 포기는 선행되어야 하는 양보할 수 없는 사안이다.

이러한 양국의 입장 차이로 북한 핵 문제는 해결되지 못한 채 20년 이상 지속되고 있으며, 미국 주도로 북한에 대한 제재가 강화되고 있는 실정이다. 냉전시기에는 중국과 소련이 북한의 군사안보적 동맹국이자 경제적 지원세력으로 존재했기 때문에 북한에 대한 미국의 위협은 체제위협으로 작용하지는 않았다. 그러나 사회주의 붕괴 이후 미국의 위협은 이제 북한에게 체제위협 요소로 작용하고 있다. 미국과의 대립 구도는 북한의 개혁·개방정책 선택도 어렵게 하고 있다. 국제질서가 미국에 의해 주도되고 있는 상황에서 미국과의 관계개선이 선행되지 않을 경우 북한이 개혁·개방정책을 추진한다 해도 개혁·개방에 필수적인 서방국가의 자본유치는 불가능하기 때문이다. 따라서 핵 문제로 대립하고 있는 미국과의 관계는 북한의 개혁·개방을 저해하는 요인으로 작용하고 있는 것이다.

넷째, 남한이 북한의 대안국가로 존재하고 있다는 점이다. 국력과 국제사회 위상에서 북한 보다 월등히 우월한 남한이라는 대안국가가 존재하는 현실은 북한이 안보문제를 도외시하고 단순한 경제논리로 개혁·개방을 할 수 없게 만드는 요인이 되고 있다.

다섯째, 북한의 후견인 역할을 하고 있는 중국의 존재였다. 중국은 북한에 개혁·개방을 권고하고 있어 장기적인 측면에서는 북한의 개혁·개방을 촉진시키는 요인으로 작용하고 있다. 특히 2009년 9월 중국 국무원이 동북3성의 전면적인 지역개발진흥전략을 북한과 연계하여 추진하는 것으로 결정한 이후에는 북한의 개혁·개방을 촉진시키는 강력한 촉진요인으로 작용하고 있다. 그러나 7·1조치가 시행된 후 중단될 때까지 중국의 존재는 북한이 국제사회의 압력을 견디고, 서방국가들과의 협력 필요성을 감소시켜 결과적으로 북한의 개혁·개방을 억제시킨 요인으로 작용하였다. 이것은 북한이 가지고 있는 특수한 지정학적 위치에 의한 것이었다.

중국은 북한의 지전략적 가치를 안보적 관점에서 중국의 '근본적 이익'이 걸린 문제로 이해하고, 북한의 붕괴 방지를 대북정책의 핵심기조로 하고 있다. 양국 간의 특수한 관계는 1920년대부터 시작된 역사적, 이념적, 인적 유대감과 6·25 전쟁에서 중공군 90만 명 이상이 희생되고 형성된 혈맹관계가 자리하고 있다.[211]

북·중관계는 국제정세 변화에 따라 기복은 있었지만 순치관계로 표현될 만큼 긴밀한 관계를 유지해 왔으며, 사회주의권이 붕괴되고 2000년대 이후에는 중국이 북한의 유일한 후원국이 되었다. 1992년 8월 중국이 남한과 수교함으로써 북중 관계는 악화되고 전통적으로 이루어져 온 양국 간의 정상회담도 중단되었다. 1998년 9월 김정일 체제가 공식 출범하면서 국제적 고립과 경제난 타개를 위해 중국의 협조가 절실했던 북한은 중국과의 관계를 정상화하기 위해 노력하였다.

2000년 5월 김정일은 중국을 방문하여 최초 정상회담을 가진 후

---

211) 6·25 전쟁으로 남한은 군·민 사상자 230만명, 북한은 군·민 사상자 300만명으로 남북한 총 520만명이 희생되었다. 미군은 전사자 3만 5천명을 포함하여 15만명이 희생되었고, 중공군은 전사자 18만 5천명을 포함하여 총 92만명이 희생되었다. 이상우, 『북한정치: 신정체제의 진화와 작동원리』, p. 59.

2011년까지 8차례 중국을 방문하면서 협력관계를 모색하였다. 김정일이 2001년 1월 상하이를 방문하여 중국의 개혁·개방 성과를 높이 평가하고, 이어 장쩌민 국가주석이 2001년 9월 북한을 방문함으로써 그동안 소원했던 양국관계는 해소되었다. 2003년 등장한 중국 후진타오 정부는 북한과 전략적 협력관계를 강조하였다. 2000년 5월 김정일의 중국 방문 이후 양국 관계는 강화되었다.

북·중 간 무역은 사회주의권이 붕괴된 후 중국이 북한의 최대 교역국으로 부상하였다. 그러나 1993년 중국이 경화 결재를 요구하면서 1993년 9억 달러를 정점으로 1999년 3.7억 달러까지 지속적으로 감소하였다. 2000년대 중반부터 무역규모는 증가하기 시작하여 2000년 4.9억 달러에서 2011년 56.3억 달러로 급증하였다. 이에 따라 북한의 대중국 무역의존도도 높아져 2005년도부터는 50%선을 돌파하여 2011년에는 89.1%를 기록하였다.

북한의 대중국 무역규모가 커지면서 남한과의 무역 비중은 감소되었다. 2007년 북한 대외무역에서 중국이 차지하는 비중은 42.7%, 남한의 비중은 38.9%였으나, 2011년도 중국의 비중은 70%로 증대되고, 남한의 비중은 21.3%로 감소하였다. 2007년까지 남한의 비중은 계속 증가하였으나 2008년 이명박 정부 출범이후 남북관계가 경색되면서 남한의 비중은 지속적으로 감소하였다.

〈표 4-14〉 북한의 연도별 대중국 무역 규모

(단위: 억 달러)

| 구분 | 수출 | 수입 | 합계 |
|------|------|------|------|
| 2000 | 0.4 | 4.5 | 4.9 |
| 2001 | 1.7 | 5.7 | 7.4 |
| 2002 | 2.7 | 4.7 | 7.4 |
| 2003 | 4.0 | 6.3 | 10.2 |
| 2004 | 5.8 | 7.9 | 13.9 |

| | | | |
|---|---|---|---|
| 2005 | 5.0 | 10.8 | 15.8 |
| 2006 | 4.7 | 12.3 | 17 |
| 2007 | 5.8 | 13.9 | 19.7 |
| 2008 | 7.5 | 20.3 | 27.9 |
| 2009 | 7.9 | 18.9 | 26.8 |
| 2010 | 11.9 | 22.8 | 34.7 |
| 2011 | 24.6 | 31.7 | 56.3 |

주: 남북 경제협력은 제외
자료: KOTRA, 북한의 대외무역동향(각년도).

〈표 4-15〉 북한의 연도별 대중국 무역 의존도

(단위: %)

| 구분 | 2004 | 2005 | 2006 | 2007 | 2008 | 2009 | 2010 | 2011 |
|---|---|---|---|---|---|---|---|---|
| 의존도 | 48.5 | 52.6 | 56.7 | 67.1 | 73.0 | 78.5 | 83.0 | 89.1 |

주: 남북 경제협력은 제외
자료: KOTRA, 2011 북한의 대외무역동향, KOTRA 자료 12-018.

〈표 4-16〉 북한의 연도별 무역 규모

(단위: 억달러)

| 구분 | 수출 | 수입 | 합계 |
|---|---|---|---|
| 1990 | 17.3 | 24.4 | 41.7 |
| 2000 | 5.6 | 14.1 | 19.7 |
| 2001 | 6.5 | 16.2 | 22.7 |
| 2002 | 7.4 | 15.3 | 22.6 |
| 2003 | 7.8 | 16.1 | 23.9 |
| 2004 | 10.2 | 18.4 | 28.6 |
| 2005 | 10.0 | 20.0 | 30.0 |
| 2006 | 9.5 | 20.5 | 30.0 |
| 2007 | 9.2 | 20.2 | 29.4 |
| 2008 | 11.3 | 26.9 | 38.2 |
| 2009 | 10.6 | 23.5 | 34.1 |

| 2010 | 15.1 | 26.6 | 41.7 |
| 2011 | 27.9 | 35.3 | 63.2 |

주: 남북 경제협력은 제외

자료: KOTRA, 2011 북한의 대외무역동향, KOTRA 자료 12-018.

〈표 4-17〉 북한 무역에서 중국과 한국의 비중

(단위: %)

| 구분 | 2003 | 2004 | 2005 | 2006 | 2007 | 2008 | 2009 | 2010 | 2011 |
|---|---|---|---|---|---|---|---|---|---|
| 중국 | 32.8 | 39.0 | 38.9 | 39.1 | 42.7 | 49.5 | 53.0 | 56.9 | 70.0 |
| 한국 | 23.2 | 19.6 | 26.0 | 31.1 | 38.9 | 32.3 | 33.0 | 31.4 | 21.3 |

자료: KOTRA, 『2010 북한의 대외무역동향』, p. 33; 『2006년도 북한의 대외무역
동향』, p. 65.

〈표 4-18〉 북한의 연도별 대남한 교역 규모

(단위: 백만 달러)

| 구분 | 반출 | 반입 | 합계 |
|---|---|---|---|
| 1989-2001 | 1794 | 1135 | 2929 |
| 2002 | 272 | 370 | 642 |
| 2003 | 289 | 435 | 724 |
| 2004 | 258 | 439 | 697 |
| 2005 | 340 | 715 | 1055 |
| 2006 | 520 | 830 | 1350 |
| 2007 | 765 | 1032 | 1798 |
| 2008 | 932 | 888 | 1820 |
| 2009 | 934 | 745 | 1679 |
| 2010 | 1044 | 868 | 1912 |
| 2011 | 914 | 800 | 1714 |
| 2012 | 1074 | 897 | 1971 |

자료: 통일부 통계자료(http://www.unikorea.go.kr/CmsWeb/viewPage.req?idx=
PG0000000239)

중국의 북한에 대한 투자도 2003년 이후 크게 증가하였다. 북한의 외국인 직접투자(FDI; Foreign Direct Investment) 유치 노력은 1984년 합영법 제정으로부터 시작되었다. 1980-1990년대 초반까지는 주로 조총련 등 일본 자본이 대북투자의 중심을 이루었고, 1990년대 중반 나진·선봉특구 개발이 시작되면서 홍콩, 중국, 태국의 자본이 주류를 이루고 네델란드 등 EU 자본과 조총련 자본이 가세하였다.

1997년 동아시아 금융위기로 대북투자는 부진을 면치 못하다가 2003년부터 중국의 동북 3성 개발과 함께 투자유치 실적이 호전되기 시작하였다.[212] 2003년 중국의 대북투자 실행액은 110만 달러였고, 2010년에는 1,210만 달러를 투자하였다. 2003-2010년간 중국의 대북투자 누적액은 2.4억 달러였다. 다른 국가들의 대북투자는 소강상태인데 중국의 투자만이 꾸준히 이루어져 북한의 외국인 직접투자 누적액 기준으로 중국이 차지하는 비중은 2003년 0.1%에서 2010년도에는 16.3%로 증가하였다. 그러나 중국의 실제 대북투자는 더 많을 것으로 추정된다. 예를 들어 2003년까지 중국의 대북투자는 자료에 120만 달러로 되어 있으나 1993-2003년간 나진·선봉특구 투자금액만도 4,500만 달러였다.[213]

2004-2009년간 중국이 북한에 투자한 자본은 대부분 자원개발에 집중되었다. 중국의 대북 투자금액의 70%가 자원개발에 투입되었다. 외국자본에 의한 북한 자원개발 총 25건 가운데 21건이 중국의 투자이며, 이중 금액이 확인된 12건의 투자액만도 4.6억 달러에 이르고 있다.[214] 유엔 안전보장이사회의 대북제재결의안에 의해 각국

---

212) 임수호, "북·중 경제밀착의 배경과 시사점", Issue Paper 삼성경제연구소, 2010, p. 16.
213) 배종렬, "북한의 외자도입 현황과 과제", 『수은북한경제』 2005년 겨울호, p. 46.
214) 김상훈, "최근 북중 경제협력 현황", p. 78.

의 대북투자가 침체되고 있는 가운데 중국만이 대북투자를 지속 확대시키고 있는 상황이다.

〈표 4-19〉 중국의 연도별 대북투자 규모

(단위: 백만달러)

| 구분 | 2003 | 2004 | 2005 | 2006 | 2007 | 2008 | 2009 | 2010 |
|------|------|------|------|------|------|------|------|------|
| 신규 투자액 | 1.1 | 14.1 | 6.5 | 11.1 | 18.4 | 41.2 | 5.9 | 12.1 |
| 투자 누적액 | 1.2 | 27.7 | 31.0 | 45.6 | 67.1 | 118.6 | 261.5 | 240.1 |

자료: 중국상무부, 『2010년도 중국대외직접투자 통계공보』, pp. 36-42; 윤승현 "북한의 개혁, 개방 촉진을 위한 중국의 역할", 한국수출입은행, 『수은북한경제』 2012년 가을호, p. 75.

〈표 4-20〉 북한의 연도별 외자유치 규모

(단위: 백만 달러)

| 구분 | 신규투자액 | 직접투자 누적액 |
|------|-----------|----------------|
| 1987 | 3 | 3 |
| 1988 | 1 | 4 |
| 1989 | 629 | 633 |
| 1990 | -61 | 572 |
| 1991 | 134 | 706 |
| 1992 | 2 | 708 |
| 1993 | 8 | 716 |
| 1994 | -1 | 716 |
| 1995 | 0 | 716 |
| 1996 | 2 | 718 |
| 1997 | 307 | 1025 |
| 1998 | 31 | 1056 |
| 1999 | -15 | 1041 |
| 2000 | 3 | 1044 |
| 2001 | -4 | 1040 |
| 2002 | -16 | 1024 |
| 2003 | 158 | 1182 |
| 2004 | 197 | 1379 |

| 2005 | 50 | 1429 |
|------|------|------|
| 2006 | -105 | 1325 |
| 2007 | 67 | 1391 |
| 2008 | 44 | 1435 |
| 2009 | 2 | 1437 |
| 2010 | 38 | 1475 |

자료: UNCTAD, FDI DB(http://unctadstat.unctad.org/ReportFolders/reportFolders.aspx)

2005년 6월 30일 중국 국무원은 '동북 노공업기지 대외개방의 진일보 확대를 위한 의견'(36호 문건)에 북한과 맞닿는 도로, 항만, 지역에 대해 일체화를 추진한다는 조항을 포함하였다.[215] '동북진흥계획'의 대외개방확대 실시를 결정한 이후 중국의 북한 지하자원 및 인프라 개발 투자가 급증하면서 중국은 북한의 최대 투자국으로 부상하였다.[216] 후진타오 국가주석은 2005년 10월 북한을 방문하여 고위층 상호방문 지속, 교류확대, 경제협력을 통한 공동발전 모색, 공동이익 추구 등 양국 간 관계발전 4원칙을 천명하였다.[217]

김정일은 2006년 1월 박봉주 내각 총리 등 경제관료를 대동하고 중국의 개혁·개방 중심도시인 광둥, 선전을 방문하여 개혁·개방에 관한 관심을 보였다. 2006년 10월 북한이 1차 핵실험을 단행하자, 중국은 외교부 성명을 통해 북한을 비난하고 유엔 안전보장이사회의 대북제재결의안에 동참하면서도 대화와 협상을 통한 북핵문제 해결을 주장하면서 전면적인 대북제재에는 반대한다는 입장을 천명하였다.

중국과의 경제협력 강화는 북한으로 하여금 서방국가와의 경제협력 필요성을 감소시켰다. 특히 2001년 출범한 부시 행정부와의

---

215) 임수호, "북·중 경제밀착의 배경과 시사점", p. 19.
216) 윤승현, "북한의 개혁·개방 촉진을 위한 중국의 역할", 『수은북한경제』 2012년 가을호, p. 75.
217) 통일교육원, 『2013 북한이해』(서울: 늘품플러스, 2013), p. 79.

관계가 북핵 문제를 둘러싸고 악화되면서 북한은 중국에 더욱 의
존하게 되었다. 중국의 북한에 대한 안보, 경제 후원국으로서의 역
할이 커지면서 개혁·개방에 수반되는 자본주의 사상의 침투를 경
계하는 북한의 서방국가를 대상으로 한 개혁·개방정책 필요성은
상대적으로 감소되었다.

## 제5절 소결론

북한은 한국전쟁 이후 중국과 소련으로부터의 원조가 줄어들고,
또 중소 이념분쟁에서 독자적인 노선을 강구할 필요성 때문에 자
립적 민족경제건설을 경제정책 기조로 채택하였다. 자립적 민족경
제건설 노선은 사회주의 국가의 일반적 특징인 개혁경제 기반위에
서 추진된 북한만의 독특한 경제발전 전략으로 1955년 김일성이 사
상에서의 주체를 강조한데 이어 1956년 경제에서의 자립을 강조함
으로써 시작되었다. 자립의 전략은 경제발전에 소요되는 자본과 기
술, 원자재 등을 외부에서 수입하는 것이 아니라 모두 내부에서 동
원해야하기 때문에 북한은 그 수단으로 '천리마 운동'을 발기하였
고, 1959년부터는 자체의 기술과 노력으로 기계공업을 발전시키자
는 '공작기계 새끼치기 운동'을 전개하였다.[218] 1977년부터는 '자력
갱생의 혁명정신'이라는 구호로 변형되어 주민들의 노동력과 국내
자원을 최대한 동원하여 경제 발전을 모색하였다. 소련이 주도한
공산권 경제상호원조회의(COMECON)에도 가입하지 않고 폐쇄적인
자립경제건설을 추구하였다.

북한은 자립적 민족경제건설을 달성하기 위한 경제관리원칙으

---

218) 김근식, "북한 발전전략의 형성과 변화에 관한 연구: 1950년대와 1990년
　　대를 중심으로", pp. 41-103.

로 당 정치사업과 경제조직사업 결합, 집체적 지도와 유일적 지휘, 계획의 일원화와 세부화, 독립채산제의 올바른 실시를 내세우고 기업소, 공장들의 생산활동을 진행토록 하였다. 이러한 원칙하에 농업에서는 청산리 방법, 공업부문에서는 대안의 사업체계라는 당 중심의 집체적 지도에 의해 생산활동을 하는 경제관리체계를 수립하였다.

자립적 민족경제건설을 목표로 북한만의 독특한 경제관리체계로 운영된 북한경제는 1970년대 초반까지는 천리마운동 등 주민들의 노력동원에 의해 상당한 외연적 경제성장을 이룩하였다. 그러나 1970년대 중반부터 사회주의체제의 구조적인 문제와 1970년대 초반에 발생한 오일쇼크로 북한 경제는 타격을 받아 경제성장은 둔화되고, 1987년에는 무역대금을 상환하지 못해 서방국가로부터 채무불이행국가로 선언되었다.

1980년대 들어 경제적 어려움이 가중되자 북한은 1984년 합영법을 제정하였다. 합영법은 외국자본을 유치하기 위한 북한의 첫 번째 개방정책이었다. 합영법 이후 북한이 추진한 외자유치를 위한 개방정책은 내용면에서 점진적으로 심화되었다.

합영법은 제도, 인프라 미비로 서방국가 기업들이 투자를 기피하자, 조총련 기업들을 대상으로 유치활동을 전개하여 1991년까지 120여개 업체를 유치하였으나, 실제 가동하는 업체는 1993년 현재 20여개에 불과할 정도로 성과는 미비하였다.

북한은 1991년 12월 나진·선봉 자유경제무역지대를 설치하고, 동 지역 내 투자하는 외국기업에 대해 투자보장, 관세, 소득세 감면 등 각종 특혜를 부여하였다. 북한은 69억 9천만 달러를 투자하여 나진·선봉지구를 국제화물 중계기지, 제조업지대. 국제적인 관광지로 개발한다는 목표를 수립했지만, 1993년 발생한 핵 위기로 긴장이 고조되면서 사업이 진척되지 않았다. 1994년 10월 북미기본합의문이 채택된 이후에 일부 투자가 이루어졌지만 목표에는 훨씬 미달하여 1998년까지 7년간 이루어진 투자는 집행액 기준으로 8,800만 달러에 불과하였다. 나진·선봉자유경제무역지대는 합영법보다 진전된 개방정책이었으나 북한의 체제방어를 위한 제한적이고 폐쇄적인 개방체제의 고수, 인프라시설 미비, 최악의 국가신용도에 따른 위험부담 등으로 서방국가 기업들이 투자를 기피하여 성과를 거두지 못했다.

북한은 2002년 7·1조치에 이어 신의주특별행정구(9월), 금강산관광지구(10월), 개성공업지구(11월)를 특구로 지정하여 대외개방의 폭을 넓혔다. 신의주특구는 북한이 신의주특별행정장관에 임명한 양빈을 중국이 사기죄 등으로 구속함으로써 시작도 못하고 좌절되었다. 그러나 금강산관광지구와 개성공업지구는 상당한 성과를 거두었다. 금강산관광지구는 2005년까지 7억 7천만 달러의 남한 자본이 투자되었으며, 남한의 금강산 관광객은 2008년 7월 북한병사에 의한 남한인 관광객 피격사건으로 관광사업이 중단될 때까지 약 190만 명이 금강산을 방문하였다. 현재 남북 간 피격사건 진상조사, 재발방지 대책을 둘러싸고 이견을 보이고 있어 중단된 상태이지만 언제든지 재개될 수 있는 사업이다.

개성공업지구는 2004년부터 남한기업이 입주하기 시작하여 2012년 12월 현재 123개 기업이 입주하여 생산활동을 하고 있다. 2012년 말 기준으로 입주기업의 누계 생산액은 약 20억 달러에 이르렀으며, 남한기업에 고용된 북한인 근로자는 약 54,000명으로 연간 인건비는 9천만 달러에 이르고 있다. 개성공단은 2010년 천안함 피격사건, 연평도 포격사건이 발생했을 때도 중단되지 않을 정도로 남북 간의 이해가 일치한 프로젝트이었으나, 2013년 4월 남한이 북한지도자 권위를 훼손했다는 이유로 공단에서 북한인 근로자를 모두 철수시킴으로써 공단 가동이 중단되었다가 8월 남북한 간 회담을 통해 공단을 재가동키로 합의하였다. 천안함 피격사건 이후 남한의 5·24조치에 의해 남한의 대북투자는 금지된 상태지만 남북한 간 합의가 이루어지면 남한기업의 대북투자가 가능해 질 것이다.

2010년 12월 북한 합영위원회 대표단이 중국을 방문하여 중국 상무부와 '라선경제무역지대와 황금평·위화도경제지대 공동개발 및 공동관리에 관한 협정'을 체결한 이후, 나선특구는 중국의 창지투 개발개방선도구와 연계하고, 황금평·위화도특구는 랴오닝연해경제벨트 프로젝트와 연계해서 개발이 진행되고 있다. 북한은 중국자본 유치를 위해 김정일이 사망한 2011년 12월 외국인 투자촉진을 위한 2개의 특구관련법과 11개의 외국인 투자관련법을 제·개정하였다. 중국은 중국 동북지역 물류 운송을 위한 동해로의 출구 확보를 위해 나선특구에 대한 투자를 서두르고 있으며, 황금평·위화도특구에서의 경제협력도 가속화 할 것으로 보인다.

북한이 추진한 합영법과 나진선봉자유경제무역지대 설치는 사회주의 체제전환 관점에서 볼 때 유의미한 변화는 아니었다. 코르나이가 제시한 시장화, 사유화, 자유화에 변화를 초래할 만한 어떠한 조치도 포함되어 있지 않았기 때문이다. 체제전환 관점에서 유의미한 변화가 발생한 것은 7·1조치였다. 7·1조치 성격에 대해서는 북한이 계획경제시스템을 개선하고 강화하려는 체제내적 개선조치라는 평가와 시장화를 지향해 나가는 성격의 개혁조치라는 평가가 있었다. 7·1조치가 2005년 중단되고, 2006년부터 역개혁적 조치가 나타나면서 7·1조치가 시장화를 향한 개혁이라는 평가는 동력을 잃었다. 그러나 사회주의 체제전환 관점에서 7·1 조치는 개혁요소를 포함한 조치였다.

북한은 7·1조치에 대해 사회주의 원칙을 견지하면서 경제관리체제를 개선하는 '실리사회주의'라고 하였다. 사람들의 경제활동이 화폐를 사용하는 유통형태에 의해 이루어진다 해도 생산수단이 전

인민적 소유에 기초를 둔 계획경제 테두리 안에 있다는 것을 강조하였다. 이처럼 북한은 실리사회주의가 사회주의체제라고 주장하고 있지만 실리사회주의는 바로 시장사회주의 개념을 의미하고 있다.[219]

북한의 주장과는 별개로 7·1조치에는 시장경제 논리가 포함되어 있다. 가격이 현실화되고, 노동보수가 현물배급제에서 현금(임금노동제)으로 전환되었다. 임금노동제(wage labor)는 칼 마르크스가『자본론』에서 자본주의체제의 핵심이라고 주장한 것이다. 기업경영에서 과거 생산량 위주의 평가지표가 '번수입지표'로 대체되었다. 기업경영을 평가할 때 과거에는 생산량 목표 달성 여부가 기준이었으나, 7·1조치 이후에는 이윤 개념을 도입한 '번수입지표'를 기준으로 하였다. 기업노동자들에 대한 분배도 평균주의에서 능력, 성과에 따른 차등주의로 전환하였다.

기존의 장마당 시장을 종합시장으로 확대하였고, 공장·기업소들이 필요한 자재를 서로 교환할 수 있는 사회주의 물자교류시장도

---

219) 브루스(W. Brus)는 1961년 출간한 The Market in a Socialist Economy에서 사회주의 경제체제를 전시공산주의, 중앙집권적 사회주의, 분권적 사회주의로 나누고, 이것을 구분하는 기준으로 경제적 의사결정의 영역을 ① 직업과 소비의 선택 ②경상적 생산 ③투자로 구분한 다음 ①도 통제에 두는 것이 전시공산주의이며, ①은 분권으로 하지만 ②를 중앙집권적으로 하면 중앙집권적 사회주의, ③을 중앙집권적으로 하지만 ②도 분권적으로 하면 분권적 사회주의라고 하였다. 브루스는 분권적 사회주의는 관료적조정과 시장적조정 간의 보완적 기능을 수행한다는 점에서 계획과 시장의 결합할 수 있는 시장사회주의 가능성을 주장하였다. 후에 브루스는 소유제는 공유제이지만 투자결정까지 기업과 시장에 맡기는 사회주의를 시장사회주의(market socialism)으로 명명하였다. 당시 예견되지 않았던 1990년대 중국의 사회주의시장경제(socialist market economy)의 개념은 제시하지 않았다. 서재진,『7·1조치 이후 북한의 체제 변화: 아래로부터의 시장사회주의화 개혁』(서울: 통일연구원, 2004), pp. 139-140.

허용하였다. 상품과 자재의 유통기능을 시장이 주도하도록 한 것이었다. 기존 계획체제의 경제관리 방식이었던 대안의 사업체계를 사실상 폐지하고, 민간경제 부문에서 시장제도 중심의 새로운 경제관리방식을 도입한 조치였다. 대안의 사업체계는 중앙정부의 예산 고갈로 1990년 중반부터 기업소에 대한 원자재 공급이 중단되면서 이미 붕괴된 상태로 암시장이 국가의 역할을 대체하고 있었다. 7·1조치는 민간경제 부문에서 중앙정부의 역할을 대체하고 있던 암시장 체제를 양성화 한 조치였다.

그러나 생산재의 생산이나 군수공업, 중공업 등 핵심 기간산업에 대해서는 기존의 중앙집권적 계획체제를 유지하였다. 김정일은 2002년 9월 "국방공업을 우선 발전시키면서 경공업과 농업을 발전시키라"는 국방공업우선발전론을 제시하였고, 이것은 점차 선군경제건설노선으로 정립되었다.

북한이 7·1조치와 함께 선군경제건설노선을 추진한 것은 1990년대 중반부터 형성된 북한의 이중경제구조를 공식제도의 틀로 편입시키려는 조치였다. 군수산업, 중공업 부문으로 대표되는 기간산업은 국가가 직접적인 투자와 계획을 통해 확실하게 관리하고, 경공업 소비재 부문은 시장에 맡기고 국가가 공식적으로 손을 떼는 것이었다. 이러한 전략은 시장경제 공간에서 발생한 경제적 잉여를 확보하여 계획경제 부문의 정상화 및 발전에 활용하고, 주요 산업 부문의 계획경제 유지를 통해 시장경제를 통제하려는 것이었다. 계획과 시장 간의 관계를 병렬적 관계 (two-track system)로 구축하고, 계획과 시장 간의 균형 내지 지그재그로 오가면서 경제를 관리하려는 것이었다.

북한의 계획경제와 시장경제 관계를 보면 상호 보완적이며 동시에 상호 대립적인 성격이 포함되어 있다. 보완적인 측면을 보면 시장경제는 물적 토대의 상당부분을 계획경제에 의존하고 있으며, 계획경제는 자신이 제공하지 못하는 각종 식량, 생필품을 국민들에게 시장경제가 제공함으로써 기능적으로 계획경제를 보완해준다. 대립적인 측면을 보면 시장경제는 자신이 창출한 경제적 잉여의 상당부분을 계획경제에 수탈당함으로써 스스로를 확대할 여력을 상실하게 되고, 계획경제는 계획경제 내에 존재하는 각종 설비, 원자재, 부품, 전력 등이 시장경제로 유출, 절취당함으로써 계획경제의 물적 토대가 침식된다는 점이다. 계획경제와 시장경제 간 보완적 측면과 대립적 측면을 비교해보면 대립적 요소가 더 강하고, 또 계획경제가 잠식당하는 효과가 더 크다고 할 수 있다. 그것은 7·1 조치 이후 시장경제가 확대되면서 나타난 현상에서도 알 수 있다. 시장이 활성화 되면서 배금주의, 개인주의, 기존질서의 동요 등 정치사회적 부작용이 대두되자 개혁을 주도하는 내각에 대한 당의 반발이 커지면서, 2005년부터 개혁적 정책기조는 후퇴하기 시작하였다.

2007년 4월 개혁·개방정책을 주도했던 박봉주 총리가 해임된 후에는 시장에 대한 통제가 본격적으로 이루어졌다. 국가계획경제의 복원을 위한 양곡수매제(2005.10)가 시행되고, 2007년 10월부터는 시장에 대한 통제가 시작되었다. 시장에서의 상행위 시간통제, 품목통제, 연령통제, 장소통제가 지속적으로 전개되고, 2008년 10월 종합시장 폐지 방침을 발표한 후 2009년 6월에는 북한의 최대시장인 평성시장을 철거하였다. 2009년 11월에는 화폐개혁을 전격적으로 단행하여 상인들이 보유하고 있는 다량의 현금을 국가가 환수함으로써 시장경제활동을 크게 위축시켰다. 화폐개혁은 시장축소라는 성과는 있었지만 시장의 상품거래가 급격히 감소하면서 상품공급 감소에 따른 물가 폭등, 환율 폭등이라는 부작용이 걷잡을 수 없는 상태에 이르렀다. 결국 북한은 2010년 2월 시장단속을 완화하고 5·26 지시를 통해 시장 억제정책을 철회하였다.

사회주의 체제전환 관점에서 첫 번째 개혁정책이라고 할 수 있는 북한의 7·1조치는 김정일에 의해 결정되었고, 김정일에 의해 중단되었다. 북한의 정치체제 핵심은 주체사상에 기반을 두고 있는 수령 유일지배체제이다. 수령 유일지배체제는 6·25 전쟁이 끝날 무렵 연안파, 소련파, 남로당계를 숙청하고, 1956년 8월 반종파 투쟁을 통해 빨치산계 단일 지배체제를 구축한 후, 1967년 5월 갑산파와 1969년 1월 군벌주의자 등 자파 내 이질적 요소를 제거함으로써 1960년대 말에는 완전히 구축되었다. 1974년 2월 당 중앙위원회에서 후계자로 공식 선정된 김정일은 1974년 4월 김일성의 교시만을 절대적 지침으로 살아야 한다는 원칙을 명문화한 '당의 유일사상체계 확립의 10대 원칙'을 발표하고[220], 1986년 7월에는 '사회정치적생명체론'을 통해 수령체제를 주체사상에 접목시킴으로서 유일지배체제의 이론적 정당화를 추진하고 수령에 대한 절대복종을 강요하였다.

북한은 제도상으로는 당-국가 체제로서 당이 국가를 지배하고 모든 정책결정 과정을 지배한다. 국가기구는 당의 정책노선을 집행하며, 당과 인민대중을 연결하는 안전대(transmission belt)로 규정된다. 그러나 김정일의 권력 승계 이후 당 조직은 제도화된 내용과는 달리 많이 변형되어 운용되었다. 1974년 김정일은 후계자로 내정되자 당 사업체계를 개편하여 당의 역할은 당 조직지도부와 선전선동부의 조직, 사상적 지도 기능이 중심이 되고, 정책지도 기능은 일부 당 부서의 역할로 제한함으로써 당적 지도 기능을 축소하였다. 1990년대 들어서는 김정일이 국방위원장 자격으로 국방위원회 중심으로 체제를 관리하면서 당의 정책회의를 활용하지 않아 당의 정책결정 기구로서의 기능은 형해화 되었다.

1990년 중반 사회주의진영이 붕괴되고 북한 경제규모가 축소되

---

220) 김정일, "전 당과 온 사회에 유일사상체계를 더욱 튼튼히 세우자(1974. 4.14)", 『주체혁명위업의 완성을 위하여3』(평양: 조선로동당 출판사, 1987), pp. 91-124.

자 당 경제부서의 내각 경제운영 지도기능도 축소되었다. 1990년대 초반까지 존재했던 당 내 계획재정부, 농업부, 건설운수부, 가계공업부, 경제개혁부, 중공업부, 경공업부의 경제정책 수립 기능과 내각 지도 감독권이 폐지되거나 통합되어 1997년부터는 농업정책검열부와 경제정책검열부로 축소되어 거시경제와 식량정책 관리에 집중되었다.[221] 김정일은 1991년부터 당의 경제사업 대행을 비판하면서 경제사업의 주인은 경제일꾼이기 때문에 그들에게 전적으로 맡기라고 강조하였다.[222] 1998년 권력 승계 이후에도 내각의 국가 경제 관리 책임을 강조하면서 중앙인민위원회를 폐지하고 내각을 부활시켰다. 내각의 경제운영에 대한 당적 지도 기능은 2005년 7월 개혁재정부를 신설할 때까지 약화되었고, 경제관리는 내각의 고유 사무라는 인식이 확산되었다. 내각은 제도상 당의 지도와 감독을 받는 위치에 있지만 김정일이 내각으로 하여금 경제관리를 총괄하도록 지시함으로써 후일 내각이 주도적으로 개혁·개방정책을 추진할 수 있는 환경이 조성되었다.

북한 정치체제는 유일지배체제 확립으로 김정일이 절대권력을 갖고 있다. 환경의 요구와 지지를 정책으로 전환하는 정치체제의 역할을 김정일이 수행하고 있다. 개혁·개방 촉진요인과 억제요인에 의한 지지와 요구를 김정일이 정책으로 전환하여 7·1 조치가 산출되었다. 김일성이 사망한 후 '나에게서 어떠한 변화도 기대하지 말라'고 한 김성일이 2002년 북한 스스로 토지개혁에 비금가는 시변이라고 하는 7·1조치를 채택하였다. 김정일을 변화시킨 것은 개혁·

---

221) 한기범, "북한 정책결정과정의 조직형태와 관료정치: 체제개혁 확대 및 후퇴를 중심으로(2000-09)", p. 72.

222) 김정일, "당사업을 더욱 강화하며 사회주의 건설을 힘있게 다그치자" (당중앙위원회, 정무원 책임일군들 앞에서 한 연설, 1991.1.5.), 「김정일 선집 Ⅱ」(평양: 조선로동당출판사, 1997), pp. 3-4.

개방 촉진요인이었다.

7·1조치를 촉진시킨 요인은 앞서 살펴본 것처럼 ①지속되고 있는 심각한 경제위기, ②김정일 체제의 안정과 주변 국가들과의 관계 개선, ③꾸준히 확대되고 있는 시장화 현상, ④사회주의 진영의 붕괴와 공산주의 이데올로기의 쇠퇴였다. 남한에 의한 흡수통일 우려가 상당히 불식되고, 유일지도체제 유지에 대한 자신감을 바탕으로 7·1조치를 취하였다. 김정은 체제 출범 이후에는 북한 지도부의 세대교체와 북한이 과거 추진했던 7·1조치 경험도 개혁·개방 촉진요인이 되고 있다. 또 중국은 7·1 조치 시행 당시에는 촉진요인으로 작용했지만, 핵실험으로 인해 북한이 국제사회로부터 제재를 받았을 때는 북한이 의지할 수 있는 후원국 역할을 수행함으로써 오히려 개혁·개방 억제요인으로 작용하였고, 김정은 체제에서는 중국이 동북3성의 진흥계획과 연계하여 북한에 개혁·개방을 강력히 권유하고 있어 다시 개혁·개방 촉진요인으로 작용하고 있다.

개혁·개방을 억제한 요인은 주체사상에 기반을 두고 있는 ①북한의 유일지도체제의 붕괴 우려, ②자립적 민족경제건설노선 고수, ③핵 개발 정책, ④남북한 분단체제에 따른 위기의식 등이 있다. 이들 억제요인 중 가장 본질적이고 핵심적인 요인은 유일지도체제의 붕괴 우려라고 할 수 있다. "개혁·개방을 하지 않으면 경제파탄이 일어나고, 개혁·개방을 하면 체제붕괴로 이어질 것"[223]이라는 김정남의 표현처럼 북한이 가장 우려하는 것은 유일지도체제 붕괴다.

개혁·개방에 대한 다양한 촉진요인과 억제요인이 혼재해 있는 가운데 7·1조치가 산출된 것은 김정일의 판단에 따른 것이었다. 김정일은 2000년 5월 중국 방문 시 베이징의 실리콘 밸리인 중관촌을 방문하고 중국의 개혁·개방을 긍정적으로 평가하였다. 같은 해 6월

---

223) 고미 요지, 이용택 옮김, 『안녕하세요 김정남입니다』(서울: j contentree M&B, 2012), p. 9.

평양에서 남한의 김대중 대통령과 남북정상회담을 개최하였다. 남북정상회담 이후 체제붕괴 우려감이 상당히 불식되었다. 2000년 6월 김정일은 당 경제정책검열부에 내각 중심의 경제관리 개선지시를 하였고 그 지시를 이행하기 위해 같은 해 10월 '6·3 그루빠'가 조직되었다.[224]

김정일은 '6·3 그루빠'가 발상의 전환을 통해 개혁안을 만들 수 있도록 분위기를 조성하였다. 김정일은 2000년부터 실리주의를 강조하였고, 2000년 6월 현대그룹 회장 정주영 면담, 같은 해 10월 미국 국무장관 올브라이트 접견 등 자본주의 국가 인사들과도 접촉하였으며, 2001년 1월 중국 방문시 개혁·개방의 성과인 상해 포동지구를 둘러보고 천지개벽이라는 소감으로 중국의 개혁·개방정책을 평가하고, 귀국 후에는 '신사고'를 강조하였다.

'6·3 그루빠'는 김정일 의도에 맞추어 정책(7·1조치)을 입안하여 2002년 6월 김정일에게 최종 보고를 하였고, 김정일은 이 정책을 2002년 7월 1일 부로 시행토록 하였다. 김정일이 대외적으로 주변 국가들과 관계개선이 이루어지고, 대내적으로 체제안정에 대한 자신감이 확보되자 개혁·개방 추진요인이 개혁·개방 억제요인보다 김정일에게 더 큰 영향력을 발휘한 것이었다.

이와 반대로 김정일이 2005년부터 7·1조치를 비판하고, 2007년 8월 7·1조치를 중단한 것은 개혁·개방 억제요인이 개혁·개방 촉진요인보다 김정일에게 더 큰 영향력을 발휘하였기 때문이다. 김정일은 7·1조치 이후 박봉주 내각에 전폭적인 신임과 권한을 부여하여 경제정책을 총괄토록 하였다. 2004년에는 총리 전용열차를 제공하여 박봉주 총리로 하여금 생산현장을 점검토록 했으며, 자신의 현지지

---

224) '6·3 그루빠'의 신설과 7·1조치 입안에 관한 상세내용은 한기범, "북한 정책결정과정의 조직형태와 관료정치: 체제개혁 확대 및 후퇴를 중심으로", pp. 112-123을 참고하라

도에 박봉주를 수시로 대동하였다.[225] 그러나 박봉주 내각은 김정일의 기대만큼 성과를 내지 못하였다. 북한의 경제성장률은 2001년 4%, 2002년 1%, 2003년 2%, 2004년 2%, 2005년 4%, 2006년 –1%, 2007년 –1%를 기록하였다.

김정일의 신임을 배경으로 활동하는 박봉주 내각에 일부 경제사업과 경제정책 주도권을 빼앗긴 당은 2005년 총리를 비롯한 내각 간부들의 비리와 시장의 '비사회주의 실태'를 조사하여 김정일에게 보고하고, 개혁성과가 부진한 점과 핵정세로 내부결속이 중요하다는 점을 들어 '사회주의 원칙에 맞는 경제관리' 필요성을 건의하였다.[226] 김정일의 내각에 대한 신임이 흔들리기 시작하였다. 당은 김정일의 승인을 받아 2005년 7월 당 계획재정부를 신설하였다. 경제정책 주도권이 당으로 넘어가게 되었다. 김정일은 미국과의 핵 대결 상황에서 일심단결이 급선무라고 판단하였다. 2006년 8월 박봉주 총리는 2005년도 비료 도입자금을 유류 구입자금으로 전용한 사실에 대해 당의 본격적 조사를 받아 직무정지를 당했다. 2007년 7월에는 돈벌이를 위해 '구호나무'를 벌목해서 중국에 밀매한 사실이 당에 적발되었다.

'구호나무'는 함경북도 연사군의 울창한 수림지역에 있는 김일성, 김정숙의 항일투쟁 흔적이 기록되어 있는 나무들이다. 김정일이 1980년 초부터 발굴하기 시작했다는 구호나무는 김일성의 항일투쟁을 부각시키는 우상물이다. 구호나무 벌목사건은 '비사회주의 최대 범죄사건'으로 간주되어 함경북도 외화벌이 책임자는 공개 총살당

---

225) 박봉주는 2004년에 6회, 2005년 37회, 2006년 6회 김정일의 현지 지도를 수행하였다. 한기범, "북한 정책결정과정의 조직형태와 관료정치: 체제개혁 확대 및 후퇴를 중심으로(2000-09)", p. 165.

226) 한기범, "북한 정책결정과정의 조직형태와 관료정치: 체제개혁 확대 및 후퇴를 중심으로(2000-09)", p. 280.

하였다. 2007년 8월 김정일은 시장이 비사회주의 서식장이 되고 있다면서 비사회주의적 현상을 철저히 뿌리 뽑을 것을 지시하였다.

김정일이 7·1 개혁조치를 중단시킨 것은 대외적으로 2002년 10월 북한의 농축 우라늄 핵 개발 문제가 대두되어 2005년 9.19 공동성명으로 해결의 단초를 마련했으나, 미국이 북한의 위조지폐 제작·통용 혐의로 마카오 방코델타아시아(BDA)의 북한계좌 동결을 주도하자, 이에 반발한 북한이 2006년 7월 미사일 발사, 같은 해 10월 1차 핵실험을 단행하면서 북·미관계가 첨예한 대립을 하게 되었으며, 대내적으로 '구호나무' 벌목사건등과 같이 북한 내 비사회주의화 현상이 만연되면서 체제안전에 대한 위기의식이 높아졌기 때문이다. 김정일은 대내외적으로 북한의 유일지도체제를 붕괴시킬 수 있는 개혁·개방 억제요인이 두드러지자 체제붕괴를 방지하기 위해 7·1조치를 중단하였다.

〈표 4-21〉 북한의 7·1조치 초기조건과 동인 평가

| 구분 | 실 태 | 평가 |
|---|---|---|
| 국가건설 정통성 | 공산당에 의한 국가건설과 주체사상 확립으로 정통성 확보 | 사회주의체제 지지, 억제요인 |
| 민족의 분단 여부 | 해방 이후 6·25전쟁을 겪었고, 분단상태 유지 | 억제요인 |
| 지정학적 조건 | 중국의 핵심이익이 달려 있어 붕괴되지 않도록 중국이 후원 | 정책 선택 폭을 넓혀줘 억제요인 |
| 시민사회 존재 경험 | 일본식민지에서 독립된 후 시민사회나 자본주의 경험 없음 | 억제요인 |
| 지도부 교체 | 김정일이 지도자가 되었으나 세습 권력 승계로 실질적 지도부 교체가 아님 | 억제요인 |
| 경제적위기와 시장화 | 식량난, 외화, 물자부족 등 경제적 위기 지속 심화 | 촉진요인 |
| 체제위기 인식 강도 | 사회통제력이 강하여 경제적 위기가 체제붕괴 위기까지 확산되지는 않음 | 억제요인 |

| 사회통제력 | 정치범 수용소, 강력한 공안기구 등 사회통제력 강함 | 억제요인 |
|---|---|---|
| 국제사회 압력 | 미국과는 관계 악화, 여타국가와는 관계 개선 | 촉진·억제요인 병존 |

# 제5장 베트남과 북한의 개혁·개방 비교

## 제1절 초기조건 비교

　사회주의 국가의 종주국이었던 소련의 사회주의체제가 붕괴되자 동유럽 국가들의 사회주의체제는 모두 붕괴되었다. 그러나 베트남과 북한은 사회주의 국가이었음에도 불구하고 사회주의체제는 붕괴되지 않았다. 베트남과 북한의 사회주의체제가 붕괴되지 않은 것은 동유럽 국가들과 비교할 때 몇 가지 차이점이 있었기 때문이었다.

　첫째, 베트남과 북한은 동유럽 사회주의 국가들과는 달리 사회주의국가 건설과정에서 정통성을 확보하고 있었다. 동유럽 국가들은 제2차 세계대전 이후 소련에 의해 수립되었지만 베트남과 북한은 제국주의와의 투쟁과정을 거쳐 수립되었다.

　베트남공산당은 1930년 2월 호치민이 홍콩에서 조직한 인도차이나 공산당에서 시작되었다. 인도차이나공산당은 1941년 민족주의세력 등 모든 항불세력을 규합하여 베트민(베트남독립동맹)으로 통합되었다가 1951년 2월 제2차 당 대회에서 베트남노동당으로 명칭을 바꾸었다. 베트남이 통일되고 1976년 12월 개최된 제4차 당 대회에서 베트남공산당으로 개명하였다. 베트남공산당은 프랑스와 미국을 물리치고 독립과 통일을 달성함으로서 정권수립의 정통성과 합법성을 갖게 되었다.

　북한은 소련 군정의 지원을 받아 수립되었지만 김일성의 항일투쟁을 내세우고, 주체사상 확립을 통해 주민들로부터 정통성을 인정

받았다. 베트남이나 북한 모두 국가 수립과정에서 정통성을 확보하고 있어 소련이 붕괴되었을 때 사회주의체제를 유지할 수 있는 내구력을 갖추었다.

둘째, 동유럽 국가 국민들은 자유주의 사상과 민족국가 의식이 저변에 형성되어 있었다. 동유럽 국가들은 사회주의 국가로 수립되기 이전 이미 나폴레옹전쟁으로 전 유럽에 확산되었던 자유주의와 민족주의를 경험하였다. 소련과 공산당 일당독재에 억눌려 표출되지 못하고 있었지만 자유주의와 민족주의 사상에 기반을 둔 시민사회는 언제든지 등장할 수 있었다.

이에 비해 베트남과 북한은 전통적인 유교사상에 기반을 둔 왕정국가 경험뿐이었다. 유교사상과 공산주의는 겉으로 보기와는 달리 본질적인 공통점이 있었다.[1] 유교와 공산주의는 모두 소수의 엘리트에 의해 정치, 통치 행위가 구현되었고, 절대 진리에 대한 믿음과 그 절대 진리를 표현한 경전들에 대한 강한 믿음이 있었으며, 개인 윤리와 사회에 대한 헌신을 강조하였다. 두 가지 사상 모두 공동체에 대한 개인의 종속을 강조하였으며, 물질생산과 부는 최종 목표가 아니고, 더욱 중요한 것을 위해 필요한 것이라고 생각했다. 국가에 대한 충성심과 연장자에 대한 공경심, 가족애를 중시하는 유교사상의 토양 위에서 받아들여진 사회주의 체제에 대해 전환을 요구하는 시민사회의 등장은 어려운 일이었다.

셋째, 베트남과 북한은 지정학적인 위치로 인해 동유럽 국가들과는 달리 소련의 직접적이고 강력한 영향력으로부터 벗어날 수 있었다. 베트남과 북한은 소련의 심장부에서 멀리 떨어져 있어 소련의 핵심 이익이었던 동유럽에 비해 전략적 가치가 후순위였고, 또 베트남이나 북한 모두 소련의 영향력을 상대할 수 있는 중국과

---

1) William J. Duiker, *The Communist Road to Power in Vietnam* (Colarodo: Westview Press, 1966), p. 26.

국경을 맞대고 있어 소련과 중국 사이에서 시계추 외교나 균형 외교정책을 통해 소련의 절대적 영향력에서 벗어날 수 있었다.

넷째, 베트남이나 북한 모두 거의 단일민족으로 구성되어 있기 때문에 민족 간의 분쟁이 발생할 소지도 없었다. 특히 베트남의 민족주의는 자주 독립의식과 강하게 결합되어 있었다. 이것은 중국이 베트남을 지배하는 기간에 베트남 민족이 격렬한 투쟁을 통해 독립을 추구하면서 형성되었다. AD 40년 중국에 대항했던 쯩 자매부터 15세기 명나라와 싸운 레 로이 황제에 이르기까지 베트남 민족은 정체성에 대한 자의식을 가지고 조국을 방어할 용기를 갖춘 민족으로 성장하였다.[2] 북한 역시 항일투쟁을 통해 민족주의가 형성되어 자주 독립의식과 결합되어 있었다. 이러한 동유럽과의 차이로 소련이 붕괴되었을 때 동유럽 국가들은 모두 붕괴 되었지만 베트남과 북한은 붕괴되지 않을 수 있었다.

그러나 베트남이나 북한 모두 여타 사회주의 국가와 마찬가지로 사회주의체제로 인해 야기된 경제위기를 겪어야 했으며, 이를 극복하기 위해 개혁·개방정책을 추진하였다. 개혁·개방정책 결과가 다르게 나타난 것은 다음과 같이 베트남과 북한이 처한 개혁·개방 여건이 달랐기 때문이다.

첫째, 베트남은 민족통일이 이루어진 상황이었고, 북한은 민족이 분단되어 남한과 대결상태가 지속되고 있는 상황이었다. 베트남이나 북한 모두 제2차 세계대전이 끝나고 민족이 분단되어 대결상태가 시작되었다.

베트남은 30년간의 투쟁과 전쟁을 통해 1975년 민족통일을 달성하였고, 북한은 통일을 위해 1950년 남한을 침략하였으나 3년간의 치열한 전쟁 후 휴전이 이루어져 분단과 대립상태만 강화되었다.

---

2) 윌리엄 J. 듀이커, 정영목 옮김, 『호치민 평전』(서울: 푸른숲, 2003), p. 36.

베트남은 통일이 이루어진 상황에서 개혁·개방 정책을 추진할 수 있었고, 북한은 북한보다 훨씬 우월한 경제력을 가진 남한과 대결하는 상황에서 개혁·개방정책을 추진해야 했다.

더욱이 남한이 1970년대 산업화와 1980년대 민주화 과정을 거쳐 1990년대 경제강국으로 성장하면서 북한은 남한을 체제위협 세력으로 인식하지 않을 수 없게 되었다. 이후 남한과의 경제규모 격차는 계속 확대되어 2011년의 경우 북한의 국민총소득(명목 GNI)는 남한의 2.6%에 불과하고, 일인당 국민소득은 5.3%에 지나지 않아 남한에 의한 흡수통일에 대한 우려심도 갖지 않을 수 없었다.

둘째, 베트남 사회주의체제는 실용주의 정신이 기반을 이루고 있으나, 북한체제는 주체사상에 기반을 두고 있다. 베트남의 국부라 할 수 있는 호치민은 실용주의와 민족주의를 무엇보다 우선시하였다. 호치민은 공산주의를 채택한 것도 민족의 독립을 위한 것이라고 할 정도로 민족주의와 실용주의를 강조하였다. 이러한 호치민 사상은 당 지도자를 포함한 베트남인들에게 교훈적으로 전수되었다.

실용주의 정신은 베트남의 정치체제 내 권력투쟁이나 정책결정 과정에서 극단적인 흑백논리보다는 온건하고 타협적인 태도로 나타났다. 1955년부터 과격해지기 시작한 토지개혁은 1956년 급진적 토지개혁이 끝날 때까지 최소 3천명에서 5천명의 사람들이 처형당했을 것이라고 인정하는데 1만 2천명에서 1만 5천명에 이르는 사람들이 처형당했다는 설도 있다.[3] 급격한 토지개혁에 대한 비판이 고조되어 결국 1956년 9월 개최된 중앙위원회 전체회의는 토지개혁에 관한 정책적 과오를 들어 토지개혁위원회의 주역 4명을 모두 해임하였다. 쯔엉 찐은 당 서기장에서 해임되고, 호 비엣 탕은 중앙위원

---

3) 윌리암 J. 듀이커, 정영목 옮김, 『호치민 평전』, p. 714.

회에서 축출되었다. 레 반 루옹은 서기국에서 지위를 박탈당했으며 호안 쿠옥 비엣 역시 정치국에서 축출되었다. 쯔엉 찐 당서기장 등은 정책적 과오로 해임되었지만 새로운 지도부에 의해 처벌받지는 않았다.

반대파들에 대한 타협적인 태도는 실용주의 정신에서 비롯된 것으로 베트남 정치체제에서 지금도 유지되고 있는 규범이다. 베트남인의 실용주의 정신은 민족자결과 독립을 내세우면서도 외국인들의 생명과 재산 보호를 강조하면서 외국인과의 선린도 중요시하였다.

북한의 주체사상은 1950년대부터 시작되었다. 소련이 스탈린 사후 개인숭배 정책을 비판하면서 북한도 소련 노선을 따른 것을 요구하자 소련의 내정간섭을 거부하기 위해 김일성이 1955년 '주체'라는 용어를 처음 사용한 후, 1960년대 중·소간 이념 분쟁을 계기로 1970년대에 종합적 체계화를 거쳐 1980년대 순수이데올로기로 격상되었다. 이후 주체사상에 기초한 하위담론들이 당시 상황에 맞도록 재단되어 군중동원, 체제 정당화 등 실천적이데올로기 기능을 수행하였다.

1990년대 위기상황에서 등장한 우리식 사회주의나 붉은기사상 또 김정일 체제 출범과 함께 등장한 강성대국론 등은 모두 주체사상에 토대를 두고 있는 실천적이데올로기이다. 주체사상은 1950년대 이후에는 실천적이데올로기로서 그리고 1990년대 이후에는 순수이데올로기로서 북한사회를 규정하고 지배하고 있는 것이다. 경제적 측면에서는 자립적 민족경제를 주장하면서 대외협력에 소극적 자세를 견지하였다.

셋째, 베트남의 권력구조는 권력이 여러 사람에게 분산되어 있는 집단지도체제이고 북한의 권력구조는 권력이 일인에게 집중되어 있는 수령 유일지도체제이다. 베트남의 집단지도체제는 호치민이 당 대표를 할 때부터 시작되었다. 1930년 베트남공산당을 만든 호치민은 생전에 일인독재 관행을 만들지 않고 집단지도체제를 강조하였다. 1969년 호치민이 사망한 이후에도 독립전쟁에 참여한 혁명 1세대들은 당 서기장, 국가 주석, 총리를 중심으로 한 집단지도체제를 유지하였다.

북한은 소련 군정의 후원을 받아 김일성을 중심으로 수립되었다. 김일성은 6·25 전쟁시 정책적 오류를 범했다는 명분으로 김일성의 최대 정적이었던 연안파 무정, 소련파 허가이를 숙청한데 이어 1956년 8월 연안파와 소련파를 모두 숙청하고 일인독재체제를 구축하였다. 1967년에는 김일성의 빨치산 활동을 국내에서 지원했던 갑산파 마저 숙청함으로써 지배계급을 빨치산파로 일원화하였다. 북한은 1974년 2월 당 중앙위원회에서 김정일을 후계자로 공식 선정한 후 '당의 유일사상체계 확립의 10대 원칙'을 발표함으로써 수령의 절대 권력과 세습이 가능한 수령 유일독재체제를 확립하였다.

넷째, 베트남과 북한은 모두 중국과 국경을 접하고 있으나 중국과의 관계는 상이하였다. 베트남과 중국은 베트남 통일전쟁 이전에는 우호관계를 유지했으나 통일 후 지역 내 주도권을 둘러싼 갈등이 표출되어 1978년 중국의 베트남 지원이 중단되고, 1979년 2월에는 중국이 베트남에게 교훈을 가르친다는 명분으로 베트남을 침략하여 양측 모두 대규모 사상자가 발생하였다. 이후 베트남과 중국과의 관계는 단절되었다.

북한과 중국과의 관계는 1950년 한국전쟁 시 중국이 북한의 요청에 따라 중국 인민지원군이 참전한 이래 혈맹관계를 유지해왔다. 북·중 관계는 1960년 문화혁명시기 홍위병들이 김일성을 수정주의자로 공격하여 양국관계가 악화된 적이 있고, 1992년 한·중 수교로 악화되었지만 김정일이 2000년 5월 중국을 방문함으로써 정상화되었다. 문화혁명시기와 한·중 수교로 인해 북·중 관계가 악화되었던 시기를 제외하고는 북·중 관계는 혈맹관계에 기반을 두어 정치, 경제, 안보적으로 긴밀한 관계를 유지해 왔으며, 사회주의권이 붕괴된 이후에도 북한을 후원하고 있다. 2011년 12월 김정일이 사망하자, 이틀 후 북한과의 관계 발전과 한반도 안정을 위해 적극 공헌하겠다고 공식 발표함으로써 김정은 체제를 뒷받침하였다. 베트남과 북한의 이러한 차이는 양국이 추진한 개혁·개방정책에서 차이를 나타나게 하는 요인이 되었다.

〈표 5-1〉 베트남과 북한의 개혁·개방 초기조건 비교

| 구분 | 베트남 | 북한 |
| --- | --- | --- |
| 민족통일 | 민족통일 달성 | 민족분단 지속 |
| 정치문화 | 실용주의 | 주체사상 |
| 정치체제 | 집단지도체제 | 유일지도체제 |
| 국가건설 정통성 | 정통성 확립 | 정통성 확립 |
| 지정학적 조건 | 중국의 일반적 주변국가 | 중국의 핵심이익 국가 |
| 시민사회 경험 | 자본주의 문화 경험 | 없음 |

## 제2절 동인 비교

개혁·개방의 동인은 개혁·개방을 촉진시키는 촉진요인과 저해시키는 억제요인을 포함하고 있다. 본 절에서는 베트남과 북한의 대표적인 개혁·개방정책인 도이머이정책과 7·1조치를 촉진요인과 억제요인으로 구분하여 비교한다. 아울러 향후 북한의 개혁·개방의 향방을 가늠할 수 있도록 김정은 체제 이후의 동인도 살펴본다. 먼저 도이머이정책과 7·1조치 촉진요인을 비교하면 다음과 같다.

베트남의 도이머이 개혁·개방정책을 촉진시킨 첫 번째 요인은 통일 이후 지속된 경제난이었다. 베트남은 전쟁으로 전 국토가 황폐화되었고, 통일 후 남베트남을 급격히 사회주의화하기 위한 생산 국유화, 농업집단화, 상업활동금지 등을 무리하게 추진함으로써 각

부문의 생산성은 크게 떨어졌다. 더구나 100만 명의 군대 유지, 1978년 캄보디아 침공, 1979년 중국과의 전쟁으로 인한 막대한 군사비 지출로 재정구조는 악화되고 국민들의 생활은 어려워지면서 국가는 사회경제적 위기에 빠져들어 이를 극복하기 위한 획기적인 정책이 필요해졌다.

북한 역시 중공업 우선 계획경제체제가 한계를 보이면서 1980년대부터 경제성장률이 급격히 하락하기 시작하여 1990년대에는 사회주의 진영의 붕괴, 1994년 김일성 사망, 1995년 대홍수 발생 등으로 경제기반이 완전히 붕괴되었다. 1995-1997년간에는 수십만의 아사자가 발생할 정도로 북한은 총체적 위기에 빠져들어 식량난과 경제침체를 극복하기 위한 특단의 조치가 필요하였다.

둘째, 베트남의 도이머이 개혁·개방정책을 촉진시킨 두 번째 요인은 공산당 지도부의 세대교체였다. 새로운 지도자는 권력기반을 공고화하기 위해 기존의 제도나 정책과는 다른 새로운 개혁 전략을 추진하려는 동기를 갖게 된다. 호치민 사후에도 집단지도체제를 유지해 온 베트남은 통일 후 개최된 1976년 4차 당 대회부터 정치국원과 중앙위원 일부를 교체하였다.

1982년 5차 당 대회에서 원로 정치국원 14명중 6명이 경질되고, 1986년 제6차 당 대회에서 12명의 정치국원 중 7명이 교체됨으로써 실질적인 세대교체가 이루어졌다. 제4차 당 대회에서 임명되었던 14명의 정치국원 중 보수 성향의 팜 홍, 개혁 성향의 응우옌 반 링, 보 찌 공 등 3명을 제외한 정치국원 모두가 새로운 세대로 교체되었다. 제6차 당 대회에서 채택한 도이머이 개혁·개방정책이 1988년 보수파 팜 홍 총리가 사망한 이후에야 본격적으로 추진될 정도로 베트남의 개혁·개방은 지도부의 교체와 밀접히 연계되어 있었다.

북한의 7·1경제관리조치는 실질적인 지도부의 교체가 이루어지지 않은 상황에서 추진되었다. 1994년 김일성 사망으로 김정일이 최고지도자가 되었지만 김정일은 김일성 사망 전에 이미 18년간 공식 후계자로서 리더십을 확보하고 권력을 행사하고 있었기 때문에 실질적인 의미의 지도자 교체는 아니었다. 따라서 7·1조치는 실질적인 의미의 지도자가 교체된 상황에서 이루어진 것이라고 할 수 없었다.

2011년 김정일 사망으로 김정은이 새로운 지도자로 교체된 것은 김정일과 마찬가지로 권력세습에 의한 것이었다. 그러나 김정은은 김정일과 달리 공식 후계자로서 활동한 기간이 1년 7개월에 불과하였기 때문에 리더십 확보나 국가 통치행위를 경험할 수 있는 시간적 여유가 없었다. 또 스위스에서 해외 유학생활을 했기 때문에 국가정책의 수정이나 변화에 김정일보다는 자유로운 입장에 있다.

김정은 체제 출범 이후 지도부 핵심인사들의 교체도 괄목할만하게 이루어졌다. 군부 내 세력 교체를 단행하고, 당 정치국 32명 중 25명, 당 중앙군사위원회 19명 중 16명, 당 중앙위원회 정위원 124명 중 94명, 당 중앙위원회 후보위원 105명 중 99명을 신규 충원함으로써 지난 15년간 형해화된 당을 정상화시켰다. 특히 군부 서열 1위인 총정치국장에 민간 관료 출신인 최룡해를 임명하고, 군부 실세였던 리영호를 모든 직무에서 해임하였다. 7·1조치를 주도했다가 좌천당한 박봉주 前총리를 정치국원과 총리에 다시 임명하는 등 개혁·개방 세력을 복귀시켰다. 이러한 상황을 고려하면 김정은은 권력세습에 의해 지도자가 되었지만 김정일 체제와는 달리 공산당 지도부에 실질적인 세대교체가 이루어진 것으로 볼 수 있다.

셋째, 베트남의 개혁·개방을 촉진시킨 또 다른 요인은 베트남의 실용주의와 민족주의 전통이었다. 베트남은 프랑스로부터 100여 년, 미국으로부터 20여년 동안 지배를 받으면서 개인중심의 실용주의적 사고를 받아들였다.

미국이 지배하던 시기에는 남베트남에 상업주의와 소비주의 등 자본주의 문화가 베트남인들의 사고방식에 영향을 미쳤다. 호치민 역시 1920년대 이미 많은 해외경험을 통해 실용주의적 사고를 터득하였다.

호치민은 1952년 발표한 베트남 정부의 정강을 통해 민족자결과 독립을 내세우면서도 외국인과의 선린을 강조했는데 이것은 베트남 특유의 노선이 되었고, 베트남인들은 이를 '호치민주의'라고 부른다. 호치민의 민족주의와 실용주의적 사고는 베트남인들에게 교훈적으로 전수되었다. 베트남인들은 이념보다 국익을 중요시 하였으며, 실용주의에 입각하여 개혁·개방정책을 추진하였다.

북한은 북한정권 수립 이전 자본주의 문화를 접해본 경험이 없고 주체사상에 기반을 둔 자립적 민족경제건설을 표방하였기 때문에 베트남에서 볼 수 있는 실용주의적 사고는 존재하지 않았다. 그러나 북한은 7·1조치 이전에 이미 1970년대 서방국가들로부터 차관과 기술을 도입한 개방정책을 추진한 경험과 1984년 해외자본 유치를 위한 합영법 제정, 1991년 나진·선봉경제특구 설정과 관련법 제정 등 제한적인 개방에 관한 경험은 축적되어 있었다.

2002년 7월에는 자본주의적 요소가 포함된 혁신적인 7·1경제관리개선조치가 시행되었다. 그러나 주체사상이 북한 사회를 규제하고 있는 상황에서 이러한 북한의 제한적인 개방정책과 7·1개혁조치가 확대 발전되기는 어려운 상황이었다.

2012년 4월 출범한 김정은 체제는 7·1조치를 추진했던 2002년도에 비해 훨씬 많은 개혁·개방정책 추진 경험을 보유하고 있다. 2005년 7·1조치가 후퇴할 때까지 3년간 실리를 중시하면서 자본주의적 요소가 포함된 경제개혁 조치를 추진한 경험이 있고, 금강산 관광지구를 설정하여 2008년 남한 관광객 피격사건으로 관광이 중단될 때까지 200만에 가까운 남한인의 금강산 관광을 허용하였고, 남한과 공동으로 개성공업단지를 건설하여 2012년 12월 현재 123개 남한

기업에 54,000여 명이 근무토록 하고 있다.

또한 북한에서 시장화 현상이 꾸준히 확대되었다. 7·1 조치 이후 2002년 '사회주의 물자교류시장'이 개설되고, 2003년부터 2009년까지 6년 이상 종합시장이 운영되었다. 시장은 북한 경제체제에서 주민들의 삶의 필수 불가결한 존재가 되었을 뿐만 아니라 국가기관들도 시장에 개입하고 있다. 이러한 경험은 김정은 체제에서 개혁·개방 촉진요인으로 작용할 것이다.

넷째, 베트남의 개혁·개방을 촉진시킨 대외적 요인은 중국과 소련의 개혁·개방정책이었다. 베트남은 소련과 특별한 우호관계를 유지하고 있었기 때문에 1985년 집권한 고르바초프가 개혁·개방정책을 추진하면서 베트남에게 개혁·개방을 권유했고, 베트남은 소련의 권유를 거절하기 힘든 상황이었다. 베트남은 1978년 캄보디아를 침략하여 점령하고, 1979년 중국과 전쟁을 한 후, 중국은 물론 서방국가, 아세안 국가들로부터 제재를 받는 상황이었다. 이러한 상황에서 베트남에 대한 소련의 영향력은 절대적일 수밖에 없었다. 소련이 붕괴하자 의존할 국가가 없어진 베트남이 생존할 수 있는 유일한 출구는 개혁·개방뿐이었다. 중국은 외교관계가 단절된 상황이었지만 베트남이 전통적으로 강력한 영향력을 받아온 국가였다. 이러한 중국이 사회주의 체제를 유지하면서 1978년부터 추진한 개혁·개방정책이 성과를 거양하자 베트남도 개혁·개방의 필요성과 자신감을 갖게 되었다.

북한도 사회주의 진영의 붕괴와 공산주의 이데올로기 쇠퇴로 국제무대에서 외교적 고립이 심화되었다. 북한은 주체사상을 마르크스·레닌주의와 차별화하면서 생존을 모색하였지만 1990년대 중반 북한 경제학자의 표현대로 "자본주의 바다에 홀로 떠 있는 사회주의 작은 돛단배 한 척"같은 처지가 되었다. 남한은 1990년 소련, 1992년 중국과 수교했으나 북한은 미국, 일본과 수교하지 못함으로써 생존 자체가 절실한 상황이 되었다. 남한과 수교한 중국은 북한에게 개혁·개방을 권유했지만 북한은 중국을 배신자로 간주하고 냉각관계를 유지하였다. 1998년 김정일 체제가 공식 출범하고 국제적 고립과 경제난 극복을 위해 2000년 김정일의 중국 방문으로 북·중 관계가 개선되면서 중국은 북한의 후원국이 되었다.

1998년 출범한 남한 김대중 정부의 햇볕정책으로 남북관계가 개선되면서 남한에 의한 흡수통일 우려가 해소되자 북한도 2002년 7·1조치를 취하였다. 북한은 중국의 권유와 체제안전에 대한 자신감속에서 7·1조치를 단행한 것이었다. 베트남의 도이머이정책이나 북한의 7·1조치 모두 국제적 고립상황에서 유일한 후원국으로부터 개혁·개방 권유를 받아 이루어진 조치였다. 그러나 베트남의 위기의식은 북한보다 훨씬 컸다. 소련의 후원이 없으면 잠재적 적국인 중국의 위협을 극복하기 어려웠다. 소련이 붕괴되자 베트남은 스스로 자구책을 찾아야 했고 그것은 개혁·개방뿐이었다. 개혁·개방의 중단은 체제붕괴로 이어질 수 있었다.

북한의 위기의식은 베트남만큼 크지 않았다. 중국이 개혁·개방정책을 추진하면서도 사회주의체제를 유지하고 있었고, 중국이 북한을 중국의 핵심이익이 걸린 전략적 자산으로 평가하고 있어 중국이 북한 붕괴를 방관하지 않을 것이라는 북한의 자신감이었다. 북한이 7·1조치를 중단하더라도 중국이 후원국으로 존재하는 한 북한체제가 붕괴되지는 않을 것이라는 확신이 있었고, 이것은 베트남과 커다란 차이였다.

김정은 체제 출범 이후 중국의 대북 개혁·개방 요구는 김정일 시대와는 성격이 다르다. 7·1조치 당시에는 북한의 경제난 극복을 위한 권유였다면 김정은 체제 이후에는 중국의 동북지방 경제발전과 연계시켜 북한의 개혁·개방을 요구하고 있다. 2010년 북·중 정상회담에서 후진타오 국가주석은 "정부주도, 기업위주, 시장운영, 호

리경영"이라는 새로운 북·중 경협방침을 제기하였고, 2012년 장성택의 중국 방문 시 중국의 대북투자를 위한 북한의 투자환경 개선을 강력히 요청하였다. 북한의 개혁·개방이 중국의 동북지역개발계획과 연계되어 있어 중국은 나선경제특구, 황금평·위화도특구를 공동 개발하면서 북한에 대해 개혁·개방을 강력히 권유하고 있다. 이에 따라 북한의 선택 폭이 과거보다 좁아져 개혁·개방 가능성이 더욱 커졌다고 할 수 있다.

다섯째, 베트남의 개혁·개방을 촉진시킨 또 다른 대외적 요인은 서방국가와의 협력없이는 베트남의 경제발전에 필요한 해외자본을 확보할 수 없었다는 점이다. 1978년 베트남의 캄보디아 침공을 계기로 미국 주도의 대 베트남 봉쇄정책에 대부분의 서방국가가 동참함으로써 베트남은 서방세계 및 국제금융기관으로부터 원조를 받을 수 없었다. 국가 예산의 상당부분을 해외원조에 의존하던 베트남이 버티어 나갈 수 있었던 것은 소련의 원조에 의한 것이었다. 소련에서 개혁·개방정책이 추진되면서 베트남에 대한 경제지원이 축소 중단되자 서방세계로부터 자본도입을 위해 개혁·개방이 불가피 해졌다.

북한 역시 7·1조치 당시 북한 핵 문제로 인해 미국 주도의 국제사회 제재를 받고 있어 서방국가로부터 해외자본을 유치할 수 없었다. 다만 남한의 김대중 정부의 햇볕정책에 편승하여 남한의 자본 유치만이 가능한 상황이었다. 북한은 7·1조치 이후 개성공업지구, 금강산관광지구를 특구로 지정하여 남한의 자본을 유치하였다. 그러나 2002년 10월 북한의 농축우라늄 핵 개발 문제가 대두되면서 미국의 대북자세가 더욱 강경해지고, 2009년 북한 병사에 의한 남한 관광객의 피격사건으로 금강산 관광 중단 및 개성공업지구에 대한 신규투자가 중단되었다.

김정은 체제 출범 이후 북한은 3차 핵실험으로 유엔 안보리의 대북제재를 받고 있는 상황에서 2012년 헌법을 개정하여 핵 보유국을 명시하는 등 핵 포기 의사가 전혀 없음을 보이고 있어 향후에도 서방국가로부터의 외자유치는 불가할 것으로 보인다. 다만 북한은 북한 핵 개발에 반대하면서도 북한을 지원하고 있는 중국으로부터 자본을 유치할 수 있다는 점이 해외자본을 유치할 수 있는 국가가 전무했던 베트남과는 다르다고 할 수 있다.

지금까지 살펴 본 베트남과 북한의 개혁·개방 촉진요인 이외에도 현재 김정은 체제는 7·1조치 이후 북한이 추진했던 많은 개혁·개방정책 경험이 개혁·개방을 촉진시키는 요인이 되고 있다. 2002년 7·1조치, 신의주특별행정구건설 시도, 금강산관광지구, 개성공업지구, 황금평·위화도 경제특구 설정 및 각종 개혁·개방 관련법제·개정 등은 향후 북한이 개혁·개방을 보다 쉽게 추진할 수 있는 요인이 되고 있다.

한편 베트남과 북한의 개혁·개방정책 추진과정에서 나타난 억제요인을 비교해 보면 베트남과 북한에 공통적으로 작용했던 억제요인이 있고, 베트남에게는 없었으나 북한에는 존재했던 억제요인이 있었다. 베트남과 북한의 개혁·개방정책 추진과정에서 나타났던 억제요인을 비교하면 다음과 같다.

첫째, 베트남이나 북한 모두 미국과 전쟁을 경험한 혁명 1세대들의 장기집권을 들 수 있다. 베트남의 혁명 1세대들은 1965년부터 1973년까지 미국과 치열한 전쟁을 하였다. 이들은 강한 반미 적대감정을 포지하였고, 미국 주도의 자본주의체제에 대해서 거부감을 나타내면서 강경보수주의 입장을 견지하였다. 이러한 성향의 혁명 1세대들이 1980년대 말까지 장기간 정권을 장악하고 있었다. 통일 후 개최된 1976년 제4차 당 대회에서 임명된 정치국원은 1940년대 선출된 정치국원 중 사망자 2명과 중국으로 망명한 1명을 제외하고 모두 정치국원으로 임명되었다. 1981년개최된 제5차 및 1986년 개최된 제6차 당 대회를 통해 비로써 실질적 의미의 정치국원 교체가 이루어졌다. 1996년 제6차 당 대회에서 개혁주의자인 응우옌 반 링이 당 서기장에 선출되고, 도이머이정책이 채택 되었지만 혁명 1세대인 팜 홍이 당 서열 2위를 유지하면서 강경 보수주의 입장을 고수하여 개혁·개방정책은 탄력을 받지 못하다가 1988년 팜 홍 총리가 사망한 이후에야 도이머이정책이 본격적으로 추진 될 정도로 혁명 1세대들은 개혁·개방에 부정적이었다.

북한 역시 김일성과 항일투쟁을 함께 했던 빨치산 혁명 1세대들과 그 자녀들이 장기간 권력을 장악하였다. 김일성은 정권 수립 후 한국전쟁을 계기로 경쟁대상자인 중국파 무정, 소련파 허가이, 국내파 박헌영을 숙청하고, 1956년에는 연안파와 소련파 인사들을 모조리 축출하였다. 1967년에는 김일성의 항일투쟁을 지원했던 갑산파마저 제거하고, 김일성과 함께 항일투쟁을 했던 빨치산파만으로 최소화된 핵심지배연합을 구축하였다. 이런 과정을 통해 조직된 권력 지도부는 김정일이 권력을 세습한 이후에도 큰 변화 없이 지속되었다. 북한의 혁명 1세대 역시 한국전쟁을 통해 강한 반미감정을 가졌고, 개혁·개방에 부정적인 입장을 견지하였다. 김정은 체제가 출범한 이후에야 북한에서는 괄목할만한 세대교체가 이루어졌다.

둘째, 자본주의적 요소가 포함된 개혁정책 시행으로 인해 나타난 부정적 현상이 개혁·개방정책의 억제요인으로 작용하였다. 베트남은 1979년 경제자유화 정책을 시행하였다. 경제자유화 조치로 초기에는 쌀 생산이 증대되고, 공업생산성도 향상 되었으나, 시간이 지나면서 서방국가의 경제제재, 외환부족, 경제 하부구조 미비 등으로 경제가 침체국면으로 빠져들면서 여러 가지 부작용이 나타났다. 소비재가 절대 부족한 상황에서 유통이 자유화되자 투기와 대규모 암거래가 발생하였다. 생산의욕을 부추기기 위해 목표 초과 생산물에 대한 가격 인상, 노동자들의 100% 임금인상, 경제개발에 필요한 재원 마련을 위한 정부의 통화증발로 극심한 인플레이션이 발생하였다. 또 사회적 계층 간 소득격차 확대, 지역개발 불균형, 부패만연, 매점매석 등 자본주의의 부정적 요소가 나타나면서 경제는 더욱 혼란에 빠졌다. 이러한 부정적 요소는 개혁·개방을 반대하는 보수주의자들의 입장을 강화시켰고, 개혁·개방정책의 저해요소로 작용하였다.

북한 역시 2002년 7·1조치 이후 각종 개혁조치와 시장이 확대되면서 극심한 인플레이션과 남한풍 확산 같은 비사회주의적 현상이 확산되었다. 북한은 비사회주의적 현상 확산을 체제에 대한 도전으로 이해하였다. 김정일은 2005년 2월 경제지도일꾼들이 시장이용을 시장경제전환으로 잘못 이해하고 있는 것 같다면서 '사상의 빈곤'에 빠져 있다고 비판하고, 박봉주 내각의 경제개혁에 대해 유보적인 입장으로 선회하였다. 이에 따라 내각의 개혁정책은 추동력을 상실하였다. 북한은 2007년 4월 박봉주 총리가 해임되자, 2007년 12월부터 '시장이 북한 사회의 배금풍조, 개인주의, 부정부패, 빈부격차를 확대시키고 있으며, 장사하는 사람들이 국가 법질서를 위반하고 있다'면서 시장에 대한 통제를 시작하였다.

셋째, 1980년대 말부터 시작된 소련 및 동유럽 사회주의 진영의 붕괴는 초기에는 베트남과 북한 모두에게 개혁·개방의 억제요인으로 작용하였으나 시간이 흐르면서 촉진요인으로 작용하였다.

베트남은 1980년대 말부터 소련과 동유럽 사회주의 국가들이 붕괴 조짐을 보이자, 베트남 사회주의체제 유지와 안정을 가장 우선적인 현안으로 간주하고, 1986년 채택한 도이머이정책을 재검토하였다. 1989년 8월에 개최된 공산당 제7차 중앙위원회에서 보수파와 개혁파 모두 공산당 일당지배에 대한 도전을 결코 용납지 않고, 다원주의, 다당제 민주주의를 배격할 것임을 결의하였다. 1989년 12월에는 당내 급진개혁파인 쩐 쑤언 바익(Tran Xuan Bach) 정치국원을 당에서 축출하고, 언론과 문화 활동에 대한 통제를 강화하였다. 그러나 소련과 동유럽 사회주의 국가들이 붕괴되자 베트남공산당은 체제안정을 위해 시행한 개혁·개방에 대한 통제정책을 재검토 하였다. 베트남공산당은 사회주의 진영이 붕괴된 상황에서는 도이머이정책의 지속적인 추진 이외에는 대안이 없음을 확인하고, 도이머이정책의 통제 대신 도이머이정책의 수정 강화로 입장을 정리하였다. 1990년 4월 개최된 공산당 제18차 중앙위원회에서 정치사회분야는 보수적 노선을 강화하고 경제분야에서는 개혁·개방을 더욱 가속화하기로 결정하였다.

북한은 소련 및 동유럽 사회주의 국가들이 붕괴되자 큰 충격을 받았다. 사회주의 국가들의 붕괴는 북한에게 이념적 진영의 붕괴와 해외시장의 붕괴 그리고 외교적 고립을 가져왔다. 북한은 주민들의 동요를 방지하기 위해 대대적으로 주체사상을 마르크스·레닌주의와 차별화하면서 생존을 모색하는 한편 대외적으로는 한국과의 대결로 인한 체제위협을 제거하기 위해 남한과 공존체제를 제도화하려는 전략과 대량살상무기를 개발하여 남한의 대북공세를 억지하려는 전략을 병행 추진하였다. 1990년 총리를 대표로 하는 남북 고위급회담을 시작, 1991년 '남북한기본합의서'를 채택하여 공존을 모색하는 한편 1993년 NPT를 탈퇴하고 '벼랑끝 외교'를 시작하였다.

넷째, 소련 및 동유럽 사회주의 진영의 붕괴 이후 중국의 존재는 베트남과 북한의 개혁·개방정책 추진과정에서 베트남에게는 촉진요인으로, 북한에게는 미국 주도의 국제사회 압박을 견딜 수 있도록 후원국 역할을 함으로써 일정기간 억제요인으로 작용하였다.

베트남은 1978년 캄보디아 침공, 1979년 중국과의 국경전쟁 이후 중국, 아세안, 서방국가들로부터 제재를 받으면서 전적으로 소련에 의존하고 있었다. 베트남의 후원국이었던 소련이 붕괴되자 베트남은 고립되면서 체제안보 위기에 부딪치게 되었다. 중국은 베트남과 같은 사회주의 국가이지만 국경전쟁 이후 대립관계를 유지하고 있어 협력이나 안보를 의존할 수 있는 국가가 아니었다. 베트남의 체제안전과 경제회복을 위해 채택할 수 있는 방법은 서방국가와의 협력이 유일하였고, 이를 위해 개혁·개방정책 추진은 불가피 하였다.

이에 비해 북한은 중국과 혈맹관계라는 특수한 관계를 유지하고 있었다. 중국은 북한의 붕괴를 중국의 '근본적 이익'이 걸린 문제로 인식하고, 북한체제의 안정을 대북정책의 핵심기조로 하고 있다. 따라서 북한은 사회주의 진영의 붕괴로 큰 충격을 받았지만 북한의 지정학적 가치 때문에 중국이 북한의 붕괴를 방치할 수 없는 상황이어서 외부세력에 의한 북한 붕괴 가능성은 희박하였다. 북한은 이러한 국제관계 인식하에서 개혁·개방정책을 채택하지 않고, NPT 탈퇴라는 벼랑끝 전술을 채택하고 핵 개발을 추진하였다. 결과적으로 북한의 강력한 후원국인 중국의 존재는 북한의 개혁·개방정책을 저해하는 요인으로 작용하였다.

다섯째, 베트남과 북한은 민족통일 여부가 서로 달라 개혁·개방정책 억제요인이 다르다. 베트남은 이미 통일이 달성된 상태여서 민족분단으로 인한 억제요인은 없다. 그러나 북한은 동일민족인 남한과 같은 주민, 같은 영토를 놓고 서로 단일 정통정부임을 다투는 상황에 있다. 특히 1980년대 후 남북한 경제적 격차가 점차 확대되면서 북한의 위기의식도 높아졌다. 2011년의 경우 북한의 국민 총소득은 남한의 2.6%, 1인당 국민소득은 남한의 5.3%에 불과하게 되었다. 2012년 남한의 무역규모는 북한의 157배이다. 이러한 경제력 차이로 인해 북한은 남한에 의한 흡수통일을 우려하게 하였다. 1990년 동독이 서독에 흡수 통일되자, 김일성은 1991년 남북통일을 "누가 누구를 먹거나 먹히우는 식"으로 되어서는 안 된다고 천명함으로써 흡수통일을 두려워하였다. 경제력이 월등히 강한 대안국가로서 남한의 존재는 북한의 개혁·개방의 커다란 억제요인으로 작용하고 있다.

여섯째, 북한은 체제안보 및 대남 군사적 우위 확보를 위해 핵무기 개발을 집요하게 추진하고 있으며, 이것은 개혁·개방의 억제요인이 되고 있다. 북한은 사회주의 진영이 붕괴되고 중국이 남한과 수교함으로써 외교적 고립에 빠졌다. 위기의식에 빠진 북한은 핵 개발을 추진하였고, 대량살상무기 확산을 방지하려는 미국은 북한의 핵 개발을 중단시키려고 하였다.

국제사회는 가능한 방법을 통해 북핵 문제를 해결하려고 하였지만, 북한은 핵은 북한체제를 옹위하는 마지막 보루라면서 핵 포기는 불가하다는 입장을 견지하고 있다. 핵 문제가 해결되지 않는 상황에서는 북한이 개혁·개방정책을 추진하다 해도 미국의 대북제재가 지속될 것이기 때문에 서방국가의 자본유치는 불가능하고, 개혁·개방정책은 성과를 기대할 수 없다. 북한의 집요한 핵 개발 의지는 개혁·개방의 억제요인이 되고 있다.

일곱째, 북한사회에 뿌리 깊이 확립되어 있는 주체사상과 주체사상에 기반을 둔 자립적 민족경제건설노선이다. 북한은 한국전쟁 이후 중국과 소련으로부터 원조가 줄어들고, 중·소분쟁에서 독자노선을 강구할 필요성이 커지자 1956년 경제에서의 자립을 발표하고 자립적 민족경제건설노선을 제기하였다. 이에 따라 북한은 자급자족적 생산체제구축을 지향하면서 공산권 상호경제협력체인 COMECON에도 가입하지 않았고, 자본주의 국가들에 대한 경제개방에도 부정적인 태도를 취했다. 이러한 북한의 자립적 민족경제건설노선은 지금도 중시되고 있어, 개혁·개방정책의 억제요인이 되고 있다.

베트남과 북한의 개혁·개방정책의 억제요인을 비교해 볼 때, 베트남에 비해 북한의 개혁·개방을 저해한 주요 요인은 대내적으로는 주체사상과 자립적 민족경제건설노선, 집요한 핵 개발정책 등을 들 수 있고, 대외적으로는 대안국가로 남한의 존재, 국제사회의 규제와 봉쇄정책을 무력화시킬 수 있는 후원국인 중국의 존재 그리고 대량살상무기 확산을 방지하려는 미국의 대북 압박정책이라고 할 수 있다.

〈표 5-2〉 도이머이정책과 7·1조치의 동인 비교

| 구분 | 도이머이정책 | 7·1조치 |
|---|---|---|
| 지도부 교체 | 지도부 교체가 이루어짐 | 실질적인 교체 없었음 |
| 경제적 위기 | 경제난 지속 | 경제난 지속 |
| 시장화 현상 | 소규모로 존재 | 시장화 현상 확산 |
| 체제위기 강도 (경제난) | 경제위기가 사회정치적 위기로 확산 | 경제적 위기는 지속, 사회 통제력은 유지 |
| 체제위기 강도 (개혁·개방) | 없었음 | 비사회주의화 현상 확대 등 점진적으로 높아짐 |
| 국가의 사회통제력 | 재교육소, 강력한 공안기구 등 높음 | 정치범수용소, 강력한 공안기구 등 높음 |
| 국제사회와의 관계 | 악화상태(소련의 지원이 점진적으로 축소 중단) | 악화상태(중국의 지원은 점진적으로 확대) |
| 핵 개발 | 없음 | 국제사회 제재 (2006년 1차 핵실험) |

## 제3절 베트남 경험이 북한에 주는 시사점

베트남과 북한은 사회주의체제 모순에서 야기된 경제난 극복을 위해 개혁·개방을 추진하였다. 베트남은 처음 개혁·개방정책에는 실패했지만 결국 개혁·개방에 성공하여 경제난을 극복하고 세계경제체제에 편입되었다. 북한은 개혁·개방에 실패하여 아직도 경제적 어려움을 극복하지 못하고 있으며, 세계경제체제로부터 고립되어 있다. 베트남의 개혁·개방정책을 추진하는 과정에서 경험했던 실패와 성공 경험이 북한에 주는 시사점을 살펴보면 다음과 같다.

첫째, 베트남은 공산당 주도로 사회주의 정치체제를 유지하면서 개혁·개방정책을 통해 시장경제체제로 전환하였다. 소련과 동유럽 사회주의 국가들의 체제전환에서는 공산당 일당 통치체제가 모두 붕괴되고 다당제 정치체제로 바뀌었다. 공산당은 붕괴되고 공산당 지도자들은 권력을 상실했으며 루마니아 챠우세스크처럼 지도자가 처형당하기도 했다. 경제체제보다 정치체제가 먼저 바뀌었고, 체제전환과정에서 일반적으로 국제금융기관에서 권고하는 개혁과제인 안정화, 자유화, 사유화, 제도개혁 등이 급속히 이루어졌다. 베트남도 장기적으로 보면 소련 및 동유럽 사회주의 국가들의 경우와 동일한 개혁을 수행하였다. 그러나 베트남은 공산당의 통치를 확고히 유지하면서 점진적 방법에 의해 시장경제체제로 전환하였다.

북한도 공산당 주도로 1970년대 차관 도입, 1980년대 합영법 제정, 1990년대 나진·선봉경제특구 설정, 2000년대 7·1경제관리개선조치와 신의주특구, 개성공업특구, 금강산관광특구 설정, 2010년대 황금평·위화도경제특구 설정, 나선시의 특별시 승격 등 일련의 개방정책을 수행하였고, 이들 정책은 제한적이지만 점진적으로 확대·심화되어 왔다. 개방정책의 경우 대부분 국내제도 및 인프라 미비, 대외적 압박으로 인해 성과가 미흡했지만 금강산관광특구나 개성공단은 일정한 성과가 있었다. 7·1개혁조치는 자본 및 자재, 상품의 부족으로 공급이 시장의 수요를 충족시키지 못해 경제적 혼란이 야기되었고, 또 영향력 감소를 우려한 당 및 군부의 반발 등에 의해 중단되었다. 지금까지 북한이 추진했던 개혁정책은 실패로 끝났지만 여건이 달라지면 보완을 통해 언제든지 공산당 주도로 다시 추진할 가능성이 크다고 하겠다.

둘째, 베트남의 개혁·개방정책은 공산당 지도부의 세대교체가 이루어진 후 성공적으로 수행되었다. 베트남 공산당은 경제난 극복을 위해 1979년 신경제정책으로 불리는 개혁정책을 처음 추진하였다. 생산물 계약제, 국영기업 자율권 확대, 실질임금제 등이 포함된 개혁정책은 농업과 공업분야에서 상당한 성과를 거두었지만 높은 인플레이션과 재정적자가 수반되자 공산당 지도부내의 논쟁을 거쳐 1983년부터 개혁정책을 중단하고, 통제정책으로 회귀함으로써 첫 번째 추진된 개혁정책은 실패하였다. 1986년 두 번째 추진된 개혁·개방정책이 도이머이정책이었다.

도이머이정책이 추진되기 전에 공산당 지도부에는 세대교체가 있었다. 1982년 개최된 제5차 당 대회에서 정치국원 14명중 6명이 비교적 젊은 세대로 교체되었고, 1986년 제6차 당 대회에서는 개혁주의자 응우옌 반 링이 당 서기장에 선출되고 12명의 정치국원 중 7명이 교체됨으로써 실질적인 세대교체가 이루어졌다. 다만 혁명 1세대인 팜 홍이 당 서열 2위를 유지하면서 강경 보수주의 입장을 고수함으로써 개혁·개방정책은 탄력을 받지 못하다가 1988년 팜 홍이 사망한 이후에야 도이머이정책은 본격적으로 추진되었다. 도이머이정책 역시 추진과정에서 높은 인플레이션이 발생하는 등 문제점이 수반되었지만 세대교체가 이루어진 공산당 지도부는 개혁·개방정책을 지속 확대 추진함으로써 점진적으로 경제를 안정시키고 발전시켰다.

북한도 김정일에서 김정은으로 지도자 교체가 이루어지면서 지도부 핵심인사들도 대폭 교체되었다. 핵심인사들의 교체는 김정은이 후계자로 내정되면서 시작되었다. 김정일은 김정은을 후계자로 내정(2009년 1월)한 후, 후계체제 구축을 위해 군부 내 세력교체를 단행하고 당을 복원시키는 조치를 취했다.

먼저 공안기구를 국방위 산하로 통합하고 2010년 6월 장성택을 국방위 부위원장에 임명하여 공안기구를 총괄하게 하였다. 2010년 9월 제3차 당 대표자회의를 개최하여 군부의 대표주자였던 오극렬, 김영춘을 권력의 핵심에서 퇴진시키고, 리영호를 정치국 상무위원,

당 중앙군사위 부위원장에 임명하여 군을 장악토록 하였다.

또 당을 강화하는 조치를 취했다. 당 정치국 32명중 25명, 당 중앙군사위원회 19명중 16명, 당 중앙위원회 정위원 124명중 94명, 당 중앙위원회 후보위원 105명중 99명을 신규 충원함으로써 지난 15년간 형해화 된 당을 정상화시켰다.[4]

세대교체는 하부조직에서도 이루어졌다. 현재 북한 로동당의 조직지도부를 제외한 여타부서는 '혁명 5,6세대'인 30, 40대가 실무 팀장급으로 업무를 이끌어 가고 있다. 군부도 군단장은 40-50대, 사단, 여단장 일부는 30-40대로 교체되었다. 이들의 직책이 한 단계씩 승진하여 부부장급으로 올라가면 김정은 체제를 뒷받침하는 당내 파워 집단을 형성하게 될 것이다.[5]

경제개혁을 주도했던 인물들의 부상도 두드러졌다. 2002년 7·1조치를 주도했던 총리 박봉주, 부총리 로두철, 전승훈, 곽범기 등의 위상이 올라가고, 경제부문에서 핵심역할을 수행하게 되었다. 2007년 4월 당과 군부의 반발로 내각 총리에서 해임되었던 박봉주는 2013년 3월 31일 로동당 중앙위원회 전원회의에서 정치국 위원으로 임명된 데 이어 다음날 4월 1일 내각 총리에 임명되었다.[6]

김정은 체제 출범 후 당, 정, 군의 핵심지도부 인사들이 대폭 교체되어 개혁·개방에 부정적인 군부 영향력이 축소되고, 개혁·개방

---

4) 김갑식, "김정은정권 출범의 특징과 향후 전망", 『NARS 현안보고서』 제185호, 국회입법조사처, 2013년 1월 18일, p. 24.

5) 정영태 외, 『포스트 김정일체제 전망』(서울: 통일연구원, 2010), pp. 81-82.

6) 박봉주는 2002년 '7·1경제관리개선조치'를 주도한 경제전문가로 2003년 9월 내각 총리에 임명되었다. '7·1조치'시행 과정에서 당 및 군부와 마찰을 빚고, 2006년 6월 자금 전용 혐의로 40일간 직무정지를 당했다. 2007년 4월 총리직에서 해임되고 순천 비날론연합기업소 지배인으로 좌천되었다가 2010년 8월 당 경공업부 제1부부장으로 복권되었다. 파이낸셜 뉴스, 2013년 4월 1일.

에 보다 온건한 세력이 주도권을 장악하였다. 박봉주 등 개혁·개방 세력이 복귀하였고, 하부조직에서도 새로운 젊은 세대가 등장하는 북한체제에 전반적으로 괄목할 만한 변화가 일어났다. 이러한 세대 교체는 북한의 개혁·개방을 촉진시키는 요인이 되고 있다.

셋째, 베트남은 가격자유화, 재정, 무역분야 등의 개혁은 국제금 융기구나 주요 선진국에서 권고한 표준적인 개혁안에 따라 추진하 고, 국유기업 부문은 베트남의 상황에 따라 점진적인 방식으로 개 혁을 추진하였다.

베트남은 도이머이정책 추진과정에서 소련이나 동유럽 국가들 과 유사한 높은 인플레이션을 겪게 되었다. 이에 대해 베트남은 소 련이나 동유럽 국가들과 마찬가지로 IMF 등 국제금융기구에서 권 고한 표준적인 개혁안을 받아들여 1989년 가격자유화, 긴축 재정· 통화정책, 무역자유화, 환율 조정 등 안정화, 자유화정책을 한꺼번 에 급속히 실행하였다.

그러나 국유기업 개혁은 상이한 전략을 채택하였다. 베트남은 소련이나 동유럽 국가들이 국유기업을 매각이나 바우쳐 등의 방식 으로 급진적으로 사유화하는 조치를 취했던 것과는 달리 주요 국 유기업은 사유화하지 않고 상업화하는 정책을 추진하였다. 베트남 은 1987년 국유기업에 대한 계획시스템을 폐지하고, 경영자율권을 확대시켰다. 1994년부터 '총공사' 형식의 기업집단으로 재편했으며, 2000년대 들어 주식회사화를 본격화하였다. 베트남은 1999년부터 소규모 지방 국유기업을 대상으로 사유화를 추진하였으나, 대규모 국유기업은 사유화하지 않고, 사회주의식 국유기업을 시장경제식 국유기업(또는 공기업)으로 전환시키는 정책을 추진하였다.

넷째, 개혁·개방정책이 성공하기 위해서는 우호적인 대외환경 구축이 필요하였다. 특히 미국과의 관계개선이 개혁·개방정책의 성공에 필수적이었다. 베트남은 도이머이정책을 채택한 후 1987년 외자법을 제정하는 등 서방국가들과의 경제협력과 외자유치를 위해 노력하였다. 그러나 미국 주도의 경제제재가 지속되는 동안 국제금융기관 및 서방국가들과의 협력은 불가하였고, 도이머이정책도 지지부진 하였다. 베트남이 1989년 캄보디아에서 철군하면서 국제사회의 경제제재가 완화되고, 1993년에 IMF, 세계은행, 아시아개발은행 등 국제금융기관이 자금지원을 재개하였다. 1995년 미국과 국교를 정상화하고, 1998년 미국으로부터 최혜국 대우를 부여 받고, 2000년 무역협정을 체결한 이후에 베트남의 대미무역이 급증하고 경제성장이 본 궤도에 오르게 되었다.

북한이 개혁·개방정책을 성공적으로 수행하기 위해서는 미국과의 관계개선이 선행되어야 한다. 현재 미국과 관계개선의 최대의 걸림돌은 북한 핵 문제다. 1993년 시작된 북한 핵 문제는 그간 협상을 통해 1994년 10월 제네바 합의, 2005년 9·19 공동성명, 2007년 2·13 합의 등 평화적 해결 가능성도 보였지만 합의의 이행과정에서 선순환 구조보다는 갈등의 악순환 구조가 전개되면서 타결되지 못하고 있다. 이것은 북한이 핵무기를 북한체제를 옹위하는 마지막 보루로 간주하고 있어 선 핵포기는 절대 협상의 대상이 될 수 없다는 입장을 견지하고 있고, 미국은 핵무기의 비확산을 국가안보의 주요한 이슈로 상정하고 있기 때문에 북한의 핵 프로그램 포기가 선행되어야 하는 양보할 수 없는 사안이기 때문이다.

이러한 북·미 간의 입장 차이로 북한 핵 문제는 해결되지 못한 채 20년 이상 양국 간 대립이 지속되고 있으며, 이러한 대립구도는 북한의 개혁·개방정책 선택을 어렵게 하고 있다. 국제질서가 미국에 의해 주도되고 있는 상황에서 미국과의 관계개선이 선행되지 않을 경우 북한이 개혁·개방정책을 추진한다 해도 개혁·개방에 필수적인 서방국가의 자본유치는 불가능하기 때문이다. 따라서 북한이 성공적인 개혁·개방정책을 추진하기 위해서는 먼저 미국과의 관계개선을 모색해야 할 것이다.

다섯째, 베트남의 개혁은 체제보완적인 자생적 개혁으로부터 시작되어 점차 체제수정적 개혁으로 발전하였다. 베트남의 초기 개혁은 1970년대 후반 베트남 북부 하이퐁 지역에서 지방인민위원회와 농민들이 중국의 청부제와 유사한 자발적인 시장경제적 개혁을 시행하면서 시작되었다. 이것은 농민들에게 일정한 토지를 분배한 후 기본 생산량을 지정하고, 초과 생산물에 대해서는 개별적인 처분이 가능토록 하였다. 베트남 중앙정부는 내부 논란 끝에 이러한 변화를 추후 승인하는 형식을 취함으로써 신경제정책이 시작되었다. 이후 신경제정책으로 인해 인플레이션 등 부작용이 나타나자 보수주의자들의 개혁에 대한 반발이 심해져 1983년부터 신경제정책은 중단되고 사회주의 통제를 재실시하게 되었다. 그러나 1979년 캄보디아 침공 이후 국제사회의 경제제재가 지속되고, 1985년 고르바초프가 등장한 후 소련의 원조가 급감하자, 베트남공산당은 이전의 체제보완적 정책에서 진일보한 1986년 도이머이정책을 채택하였다.

도이머이정책은 팜 홍 총리를 중심으로 한 강경보수파의 반발과 동유럽 사회주의 국가들의 사회주의체제 붕괴 조짐이 나타나자 위기를 느낀 공산당이 1989년 말 다당제 배격을 결의하고, 급진 개혁론자인 쩐 수억 바익을 정치국원에서 축출하는 등의 조치를 취함으로써 개혁·개방 속도는 조절되었다. 그러나 소련과 동유럽 사회주의 국가들의 붕괴가 현실화되자 베트남공산당이 1990년 4월 개최된 제8차 중앙위원회에서 정치체제는 보수적 노선을 강화하고, 경제분야는 개혁과 개방을 강화하기로 결정함으로써 베트남의 개혁·개방은 본격적으로 추진되었다. 특히 베트남 정부가 국제금융기관의 표준적인 개혁안을 받아들이면서 베트남의 개혁정책은 체제보완적 개혁에서 체제수정적 개혁으로 발전하여 결국에는 시장경제체제로 전환되었다. 베트남이 공산당 일당 지배체제를 그대로 유지하면서 계획경제체제를 시장경제체제로 전환했다는 것은 북한도 일당지배 정치체제를 유지하면서 시장경제체제로 전환할 수 있음을 시사해 주고 있는 것이다.

# 제6장 결 론

사회주의체제의 종주국이었던 소련과 모든 동유럽 사회주의 국가들이 시장경제체제로 전환한지 20여 년이 지났다. 중국과 베트남도 정치적으로 일당독재라는 사회주의체제를 유지하고 있지만 경제적으로는 시장경제체제로 전환하였다. 이러한 역사적 사실은 사회주의체제가 구조적 모순으로 인해 발생되는 경제적 위기를 극복하기 위해서는 시장경제체제로의 전환이 불가피하다는 사실을 보여주고 있는 것이다. 북한도 시장경제체제로의 출발점이 될 수 있는 개혁정책을 추진하였지만 성공하지 못했다.

본 책자는 사회주의 체제전환이론에 비추어 북한도 시장경제체제를 향한 개혁·개방정책이 불가피할 것이라는 전제와 또 북한도 하나의 국가로서 국가의 정책을 산출해 내고 집행하는 기능은 다른 국가와 동일하다는 사실에 주목하여 사회주의 체제전환 관점에서 정치체제 정책결정이론을 원용하여 베트남과 북한의 개혁·개방정책을 분석하고 비교하였다. 비교 분석기준으로 활용한 지표는 이미 시장경제체제로 전환한 소련과 동유럽 사회주의 국가들의 경험에서 공통적으로 나타났던 개혁·개방 초기조건과 동인에서 도출하였다. 베트남과 북한의 개혁·개방 전개과정 분석을 통해 양국의 개혁·개방 초기조건과 동인을 도출하고, 이를 분석기준과 비교함으로써 북한의 개혁·개방 실패원인을 규명하였다.

소련 및 동유럽 사회주의체제의 체제전환 요인은 경제위기, 정통성의 상실, 다민족체제에서 민족주의 갈등, 고르바초프의 개혁·개방정책, 시민사회 등장, 서방과의 경쟁 등 이었다.[1] 베트남과 북한 역시 사회주의체제로 인한 경제적 위기에 빠졌다. 대외적으로 개혁·개방 압력도 받았다. 그러나 양국 모두 동유럽 사회주의 국가들과는 달리 사회주의국가 건설의 정통성을 확보하고 있었고, 정부에 비판적인 시민사회도 형성되어 있지 않았다. 다민족 체제로 인한 민족 간의 갈등도 존재하지 않았고, 지정학적으로 소련의 직접적인 영향권에서 벗어나 있었다. 이러한 차이는 베트남과 북한이 동유럽 사회주의 국가들처럼 사회주의체제에서 발생한 경제적 위기와 대외적 개혁·개방 압박을 받았음에도 붕괴되지 않고 사회주의체제를 유지할 수 있는 기반이 되었다.

베트남의 개혁·개방정책은 시행초기 진퇴를 반복했지만 전반적으로 코르나이가 제시한 체제전환 방식인 시장화, 사유화, 자유화 순서에 따라 심화되어 시장경제체제로 발전하였다. 1979년 시행된 신경제정책은 농업생산청부제, 성과급 임금제와 가격개혁이 포함되었다. 신경제정책은 가격자유화에 따른 인플레이션, 반사회주의 풍조 등이 나타나자 보수파의 반발로 중단되었다. 1986년 채택한 도이머이정책은 가격자유화, 시장사회주의, 기업의 자주관리가 포함된 개혁·개방정책이었다. 1994년 채택한 전국토의 공업화·근대화 노선은 베트남 정부가 국제금융기관의 지원과 권고를 받아 국영기업에 대한 개혁을 가속화한 본격적인 시장경제화 정책이었다. 이러한 베트남의 개혁·개방정책은 소련이나 동유럽의 급진적 이중전환 방식과는 달리 정치부문은 그대로 유지하고 경제부문만 시장경제체제로 전환하는 점진적 단일전환 방식으로 진행되었다.

정치체제 정책결정론에 의하면 정치체제는 환경의 요구와 지지

---

1) Leslie Holmes, *Post Communism : An Introduction* (Durham: Duke University Press, 1997).

를 받아 이것을 정책으로 전환하여 산출한다.[2] 베트남은 공산당 정
치국이 실질적으로 주요정책을 산출하는 기능을 수행하였다. 개
혁·개방정책의 확대나 중단 역시 정치국에서 결정되었다. 베트남
공산당은 1930년 설립된 이후 집단지도체제로 운영되어 왔다. 중요
정책은 당 서기장, 국가 주석, 정부 총리, 국회의장 그리고 정치국
상임위원 등 5명의 합의로 결정되었다. 베트남의 개혁·개방정책은
개혁·개방 촉진요인과 억제요인이 정치국 정치국원들의 가치관,
선호와 작용하여 정책으로 전환되어 산출되었다.

1986년 채택한 도이머이정책이 점진적으로 심화되어 체제전환으
로 발전할 수 있었던 것은 개혁·개방 초기조건과 동인이 정치체제
에 작용한 결과였다. 베트남의 개혁·개방 초기조건은 민족통일, 집
단지도체제, 그리고 실용주의 정치문화로 범주화 할 수 있다. 개혁·
개방 동인은 촉진요인과 억제요인으로 구분되는데 촉진요인은 ①
지속된 경제난 ②공산당 지도부의 세대교체 ③실용주의와 민족주
의 전통 ④중국, 소련의 개혁·개방 ⑤주변 국가들의 급성장 ⑥소련
및 동유럽 사회주의 진영의 원조 중단이었다. 억제요인은 ①보수성
향 혁명 1세대들의 장기집권 ②경제자유화 조치에 따른 자본주의
의 부정적 요소의 대두였다. 그리고 사회주의 국가들의 붕괴조짐이
일시적 억제요인으로 작용하기도 하였다.

이러한 초기조건과 동인에 의한 요구와 지지가 정책 결정자들에
의해 정책으로 전환된 것이었다. 요구와 지지가 동일하더라도 정책
전환 과정에서 정책결정자의 능력과 선호도에 따라 정책이 다르게
산출될 수 있다. 1979년 채택된 신경제정책은 개혁·개방 촉진요인
이 억제요인보다 정치국원들에게 더 큰 영향을 미쳐 자유화정책으
로 산출되었다. 1982년 정치국에서 자유화정책을 중단하고, 재통제

---

2) 정정길 외, 『정책학 원론』(서울: 대명출판사, 2013).

정책을 결정할 당시 정치국은 보수성향의 정치국원들이 압도적으로 많았다. 1986년 도이머이정책을 채택할 당시는 당 서기장이 개혁성향 인사로 바뀌었고, 정치국원들도 젊고 개혁성향인 사람들로 대폭 교체된 상황이었다. 도이머이정책을 채택한 이후 초기에는 개혁·개방 촉진요인과 억제요인, 그리고 정치국원들의 성향에 따라 도이머이정책 추진 속도는 완급이 있었지만 정치국원들의 선호가 점차 개혁성향으로 바뀌고, 대내외 환경도 개혁·개방촉진요인이 강화되면서 시장화, 사유화 정책이 확대 심화되었다.

북한의 개혁·개방정책은 1984년 합영법 제정으로 시작되었다. 합영법은 외국자본을 직접 유치하기 위해 추진했지만 법, 제도, 인프라 등의 미비로 서방국가 기업들이 투자를 기피하여 실패하였다. 북한은 1991년 나진·선봉자유경제무역지대에 69억 9천만 달러를 투자하여 동 지역을 국제화물 중계기지, 제조업 지대, 국제적인 관광지로 개발한다는 계획을 수립하고, 동 지역 내 투자하는 외국기업에 투자보장, 소득세 감면 등 각종 특혜를 부여하였다. 그러나 인프라시설 미비, 북한의 체제방어를 위한 소극적인 개방체제의 고수, 최악의 국가신용도에 따른 위험 부담 등으로 서방기업들이 투자를 기피하여 성과를 거두지 못했다. 체제전환 관점에서는 합영법이나 나진·선봉자유경제무역지대 설치는 큰 의미를 갖지 않았다. 그것은 코르나이가 제시한 시장화, 사유화, 자유화에 변화를 초래할 수 있는 조치가 아니었기 때문이다.

체제전환 관점에서 유의미한 변화는 2002년 시행한 7·1조치였다. 7·1조치는 베트남의 신경제정책처럼 계획경제 시스템을 보완 개선하기 위한 조치였지만 시장경제 요소가 포함되어 있었다. 가격이 현실화되고, 노동보수가 현물에서 현금으로 전환되었으며, 기업에 이윤개념을 도입한 번수입지표가 경영평가 기준이 되었고, 시장도 확대되었다. 사회주의 체제전환 관점에서 첫 번째 개혁정책 이라고 할 수 있는 7·1조치는 김정일에 의해 결정되었고, 김정일에 의해 중단되었다.

북한의 정치체제는 주체사상에 기반을 두고 있는 수령 유일지도체제이다. 수령 유일지도체제는 6·25 전쟁이 끝날 무렵 연안파, 소련파, 남로당계를 숙청하고, 1956년대 반종파 투쟁을 통해 빨치산계 단일지배체제를 구출한 후, 1967년 자파 내 갑산파와 군벌주의자 등 이질적 요소를 제거함으로써 완전히 구축되었다. 1974년 후계자로 선정된 김정일은 같은 해 '당의 유일사상체계 확립의 10대 원칙'을 발표하고, 1986년에는 '사회정치적생명체론'을 제시하여 유일지도체제의 이론적 정당화를 추진하면서 수령에 대한 절대 복종을 강요하였다. 제도상으로는 당·국가 체제로서 당이 국가를 지배하고 모든 정책 결정 과정을 지배하지만 1990년대 들어 김정일이 국방위원회 중심으로 체제를 관리하면서 당의 정책회의를 활용하지 않아 당의 정책결정 기구로서의 기능은 형해화 되었다.

정치체제의 정책결정이론에 의하면 환경의 요구와 지지가 정치체제에서 정책으로 전환하여 산출하는데 북한의 정치체제는 김정일에게 권력이 집중되어 있는 유일지도체제이기 때문에 실제 주요 정책의 산출 기능은 김정일에 의해 이루어졌다. 7·1조치 역시 북한의 개혁·개방 초기조건과 동인에 의한 요구와 지지를 받아 김정일에 의해 정책으로 산출된 것이었다. 김정일 지시를 받아 '6·4그루빠'가 입안하고 김정일이 승인함으로써 시행되있다. 7·1조치 초기조건은 분단국가, 유일지도체제, 주체사상의 국가로 범주화 할 수 있다. 7·1조치 촉진요인은 ①심각한 경제난의 지속 ②김정일 체제 붕괴 우려감 불식 ③공산주의 이데올로기 퇴조와 사회주의 진영의 붕괴 ④중국 개혁·개방 정책의 성공 ⑤북한 내 시장화의 확산 등이었다. 반면 7·1 조치를 억제한 요인은 ①주체사상에 기반한 유일지도체제 붕괴 우려 ②자립적 민족경제건설노선의 전통 ③남한에 의한 흡수통일 우려 ④핵개발 고수 정책 등 이었다.

북한 배후에 위치한 중국은 북한의 후원국으로서 북한에 개혁·개방을 권유하고 있어 개혁·개방 촉진요인으로 작용하고 있지만, 북한이 핵 관련 미국 주도로 국제사회의 제재와 개혁·개방 압박을 받을 때 이를 상쇄시키는 역할을 함으로써 결과적으로 북한의 개혁·개방을 억제하는 역할도 하였다. 김정일이 2002년 7·1조치를 결정할 때에는 주변국가들과의 관계 개선, 중국의 개혁·개방 성공, 내부적으로 정치체제의 완비, 완만하지만 경제회복 추세에 힘입어 체제유지에 대한 자신감이 확보된 상황이었다. 개혁·개방 촉진요인이 억제요인보다 김정일에게 더 큰 영향력을 미쳤다. 반면 김정일이 2005년부터 7·1 조치에 대해 비판적 시각을 드러내고, 2007년 8월 시장이 비사회주의 온상이 되고 있다면서 철저히 뿌리 뽑을 것을 지시한 것은 개혁·개방 억제요인이 촉진요인보다 김정일에게 더 크게 작용한 결과였다.

7·1 조치는 김정일의 전폭적인 신임을 받은 박봉주 내각이 주도하였지만 김정일의 기대만큼 성과를 내지 못하였다. 북한의 경제성장률은 저조하였다. 일부 경제사업과 경제정책 주도권을 빼앗긴 군과 당은 불만이었다. 그러나 전폭적인 김정일 신임을 받고 있는 박봉주 위세에 눌려 있다가 상황이 변화하면서 2005년부터 당은 총리를 비롯한 내각 간부들의 비리와 시장의 '비사회주의 실태'를 조사하여 김정일에게 보고하고, 사회주의 원칙에 맞는 경제관리를 건의하였다. 당시 미국과의 관계는 2002년 10월 농축우라늄 핵 개발 문제가 불거져 악화되고 있었다. 양국은 우여곡절 끝에 2005년 '9.19 공동선언'에 합의하였지만, 이와 동시에 미국이 북한의 위조지폐를 문제 삼아 방코델타아시아 은행의 북한 계좌를 동결시켰고, 이에 반발한 북한이 2006년 7월 미사일 발사, 같은 해 10월 1차 핵실험을 단행하여 북·미관계는 극도로 악화된 상황이었다. 이러한 상황에

서 2007년 7월 외화벌이를 위해 김일성, 김정숙의 항일투쟁 흔적이 기록되어 있다는 '구호나무'를 벌목해서 중국에 밀매한 사실이 당에 의해 김정일에게 보고되었다. 벌목사건 책임자는 공개 총살당했고, 김정일은 2007년 8월 비사회주의 현상을 뿌리 뽑으라고 지시하였다.

김정일이 7·1개혁조치를 중단한 것은 경제적 성과가 저조한 가운데 1차 핵실험으로 미국과의 관계는 극도로 악화되고, 북한 내 비사회주의 현상이 확산되면서 체제붕괴 위기감이 증폭되었기 때문이었다. 개혁·개방 억제요인이 촉진요인을 압도한 상황으로 변했던 것이었다. 7·1조치의 시행과 중단에서 알 수 있는 것처럼 북한의 개혁·개방정책은 개혁·개방 촉진요인과 억제요인의 요구와 지지가 김정일에 의해 정책으로 산출되거나 중단되었다. 정치체제 정책결정 기능을 김정일이 수행하고, 개혁·개방 촉진요인과 억제요인이 환경의 요구와 지지 역할을 하였다.

베트남과 북한의 개혁·개방정책 산출과 전개과정 비교를 통해 밝혀진 차이점은 다음과 같았다. 첫째, 정책 산출 기능을 하는 정치체제에 구조에 큰 차이가 있었다. 베트남은 집단지도체제에 의해 정책이 산출되는데 비해 북한은 절대적 권력을 가진 김정일 한 사람에 의해 결정되었다. 베트남의 집단지도체제는 구성원들의 교체가 정기적으로 이루어지는데 북한의 유일지도체제는 실질적인 지도자의 교체가 이루어지지 않았다. 베트남 집단지도체제 구성원들의 첫째 목표는 사회적 위기와 경제적 위기를 극복하는데 있었고, 북한 지도자의 최대 관심은 유일지도체제의 붕괴를 방지하고 유지하는데 있었다. 사회주의체제에서 독재자는 그레고리(P. Gregory)의 지적처럼 대부분 안정적 강도형이거나 자신의 권력 축적에만 관심이 있는 이기적 독재자가 일반적이다. 절대 권력을 쥐고 있는 김정일도 예외가 아니었다. 김정일은 경제난 극복을 위한 개혁·개방이 유일지도체제에 위협적이라고 인식되자 개혁·개방정책을 중단시켰다.

둘째, 북한을 지전략적으로 중요시하는 중국이 북한 배후에 후원국으로 존재하고 있어 북한의 정책 선택의 폭을 넓혀 주었다. 베트남의 경우 소련과 동유럽 사회주의 진영이 붕괴되자 의지할 국가가 전혀 없어 서방국가들과의 관계개선을 하지 않고는 존립하기가 어려운 상황이 되었다. 북한은 중국의 전략적 가치 때문에 중국이 북한체제의 붕괴 방지를 대북정책의 핵심기조로 하고 있어 북한체제가 붕괴될 우려가 없었다. 북한이 1차 핵실험을 단행하고 7·1조치를 중단할 수 있었던 것도 중국이 후원국으로 존재하고 있어 외부로부터 압박에 의해 북한이 붕괴될 우려는 없었기 때문이었다.

셋째, 민족의 통일 여부에 차이가 있다. 베트남은 통일이 이루어진 후 개혁·개방정책을 추진했고, 북한은 경제력이 월등히 우세한 남한이라는 대안국가가 존재하는 분단 상황에서 7·1조치를 추진했다. 북한이 7·1조치를 시행할 당시에는 주변 국가들과의 관계개선이 이루어지고 있어 남한에 의한 흡수통일 우려감이 상당히 불식되었다. 그러나 북한 핵 문제로 미국과의 관계가 계속 악화되면서 체제붕괴 우려감이 다시 대두되었다.

넷째, 미국과의 관계개선 문제이다. 베트남은 도이머이정책 채택 이후 미국과의 관계개선을 도모하여 국제 금융기관과 서방국가들의 자본을 유치할 수 있었다. 북한은 7·1조치를 채택한 이후에도 핵 개발을 지속 추진함으로써 미국과의 관계를 악화시켰다. 세계질서를 주도하고 있는 미국과의 관계개선 없이는 국제금융기관과 서방국가들의 자본을 유치하기 어렵다. 남한의 적극적인 대북 화해협력정책으로 개성공단과 금강산 관광 특구는 성공할 수 있었지만, 여타 서방국가들의 자본을 유치하지 못한 것이 7·1 조치가 성공할 수 없었던 하나의 원인이 되었다.

결국 북한의 개혁·개방을 저해하는 본질적인 억제요인은 북한의 유일지도체제 붕괴 우려, 남한에 의한 흡수통일 우려, 북한의 핵개발 정책으로 집약할 수 있다. 북한의 개혁·개방이 지속적으로 가능하려면 이러한 본질적인 개혁·개방 억제요인이 먼저 해소되어야 할 것이다. 김정은 체제에서도 이러한 상황은 마찬가지이다. 그러나 지도자가 바뀌고 권력 핵심 엘리트들도 교체 되었으며 중국과의 관계도 변화되어 김정일 시대와 다른 개혁·개방정책을 추진할 여지도 있다.

김정은은 2012년 '4·6 담화'를 통해 노동당의 지도사상으로 '김일성·김정일주의'를 정식화하고 주체사상과 선군사상을 강조하면서 김정일 선대수령의 업적을 계승할 의지를 밝혔다. 동시에 인민생활과 경제강국 건설에 결정적 전환을 일으켜야 한다면서, 경제 산업은 내각에 집중시키고 내각의 통일적 지위에 따라 풀어나가야 한다고 강조하였다.[3] 2012년 4월 15일 김일성 탄생 100주년 기념 열병식 연설문에서 김정은은 자주의 길, 선군의 길, 사회주의 길을 추구할 것을 천명하면서, 인민이 다시는 허리띠를 조이지 않고 사회주의 부귀영화를 마음껏 누리게 하는 것이 당의 확고부동한 방침이라고 강조하였다. 2012년 6월에는 인민생활 향상을 위한 새로운 관리개선지침인 '우리식 경제관리방법'(6·28 방침)이 시행되었다.[4] 이어 2013년 3월 31일 7·1조치의 주역이었던 박봉주를 정치국위원으로 임명하고, 다음날 4월 1일 내각 총리에 임명하여 경제사업을 총괄케 하였다. 이러한 상황들은 북한이 개혁·개방정책을 추진할 수

---

3) 4·6담화는 노동신문이 2012년 4워 19일 보도한 "위대한 김정일 통지를 우리 당의 영원한 총비서로 높이 모시고 주체 혁명의 위업을 완성해 나가자"라는 담화를 의미한다. 노동신문 2012년 4월 19일.

4) 박형중, '6·28 방침'1년의 내용과 경과, Online Series CO 13-18, 통일연구원, pp. 1-4.

있는 긍정적인 신호들이다.

북한이 핵 개발을 포기하고 개혁·개방을 추진한다면 한국, 미국과의 관계개선을 이루고, 서방국가 자본을 유치하여 공산당 주도로 개혁·개방을 추진할 수 있을 것이다. 이 경우 개혁·개방에 따른 부작용을 잘 관리하면 중국, 베트남과 마찬가지로 정치적 안정과 경제발전을 이룩할 것이지만 부작용을 잘 관리하지 못하면 김정은 체제는 붕괴될 수도 있다. 베트남은 서방국가들의 자본을 유치하여 개혁·개방을 하고 국제경제체제에 편입되었다. 그러나 북한이 핵을 포기하지 않고 개혁·개방정책을 추진할 경우 베트남의 개혁·개방정책과는 다른 형태로 진행될 것이다. 북한이 핵 포기를 거부할 경우 서방국가들의 자본 유치는 불가하기 때문에 중국 자본에 의존하는 경제발전 전략을 추진해야 한다. 중국 자본에 의존해야 할 경우 북한은 중국에 대해 경계심을 갖고 있다[5]하더라도 중국이 요구하는 개혁·개방정책을 거부하기는 쉽지 않다. 중국은 북한에게 중국의 개혁·개방 경험과 시장경제제도 수용을 요구하면서 중국 산업경제체제에 부합하는 분야의 투자를 선호할 것이다. 중국에 전적으로 의존해야 하는 북한의 경제정책은 결국 중국의 경제 및 산업구조에 부합하는 방향으로 진전되어 세계경제체제에 편입되지 못하고, 중국경제권에 편입되는 북한식 개혁·개방정책, 절름발이 개혁·개방정책이 될 수도 있을 것이다.

---

5) 노무현 전 대통령이 북한이 중국 경제권에 편입되어 버릴 가능성을 걱정하고 있다고 하자 김정일은 "그 사람들의 경제 전략이 영토나, 제도나, 경제 분야에서는 동북3성이 아니라 북을 염두에 두고 동북4성으로 생각한다"고 말했다. 조선일보, "노무현·김정일 대화록 전문 주요내용", 2013년 6월 25일, 6월 27일.

# 참고문헌

## 1. 국내 문헌

### (1) 단행본

강진구, 『북한법의 연구』(서울: 박영사, 1975).

경남대 북한대학원 엮음, 『북한현대사 1』(서울: 도서출판 한울, 2004).

경남대 북한대학원 편, 『북한군사문제의 재조명』(서울: 한울, 2006).

고미 요지, 이용택 옮김, 『안녕하세요 김정남입니다』(서울: j contentree M&B, 2012).

구성렬 편저, 『베트남의 경제개혁과 전망』(서울: 연세대 동서문제연구원, 1993).

구성열 외, 『베트남의 남북경제 통합과 한반도 경제통합에 대한 시사』(서울: 연세대 동서문제연구원, 1995).

구성열 외 공저, 『베트남의 법제도와 시장개혁: 체제이행 국가의 하부구조 구축에 관한 연구』(서울: 연세대 동서문제연구원, 2002).

국토통일원, 『북한최고인민회의자료집 제3집』(서울: 국토통일원, 1988).

권성근·박완근, 『베트남 경제개혁의 추이와 시사점』(서울: 한국은행, 1999).

권 율, 『베트남의 수출가공구 개발정책과 현황』(서울: 대외경제정책연구원, 1993).

_____, 『주요국의 대베트남 경제협력과 한국의 ODA 지원방향』(서울: 대외경제정책연구원, 1994)

_____, 『베트남 국유기업 개혁의 현황과 과제』(서울: 대외경제정책연구원, 1997).

권쾌현, 『아주 특별한 베트남 이야기』(서울: (주)연합뉴스, 2010).

김계동, 『북한의 외교정책: 벼랑에 선 줄타기 외교의 선택』(서울: 백산서당, 2002).

김국신·김도태 외, 『분단극복의 경험과 한반도 통일―독일, 베트남, 예멘의 통일 사례연구』(서울: 한울아카데미, 1994).

김기태, 『전환기의 베트남』(서울: 조명문화사, 2002).

김석진, 『베트남 사례를 통해 본 북한의 대외무역 정상화 전망』(서울: 산업연구원, 2007).

김석진, 『중국·베트남 개혁모델의 북한 적용 가능성 재검토』(서울: 산업연구원, 2008).

김성철, 『베트남 대외경제개방 연구: 북한에 주는 함의』(서울: 통일연구원, 2000)

김일평외 지음, 『북한체제의 수립과정 1945~1948』(서울: 경남대 극동문제연구소, 1991).

김성철, 『베트남대외경제개방연구』(서울: 통일연구원, 새창, 2000).

남궁영, 『북한 경제개방정책의 변화와 성과: 외자유치정책을 중심으로』(서울: 민족통일연구원, 1998).

내외통신사, 『북한실상 종합자료집: 탈북자들의 증언을 통해 본 북한사회』(서울: 내외통신사, 1995).

동아일보사, 『안보통일문제기본자료집: 북한편』(서울: 동아일보사, 1972).

동용승·서양원, 『남북경협: 이렇게 풀자』(서울: 삼성경제연구소, 1995).

민족통일연구원, 『남북한 국력추세 비교연구』, 1992.

박석삼, 『북한경제의 구조와 변화』, (서울: 한국은행 금융경제연구원, 2004).

박형중, 『북한의 개혁 개방과 체제변화』(서울: 해남, 2004).

_____, 『북한 '변화'의 재평가와 대북정책방향』(서울: 통일연구원, 2009).

박희진, 『북한과 중국: 개혁개방의 정치경제학』(서울: 선인, 2009).

백학순, 『베트남의 개혁·개방 경험과 북한의 선택』(서울: 세종연구소, 2003).

법무부, 『베트남 개혁개방법제 개관』(서울: 법무부 특수법령과, 2005).

북한경제포럼 편, 『북한의 경제운영과 특성』(서울: 학문사, 2002).

북한 대외경제협력위원회, 『황금의 삼각주: 나진 선봉』(평양: 대외경제협력위원회, 1993).

서재진 외, 『사회주의 개혁 개방 사례 비교 연구』(서울: 민족통일연구원, 1993).

서재진·이수훈·신상진·조한범·양문수, 『세계체제이론으로 본 북한의 미래』(서울: 황금알, 2004).

서훈, 『북한의 선군외교』(서울: 명인문화사, 2008)

세종연구소 북한연구센터 엮음, 『북한의 경제』(서울: 도서출판 한울, 2005).

송봉선, 『중국을 통해 북한을 보다』(서울: 도서출판 시대정신, 2011).

송정남, 『베트남 역사 읽기』(서울: 한국외국어대학교 출판부, 2010).

신지호, 『북한의 '개혁·개방': 과거·현황·전망』(서울: 도서출판 한울, 2003).

스즈키 마사유키, 유영구 역, 『김정일과 수령제 사회주의』(서울 : 중앙일보사, 1994).

안종량, 『동남아 정치경제 환경변화와 한국의 협력방안』(부산: 부산외대, 1999).

안찬일, 『주체사상의 종언』(서울: 을유문화사, 1997).

양문수, 『북한경제의 시장화』(서울: 한울아카데미, 2010).

양승윤 외, 『경제개혁으로 21세기를 여는 민족주의 나라 베트남』(서울: 외대출판부, 2002).

양운철, 『사회주의 경제체제의 전환: 러시아, 동유럽, 북한』(성남: 세종연구소, 1999).

양재인 외, 『북한의 정치이념 주체사상』(서울: 경남대 극동문제연구소, 1990).

연하청, 『북한의 경제정책과 운용』(서울: 경남대학교 극동문제연구소, 1986).

오용석, 『공산권경제의 탈마르크스 경제학』(서울: 슬라브연구사, 1988).

오일환 외, 『현대북한체제론』(서울: 을유문화사, 2000).

와다 하루키, 서동만·남지정 옮김, 『북조선: 유격대국가에서 정규군국가로』(서울: 돌베게, 2002).

윌리암 듀커, 정영목 옮김, 『호치민 평전』(서울: (주)도서출판 푸른숲, 2003).

유성철(6·25 당시 북한군 작전국장), "나의 증언", 한국일보 편, 『증언, 김일성을 말한다』(서울: 한국일보사, 1991).

유재한, 『북한의 산업』(서울: 한국정책금융공사, 보림에스앤피, 2010).

유현석, 『국제정세의 이해(제3개정판)』(서울: 한울, 2011).

윤대규 엮음, 『북한 체제전환의 전개과정과 발전조건』(서울: 한울, 2007).

윤대규 편, 『사회주의 체제전환에 대한 비교 연구』(서울: 한울, 2007).

응우웬 반 깐, 김기태 역, 『베트남 공산화의 이상과 현실』(서울: 조명문화사, 1989).

이교덕 외, 『새터민의 증언으로 본 북한의 변화』(서울: 통일연구원, 2007).

이덕주, 『한국현대사비록』(서울: 기파랑, 2007).

이상우, 『북한정치: 신정체제의 진화와 작동원리』(서울: 나남출판, 2008).

이수훈 편, 『동북아질서 재편과 북한의 정치경제적 변화』(서울: 한울, 2010).

이재기·서정익, 『신북한경제론』(서울: 신론사, 2007).

이종석, 『새로 쓴 현대 북한의 이해』(서울: 역사비평사, 2000).

이한우, 『베트남의 경제개혁의 정치경제』(서울: 서강대출판부, 2011).

임수호, 『계획과 시장의 공존』(서울: 삼성경제연구소, 2008).

임현진·정영철, 『북한의 체제전환과 사회정책의 과제』(서울: 서울대, 2008).

임홍재, 『베트남 견문록』(서울: 김영사, 2010).

전현준·정영태·최수영·이기동, 『김정일 정권 등장 이후 북한의 체제유지 정책 고찰과 변화 전망』(서울: 통일연구원, 2008).

정성장, "북한체제와 스탈린체제와의 비교", 오일환 외, 『현대북한체제론』(서울: 을유문화사, 2000).

정정길 외, 『정책학 원론』(서울: 대명출판사, 2013).

정영철, 『북한의 개혁 개방: 이중전략과 실리사회주의』(서울: 선인, 2004).

정영태 외, 『포스트 김정일체제 전망』(서울: 통일연구원, 2010).

정영화·김계환, 『북한의 시장경제이행』(서울: 집문당, 2007).

정재완, 『베트남의 경제개혁 추진현황 및 경제전망』(서울: 대외경제정책연구원,1997).

_____, 『한국의 대베트남 투자 및 ODA 추진방향』(서울: 대외경제정책연구원, 1997).

조명철·홍익표, 『중국·베트남의 초기 개혁·개방정책과 북한의 개혁방향』(서울: 대외경제정책연구원, 2000).

조명철·홍익표·김지연, 『체제전환국의 시장경제교육 경험이 북한에 주는 시사점』(서울: 대외경제정책연구원, 2008).

조영국, 『탈냉전기 북한의 개혁 개방 성격에 관한 연구』(서울: 한국학술정보, 2006)

조용득, 『국제경제기구와 세계경제질서』(서울: 형설출판사, 2003).

조지프 나이, 양준희·이종삼 옮김, 『국제분쟁의 이해』(서울: 한울, 2009).

존 베일리스, 스티브 스미스 편저, 『세계정치론』, 하영선 외 옮김, (서울: 을유문화사, 2006).

진승권, 『사회주의, 탈사회주의, 그리고 농업』(서울: 이화여자대학교, 2006).

최병욱, 『최병욱 교수와 함께 읽는 베트남 근대사』(서울: 창비, 2008).

최완규, 『북한은 어디로』(서울: 경남대학교 출판부, 1996).

최완규 엮음, 『북한의 국가성격 변용에 관한 연구』(서울: 한울, 2001).

최완규 엮음, 『북한 도시정치의 발전과 체제변화』(서울: 한울, 2006).

최청호 외 지음, 『북한사회주의건설의 정치경제』(서울: 경남대학교 극동문제연구소, 1993).

KOTRA, 북한의 대외무역동향(각년도).

클라우스 폰 바이메, 이규영 옮김, 『탈사회주의와 체제전환』(서울: 서강대학교 출판부, 2000).

통일교육원, 『2013 북한이해』(서울: (주)늘품플러스, 2013).

통일부, 『최근 북한의 농민시장 실태와 가격동향 분석』, 1999년 1월.

통일연구원, 『2009 북한개요』(서울: 통일연구원, 2009).

통일원, 『북한의 제3차 7개년계획 종합평가』(1994).

하영선·남궁곤 편저, 『변환의 세계정치』(서울: 을유문화사, 2009).

한국무역협회, 『북한의 경제·사회지표 2007』(서울: 한국무역협회, 2007).

현대북한연구회 엮음, 『김정일의 북한은 어디로 가는가』(서울: 한울, 2009).

황의각 외 지음, 『북한 사회주의경제의 침체와 대응』(서울: 경남대 극동문제연구소, 1995).

황병덕 외 8인, 『사회주의 체제전환 이후 발전상과 한반도 통일』(서울: 늘품플러스, 2011).

황장엽, 『나는 역사의 진리를 보았다』(서울: 도서출판 한울, 1999).

### (2) 논문

김갑식, "김정은정권 출범의 특징과 향후 전망", 『NARS 현안보고서』 제185호, 국회입법조사처, 2013년 1월 18일.

김갑식 외, "북한내각의 경제적 역할과 당정관계", 『한국과 국제정치』 제22권 3호, 2006.

김계동, "북한의 대외개방정책: 여건조성과 정책방향", 『국방론집』 제30호, 1994년 여름.

김근식, "김정일 시대 북한의 신 발전전략: 실리 사회주의를 중심으로", 『국제정치논총』 제43집 4호, 2003.

＿＿＿, "북한 발전전략의 형성과 변화에 관한 연구: 1950년대와 1990년대를 중심으로", 서울대학교 박사학위논문, 1999.

＿＿＿, "사회주의 체제전환과 북한 변화", 『통일과 평화』 2집 2호, 2010.

＿＿＿, "1990년대 북한의 체제정당화 담론: '우리식 사회주의'와 '붉은기철학'을 중심으로", 『통일정책연구』, 8권 2호, 통일연구원, 1999.

김병연, "사회주의 경제개혁과 체제이행의 조건: 구소련, 동유럽, 중국의 경험과 북한의 이행 가능성", 『비교경제 연구』 제12권 2호, 2005.

김병욱, "김정은 권력승계 이후 선군경제운영과 국제사회 변화 동향", 『KDI 북한경제리뷰』 2012년 2월호.

김상훈, "최근 북중 경제협력 현황" 『KDI 북한경제리뷰』 2010년 8월호.

김성철, "사회주의 대변혁의 구조적 동인: 체계과학적 접근", 『한국정치학회 보』 제29집 3호, 1995.

김성철 외, 『북한의 경제전환 모형: 사회주의국가의 경험이 주는 함의』(서울: 통일연구원, 2001).

김영훈·권태진, "북한의 경제개혁·개방 조치와 농업협력에 대한 시사", 『북한 경제논총』 2002년 제8호.

김용현, "북한 내부정치와 남북관계: 7.4 남북기본합의서, 6.15 비교", 『통일문 제연구』 통권 제42호, 2004.

김종욱, "베트남의 발전과 저발전의 정치동향", 『동남아 정치변동의 동학』(서 울: 오름, 2004).

김종호, "베트남 국영부문 개혁추진 현황과 전망", 『수은해외경제』 2004.

김 철, "김정은 시대의 북·중 관계와 경제협력", 『KDI북한경제리뷰』 2012년 3월호.

구성열, "베트남의 경제", 양승윤 외, 『경제개혁으로 21세기를 여는 민족주의 나라 베트남』(서울: 한국외국어대학교 출판부, 2002).

권성태·박완근, 『베트남 경제개혁의 추이와 문제점』(서울: 한국은행, 1999).

권만학, "탈국가사회주의의 여러 길과 북한: 붕괴와 개혁", 『한국정치학회보』, 35집 4호, 2001년 가을.

권영경, "7·1조치 이후 북한정권의 경제개혁 개방전략과 향후 전망", 『북한연 구 학회보』 12권 1호, 2008.

_____, "북한경제의 위기구조와 중국·베트남의 초기 개혁·개방정책에 비추 어 본 북한의 개혁·개방 평가", 『안보학술논집』 제13집 2호, 2002.

권 율, "베트남 경제개혁의 특성에 관한 연구", 서강대 박사학위논문, 1998.

_____, "베트남 국영기업의 개혁과정에 대한 연구, 『베트남연구』 제1권, 2000.

_____, "미·베트남 무역협정의 경제적 효과", 『베트남연구』 제2권, 2001.

_____, "북한의 개혁개방모델이 북한에 주는 시사점", 『수은북한경제』 2005년 여름호.

남성욱, "시장 도입하고 성과급제 강화하는 북한 경제개혁", 『북한의 경제개 혁』(경남대 북한대학원, 2003).

내외통신, "탈북자의 증언을 통해 본 북한사회",『북한실상종합자료집』, 내외
　　통신사, 1995.

노귀남, "제6장 문학 속에 나타난 북한의 경제관", 세종연구소 북한연구센터
　　엮음,『북한의 경제』(서울: 도서출판 한울, 2005).

동용승, "제2장 대외무역", 세종연구소 북한연구센터 엮음,『북한의 경제』(서
　　울: 도서출판 한울, 2005).

류길재, "「천리마운동」과 사회주의경제건설:「스타하노프운동」및「대약진운
　　동」과의 비교를 중심으로", 최청호 외 지음,『북한사회주의건설의 정
　　치 경제』(서울: 경남대학교 극동문제연구소, 1993).

문병집, "북한의 경제운영과 특성", 북한경제포럼 편,『북한의 경제운영과 특
　　성』(서울: 학문사, 2002).

문흥호, "후진타오 집권기 중국의 대북한 인식과 정책: 변화와 지속", 김연철
　　외,『북한 어디로 가는가?』(서울: 도서출판 플래닛미디어, 2009).

박번순, "미국의 대베트남 경제제재 해제",『삼성세계경제』(1994년 3월).

박종철, "베트남의 체제개혁: 정치제도와 권력구조의 변화,『한국과 국제정치』
　　제5권 1호, 1989년 봄.

박형중, "사회주의 경제의 체제전환 전략: 급진론과 진화론-동유럽과 중국개
　　혁에 대한 평가를 중심으로",『통일연구논총』제6권 1호, 1997.

_____, "중국과 베트남의 개혁과 발전-북한을 위한 모델?", Online Series PA
　　05-06(서울: 통일연구원, 2005).

배종렬, "북한의 외자도입 현황과 과제",『수은북한경제』2005년 겨울호.

성채기, "미-중, 미-베트남 수교과정을 통해 본 북미관계 정상화의 전개양상
　　및 전망", 국방정책연구, 제45호, 1999.

성채기, "북한군사력의 경제적 기초: 군사경제 실체에 대한 역사적·실증적
　　분석", 경남대 북한대학원 편,『북한군사문제의 재조명』(서울: 한울,
　　2006).

송위섭, "개방경제 채택 이후의 베트남 경제의 구조변화",『아주과학논총』제
　　9호, 1995.

송정호, "조선로동당의 형성과 체계화: 1945-1961", 북한연구학회 편,『북한의
　　정치 1』(서울: 경인문화사, 2006).

신희선, "북한의 대외개방정책에 관한 연구", 숙명여대 박사학위논문, 1998.

심지연, "4. 북조선로동당의 창립과 노선", 김일평 외 지음,『북한체제의 수립

과 1945-1948』(서울: 경남대학교 극동문제연구소, 1991).

안승욱, "베트남의 사회주의 경제개발계획", 『한국과 국제정치』 제5권 제1호, 1989.

_____, "베트남의 개혁개방과 경제발전 전략", 『한국과 국제정치』 26호, 1997.

양길현, "한국의 경제발전 경험과 베트남의 도이머이", 『한국과 국제정치』 제 10 권 제2호, 1994년.

양문수, "북한의 시장화: 추세와 구조변화", 『KDI 북한경제리뷰』 제15권 6호, KDI, 2013년 6월.

양성철, "주체사상과 통일", 양재인 외 지음, 『북한의 정치이념: 주체사상』(서울: 경남대학교 극동문제연구소, 1990).

양재인, "주체사상의 발전과정", 양재인 외 지음, 『북한의 정치이념 주체사상』(서울: 경남대학교 극동문제연구소, 1990).

오인식, "베트남 경제개혁의 평가와 전망" 『서강경제논집』 27권 2호, 1998.

유성철, "나의 증언", 한국일보 편, 『증언, 김일성을 말한다』(서울: 한국일보사, 1991).

유인선, "베트남의 도이머이정책과 베트남사의 재해석", 『동남아시아연구』 제3호, 1994.

윤승현, "북한의 개혁·개방 촉진을 위한 중국의 역할", 『수은북한경제』 2012년 가을호.

윤태영, "북미미사일 협상과정, 쟁점 및 해결전망", 『동서연구』 12권 2호(연세대학교 동서문제연구원, 2000).

이강우, "도이머이시대의 베트남국영기업 개혁과정", 『베트남연구』 제4권, 2003.

_____, "베트남국영기업의 주식회사 전환 정책에 관한 연구: 공산당과 정부 문건을 중심으로", 『베트남연구』 제5권, 2004.

이교덕, "김정은 체제와 2012년", 『KDI 북한경제리뷰』 2012년 1월호.

이기영·신영재, "사회주의 경제체제 가격이론 연구", 『현대사회』 제8권 제4호(서울: 현대사회연구소, 1988).

이두원, "국유기업의 민영화: 주식화를 중심으로", 『베트남의 법제도와 시장 개혁』(서울: 연세대학교 동서문제연구원, 2002).

이석기, "북한의 1990년대 경제위기와 기업형태의 변화", 서울대학교 박사학위논문, 2003.

이수석, "김정은시대의 권력개편과 체제변화", 『KDI 북한경제리뷰』 2012년 9
　　　월호.

이수훈, "베트남 발전노선에 관한 연구", 『한국과 국제정치』 제10권 제2호,
　　　1994.

이승현, "제9장 1960년대 북한의 권력구조 재편과 유일사상의 대두: 제한적
　　　다원성에서 유일체제로", 경남대 북한대학원 엮음, 『북한현대사 1』
　　　(서울: 도서출판 한울, 2004).

이영훈, "창지투개발계획의 실현 가능성과 북한의 개혁·개방" 『KDI북한경제
　　　리뷰』 2011년 4월호.

이은호, "베트남 사회주의 체제 변화와 개방정책", 『동남아 정치변동』(서울:
　　　동남아지역연구회, 1994).

임강택·김종욱, "베트남의 개혁·개방에 따른 경제·사회의 발전상 연구", 황병
　　　덕 외, 『사회주의 체제전환 이후 발전상과 한반도 통일』(서울: 늘품
　　　플러스, 2011).

임수호, "김정일 정권 10년의 대내 경제정책 평가: '선군경제노선'을 중심으
　　　로", 『수은북한경제』 2009년 여름호.

＿＿＿, "북·중 경제밀착의 배경과 시사점", 삼성경제연구소, 2010.10.1.

＿＿＿, "실존적 억지와 협상을 통한 확산: 북한의 핵정책과 위기조성외교
　　　(1989-2006)", 서울대 박사학위논문, 2007.

＿＿＿, "화폐개혁 이후 북한의 대내 경제전략", 『KDI북한경제리뷰』 2010년 3
　　　월호.

장형수, "베트남의 국제협력 경험이 북한에 주는 시사점, 『경제연구』 제24권
　　　제11호, 2003.

전상언, "베트남의 도이머이-사회주의 원리와 자본주의 정신", 『경제와 사회』
　　　26호, 1995.

정상돈, "제5장 대중운동", 세종연구소 북한연구센터 엮음, 『북한의 경제』(서
　　　울: 도서출판 한울, 2005).

정상훈, "농업 및 산업관리체계: 청산리방법과 대안의 사업체계", 최청호 외
　　　지음, 『북한사회주의건설의 정치경제』(서울: 경남대 극동문제연구소,
　　　1993).

정성장, "주체사상과 북한의 개혁 개방", 『동북아연구』 제6권, 2001.

정은이, "북한 경제의 현황과 개혁의 가능성", 『북한경제리뷰』 2009년 11월호.

정재완, "베트남의 경제개혁 추진현황 및 경제전망",『조사분석』, KIEP, 1997.

조동호, "제2장 계획경제의 한계", 박재규 편,『북한의 딜레마와 미래』(서울: 법문사, 2011).

조영제, "베트남의 외국인 투자 보호제도에 대한 국제법적 고찰",『연세법학 연구』제3집, 1995.

최병욱, "베트남 역사 개관", 양승윤 외,『경제개혁으로 21세기를 여는 민족주 의나라 베트남』(서울: 한국외국어대, 2000).

최지영, "최근 북한의 대외경제정책변화", BOK 이슈노트 No. 2012-7, 한국은 행, 2012년 8월 30일.

최완규, "김정일 체제의 변화전망", 전국대학북한학과협의회편,『북한정치의 이해』(서울: 을유문화사, 2000).

최완규·최봉대, "사회주의 체제전환방식의 비교연구",『사회주의 체제전환에 대한 비교연구』(서울: 한울, 2008).

최준택, "김정일의 정치리더십 연구: 현지지도를 중심으로", 건국대 박사학위 논문, 2007.

한기범, "북한 정책결정과정의 조직행태와 관료정치: 경제개혁 확대 및 후퇴 를 중심으로(2000-09)", 경남대 박사학위논문, 2009.

한병진, "북한정권의 내구성에 대한 이론적 고찰",『국가전략』제15권 1호, 2009.

함택영, "경제·국방건설 병진노선의 문제점", 최청호 외 지음,『북한사회주의 건설의 정치경제』(경남대학교 극동문제연구소, 1993).

홍용표, "김정일정권의 안보딜레마와 대미·대남정책", 연구보고서 97-10(민족 통일연구원, 1997).

황귀연, "베트남 공산당의 개혁개방정책에 관한 연구", 경남대 박사학위논문, 1996.

_____, "베트남 정권의 형성과정과 정치구조", 양승윤 외,『베트남』(서울: 한 국 외국어대학교출판부, 2000).

황의각, "북한의 경제침체: 개괄 및 총량분석", 황의각 외 지음,『북한 사회주 의 경제의 침체와 대응』(서울: 경남대학교 극동문제연구소, 1995).

(3) 기타자료

연합뉴스. 조선일보. 중앙일보. 동아일보. 파이낸셜 뉴스. 민족21.


## 2. 북한 문헌

### (1) 단행본

과학백과사전출판사,『백과전서』4권(평양: 과학,백과사전출판사, 1983).
_____,『주체의 사회주의 정치경제학 연구』(평양: 과학,백과사전출판사, 1978).
김봉호,『위대한 선군시대』(평양: 평양출판사, 2004).
김정일,『주체혁명위업의 완성을 위하여 3』(평양: 조선로동당출판사, 1987).
백과사전출판사,『광명백과사전 5(경제)』(평양: 백과사전출판사, 2010).
백관석·박성금 편집,『주체의 사회주의정치경제학 연구』(평양: 과학백과사전
　　　　출판사, 1978).
사회과학출판사,『경제사전』2권(평양: 사회과학출판사, 1985).
_____,『사회주의경제건설 리론』(평양: 사회과학출판사, 1985).
조선로동당출판사,『조선로동당력사교재』(평양: 조선로동당출판사, 1964).
_____,『우리당의 선군시대 경제사상 해설』(평양: 조선노동당출판사, 2005).
조선중앙통신사,『조선중앙년감 1959』(평양: 조선중앙통신사. 1959).
_____,『조선중앙년감 1961』(평양: 조선중앙통신사, 1962).
_____,『조선중앙년감 1962』(평양: 조선중앙통신사, 1962).

### (2) 논문

김일성, "국가활동의 모든 분야에서 자주, 자립, 자위의 혁명정신을 더욱 철
　　　　저히 구현하자(1967.12.16.)",『김일성저작선집』4권(평양: 조선로동당
　　　　출판사, 1968).
_____, "당대표자회의 결정을 철저히 관철하기 위하여(1967.6.20.)",『김일성저
　　　　작집』21권(평양: 조선로동당출판사, 1983).
_____, "사상사업에서 교조주의와 형식주의를 타파하고 주체를 확립할 데
　　　　대하여 (1955.12.28.)",『안보통일문제기본자료집: 북한편』(서울: 동아
　　　　일보사, 1972).
_____, "우리나라 사회주의의 우월성을 더욱 높이 발양시키자(1990.5)",『김일

성저작선집』 10권(평양: 조선로동당출판사, 1997).

김일성, "조선민주주의인민공화국에서의 사회주의건설과 남조선 혁명에 대하여(1954.4.14.)", 『김일성저작선집』 4권(평양:조선로동당출판사, 1968).

_____, "조선민주주의인민공화국 정부의 당면과업에 대하여(1962.10.23.)", 『김일성저작선집』 3권(평양: 조선로동당출판사, 1968).

_____, "현정세와 우리당의 과업(1966.10.5.)", 『김일성저작집』 20권(평양: 조선로동당출판사, 1983).

김재서, "선군원칙을 구현한 사회주의 경제관리", 『경제연구』 2004년 제1호.

김정일, "당사업을 강화하여 우리식 사회주의를 더욱 빛내이자(1992.1.1.)", 『김정일선집』 12권(평양: 조선로동당출판사, 1997).

_____, "당사업을 잘하여 사회주의혁명 진지를 더욱 튼튼히 다지자(1994. 1.1.)", 『김정일선집』 13권(평양: 조선로동당출판사, 1998).

_____, "온사회를 김일성주의화하기 위한 당사상 사업의 당면한 몇 가지 과업에 대하여(1974.2.19.)", 김정일, 『주체혁명위업의 완성을 위하여 3』 (평양: 조선로동당출판사, 1987).

_____, "올해의 당사업에서 혁명적 전환을 일으킬데 대하여(1997.1.1.)", 『김정일선집』 14권(평양: 조선로동당출판사, 2000).

_____, "우리나라 사회주의는 주체사상을 구현한 우리식 사회주의이다(1990. 12)", 『김정일 선집』 10권(평양: 조선로동당출판사, 1997).

_____, "정치도덕적 자극과 물질적 자극에 대한 올바른 리해를 가질데 대하여 (1967.6.13.)", 『김정일선집』 1권(평양: 조선로동당출판사, 1992).

_____, "주체사상교양에서 제기되는 몇가지 문제에 대하여(1986.7.15.)", 『김정일선집』 8권(평양: 조선로동당출판사, 1997).

_____, "주체사상에 대하여(1982.3.31.)", 『김정일선집』 7권(평양: 조선로동당출판사, 1996).

_____, 『주체혁명위업의 완성을 위하여 3』(평양: 조선로동당출판사, 1987).

류운출, "사회주의 사회의 과도적 성격을 반영한 경제범주, 공간리용에서 지켜야할 원칙적 요구", 『경제연구』 2005년 제2호.

리기성, "위대한 령도자 김정일동지께서 새롭게 정립하신 선군시대 사회주의경제 건설노선", 『경제연구』 2003년 제2호.

박명혁, "사회주의기본경제법칙과 선군시대 경제건설 그 구현", 『경제연구』, 2003년 제3호.

신진철, "사회주의확대재생산에서 로동생산능률의 장성과 로동보수 사이의
　　균형보장과 그 의의", 『경제연구』 2002년 제3호.
윤재창, "현시기 경제관리를 우리식으로 풀어나가는데서 틀어쥐고 나가야
　　할 몇가지 문제", 『사회과학원학보』 2007년 1호(루계 54호).
심은심, "선군시대 재생산의 몇가지 리론문제", 『경제연구』 2004년 제2호.

### (3) 기타 자료

로동신문, 1996년 1월 1일, "붉은기를 높이 들고 새해의 진군을 힘차게 다그
　　쳐나가자".
로동신문, 1996년 8월 28일, "붉은기를 높이 들자".
로동신문, 1966년 10월 6일.
로동신문, 1998년 9월 9일, "위대한 당의 령도따라 사회주의 강성대국을 건설
　　해나가자".
로동신문, 2003년 4월 3일. "선군정치는 민족의 자주성을 위한 필승의 보검".
로동신문, 2006년 6월 28일.
로동신문, 2007년 3월 19일.
로동신문, 2010년 9월 18일.
로동신문, 2012년 10월 21일.

## 3. 외국 문헌

### (1) 단행본

Duiker, William J., *Vietnam Since the Fall of Saigon* (Center for International Studies,
　　Ohio Univ. 1989).
General Statistics Office, *Statistical Data of Vietnam Socio-Economy 1975-2000* (Hanoi:
　　Statistical Publishing House, 2000).
_____, *Vietnam- 20 Years of Renovation and Developement* (Hanoi: Statistical
　　Publishing House, 2006).
_____, *Statistical Yearbook of Vietnam 2010* (Hanoi: Statistical Publishing House,
　　2011).
Hwang, Eui-Gak, *The Korean Economies: A Comparison of North and South* (London:

Oxford University Press, 1993).

Kim, Tran Hoang, *Economy of Vietnam: Review and Statistics* (Hanoi: Statistical Publishing House, 1992).

Kornai, Jaos, *The Socialist System: The Political Economy of Communism* (Oxford University Press, 1992).

_____, "What Does Change of System Mean?", Janos Kornai, *From Socialism to Capitalism, Eight Essays* (Budapest-New York: Central European University Press, 2008).

Ministry of Planning and Investment, *A Guide to Foreign Investors in Vietnam* (Hanoi: Ministry of Planning and Investment, May 2000).

Pei, Minxin, From Reform to Revolution : *The Demise of Communism in China and the Soviet Union* (Cambridge, Massachusetts and London, England: Harvard University Press, 1994).

Saxonberg, *Steven, The Fall* (London and New York: Routledege, 2003).

Schurmann, *Franz, Ideology and Organization in Communist China* (Berkeley, Los Angeles: University of California Press, 1968).

Williams, Michael C., *Vietnam at the Crossroads* (N.Y.: Council of Foreign Relations Press, 1993).

Tran Nham, *Such is Vietnam : Renovation and Economic Development* (Hanoi, Vietnam: National Political Publishing House, 1998).

Vo Nhan Tri, *Vietnam's Economic Policy Since 1975* (Singapore: Institute of Southeast Asian Studies, 1990).

宋本三郎, 川本邦衛 編著, 『ベトナムと北朝鮮』(東京: 大修館書店, 1995).

## (2) 논문

Abrami, Rgina M., "Vietnam in 2002 : On the Road toRecovery", *Asian Survey*, Vol. 43, No. 1 (Jan. 2003).

Avery, Dorothy R., "Vietnam in 1992 : Win Some: Lose Some", *Asian Survey*, Vol. 33, No.1 (Jan. 1993).

Chanda, Nayan, "Vietnam's Battle of the Home Front", *Far Eastern Economic Review*, 2 Nov. 1979.

Cima, RonaldJ., "Vietnam in 1988 : The Brink of Renewal", *Asian Survey*, Vol. 29, No.

1 (Jan. 1989).

Dao Xuan Sam, "New Steps in the Change to the Market Economy(1979-2007)", Dao Xuan Sam & Vu Quoc Tuan, eds., *Renovation in Vietnam: Recollection and Contemplation* (Hanoi: Knowledge Publishing House, 2008).

Dao Xuan Sam & Vu Quoc Tuan, eds., *Renovation in Vietnam: Recollection and Contemplation* (Hanoi: Knowledge Publishing House, 2008).

Dollar, David, "The Transformation of Vietnam's Economy: SustainingGrowth in the 21th Century", Jennie I. Litvack and Dennis A. Rondinelli (eds.), *Market Reform in Vietnam: Building Institutionsfor Development* (Westport, Connecticut: Quorum Books, 1999).

Donnel, JohnC., "Vietnam 1979 : Year of Calamity", *Asian Survey*, Vol. 20, No. 1 (Jan. 1980).

Duiker, William J. "Vietnam Moves Toward Pragmatism", *Asian Survey*, Vol. 27, No. 4 (Apr. 1987).

Elliott, David, "Dilemmas of Reform in Vietnam", William Turley and Mark Selden, eds., *Reinventing Vietnamese Socialism : Doi Moi in Comparative Perspective* (Boulder, co., Westview Press, 1993).

Esterline, John H., "Vietnam in 1986 : An Uncertain tiger", *Asian Survey*, Vol. 27, No. 1 (Jan. 1987).

_____, "Vietnam in 1987 : Steps Toward Rejuvenation", *Asian Survey*, Vol. 28, No. 1 (Jan. 1988).

Finkelstein, David M., "Vietnam : A Revolution in Crisis", *Asian Survey*, Vol. 27, No. 9 (Sep. 1987).

Goodman, Allan E., "Vietnam in 1994 : With Peace at Hand", *Asian Survey*, Vol. 35, No. 1 (Jan. 1995).

Kimura, Tetsusaburo, "Vietnam -Ten Years of Economic Struggle", *Asian Survey*, Vol. 26, No. 10 (Oct. 1986).

Lewis, Paul G., "Soviet and East European Relations", in Gilbert Rozman, ed., *Dismantling Communism : Common Causes and Regional Variation* (Baltimore : Johns Hopkins University Press, 1992).

Naughton B., "Distinctive Feature of Economic Reform in China and Vietnam", McMillan, J. and Naughton, B.(eds), *Reforming Asian Socialism* (The

University of Michigan Press, 1996).

Nguyen Manh Hung, "Vietnam in 1999 : the Party's Choice", *Asian Survey*, Vol. 40, No. 1 (Jan. 2000).

Niehaus, Marjorie, "Vietnam in 1978 : The Elusive Peace", *Asian Survey*, Vol. 19, No. 1 (Jan. 1979).

Phan Van Khai, "Vietnam's Economy after Ten Years of Renovation", Tran Nham, ed., *Such is Vietnam: Renovation and Economic Development* (Hanoi: National Political Publishing House, 1998).

Pike, Douglas, "Origin of Leadership Change in the Soicalist Republic ofVietnam", Raymond Taras eds., *Leadership Change in Communist State* (Boston: Unwin Hyman, 1989)

_____, "Vietnam in 1990 : The Last Picture Show", *Asian Survey*, Vol. 31, No.1 (Jan. 1991).

_____, "Vietnam in 1991 : The Turning Point", *Asian Survey*, Vol. 32, No. 1 (Jan. 1992).

_____, "Vietnam in 1993, Uncertainty Closes In", *Asian Survey*, Vol. 34, No. 1 (Jan. 1994).

Sidel, Mike, "Vietnam in 1997 : A Year of Challenge", *Asian Survey*, Vol. 38, No. (Jan. 1998).

_____, "Vietnam in 1998 : Reform Confronts the Regional Crisis", *Asian Survey*, Vol. 39, No. 1 (Jan. 1999).

Stern, Lewis M., "The Scramble toward Revitalization : The Vietnamese communist Party and the Economic Reform Program", *Asian Survey*, Vol. 27, No. 4 (April 1987).

_____, "The Vietnamese Communist Party in 1986", *Southeast Asian Affairs* 1987 (Institute of Southeast Asian Studies, Singapore, 1987).

Thai Quang Tung, "Factions and Power Struggle in Hanoi: Is Nguyen Van Linh in Command?" Thai Quang Tung ed., *Vietnam Today: Assessing the New Trends* (N.Y.: Crane Russak, 1990).

Thayer, Carlyle A., "Vietnam in 2000 : Toward the Ninth Party Congress", *Asian Survey*, Vol. 41, No. 1 (Jan. 2001).

_____, "Vietnam in 2001 : The Ninth Party Congressand After", *Asian Survey*, Vol.

42, No. 1 (Jan. 2002).

Thayer, Carlyle A., "Vietnam's Sixth Party Congress : An Overview", *Contemporary Southeast Asia*, Vol. 9, No 1 (June 1987).

Vo Nanh Tri, "The Renovation Agenda: Grouping in the dark", Thai Quang Tung ed., *Vietnam Today: Assessing the New Trends* (N.Y.: Crane Russak, 1990).

_____, "Vietnam in 1987 : A Wind of Renovation", *Southeast Asian Affairs 1988* (Institute of Southeast Asian Studies, Singapore, 1989).

Vu Quoc Tuan, "Enterprise Development- Reflection on a Process", Dao Xuan Sam & Vu Quoc Tuan, eds., *Renovation in Vietnam: Recollection and Contemplation* (Hanoi: Knowledge Publishing House, 2008).

Womack, Brantly, "Vietnam in 1995 : Sucesses in Peace", *Asian Survey*, Vol. 36, No. 1 (Jan. 1996).

_____, "Vietnam in 1996 : Reform Immobilism", *Asian Survey*, Vol. 37, No. 1 (Jan. 1997).

松本三郎, "儒教文化圏としての北朝鮮ベムの近代化とその課題", 宋本三郎・川本邦衛 編著, 『ベトナムと北朝鮮』(東京: 大修館書店, 1995).

五島文雄, "ベトナム共産主義體制の變革過程とその展望", 宋本三郎・川本邦衛 編著, 『ベトナムと北朝鮮』(東京: 大修館書店, 1995).

木村哲三郎, "ベトナムにおける經濟政策の諸問題", 宋本三郎・川本邦衛 編著, 『ベト ナムと北朝鮮』(東京: 大修館書店, 1995).

川本邦衛, "刷新路線の側面", 宋本三郎・川本邦衛 編著, 『ベトナムと北朝鮮』(東京: 大修館書店, 1995).

徐大肅, "北朝鮮はどこへ−金日成以後の北朝鮮變化", 宋本三郎・川本邦衛 編著, 『ベトナムと北朝鮮』(東京: 大修館書店, 1995).

## (3) 기타자료

www.ven.vn (Vietnam Economic News: 베트남 산업무역부 발행 주간지)

www.vir.com.vn (Vietnam Investment Review: 베트남 기획투자부 발행 주간지)

www.mpi.go.vn (베트남 기획투자부 홈페이지).

www.gso.gov.vn (베트남 통계청 홈페이지).

조선신보. UNCTAD. FDI DB.

# 찾아보기

**이재춘** 李載春

현재 호서대학교 초빙교수

경남대학교 정치학 박사
연세대학교 외교안보 석사
고려대학교 정치외교학과 졸업

주 베트남 한국대사관 공사
주 말레이시아 한국대사관 참사관
주 핀란드 한국대사관 1등서기관 역임

**베트남**과 **북한**의 **개혁·개방**

초판 인쇄  2014년 4월 05일
초판 발행  2014년 4월 15일

저 자  이재춘
펴낸이  한정희
펴낸곳  경인문화사
편 집  신학태 김지선 문영주 조연경 노현균 김인명
영업 관리  최윤석 하재일 정혜경
등 록  제10-18호(1973.11.8)
주 소  서울시 마포구 마포동 324-3
전 화  (02) 718-4831   팩 스  (02) 703-9711
홈페이지  http://kyungin.mkstudy.com
이메일  kyunginp@chol.com

ISBN  978-89-499-1019-2  93340
정가  25,000원